权威·前沿·原创

皮书系列为
"十二五""十三五"国家重点图书出版规划项目

GREEN BOOK

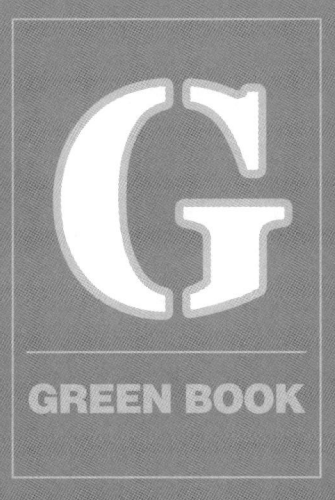

智库成果出版与传播平台

中国社会科学院创新工程学术出版资助项目

旅游绿皮书

GREEN BOOK OF CHINA'S TOURISM

2019~2020年中国旅游发展分析与预测

TOURISM DEVELOPMENT IN CHINA: ANALYSIS AND FORECAST (2019-2020)

顾　问／何德旭　闫　坤　夏杰长　张广瑞　刘德谦
主　编／宋　瑞
副主编／金　准　李为人　吴金梅

社会科学文献出版社
SOCIAL SCIENCES ACADEMIC PRESS (CHINA)

图书在版编目(CIP)数据

2019~2020年中国旅游发展分析与预测/宋瑞主编. --北京：社会科学文献出版社，2020.5
（旅游绿皮书）
ISBN 978-7-5201-6502-0

Ⅰ.①2… Ⅱ.①宋… Ⅲ.①旅游业发展-研究报告-中国-2019-2020 Ⅳ.①F592.3

中国版本图书馆CIP数据核字（2020）第054462号

旅游绿皮书
2019~2020年中国旅游发展分析与预测

| 顾　　问 / 何德旭　闫　坤　夏杰长　张广瑞　刘德谦 |
| 主　　编 / 宋　瑞 |
| 副 主 编 / 金　准　李为人　吴金梅 |

出 版 人 / 谢寿光
责任编辑 / 王　展

出　　版 / 社会科学文献出版社·皮书出版分社（010）59367127
　　　　　 地址：北京市北三环中路甲29号院华龙大厦　邮编：100029
　　　　　 网址：www.ssap.com.cn

发　　行 / 市场营销中心（010）59367081　59367083
印　　装 / 三河市东方印刷有限公司

规　　格 / 开　本：787mm×1092mm　1/16
　　　　　 印　张：25.25　字　数：375千字
版　　次 / 2020年5月第1版　2020年5月第1次印刷
书　　号 / ISBN 978-7-5201-6502-0
定　　价 / 128.00元

本书如有印装质量问题，请与读者服务中心（010-59367028）联系

▲ 版权所有 翻印必究

中国社会科学院旅游研究中心
"旅游绿皮书"编委会

顾　问　何德旭　闫　坤　夏杰长　张广瑞　刘德谦

主　编　宋　瑞

副主编　金　准　李为人　吴金梅

编　委（按姓氏音序排列）

冯　珺　金　准　李明德　李为人　刘德谦
马聪玲　宋　瑞　孙鹏义　王诚庆　魏小安
吴金梅　夏杰长　张广瑞　赵　鑫

1

本书编撰人员名单

总报告
  撰稿人 中国社会科学院旅游研究中心
  执笔人 宋 瑞 冯 珺

年度热点
  撰稿人 中国社会科学院旅游研究中心
  执笔人 宋子千 杨 慧 廖 斌 王笑宇 沈 涵
      金 准 张 茜 赵 鑫 吴金梅 孙鹏义
      张树民

专题报告撰稿人 （以专题报告出现先后为序）
      宋 瑞 冯 珺 王业娜 厉建新 陆文励
      沈铮杰 张 茜 赵 鑫 龙 飞 庞学铨
      周小凤 刘文艳 陈 晨 于 冰 张朝枝
      范 周 杨 乔 艾哈迈德·艾维达 贾 铮
      魏小安 王德刚 解嘉欣 李燕琴 赵壮英
      王 莹 葛 瑞 汪德根 范子祺 许 杨
      杨宏浩 杨 慧 胡方丽 刘晓洁 沈 涵
      郭 娜 刘祥艳 杨劲松 杨益涵 李咪咪
      唐继宗 黄福才 陈伍香

总 纂
  宋 瑞 李为人

编辑部
  曾 莉 孙鹏义 杨 慧 刘美凤

主要编撰者简介

宋　瑞　产业经济学博士，中国社会科学院旅游研究中心主任，中国社会科学院财经战略研究院研究员，博士生导师，长期从事旅游可持续发展、旅游政策、休闲基础理论与公共政策等方面的研究。

金　准　管理学博士，中国社会科学院旅游研究中心秘书长，中国社会科学院财经战略研究院副研究员，长期从事旅游与休闲相关研究工作，主要关注旅游政策、城市旅游等问题。

李为人　管理学博士，中国社会科学院旅游研究中心副秘书长，中国社会科学院公共政策与管理学院副院长、税收政策与治理研究中心主任，副教授，主要研究领域包括旅游政策及管理、税收理论与政策等。

吴金梅　管理学博士，中国社会科学院旅游研究中心副主任，研究员，正高级经济师，长期从事旅游及相关产业研究与实践，主要关注旅游产业政策、旅游投资、旅游房地产等领域的问题。

摘　要

《2019~2020年中国旅游发展分析与预测》（即"旅游绿皮书"No.18），是中国社会科学院旅游研究中心组织编撰的第十八本旅游发展年度报告。全书围绕"文化和旅游的深度融合"这一主题，通过两篇主报告和20多篇专题报告，对2019~2020年中国旅游发展进行了透视和前瞻。

2019年，全球经济增长速度或降至十年来最低，贸易保护主义抬头导致全球经济不确定性增加，并引发全球旅游增速放缓。2019年是中华人民共和国成立70周年，也是实施"十三五"规划、决胜全面建成小康社会的冲刺之年。全面深化改革步伐加快，一系列积极因素被充分调动，为旅游发展创造了良好环境。与此同时，旅游更加广泛和深入地融入并服务于国家发展大局：旅游供需完善成为经济高质量发展的重要体现；旅游消费提升对消费提质扩容做出了积极贡献；旅游成为实施区域发展战略、实现均衡发展的重要抓手；旅游在深化改革、扩大开放中扮演重要角色；乡村振兴、精准脱贫中旅游发挥积极作用；旅游绿色化发展成为生态文明建设的重要内容；文化和旅游融合更加全面和深入；全域旅游开展了系列创新探索。2020年是第一个百年奋斗目标的实现之年，也是"十四五"规划的制定之年。面对新时代的发展要求，应加强旅游制度体系建设，进一步推动文化和旅游融合发展，并着力解决入境旅游、景区建设、旅游投资等制约旅游业高质量发展的老问题。

2019年，我国旅游发展高潮迭起，热点频出。根据中国社会科学院旅游研究中心的梳理和提炼，该年度中国旅游十大热点为：国家公园建设制度化体系化；新时代红色旅游绽放新光芒；全域旅游首批示范区验收通过；夜游活动丰富满足多样需求；行业法规出台剑指在线乱象；A级景区摘牌倒逼转型提升；旅游企业跨界发展布局全球；大兴机场启用促进格局变化；南极旅游相关要求更加具体；玻璃栈道叫停带来监管启示。

面对突如其来的新冠病毒肺炎疫情，我们临时增加了"特别专题：疫情下的中国旅游业"板块，从影响评估与应对策略、行业组织、旅游上市公司等多个角度予以分析。

围绕"文化和旅游的深度融合"这一年度主题，我们邀请来自不同领域的专家围绕文化和旅游融合的理性思考、如何让文物"活"起来、长城和大运河文化遗产的保护与利用等议题进行深入分析，同时邀请来自世界银行的专家，分享世界银行在文化遗产保护和旅游投资开发方面的经验。"旅游与区域发展"篇中，来自专业研究机构的学者们对国家区域发展战略与旅游机遇、乡村振兴与乡村旅游、旅游扶贫的中国经验、浙江推进万村景区化建设以发展全域旅游、高铁对长江经济带区域旅游空间格局的影响等议题进行了分析。"旅游与产业创新"篇中，来自学界和业界的作者围绕科技对旅游的影响、大数据技术在旅游领域的应用、旅游景区二次消费以及住宿业的创新等问题进行了研究。作为"旅游绿皮书"的传统优势板块，国内旅游、入境旅游、出境旅游、港澳台旅游等报告则为读者了解相关市场发展提供了翔实数据和系统分析。

序

春生夏长，秋收冬藏。一年一度的"旅游绿皮书"即将付梓。虽是十几年的老惯例了，然而看着眼前厚厚的一叠书稿，仍有无限感慨。

2019年，全球经济不容乐观。制造业和贸易持续低迷，贸易和投资争端不断加剧，产业格局和金融稳定受到冲击，世界经济在多重风险和挑战的寒流夹击中迎风前行。旅游业一方面受到全球经济增速下行风险加大的影响，另一方面也在深化合作和促进发展中发挥着不可替代的作用。

2019年，中国经济保持稳定。在中华人民共和国成立70周年，实施"十三五"规划、决胜全面建成小康社会的冲刺之年，全面深化改革步伐加快，国民经济止降回稳，高质量发展成为主线，一系列积极因素被充分调动，为旅游发展创造了良好环境。

2019年，我们回顾并且展望。在中国社会科学院旅游研究中心成立20周年之际，我们对包括"旅游绿皮书"在内的各项工作进行了梳理。抚今追昔，继往开来，我们希望能够继续坚持编撰"旅游绿皮书"，通过这本书客观记录我国旅游业的发展轨迹，并在每一个历史节点上给出我们的判断和预测。

当前我国经济正由高速增长阶段转向高质量发展阶段。一系列国家战略、重大改革陆续出台并加快实施。作为满足人民美好生活需要的旅游业，如何更好地服务于国家发展大局？曾经以"适度超前"为导向并长期保持高于国民经济增速的旅游业，在高质量发展阶段将面临怎样的机遇和挑战？尤其是，在完成机构改革之后，如何从深度、广度、创新性等方面更好地推进文化和旅游的融合发展？对于这些问题的思考和回答，成为本年度"旅游绿皮书"的重要任务。对此，我们将本年度的主题确定为"文化和旅游的深度融合"，着力从理性思考和案例分析等角度加以探讨。同时，重点围绕"旅游如何响应国家区域发展战略""旅游如何推动产业创新"等议题，邀请来自不同领域的学者从各个方面进行研究。

感谢本书的作者们，百忙之中不吝赐稿，不厌其烦地一遍遍修改。感谢本书的编者们，付出太多不为人知的努力。感谢本书的读者们，正是你们的关注、肯定和期待激励我们二十年如一日地坚持。感谢社会科学文献出版社的编辑们，你们的专业素养和深厚友谊为我们提供了坚强后盾。

曾经以为很遥远的2020年马上就要到了。愿此书陪伴您度过充满希望、收获和幸福的一年。愿您开卷有益。

是为序。

宋瑞

2019年12月23日

补　序

庚子之年，疫起初春。一场突如其来的新冠病毒肺炎疫情，改变了人们的生活，似乎也正在改变着整个世界。截至此刻，全球已有超过70万个确诊病例，死亡病例超过3.3万，数十亿人生活受限。从生命安全到经济增长，从公共卫生到国际局势，人类社会正经历着二战以来最大的考验。中国旅游业，包括全球旅游业也面临近半个世纪以来最大的挑战。

难以避免地，原本定于2020年2月出版的"旅游绿皮书"因疫情而延迟。自疫情暴发以来，我们始终密切关注，及时启动研究，并将部分初步成果录入本书。由于疫情的复杂性、时间的紧迫性和知识的有限性，这些分析未必尽善尽美，但也是一份重要的历史记录，记录下我们对这个行业的关切、热爱和信心。正所谓淬火弥坚，虽然经历过一段"至暗时刻"，而且可能还将经历一段寒冬时期，但是我们坚信，未来会更加美好，旅游能让未来更加美好！除了满怀希望和加倍努力，我们别无选择。

宋端

2020 年 3 月 30 日

目　录

Ⅰ 主报告

G.1 2019～2020年中国旅游发展分析与展望
　　……………………………… 中国社会科学院旅游研究中心 / 001

G.2 2019年中国旅游发展十大热点
　　……………………………… 中国社会科学院旅游研究中心 / 019

Ⅱ 特别专题　疫情下的中国旅游业

G.3 新冠肺炎疫情与旅游业：影响评估与思考建议
　　………………………………… 宋　瑞　冯　珺　王业娜 / 040

G.4 新型冠状病毒肺炎疫情下旅游业发展的几点思考
　　………………………………… 厉新建　陆文励　沈铮杰 / 056

G.5 新冠肺炎疫情对旅游行业的影响
　　——以旅游上市公司为例 ………………… 张　茜　赵　鑫 / 067

G.6 新冠肺炎疫情防控中的旅游行业协会 ………… 龙　飞 / 081

Ⅲ 年度主题 文化与旅游的深度融合

G.7 关于文化和旅游融合问题的几点思考与认识 …………… 庞学铨 / 092

G.8 长城文化遗产利用的现状与发展趋势
……………… 周小凤 刘文艳 陈 晨 于 冰 张朝枝 / 107

G.9 大运河文化带文化遗产保护与旅游开发利用研究
…………………………………………… 范 周 杨 矞 / 123

G.10 文化遗产与可持续旅游：世界银行集团在消除极端
贫困方面的努力 ……………… 艾哈迈德·艾维达 贾 铮 / 136

Ⅳ 旅游与区域发展

G.11 国家区域发展战略与旅游机遇 …………………… 魏小安 / 148

G.12 乡村旅游发展中的农民股份制 …………… 王德刚 解嘉欣 / 156

G.13 旅游减贫的中国实践与发展经验 ………… 李燕琴 赵壮英 / 169

G.14 全域旅游背景下的乡村旅游实践探索：
以浙江万村景区化为例 …………………… 王 莹 葛 瑞 / 184

G.15 高铁影响下长江经济带区域旅游空间格局演变
…………………………………………… 汪德根 范子祺 / 197

Ⅴ 旅游与产业创新

G.16 浅谈国内旅游行业大数据技术的应用与发展 ………… 许 杨 / 218

G.17 旅游住宿业高质量发展的动力转换与供给侧改革 …… 杨宏浩 / 230

G.18 景区文化创意与二次消费产业的新实践与新思考 …… 杨　慧 / 247

G.19 美食旅游创意营销打造目的地品牌

　　…………………………………… 胡方丽　刘晓洁　沈　涵 / 265

Ⅵ 三大市场与港澳台旅游

G.20 2019～2020年中国国内旅游发展分析与展望 ………… 郭　娜 / 277

G.21 2018～2019年中国入境旅游发展分析与展望 ………… 刘祥艳 / 289

G.22 2018～2019年中国出境旅游发展分析与展望 ………… 杨劲松 / 301

G.23 2019～2020年香港旅游业发展分析与展望 …… 杨益涵　李咪咪 / 310

G.24 2019～2020年澳门旅游业发展分析与展望 …………… 唐继宗 / 325

G.25 2018～2020年台湾旅游业发展分析与展望 …… 黄福才　陈伍香 / 340

Abstract ……………………………………………………………… / 356

Contents ……………………………………………………………… / 359

皮书数据库阅读使用指南

主报告

General Reports

G.1
2019~2020年中国旅游发展分析与展望

中国社会科学院旅游研究中心*

摘　要： 2019年，全球经济增长速度或降至十年来最低，贸易保护主义抬头导致全球经济不确定性增加，并引发全球旅游增速放缓。2019年是中华人民共和国成立70周年，也是实施"十三五"规划、决胜全面建成小康社会的冲刺之年。深化改革步伐加快，一系列积极因素被充分调动，为旅游发展创造了良好环境。旅游更加深入和广泛地融入并服务于国家发展大局：旅游高质量发展成为经济高质量发展的组成部分；旅游

---

* 执笔人：宋瑞，中国社会科学院旅游研究中心主任、中国社会科学院财经战略研究院研究员、博士生导师，研究重点为旅游政策、旅游可持续发展、休闲基础理论与公共政策；冯珺，中国社会科学院财经战略研究院博士后、中国社会科学院旅游研究中心特约研究员，研究重点为服务经济学、旅游经济学、文化产业管理。

消费提升对消费提质扩容做出重要贡献；旅游成为实施区域发展战略、实现均衡发展的重要抓手；旅游在深化改革、扩大开放中扮演重要角色；乡村振兴、精准脱贫中旅游发挥积极作用；旅游绿色化发展成为生态文明建设的重要内容；文化和旅游融合更加全面和深入；全域旅游开展了一系列创新探索。2020年是第一个百年奋斗目标的实现之年，也是"十四五"规划的制定之年。面对新时代的发展要求，应加强旅游制度体系建设，推动文化和旅游融合的进一步深化，并着力解决入境旅游、景区建设、旅游投资等制约旅游业高质量发展的老问题。

关键词： 高质量发展　旅游业　文化和旅游融合

一　2019年中国旅游发展环境：喜忧参半

（一）国际环境

1. 全球经济：增速或达十年最低

2019年，全球制造业持续低迷，贸易和投资争端不断加剧，金融稳定性受到冲击，新兴市场和发展中国家增长乏力，世界两大经济体——中国和美国的经济增长均面临下行风险，世界经济在多重挑战的寒流夹击中艰难前行。世界银行2019年6月发布的《全球经济展望——紧张加剧，投资低迷》报告中预计，2019年全球经济增速将放缓至2.6%。其中，发达经济体的平均增速仅为1.7%；新兴经济体和发展中国家平均增速为4.0%，低于2018年4.3%的增长水平。国际货币基金组织（IMF）2019年10月发布的《世界经济展望——全球制造衰退，贸易壁垒上升》报告相对较为乐观，预计2019年全球经济增长率为3.0%，但也是2008年以来的最低水平。

2. 全球旅游：增长势头有所减弱

近年来，旅游已成为推动全球经济增长的重要力量。2019年，尽管全球旅游保持了相对稳定的增长，但是受全球经济不景气、贸易保护主义抬头、民粹主义和民族主义思潮在部分地区涌动等因素的影响，其增速也有所放缓。根据中国社会科学院旅游研究中心与世界旅游城市联合会（WTCF）《世界旅游经济趋势报告（2020）》课题组的研究，2019年全球旅游总人次（包括国内旅游人次和入境旅游人次）将达到123.10亿人次，比上年增长4.6%，与2018年相比，增幅扩大0.9个百分点，增长势头有所减弱。2019年全球旅游总收入（包括国内旅游收入和入境旅游收入）将达到5.8万亿美元，相当于全球GDP的6.7%，较上年下降0.1个百分点。

（二）国内环境

1. 宏观环境：深化改革步伐加快

2019年是中华人民共和国成立70周年，也是实施"十三五"规划、决胜全面建成小康社会的冲刺攻坚之年。全面深化改革步伐加快，供给侧结构性改革、农村土地制度改革、国资国企改革、金融体制改革、"放管服"改革、个税改革、社会保障改革等领域进一步推进落实改革措施。建设更高水平开放型经济新体制和推进合作共赢的开放体系建设等工作有效推进。十九届四中全会系统总结了中国特色社会主义制度和国家治理体系的显著优势，将坚持和完善中国特色社会主义制度、推进国家治理体系和治理能力现代化确立为重大战略任务，并明确了相应的总体目标，以及工作的具体要求和实施路径。在此背景下，一系列积极因素被充分调动，为旅游业创造了良好的发展环境。

2. 经济发展：整体形势依然偏冷

2019年我国经济依然处于趋冷区间，止降回稳成为经济发展主基调。根据中国社会科学院《经济蓝皮书春季号：2019年中国经济前景分析》预测，2019年第一季度至第四季度，我国GDP增长率分别为6.4%、6.2%、

6.1%、6.0%，预计2019年全年我国经济增速为6.2%左右。《经济蓝皮书：2020年中国经济形势分析与预测》指出，2020年外部不稳定、不确定因素增加，国内周期性问题与结构性矛盾叠加，经济运行面临的风险挑战仍然较多。在加大宏观逆周期调节力度及各项改革开放措施的综合作用下，预计2020年中国经济增长6%左右。从我国经济止降回稳的积极因素来看，2019年1~10月，我国经济呈现出三次产业持续发展、国内需求稳步扩大、就业物价总体稳定、外贸外资有所改善等积极特征。2019年11月召开的经济形势专家和企业家座谈会指出，我国经济运行保持在合理区间，城镇新增就业提前实现全年目标。

3. 重大政策：形成发展助推之势

从2019年的重大政策导向来看，聚焦区域发展、优化城乡发展、促进企业发展成为主要着力点，为经济发展形成助推之势。区域发展方面，中共中央、国务院印发《粤港澳大湾区发展规划纲要》，以打造世界级城市群为目标，将粤港澳大湾区定位为具有全球影响力的国际科技创新中心和"一带一路"建设的重要支撑。城乡发展方面，中共中央、国务院印发《关于建立健全城乡融合发展体制机制和政策体系的意见》和《数字乡村发展战略纲要》，着力破除城乡要素流动和公共资源配置的体制机制障碍。企业发展方面，中共中央、国务院印发《关于加强金融服务民营企业的若干意见》和《关于促进中小企业健康发展的指导意见》，将降低企业融资和经营成本、激发市场主体活力作为政策重点。这些重大政策也会显著改善旅游业的发展环境。

二 2019年中国旅游：服务于国家发展大局

（一）旅游高质量发展成为经济高质量发展的组成部分

推动高质量发展，既是适应我国社会主要矛盾变化和全面建成小康社会、全面建设社会主义现代化国家的必然要求，也符合经济发展的基本规律。2019年，围绕经济高质量发展的总要求，我国继续坚持并深化供给侧结构性改革，提出了"巩固、增强、提升、畅通"的方针，并制定了一系列政策。以《实施更大规模减税降费后调整中央与地方收入划分改革推进方案》等为代表的财税政策，重视巩固此前政策的减税降费成果；以《优化营商环境条例》《关于进一步做好利用外资工作的意见》等为代表的改革政策，旨在增强生产要素的配置效率；以《国家数字经济创新发展试验区实施方案》等为代表的产业政策，着力提升产品和服务的附加值和产业链水平；以《关于加快发展流通促进商业消费的意见》等为代表的流通政策，旨在畅通生产和消费的流通环节。遵循国家层面高质量发展的整体布局，地方政府也纷纷出台相应政策。

就旅游业与高质量发展的关系而言，一方面，旅游在高质量发展中具有重要作用；另一方面，旅游业自身也面临高质量发展的任务。就前者而言，作为第三产业的重要组成部分，旅游业因其资源消耗低、带动效应强等特点，在拉动经济增长、调整产业结构、增加社会就业、拉动居民消费、丰富精神文化生活等方面具有独特作用，符合高质量发展的要求。就后者而言，我国旅游业还存在旅游全要素生产率较低、旅游行业效益不强、区域旅游发展不均衡、旅游服务质量和旅游满意度有待提升等问题，高质量发展依然任重道远。

2019年文化和旅游部出台《关于实施旅游服务质量提升计划的指导意见》，推动旅游业供给侧结构性改革，推进优质旅游发展；国家发展改革委、中共中央组织部、教育部等九部门联合发布《关于改善节假日旅游出行环境促进旅游消费的实施意见》，从完善交通基础设施、增加旅游产品供给、提升旅游景区管理水平、落实职工带薪休假制度并推动错峰出行等四个方面提出十六条具体举措。此外，文化和旅游部针对虚假宣传、强迫消费、安全卫生等突出问题开展一系列专项整治。旅游行业组织、旅游企业通过标准引领、品牌培育等方式提高行业服务质量。中国旅游研究院《旅游服务质量调查报告》显示，2019年前三季度，旅游服务质量综合评价指数为80.06，同比增长3.21%，达到"基本满意"水平。

（二）旅游消费提升成为消费提质扩容的重要突破口

2019年，国家围绕消费提质扩容制定并出台了一系列政策。国家发展改革委牵头建立完善促进消费体制机制部际联席会议制度，推动促消费政策统筹衔接，共同抓好促消费政策措施的落实落地；国务院办公厅印发《关于进一步激发文化和旅游消费潜力的意见》《关于加快发展流通促进商业消费的意见》等文件，分别将消费的直接对象和间接保障作为政策着力点。

作为最终消费、服务消费和综合性消费，旅游消费在消费提质扩容中具有特殊作用，2019年的亮点至少有四。其一，旅游消费需求旺盛。据文化和旅游部数据中心测算，预计2019年国内旅游人数将达60.4亿人次，国内旅游收入为5.6万亿元，分别比上年增长9%和10%。其中，春节、清明、"五一"、端午、"十一"期间，国内旅游总人数分别同比增长7.6%、10.9%、13.7%、7.7%、7.8%，实现旅游收入分别同比增长8.2%、13.7%、16.1%、8.6%、8.5%。其二，红色旅游成为年度亮点。2019年是新中国成立70周年，红色旅游受到市场关注。银联商务数据显示，全国重点红色旅游景区消费人次同比增长23.2%。携程机票大数据显示，红色旅游景区"80后""90后""00后"出游人群占比达49%。其三，夜间旅游消费潜力得到释放。艾媒咨询数据显示，中国目前的夜间消费约占总体零售额的六成，并持续以约17%的速度增长，到2020年有望突破30万亿元。根据银联商务数据测算，夜间旅游消费约占整体夜间消费的30%左右。夜间旅游的蓬勃发展带动了夜市餐饮、旅游购物、院线电影、文艺表演等各类消费的增长。其四，康养旅游、研学旅游等成为市场热点。根据中国旅游协会相关数据，国内亲子游市场规模在2020年预计突破5000亿元。其中，K-12基础教育项目、营地教育项目、户外无动力乐园项目等受到消费市场的重点关注。

（三）旅游成为实施区域发展战略、实现均衡发展的重要抓手

近年来，国家重大区域性战略持续推进。《2019年京津冀人才一体化发

展工作要点》积极推动政策互通、平台共建、智力共用；中共中央、国务院印发《粤港澳大湾区发展规划纲要》，着力将粤港澳大湾区建设成为世界级城市群；中共中央、国务院印发《长江三角洲区域一体化发展规划纲要》，将支持长江三角洲区域一体化发展上升为国家战略；2019年9月，习近平主持召开黄河流域生态保护和高质量发展座谈会并发表重要讲话，指出黄河流域在我国经济社会发展和生态安全方面具有十分重要的地位，保护黄河是事关中华民族伟大复兴和永续发展的千秋大计。

在贯彻区域发展战略过程中，旅游涉及经济建设、社会发展、生态保护等多个维度，可发挥积极作用。《京津冀旅游协同发展工作要点（2018~2020年）》指出，三地将共同建设京北生态（冰雪）旅游圈、京西南生态旅游带、京南休闲购物旅游区、滨海休闲旅游带等京津冀旅游协同发展五大示范区。目前，示范区已基本建成。"京津冀名胜文化休闲旅游年卡"所提供的服务项目在2019年继续升级，增设了量身定制的"车辆+景区+主题+路线"一站式服务。《粤港澳大湾区发展规划纲要》指出，要打造世界级旅游目的地和广东特色休闲湾区，将澳门建设成为世界旅游休闲中心。目前，简化邮轮出入境手续等政策取得进展，滨海旅游、海岛旅游、邮轮旅游等旅游产品有序推出。《长江国际黄金旅游带发展规划纲要》提出充分发挥旅游业的综合带动和先行先导作用，将长江旅游带建设成为具有全球竞争力和国际知名度的黄金旅游带。黄河流域经济带和旅游经济带的相关研究也在推进之中。

（四）旅游在深化改革、扩大开放中扮演重要角色

2019年全面深化改革持续推进。就通过政务改革降低治理成本而言，自然资源部出台《关于以"多规合一"为基础推进规划用地"多审合一、多证合一"改革的通知》，通过简政放权压缩审批时间、简化审批流程，对激发市场活力具有积极作用。就深化国有企业改革而言，国务院国资委先后印发《中央企业混合所有制改革操作指引》和《关于进一步做好中央企业控股上市公司股权激励工作有关事项的通知》，国企改革三年行动方案加速

制定，改革时间表和路线图日益明确。此外，国务院印发《改革国有资本授权经营体制方案》，着力实现对不同性质国有资本的分类授权和经营管理，防止公共部门参与市场活动的越位和错位。就进一步扩大对外开放而言，国务院印发《关于印发6个新设自由贸易试验区总体方案的通知》，在山东、江苏、广西、河北、云南、黑龙江等6省区新设自由贸易试验区。区域全面经济伙伴关系（RCEP）亦在2019年取得重大突破，全部文本谈判及实质市场准入谈判宣告结束。

旅游业积极参与深化改革和扩大开放。文化和旅游部出台《文化和旅游规划管理办法》，对旅游规划的科学性和规范性提出了更高要求。海南建设中国特色自由贸易港工作稳步推进，《横琴国际休闲旅游岛建设方案》出台，有利于培育特定区域的比较优势，更好地发挥入境游对区域发展的综合带动作用。文化和旅游部发布"一带一路"文化产业和旅游产业国际合作重点项目名单，涉及越南、柬埔寨、孟加拉国等国家。根据文化和旅游部数据中心的测算，2018年中国赴"一带一路"沿线国家的游客突破3000万人次。2019年，海南国际旅游消费年正式开启。到2020年，预计海南省将实现旅游总人数超过9000万人次、旅游总收入超过1100亿元、旅游业增加值占本地GDP比重达到9%以上、带动社会消费品零售总额增加100亿元等目标。

（五）乡村振兴、精准脱贫中旅游发挥积极作用

2019年是实施乡村振兴战略的关键之年，也是脱贫攻坚的决战之年。国务院印发《关于深入开展消费扶贫助力打赢脱贫攻坚战的指导意见》，做出了一系列具体部署，相关工作有序推进。在基础设施建设方面，支持贫困地区完善网络基础设施和公共服务平台，夯实消费扶贫的物流、资金流和信息流基础；在人力资源开发方面，支持贫困人口参加相关专业技能和业务培训，提升服务规范化和标准化水平；在规划设计方面，立足于贫困地区休闲农业和乡村旅游资源调查，因地制宜明确重点发展方向和区域；在宣传推介方面，文化和旅游部会同国家发展改革委联合开展了全国乡村旅游重点村名录遴选工作，确定了第一批全国乡村旅游重点村。

旅游在推动乡村振兴和精准扶贫方面主要通过乡村旅游的多元化、创新性、特色化实现。例如，广东省出台《关于乡村振兴用地政策补充意见（试行）》，鼓励乡村土地复合利用，改造建设民宿、民俗体验活动场所等；青海省互助土族自治县大力发扬土族盘绣作为国家级非物质文化遗产的资源优势，形成政府组织、社会组织、产业组织帮扶互促的旅游扶贫发展模式；非遗扶贫成为乡村振兴和精准扶贫领域文化和旅游融合的新尝试；各地"新乡贤"凭借资金、经验、商业眼光等方面的优势，在乡村旅游发展方面发挥重要作用。

（六）旅游绿色化发展成为生态文明建设的重要内容

2019年以来，生态文明建设步伐加快，旅游领域深度融入并服务于生态文明建设。在制度建设方面，中共中央、国务院印发《中央生态环境保护督察工作规定》，形成了生态环境保护领域的第一部党内法规。生态环境保护督察机制有利于倒逼旅游业深化绿色发展，敦促景区优化承载力管理。在环保审计工作方面实现制度化、常态化。2019年，领导干部自然资源资产离任审计工作已经由局部试点转向全面铺开。河北省、江苏省、云南省等旅游资源丰富的地区形成了审计工作经验。青海省年宝玉则国家地质公园、云南省泸沽湖旅游景区、北京市灵山自然风景区等旅游目的地先后做出关闭景区并中止旅游活动的决定，为生态资源保护和环境修复创造最佳条件。

国家公园体系建设一直备受关注。近年来中央先后印发《建立国家公园体制总体方案》《关于建立以国家公园为主体的自然保护地体系的指导意见》，明确了国家公园建设思路和目标任务。国家林业和草原局起草了国家公园设立标准和《国家公园空间布局方案》，制定了自然资源资产管理和生态环境监测、监督等相关办法。各试点区组建了统一的管理机构，基本建立起分级管理架构，并形成了以东北虎豹国家公园为代表的中央直管模式，以大熊猫和祁连山国家公园为代表的中央和省级政府共同管理模式，以三江源和海南热带雨林国家公园为代表的中央委托省级政府管理模式。2020年下半年，国家林业和草原局将组织开展国家公园体制试点验收工作，对达到标准和要求的，正式设立国家公园。此外，中共中央、国务院印发《国家生态文明试验区（海南）实施方案》，提出制定实施海南热带雨林国家公园体制试点方案，组建海南热带雨林国家公园统一管理机构。中共中央办公厅、国务院办公厅印发的《关于建立以国家公园为主体的自然保护地体系的指导意见》指出，"到2020年，提出国家公园及各类自然保护地总体布局和发展规划，完成国家公园体制试点，设立一批国家公园，完成自然保护地勘界立标并与生态保护红线衔接，制定自然保护地内建设项目负面清单，构建统一的自然保护地分类分级管理体制。到2025年，健全国家公园体制，完成自然保护地整合归并优化，完善自然保护地体系的法律法规、管理和监督制度，提升自然生态空间承载力，初步建成以国家公园为主体的自然保护地体系。到2035年，显著提高自然保护地管理效能和生态产品供给能力，自然保护地规模和管理达到世界先进水平，全面建成中国特色自然保护地体系。自然保护地占陆域国土面积18%以上。"从目前来看，要实现这一目标，依然任重道远，尤其是部分试点单位在体制机制、资金投入、社区管理、发展与保护的协调等方面存在的问题值得关注。

（七）文化和旅游融合更加全面和深入

2019年，文化和旅游融合发展在广度和深度上取得显著效果。

在国家层面，各类文化和旅游融合载体得到普遍重视。中央全面深化改革委员会第九次会议审议通过了《长城、大运河、长征国家文化公园建设方案》。《国家级文化生态保护区管理办法》于2019年正式实施，在文化氛围更加浓郁、文化特色更加鲜明的环境下，旅游体验得以更好地实现"见人、见物、见生活"。《"中国民间文化艺术之乡"命名和管理办法》修订出台后，首批2018~2020年度"中国民间文化艺术之乡"名单正式公布。入选的旅游目的地获得新契机，能够活化自身文化IP，打造更具文化共鸣的旅游消费产品。

在地方层面，各省市立足自身优势实现差异化发展。例如，河南省以新时代创意激活传统文化，连续推出《黄帝千古情》《印象太极》等广受年轻游客欢迎的大型文化旅游演艺项目；黑龙江省以新中国成立70年为契机，推出"重走抗联路"红色旅游线路，实现旅游与红色文化的融合；重庆武隆着力建设"一带一路"绿色枢纽，打造中国"绿谷"，追求旅游业态与绿色文化理念的融合。

在市场层面，各类文化和旅游融合的产品和业态受到欢迎。途牛旅游网发布的《2019全球博物馆热度排行榜》显示，故宫博物院、秦始皇兵马俑博物馆等受到游客的广泛关注，博物馆旅游继续成为旅游市场的消费热点。《中国旅游报》主办了"2019非遗与旅游融合优秀案例征集展示"活动，从遴选出的优秀案例来看，非遗旅游的优质文化资源已经得到旅游市场的普遍认可。

（八）全域旅游开展系列创新探索

2019年全域旅游的创新探索步伐加快：3月，文化和旅游部印发《国家全域旅游示范区验收、认定和管理实施办法（试行）》和《国家全域旅游示范区验收标准（试行）》；9月，首批国家全域旅游示范区名单正式公布。从自上而下的全域旅游治理体系来看，示范区验收、认定和管理工作中的创新探索值得关注；从自下而上的全域旅游市场反馈来看，旅游与其他领域的产业对接涌现出新的亮点。

就验收标准自身而言，《国家全域旅游示范区验收标准（试行）》明确提出了体制机制、政策措施、业态融合、公共服务、科技服务、环境保护、扶贫富民和营销推广等8个创新考核方向，并给出了具体的评分标准。就所发挥的引导作用而言，首批国家全域旅游示范单位通过不同角度形成了可复制、可推广的经验做法，其创新示范领域涵盖了文旅融合、旅游扶贫富民、景城共建共享、景区带动、生态依托、休闲度假、资源枯竭转型、边境开发开放等多种维度。

三 面向"十四五"和全面建成小康社会的中国旅游

(一)坚持四个核心原则,加强文化和旅游领域的制度建设

十九届四中全会形成了《中共中央关于坚持和完善中国特色社会主义制度推进国家治理体系和治理能力现代化若干重大问题的决定》(以下简称《决定》),系统描绘了中国特色社会主义制度的"图谱",凝练概括了我国国家制度和国家治理体系13个方面的显著优势,提出进一步完善发展的方向和要求。这对包括文化和旅游在内的社会经济发展各个领域提出了新的要求。文化和旅游领域也需要对此做出积极响应(见附表1),促进文化和旅游治理体系与治理能力的现代化。

文化和旅游领域的制度建设应遵循如下四个核心原则。一是文化和旅游领域的制度建设要服务于繁荣发展先进文化,充分体现文化塑造、文化培育、文化引导和文化扬弃,通过繁荣发展先进文化实现社会效益和经济效益的统一。二是文化和旅游领域的制度建设要服务于人民美好生活需要,提升人民生活质量和幸福感。三是文化和旅游领域的制度建设要服务于生态文明建设,实现引导性制度与惩戒性制度同步建设。四是文化和旅游领域的制度建设要服务于更高水平的对外开放。

(二)明确高质量发展主线,做好"十四五"旅游发展规划

2020年是"十四五"规划的制定之年。针对未来五年乃至更长时段的旅游发展,我们应该遵循"五位一体"总体布局和"四个全面"战略布局的要求,贯彻落实"创新、协调、绿色、开放、共享"的新发展理念,以实现文化和旅游高质量发展为主题,以加快推进文化和旅游供给侧结构性改革为主线,明确"十四五"旅游发展的核心思路、奋斗目标、重点任务和关键举措。其中高质量发展应该成为"十四五"时期我国旅游业发展的主要方向。

经过40多年的快速发展,我国旅游业已达到相当规模,但发展质量和

效益仍有很大提升空间，主要表现为旅游业全要素生产率不高；旅游公共服务体系不健全；旅游服务便利度仍需改进；旅游产业结构有待优化；旅游企业"散、小、弱、差"现象明显；出入境旅游发展不平衡，入境游有待提振；旅游业服务水平、管理水平尚待提升；等等。对此，中央经济工作会议在部署2020年工作任务时明确提出"推动旅游业高质量发展"。

实现旅游业的高质量发展，首先要将发展旅游的目标从数量和速度转向质量和效益。就质量方面而言，要实现旅游全要素生产率显著提升、旅游国际竞争力显著增强、旅游贸易平衡度显著改善、区域旅游发展更加均衡、旅游满意度显著提高等；就效益方面而言，要实现旅游市场活力显著增强、旅游产业效益持续优化、游客人均消费稳步提升、旅游综合贡献度明显提升等。而推动旅游业高质量发展的路径在于推进改革与创新。旅游业的高质量发展依赖于现代市场经济体系改革、资源管理体制改革、投资和消费体制改革等，同时依赖于旅游业态、组织模式、商业形态、服务流程、管理体制等全方位创新。

（三）围绕五个方面重点，为文化和旅游融合发展提供系统支撑

自2018年以来，文化和旅游按照"宜融则融，能融尽融，以文促旅，以旅彰文"的原则加快融合步伐。未来，仍需从多个方面提供支撑、积极推进。

其一，提供体制机制支撑。要进一步深化文化文物和旅游领域"放管服"改革；实现国有旅游企业和国有文化企业的融合发展，推进国有文化和旅游企业的混合所有制改革；以各类改革试点工作为抓手，在国家文化公园、国家级旅游业改革创新先行区、全域旅游示范区、边境旅游试验区等各项工作的推进过程中，突出文化和旅游融合的思路和内容，探索文化和旅游融合发展的新机制、新模式。其二，完善法规制度。研究制定《促进文化和旅游融合发展的指导意见》，同时对文化和旅游领域的相关法律法规、管理规范、行政条例、政策要求、项目审批、行业标准等进行梳理，对不适应融合发展要求的内容加以修订。其三，完善统计和考核体系。对《文化及

相关产业分类》《旅游及相关产业分类》进行细致比较,研究将其加以整合的必要性和可能性;同时根据国民经济产业分类体系和投入产出表,对文化和旅游的总体规模、经济贡献、二者融合的产出等进行科学客观的评估。在此基础上,研究建立统一的文化和旅游业统计体系、产业核算体系和政府考核体系。其四,完善资金支持方式。整合原有文化系统和旅游系统的各项专项资金,建立文化与旅游融合发展的专项基金;发挥各地文化产业投资基金和旅游产业基金的作用;拓宽文化和旅游企业的直接融资渠道。其五,加强人才队伍建设。对接文化和旅游融合发展市场的需求,改革高校人才培养模式,强化产学研结合,优化人才培养内容;加强对现有旅游和文化领域从业人员的培训。

(四)破解五大难题,切实解决困扰旅游发展的顽疾

其一,全面提振入境旅游。入境旅游是一个国家旅游竞争力和文化软实力的直接体现。过去十多年里,我国入境旅游持续低迷,甚至在多个年份出现负增长。目前虽有企稳微增之势,但与我国的大国地位和旅游业的整体发展仍不相符。对此,要下大力气解决入境旅游发展的瓶颈问题。一是在理念上,要从超越旅游自身、超越经济价值的高度来看待和重视入境旅游。入境旅游对于增强文化软实力、提升大国吸引力、建设世界旅游强国具有重要意义,入境旅游的价值不仅甚至不必一定体现为创汇功能。二是在战略上,制定全面振兴入境旅游国家战略和行动方案,明确短期、中期和长期发展目标,以及各个部门、地方的职责,把入境旅游与对外开放、服务贸易创新试点等工作紧密结合。三是在政策上,评估并优化现有的入境旅游政策。对已经实施的部分地区的144小时过境免签政策、境外旅客购物离境退税政策等进行效果评估和必要优化;同时考虑实施差异性签证便利化政策。四是在体系上,着力解决签证、入境游客支付、国际航线、景区门票和高铁车票销售、社会资源开放度、入境市场低价竞争等问题。五是在产品上,完善和丰富入境旅游产品结构,针对不同市场开发更加多元化、对入境游客更具吸引力的新型旅游产品。六是在营销上,改变传统入境旅游营销模式,整合各种海外营销渠道，优化营销和传播方式，充分发挥社交平台、新媒体、市场主体等的作用。

其二，增强旅游投资效应。近年来在整体投资下滑的背景下，旅游投资不减反增。红红火火的旅游投资热潮中，不乏理性思考和真实需求，但也存在一些隐忧。例如，旅游投资偏好"大投资、大项目"的趋势仍在持续，"十亿元起步、百亿也不鲜见"的现象普遍存在；一些细分领域和局部地区出现了投资过热甚至无序增长的现象；在特色小镇、全域旅游等概念方兴未艾的背景下，传统地产集团、资本市场的游资热钱借助这些概念，以旅游之名，行地产之实；等等。实际上，在近三年的"旅游绿皮书"总报告中，我们反复提出，要警惕"旅游投资可能潜藏的风险和隐患"，"要警惕避免一些旅游细分领域滑入'过度投资—过度竞争—恶性竞争—行业受损'的泥沼"，要杜绝"给房地产项目穿上旅游外衣"的现象。在此，我们继续呼吁，要加强对旅游投资的深入研究和全面统计，真正对接游客的实际需求，提高旅游投资的有效性，将资本市场的投资开发转化为旅游市场的消费增长。

其三，实现景区高质量发展。近年来，我国旅游景区行业面临冰火两重天的境地。一方面，景区投资持续增长，景区成为旅游投资的重点领域，景区投资额占据旅游总投资半壁江山以上；另一方面，一些景区效益持续下滑，"十个景区八个亏"的说法尽管不一定属实，但多少反映出行业的困境。而刚刚过去的2019年，对于景区行业来说更不平静。一方面，全国复核A级旅游景区5000多家，1186家景区受到处理，405家被取消等级，成为年度最受关注的事件之一；另一方面，国有景区门票降价持续深入推进。发展全域旅游不是要否定和低估景区的重要性，实际上，对于很多目的地而言，景区仍是吸引游客的核心。伴随我国景区数量的快速增长和规模的持续扩大，困扰景区多年的所有权、经营权、管理权等的分置，景区核心资源的确权和资产性归类，景区经营过于依赖门票收入等老问题并未得到有效解决，而如何实现收入多元化、效益综合化，如何实现项目创新、营销创新，如何解决包括人力资本在内的各类成本上升，如何在降低门票价格的同时提升服务质量等新问题又不断涌现。在旅游业高质量发展的背景下，作为传统

三大支柱之一的景区行业，如何解决投资粗放、管理粗放、产品老化、服务落后乃至过度商业化等问题，迫在眉睫。对此，除了呼吁景区行业提升自身管理和经营能力外，也需要从制度体系上提供系统支持。

其四，系统促进国民休闲。受各种因素影响，我国国民休闲时间过度集中于节假日尤其是大小长假，而节假日的休闲生活又过度集中于旅游活动，由此造成假日旅游质量不高、各方面压力很大的问题。为解决这一问题，2019年，文化和旅游部出台《关于提升假日及高峰期旅游供给品质的指导意见》，国家发展改革委、中央组织部、教育部等9部门发布《关于改善节假日旅游出行环境促进旅游消费的实施意见》。这些政策的落实可在一定程度上缓解假日和高峰期旅游的配套设施和公共服务短缺问题。但是要彻底解决这些问题，继而全面提升国民生活质量，还需要从长远和更普遍的意义来系统考虑国民休闲。对此，我们建议：在时机成熟时酝酿出台专门的"国民休闲纲要"；将"法定节假日"（即带薪公共假日）与带薪年休假问题集中考虑，进行统筹安排，综合运用休闲产业政策、社会福利政策、就业保障和劳动力市场政策，系统解决带薪假期制度的顶层设计问题。

其五，管理与技术发展同步。包括互联网、大数据、物联网、云计算、人工智能、区块链、AR、VR等在内的各种技术正在快速改变着旅游行业。技术的应用一方面提高了旅游行业的效率，使其能够更加便捷、有效地为市场提供服务；另一方面，也在市场监管等方面带来一些新的难题。以在线旅游行业的虚假宣传、捆绑销售等为例，尽管《中华人民共和国电子商务法》《在线旅游经营服务管理暂行规定》等的制定有利于规范在线旅游行业，但要彻底解决捆绑销售等行业问题仍需在行政管理上不断创新。此外，面部特征、指纹特征等生物信息的采集和使用问题、共享出行导致的司乘安全问题、大数据带来的精准营销和隐私侵扰的矛盾问题也成为旅游行业必须面对的新挑战。对此，应当积极研判技术变化趋势，提升法律法规的出台速度和管理效度，形成具有前瞻性的政策储备，不断推进旅游领域治理能力的现代化。

附表1 《决定》提出的13个"坚持和完善"内容梳理与旅游业响应

《决定》提出的13个"坚持和完善"	文化和旅游做出响应的潜在领域(部分举例)
1. 坚持和完善党的领导制度体系,提高党科学执政、民主执政、依法执政水平	通过红色文化传播和红色旅游增强"四个意识"、坚定"四个自信",夯实党执政的思想基础
2. 坚持和完善人民当家作主制度体系,发展社会主义民主政治	以文化和旅游为载体,巩固和发展最广泛的爱国统一战线;通过发展旅游坚持和完善民族区域自治制度
3. 坚持和完善中国特色社会主义法治体系,提高党依法治国、依法执政能力	加强文化和旅游领域的消费者权益保护等
4. 坚持和完善中国特色社会主义行政体制,构建职责明确、依法行政的政府治理体系	在文化和旅游融合的背景下,厘清产业属性和事业属性边界,理顺行业治理架构
5. 坚持和完善社会主义基本经济制度,推动经济高质量发展	激发文化和旅游领域市场主体活力,通过新产品、新技术、新商业模式更好地满足文化和旅游市场需求
6. 坚持和完善繁荣发展社会主义先进文化的制度,巩固全体人民团结奋斗的共同思想基础	通过优化文化和旅游相关产品与服务引领文化建设,保障人民文化权益,突出社会效益
7. 坚持和完善统筹城乡的民生保障制度,满足人民日益增长的美好生活需要	发挥旅游、文化等"幸福产业"的作用,更好地满足人民日益增长的美好生活需要
8. 坚持和完善共建共治共享的社会治理制度,保持社会稳定、维护国家安全	加强公共文化场所建设和旅游景区建设,健全公共安全体制机制;完善旅游发展中的社区管理制度,实现旅游的共建共治共享
9. 坚持和完善生态文明制度体系,促进人与自然和谐共生	践行"绿水青山就是金山银山"的发展理念,推动旅游绿色化发展;构建以国家公园为主体的自然保护地体系,健全国家公园保护制度;重点抓好景区承载力管理、旅游可持续发展指标与评估体系等工作
10. 坚持和完善党对人民军队的绝对领导制度,确保人民军队忠实履行新时代使命任务	通过红色旅游等形式发挥国防教育基地和爱国主义教育基地的文化传播作用,培育和传承红色基因,形成拥军爱军的社会氛围
11. 坚持和完善"一国两制"制度体系,推进祖国和平统一	通过旅游协调平衡落实区域性发展战略,充分彰显"一国两制"制度体系的优越性
12. 坚持和完善独立自主的和平外交政策,推动构建人类命运共同体	以文化和旅游为突破口,推动贸易和投资自由化、便利化,推动共建"一带一路"高质量发展;充分发挥文化和旅游在构建人类命运共同体中的独特作用
13. 坚持和完善党和国家监督体系,强化对权力运行的制约和监督	以景区、饭店、旅行社的等级评定等为切入点,完善问责和纠偏机制

参考文献

《中共中央关于坚持和完善中国特色社会主义制度推进国家治理体系和治理能力现代化若干重大问题的决定》，中国共产党第十九届中央委员会第四次全体会议表决通过，2019年10月31日。

宋瑞主编《中国旅游发展分析与预测》，社会科学文献出版社，2016~2019年。

宋瑞：《如何真正实现文化与旅游的融合发展》，《人民论坛·学术前沿》2018年第11期。

IMF, *World Economic Outlook*, *October 2019*, *Global Manufacturing Downturn*, *Rising Trade Barriers*, https://www.imf.org/~/media/Files/Publications/WEO/2019/October/English/text.ashx?la=en, 2019-11-17.

UNWTO, *International Tourism Highlights*, *August 2019*, *International Tourism Continues to Outpace the Global Economy*, https://www.e-unwto.org/doi/pdf/10.18111/9789284421152, 2019-11-17.

World Bank, *Global Economic Prospects*, *June 2019*, *Heightened Tensions*, *Subdued Investment*, https://openknowledge.worldbank.org/bitstream/handle/10986/31655/9781464813986.pdf, 2019-11-17.

G.2 2019年中国旅游发展十大热点

中国社会科学院旅游研究中心[*]

摘　要： 2019年中国旅游发展十大热点：国家公园建设制度化体系化；新时代红色旅游绽放新光芒；全域旅游首批示范区验收通过；夜游活动丰富满足多样需求；行业法规出台剑指在线乱象；A级景区摘牌倒逼转型提升；旅游企业跨界发展布局全球；大兴机场启用促进格局变化；南极旅游相关要求更加具体；玻璃栈道叫停带来监管启示。

关键词： 旅游　全域旅游　红色旅游　A级景区　南极旅游

对中国旅游发展年度热点事件进行梳理和评述，是"旅游绿皮书"的惯例做法。2019年中国旅游发生了很多重大变化。为了系统回顾和全面分析这些变化，中国社会科学院旅游研究中心遴选出了2019年中国旅游发展的十个热点问题，并由中心研究人员对其进行点评。需要说明的是，对于热点选择的标准主要是基于该事件所涉及问题的重要性、社会的关注度以及对未来发展的影响程度。因此，这些事件既不追求体系上的完整和正负影响上的平衡，也不刻意回避某些热点之间可能存在的交叉。

---

[*] 执笔人均为中国社会科学院旅游研究中心研究人员，依次为宋子千、杨慧、廖斌、王笑宇、沈涵、金准、张茜、赵鑫、吴金梅、孙鹏义、张树民。策划：宋瑞、吴金梅、金准、宋子千；总纂：吴金梅。

热点一：国家公园建设制度化、体系化

（一）热点事件

国家公园和国家文化公园建设在2019年得到了全面推进。在国家公园建设方面，2019年6月，中共中央办公厅、国务院办公厅印发的《关于建立以国家公园为主体的自然保护地体系的指导意见》（以下简称《指导意见》）中提出：到2020年完成国家公园体制试点，设立一批国家公园；到2025年，完成自然保护地整合归并优化，初步建成以国家公园为主体的自然保护地体系；到2035年，全面建成中国特色自然保护地体系，自然保护地占陆域国土面积18%以上。在国家文化公园方面，2019年2月，中共中央办公厅、国务院办公厅印发《大运河文化保护传承利用规划纲要》；7月，中央全面深化改革委员会第九次会议审议通过了《长城、大运河、长征国家文化公园建设方案》；9月，大运河国家文化公园建设推进会在江苏扬州召开。

（二）事件点评

首先，《指导意见》的出台和国家文化公园建设的加速推进，标志着我国国家公园建设进一步制度化和体系化，对于我国珍贵自然资源、人文资源的保护传承和开发利用具有重要而深远的意义。《指导意见》进一步细化国家公园建设方案，国家文化公园建设进入实施阶段，我国国家公园体系初步完成主体架构搭建。

其次，国家公园和国家文化公园相关文件的出台，充分体现了近年来我国在国家公园建设方面的丰硕成果。《指导意见》既是对十九大精神的贯彻落实，也是对十八届三中全会以来国家公园理论和实践发展的总结和提升。国家文化公园经过两年来的摸索，在发展方向、目标任务、空间布局等方面已经形成广泛的共识。

最后，国家公园建设在制度的细化和执行方面还有较长的路要走。2019年10月，"构建以国家公园为主体的自然保护地体系""完善文化和旅游融合体制机制"写入十九届四中全会通过的文件《中共中央关于坚持和完善中国特色社会主义制度　推进国家治理体系和治理能力现代化若干重大问题的决定》，表明国家公园已经成为事关国家治理体系和治理能力的重要制度。但是，在中央和地方之间、不同部门之间的产权事权划分，以及不同保护地类型之间、国家公园和当地社区之间的利益关系处理等方面，还有许多细节和操作性问题需要解决。由于国家文化公园和城乡建设、人民生活关联紧密、直接，所面临的矛盾可能也较为突出。

（三）重要启示

一是国家公园和国家文化公园将成为旅游业发展的重要载体，二者分别代表国家在自然生态领域和人文历史领域最宝贵的资源，必然对旅游者具有极强的吸引力。从二者的功能定位来看，在强调保护传承的同时，也均提出要满足人民群众的旅游需要。

二是旅游业高质量发展的根本途径是丰富人文和生态内涵。不能因为国家公园、国家文化公园有较为严格的资源环境保护措施就采取消极态度，时刻要牢记严格保护是传承利用的前提，旅游业发展将更加注重包括经济、社会、文化、生态等在内的综合效益。

三是国家公园体系建设给实践探索和理论研究带来了新的使命和巨大空间。国家公园和国家文化公园建设是重要的国家战略，还存在许多尚待解决的问题，是实践和理论上出成绩的"富矿"，不管是实践工作者还是理论工作者都应给予高度重视。

（执笔人：宋子千，中国旅游研究院首席战略研究员、旅游政策与科教研究所所长、中国社会科学院旅游研究中心特约研究员）

热点二：新时代红色旅游绽放新光芒

（一）热点事件

2019年5月20日，习近平总书记来到中央红军长征集结出发地江西省赣州市于都县，向中央红军长征出发纪念碑敬献花篮，参观中央红军长征出发纪念馆。7月18日，文化和旅游部发布首批试点单位红色旅游五好讲解员名单。9月16日，习总书记考察河南时到访鄂豫皖苏区首府烈士陵园。11月12日，中共中央、国务院印发《新时代爱国主义教育实施纲要》。11月30日，中宣部、文化和旅游部成功举办第二届全国红色故事讲解员大赛。

各地红色旅游发展创新不断，主题活动精彩纷呈，如冰雪红色旅游（北京）、红色旅游博览会（江西和湖南联办）、红色旅游促振兴（辽宁）、红色文化广场舞大赛（湖南）、红色旅游文化节（湖南）、红色旅游"九大行动"（四川）、红色旅游联盟（西藏）等。

2019年恰逢中华人民共和国成立70周年，爱国主旋律引领国庆假日旅游市场，红色旅游格外火热。红色旅游紧跟党的红色足迹，在新时代绽放出新的光芒。

（二）事件点评

以习近平总书记江西之行为标志，以红色旅游深受市场欢迎为表征，可见其意义深邃。近年来，红色旅游逐步增温，热度不断攀升，实现较快发展。

第一，红色旅游发展规划稳步推进，红色经典景区体系初步建立。党和国家高度重视红色旅游的发展，有关部门先后制定《全国红色旅游发展规划纲要》及《全国红色旅游经典景区总体建设方案》，确定数批全国红色旅游经典景区基础设施建设项目。目前已有红色旅游经典景区300个，初步形成反映不同历史时期的红色旅游经典景区体系。此外，我国红色公共基础建设不断完善,其中《全国红色旅游公路规划(2017~2020)》稳步推进,为促进红色旅游持续健康发展、带动革命老区经济社会协调发展提供有力支撑。

第二,注重红色精神文化挖掘、传承与宣传。红色旅游的发展坚持"不忘初心,牢记使命"的宗旨,深入挖掘红色文化精髓,传承好红色基因,积极开展红色旅游宣传与教育,充分发挥红色旅游资源在开展爱国主义教育、培育社会主义核心价值观、实现中华民族伟大复兴中国梦中的重要作用。

第三,红色旅游服务质量不断提升,大力推进红色旅游人才队伍建设。通过各类红色主题赛事、培训活动等,提高红色旅游人才队伍的业务素质和综合能力,规范红色讲解要求,红色旅游规范化水平和旅游服务标准化水平有效提升,红色旅游人才队伍逐步搭建与壮大。

第四,红色旅游常态化、业态融合发展特征显著。目前,红色旅游已经成为我国旅游市场发展的一抹亮色。红色旅游与研学、传统文化、生态旅游、体育旅游等融合发展,红色旅游产品与服务项目不断丰富,市场规模不断扩大。

(三)重要启示

红色旅游作为文化旅游的重要组成部分,新时代要提高红色旅游发展的质量,依托革命文物等红色资源,推出更多以红色文化为主题的旅游项目,丰富红色旅游产品的文化内涵,提升红色旅游的服务质量。

一是把握战略高度,夯实发展基础。红色旅游的发展要紧随党的脚步,深入学习党的理论与方针政策,把握红色旅游的战略发展高度,进一步完善全国红色旅游经典景区体系及相关配套基础性建设。

二是注重红色旅游功能与效用的开发与利用。红色旅游资源是爱国主义教育的重要实践载体,加强红色旅游基因传承,需充分发挥红色旅游的文化与教育功能。要充分挖掘与利用红色旅游的经济效用,将红色旅游与精准扶贫、脱贫紧密结合,发挥红色旅游在乡村振兴等方面的文化与经济价值等。

三是深化红色旅游资源主体改革，加快红色旅游融合与创新步伐。新时代红色旅游发展，需进一步深化红色旅游资源主体体制机制改革，提高红色旅游发展质量，加快红色旅游与相关业态、产业等融合与创新发展的步伐，激发红色旅游的综合效应与市场活力，助力推进旅游与地方经济高质量发展。

（执笔人：杨慧，中国社会科学院旅游研究中心访问学者）

热点三：全域旅游首批示范区验收通过

（一）热点事件

2019年初，"发展全域旅游，壮大旅游产业"写入政府工作报告；3月，文化和旅游部制定《国家全域旅游示范区验收、认定和管理实施办法（试行）》和《国家全域旅游示范区验收标准（试行）》；3月至7月，文化和旅游部开展了首批国家全域旅游示范区验收认定工作；5月，96家全域旅游示范区入围名单公布；9月，首批71家国家全域旅游示范区通过验收。文化和旅游部会同财政部通过旅游发展基金的拨付和补助，对国家全域旅游示范区建设给予11.18亿元的资金扶持；9~11月，文化和旅游部先后举办三期全国全域旅游培训班；11月，全国全域旅游推进会召开，旨在提升国家全域旅游示范区创建水平，促进全域旅游向纵深发展。

（二）事件点评

自2015年全域旅游提出以来，以首批国家全域旅游示范区通过验收为标志，全域旅游的理念日渐清晰，完善、可操作的工作体系初步形成。

首先，全域旅游发展范例初步形成。各地围绕改革创新开展了全域旅游的探索实践，坚持高位推进、体制机制创新、科学规划引领、扩大优质供给、加强政策保障、完善公共服务，取得了阶段性成果。首批71家国家全域旅游示范区在文旅融合创新示范、旅游扶贫富民创新示范、城乡统筹共享创新示范、生态依托创新示范、休闲度假创新示范、景区共建创新示范、资源转型创新示范、边境开发开放创新示范等领域形成了许多有价值、可复制、可推广的经验做法，打造了旅游业改革创新发展的先行区和试验田，建设了高质量旅游目的地标杆和典范。

其次，全域旅游的创新成果显著。此次国家全域旅游示范区验收强调改革创新，强调以县为基本单位，强调发挥基层创新的主动性。首批71家国家全域旅游示范区在推进全域旅游管理的体制机制改革，打破部门利益固化；创新旅游用地政策，推进土地制度改革；创新旅游投融资体制，完善旅游资本要素市场；优化旅游公共服务，引领社会公共服务；创新旅游规划体系，形成旅游引领的多规融合；创新扶贫新模式，助力全面小康社会建设等方面，探索出了具有全国推广价值的改革新路子。

最后，全域旅游引领全面深化改革的作用初步显现。旅游业对各种掣肘问题的突破都有全局性，通过发展全域旅游，充分调动了基层的活力，逐步突破束缚旅游业发展的体制机制困境，在一定区域内通过发展旅游业带动了经济社会的整体发展，有助于探索"让市场在资源分配中发挥决定性作用"的改革经验。改革创新是全域旅游发展的核心主线，全域旅游已成为新时代促进我国旅游高质量发展的战略选择。

（三）重要启示

一是要坚持改革创新。发展全域旅游要突出改革和创新，要针对旅游发展的重大问题，探索新的发展模式和路径，提出一系列旅游改革发展的具体措施，破解长期制约旅游发展的瓶颈，形成适应全域旅游发展的体制机制。要全面推进旅游发展的理念创新、政策创新、体制创新、产品创新、业态创新、营销创新、公共服务创新等，提高旅游业治理水平。

二是要加强示范引领。要以首批示范区为引领，加大经验总结和宣传推广力度，有序扩大示范区创建规模，充分释放全域旅游效益。

三是要坚持因地制宜。全域旅游示范区的创建既要对照标准要求，又需要坚持特色，因地制宜，因时制宜。各地要结合自身情况，对创建方式、创建路径、创建成果进行改革创新，在体制机制、旅游产品、公共服务、营销方式等方面都要探索适合地方发展的道路，探索新模式，推进全域旅游的特色化发展。

四是要深化文旅融合。按照"宜融则融、能融尽融，以文促旅、以旅彰文"的理念，完善文化和旅游融合机制，推动以"文旅融合"为引领的全域旅游发展新模式。

（执笔人：廖斌，北京联合大学旅游管理系旅游目的地管理教研室主任，中国社会科学院旅游研究中心特约研究员）

热点四：夜游活动丰富满足多样需求

（一）热点事件

2019年，从年初的"故宫上元夜"开始，各式各样的景区夜游活动成为普遍关注的热门话题。率先推动夜间经济的杭州市，其夜间娱乐、夜间餐饮、夜间文化体验等一系列产品带动了整个区域的夜间经济市场，形成了"杭州不夜城"的景象，在拉动旅游经济并促进社会效益与经济效益发展方面，成为夜间经济的典范。"故宫上元夜"活动虽然引发了一些争议，有人对博物馆发起夜间灯光秀这种商业行为的初衷及产品本身与故宫文化博物馆的定位属性匹配程度提出质疑，但作为一种尝试，故宫的确开启了博物馆夜间活动的先河。

（二）事件点评

夜间经济与文化旅游的融合发展，正是在我国进入工业化后期，社会形态由生产型社会向消费型社会转型时期的特有产物。它既是这一社会发展时期的经济成果体现，也是休闲产业发展到一定阶段的产物，并具备以下特征。

首先,夜间经济符合全域旅游发展方向。休闲与旅游发展在满足需求的前提下,不仅需要全空间发展,也要全时间发展,同时还需要全域发展。夜间经济是空间的重叠与时间的全覆盖,同时也是服务的全域,因此夜间经济的发展是时代发展的需要。

其次,夜间经济是休闲微度假产品的必然产物。新的夜间市场产品,满足的是中产阶层休闲消费者与度假消费者的高层次主题文化体验需求,而不仅仅是观光团队看一场秀、吃一餐饭、回酒店睡觉这么简单。这些服务是适应休闲微度假需求的有效供给。

最后,夜间经济是存量转化的延伸经济和衍生经济。一方面,它围绕本地居民与游客的日常存量需求与旅游日常需要,转化延伸出夜间经济。夜间经济与日间经济之间,围绕消费需求存在一定的延续性,并非脱离客群需求、客群消费惯性凭空产生、凭空制造的。另一方面,它是依托于文化概念、IP内容及在地文化属性衍生产品形成的经济,并非完全无中生有。

(三)重要启示

一是要高度重视,明确夜间经济在旅游业转型换档期对全域旅游发展的作用。随着社会经济由工业向后工业化转型,新中产阶层消费群体的消费需求已经发生变化,伴随而生的全时主题休闲、全时文化度假、全时在地体验等诸多需求迅速发展。而满足日夜兼顾的休闲生活、文化度假、在地体验等需求的夜间旅游及休闲产品正是夜间经济的重要组成部分。

二是要理解市场,重新认识夜间经济相关产品对满足新中产阶层休闲需求、度假需求的重要性。夜间经济的兴起可以追溯到很早的夜市经济,但当下的夜间经济是全域旅游概念下的综合概念,其中既包括基础亮化、商业餐饮服务、市政配套,也包括主题文化光影秀、主题夜间剧场、主题休闲、度假夜间体验娱乐活动等。这也说明,新中产阶层的休闲、旅游、度假消费,既有基础功能性需求(食、宿、行、游、购、娱),也有高端

的文化体验性需求。简单的灯光亮化、夜光秀及餐饮、商业延时营业已经不能满足新时期的文化休闲需求。研发符合新中产阶层需求、为其所喜闻乐见的高性价比功能型产品和与文化深度契合的体验性产品是夜间经济下一步发展的方向。

三是要遵循规律，依托消费需求及文化资源，科学开发夜间经济相关产品。夜间经济有其需求与市场，一定要依托客群需求与开发主体、在地环境的文化内涵挖掘、研发夜间经济适配产品，而不能为了夜间经济而搞夜间经济。

（执笔人：王笑宇，中国社会科学院旅游研究中心特约研究员，云蒙山旅游投资集团副总经理）

热点五：行业法规出台剑指在线乱象

（一）热点事件

2019年初，有媒体记者通过调查揭开了在线预定行业的黑幕——各种网络消费平台基于"越是老顾客，用户黏性和消费惯性越大，对价格的敏感度和比较倾向越低"的判断，采取定价歧视的方法，给老顾客的价格更高，更有甚者，在暗中绑定了很多附加付费服务，如订购机票会暗中加价捆绑保险，使消费者在不知情的状态下付费购买原本无意购买的附加产品。在线旅游的各种乱象引发关注。文化和旅游部应对在线预定平台的问题，出台了《在线旅游经营服务管理暂行规定（征求意见稿）》，公开向社会各界征求意见，整顿行业普遍存在的大数据价格歧视、虚假预定、不合理低价游、信用监管等。其中具体指出，"在线旅游经营者不得利用大数据等技术手段，针对不同消费特征的旅游者，对同一产品或服务在相同条件下设置差异化的价格。违反该条规定的，由县级以上文化和旅游行政部门依照《中华人民共和国电子商务法》第七十七条的规定处罚。"

（二）事件点评

互联网时代对于数据的应用达到了前所未有的高度。大数据既带来了生产技术和生活水平的提高，同时也带来了新的问题，对监管提出了新的要求。

首先，电子商务的发展便利了人们的生活也引发了新的问题。包括在线旅游服务在内的电子商务为人们提供了更多的便利，但是与电子商务伴生的大数据管理等问题也正在逐步显现。大数据透视下的个人隐私和行为信息越来越没有安全保障，尤其是一些商业机构出于逐利目的，滥用数据实现利益最大化，甚至共享个人数据，对消费者的利益构成严重威胁。

其次，国家层面立法为规范电子商务活动夯实法律基础。2019年1月1日《中华人民共和国电子商务法》正式实施。在明确鼓励发展电子商务新业态、鼓励商业模式创新的同时，强调要加强电子商务诚信体系建设、电子商务市场环境建设。确立了违法行为的惩治原则和标准。例如，针对在线旅游价格歧视的现象，根据相关条文，就可以按照"一般情节可处以5万元到20万元罚款，情节严重最高可罚款50万元"规定进行处罚。

最后，要针对问题和行业特点逐步规范细化管理要求。从旅游在线预定来看，大数据杀熟现象较为普遍。从订餐到订票、订酒店，不少在线平台通过这一技术获得更大利润。对此，监管部门应陆续出台政策，加强个人信息安全和保护。在监管增强的背景下，促使在线预定平台调整改进原有的商业模式。

（三）重要启示

文化和旅游部出台的《在线旅游经营服务管理暂行规定（征求意见稿）》对于在线预定市场来说是一剂良药。一方面，填补了长期以来在线旅游市场监管的真空地带，有助于游客利益的保护；另一方面，为大数据驱动下的在线旅游市场的有序运作和市场治理都提供了有益的保障。通过这一规范，可降低新的技术手段对消费者合法权益的侵占和损害，使之朝向健康有

益的技术使用方向发展，避免在线旅游预定市场成为劣币驱逐良币的"柠檬市场"。

新技术的推动带来了旅游消费市场的日新月异。技术是把双刃剑。正确的监管有助于我们更好地把握技术，引导市场，制订规则，整肃治理，保护消费者权益。这对于技术的正确使用、市场的健康发展具有长期的重要意义。

（执笔人：沈涵，复旦大学旅游学系教授，中国社会科学院旅游研究中心特约研究员）

热点六：A级景区摘牌倒逼转型提升

（一）热点事件

2019年11月6日，文化和旅游部召开文化和旅游市场整治暨景区服务质量提升电视电话会议。通报数据显示，2019年以来，在景区整改提质行动中，全国复核A级旅游景区5000多家，1186家景区受到处理，405家受到取消等级处理。景区的复核与摘牌，成为贯穿2019年全年的热点事件，特别是年中山西省晋中市乔家大院景区被取消旅游景区质量等级，辽宁省沈阳市沈阳植物园景区、浙江省温州市雁荡山景区、河南省焦作市云台山景区、广东省梅州市雁南飞茶田景区、四川省乐山市峨眉山景区、云南省昆明市石林景区等6家景区被通报批评责令整改，引起市场震动。

（二）事件点评

景区复核不是一个孤立事件，而是一连串与景区密切相关的变化中的一项。与景区复核相关的变化至少包括：国有景区门票降价的深入推进；夜游经济的备受重视；玻璃栈道被暂时叫停；进博会上一系列新的国际项目被引进。其中特别值得关注的是，2019年以来景区效益呈现分化之势，一方面是从数据上反映出来的景区收益整体上的进一步增长，另一方面是一批有影响力的景区增长势头回落，运营质量再次成为景区关注的焦点。

这一系列变化的原因是，在随着经济的总体换挡而不得不进入高质量转型的进程中，传统支撑景区行业增长的红利，包括低成本劳动力的红利、市场整体增长的红利、宏观经济高速增长形成的支撑红利，均在逐步减弱甚至消散。反之，高速增长期给景区行业带来的后遗症却日益困扰整个行业，一些景区呈现出投资粗略、运维粗放、服务松懈、产品老化、市场对应不足，甚至过度多元化、过度商业化、过度使用杠杆等问题。即使是景区中最具代表性的5A级景区，也与高质量发展的要求存在一定的差距，特别是其核心的服务能力、创新能力、盈利能力均还不能适应新的宏观经济形势的变化，也不能适应快速变化的市场需求。在此情形下，景区行业有待通过高质量的转型，以调整发展模式，提升产品品质，树立核心竞争力。

（三）重要启示

在新的背景下，可将2019年的景区复核视为一种机制、一种动力和一个信号。

一是景区的复核彰显了一种新机制。景区复核是重申景区发展的底线要求，明确A级景区从准入管理向准入与过程管理相结合的转变，这是在用机制推动景区的提升并保证基本的服务质量。在文旅融合的新平台上，相信将有更多的举措出台，形成组合拳，推动上导下推、内引外联的旅游全行业高质量升级机制的形成。

二是景区的复核是一种倒逼景区转型升级的动力。景区复核从供给侧发力，与需求侧的市场变化形成联动，逼迫景区从粗放增长的舒适区中走出来，从靠天吃饭的简单模式中生发出文旅融合的增长新基因，引导产品、业态、服务和投资转向满足人民群众的真实旅游需求，从大干快上转向精深细微，在探索中实现转型。

三是景区的复核是一个信号。从复核起始，从景区切入，后面是旅游全行业，包括景区、酒店、旅行社、购物、娱乐等的全方位转型升级。每一个分支、每一条链条，都有待重新引导和推动，其间大浪淘沙，将带来复杂的分化，新的增长支柱将从中蜕变出来。

（执笔人：金准，中国社会科学院旅游研究中心秘书长、副研究员）

热点七：旅游企业跨界发展全球布局

（一）热点事件

2019年，一些知名旅游企业积极向外拓展战略合作关系，或是借助资本向纵深布局。跨国性布局合作成为企业发展的一种潮流。例如，铂涛与DELSK集团达成战略合作，致力于海外市场的酒店项目开发；华住收购德意志酒店集团（Deutsche Hospitality），开启名为加速增长目标（Accelerated Growth Goal）的国际化扩张计划；格林酒店集团战略投资都市酒店集团，加速覆盖中国中端酒店市场；携程集团和TripAdvisor达成全球战略合作伙伴关系，双方合作内容包括成立合资公司、达成全球内容协议以及入股TripAdvisor全球业务；雅高集团与阿里巴巴集团达成战略合作，计划未来五年通过数字化应用和忠诚计划方案提升游客体验。

（二）事件点评

全球变局之下，旅游企业的跨国合作和战略并购并未受明显影响，反而呈现出一些新特征。

第一，从国内市场转向国际市场。对于国内企业而言，国内市场竞争白热化，使其思考新的增长点，出境游的持续火热自然吸引其落子布局海外市场。对于海外企业而言，中国市场容量、增长潜力、丰厚利润成为其进入国内市场的重要因素。值得注意的是，在这种"双向交流"中，中国企业的主动性、影响力、话语权大大提升。

第二，从内生增长转向外延扩张。一方面通过对存量资产的不断调整和优化，提质增效；另一方面开始将发展重心转向增量部分，增量的扩张不单是传统意义上规模、市场占有率的提升，现在更加注重产业链上下游的布局，以及这种布局能否提高用户的黏性。

第三，从单兵作战转向强强联合。过去的并购更多的是"大鱼吃小鱼"的传统模式，经过行业的洗牌，存活的大多是头部企业，再想从行业竞争中获利分羹，往往难凭一己之力实现，如万豪、希尔顿、雅高等向中国企业开放特许经营权就是发展策略上的调整。因此，大型并购、战略合作等强强联合的方式成为新的选择。而且，行业边界也逐渐淡化，跨界的联合更容易优势互补，形成竞争优势。

（三）重要启示

一是寻找企业增长的"第二曲线"。旅游企业发展经历过初期的艰难后，一旦寻找到破局点，一般会实现本土市场份额的快速扩大，但本土市场的发展会存在天花板，可能导致旅游企业后劲不足、发展失速，为避免遇到"极限点"失去竞争优势，选择国际化战略，积极布局海外成为寻求新增长点的重要举措。

二是跨界合作成为大势所趋。旅游企业们出于各自的不同需求，会在酒店、航空、金融、科技等领域不断寻找机遇。所以，旅游企业的强强联合不再局限于同业合作或者产业链上下游的拓展，越来越多的合作将是跨界联合。跨界合作不仅能减少探索成本、降低风险，还能在短时间内借力其他行业巨头筑起更高壁垒。

三是中国企业应抓住机遇"走出去"。中国优秀旅游企业在规模、品牌、创新、管理等方面已经在国际舞台崭露头角，开始与国际巨头分庭抗礼。变局之下虽有不利因素，但更应看到"一带一路"建设、出境游利好等有利因素，做强做优做大中国企业，贡献中国智慧、中国服务、中国力

量。当然,"走出去"的中国企业还应建立一套适应当地文化、制度、法律的管理体系。

(执笔人:张茜,中国邮政集团研究院金融研究中心高级研究员;赵鑫,中国社会科学院旅游研究中心特约研究员)

热点八:大兴机场启用促进格局变化

(一)热点事件

2019年9月25日,习近平总书记宣布北京大兴国际机场(以下简称大兴机场)正式投入运营。大兴机场作为跨地域、超大型的国际航空综合交通枢纽,被定位为新生代机场的领跑者,一投入运营就引发了媒体的关注,并成为网红打卡地。不仅有乘客专门选择从这里出发,有北京、天津、河北的居民和各地游客专门到这里拍照,也有外国驻华使节等参访打卡。大兴机场也成为国际航空业界的焦点。在第七届北京全球友好机场总裁论坛上,大兴机场成为热点,参会人士表示大兴机场将成为东北亚航空货运枢纽。总体而言,献礼中华人民共和国成立70周年,从凤凰造型到智能服务,从区位优势到综合交通组织,大兴机场承载新时代国人的骄傲。

(二)事件点评

首先,中国机场新标志,展现世界一流水平。大兴机场拥有多个世界之最,它是世界规模最大的单体机场航站楼,是世界施工技术难度最高的航站楼,是世界最大的采用隔震支座的机场航站楼,也是世界最大的无结构缝一体化航站楼,堪称世界上施工技术难度最高的机场。同时它又以凤凰的造型、五指廊的设计、智慧便捷的服务体现着文化的内涵和创新的特色。

其次，中国首都新国门，联通全世界。大兴国际机场的投运，短期内就连接了全球 175 个国家和地区的 1150 个目的地，显著提升了中国与世界、特别是与"一带一路"相关国家及地区的通达性。作为亚太地区航空的核心枢纽，为国际政治、经济和文化往来提供有效保障。

第三，开启区域交通新格局。随着大兴机场的投入运营，北京一南一北双枢纽的格局正式形成，增强了北京国际交通枢纽的能力，推动了京津冀世界级机场群的提升发展。此外，大兴机场地跨北京、河北，辐射天津，连接着北京中心城区与雄安新区，在京津冀协同发展中发挥重要的桥梁、纽带作用。

第四，市民休闲地旅游新景点。数据显示，2019 年国庆节期间，大兴机场游客量与旅客量的比例达到 13∶1。越来越多的人不仅去北京大兴国际机场乘坐飞机，还特意去那里休闲购物、亲子游乐，或选择一家特色美食餐厅。

（三）重要启示

机场在旅游发展中起着重要的作用。中共中央、国务院印发的《交通强国建设纲要》提出，要深化交通运输与旅游融合发展，完善客运枢纽、高速公路服务区等交通设施旅游服务功能。国际经验也表明机场不仅在旅游运输中发挥作用，同时也是一个国家文化的展示地，也可以成为旅游的目的地。面向未来，以下几点值得特别关注。

一是要强化国际航空枢纽作用，促进旅游发展。围绕北京市"建设国际一流旅游城市"的目标，大兴机场要通过优化通关模式，使出入境旅客有更好的通关感受；用好 144 小时过境免签政策，推进北京大兴国际机场与铁路、公路、港口之间的良性互动；提升同主要客源国之间、"一带一路"沿线重点城市之间航空交通的可达性。

二是要比肩国际机场，打造特色鲜明的旅游目的地。要借鉴国际大型机场经验，规划、设计和建设一批观光设施。充分利用 5G、人工智能等新技术，为旅客提供更好的感受，吸引游客到机场参观、旅游、休闲，将大兴机场打造成为集购物、美食、休闲、观光、娱乐于一体的旅游目的地。

三是要高标准建设发展临空经济区。科学配置临空产业，增强区域发展活力和吸引力,使之成为引领全国乃至全球交通运输与旅游融合发展的新标杆。

四是要发挥窗口的作用,展示中华文化。大兴机场要利用好现有建筑等优势,不断通过注入特色文化内涵和文化元素,向世界更好讲述中国故事,成为面向世界宣传中国的窗口。

(执笔人:吴金梅,中国社会科学院旅游研究中心副主任)

热点九:南极旅游相关要求更加具体

(一)热点事件

2019年9月10日,自然资源部发布《赴南极长城站开展旅游活动申请指南(试行)》(以下简称《指南》),开放赴南极长城站旅游申请。《指南》明确了拟申请赴南极长城站开展旅游企业的办理流程,规范了站区旅游活动,并要求各旅游企业切实加强对赴南极长城站的游客进行环保专题教育,切实遵守南极环境保护和动植物保护的相关要求。《指南》制定的依据为2018年发布的《南极活动环境保护管理规定》《南极活动环境影响评估文件目录》《访问中国南极考察站管理规定》等规定,是对南极活动中涉及的旅游活动的专项规范和引导,为旅游企业和游客赴南极旅游提供了制度基础。

(二)事件点评

第一,《指南》的出台顺应极地旅游发展趋势。近年来,国内游客赴南极旅游的数量逐年增加,目前中国已经成为南极旅游的第二大客源国。随着游客的年龄结构、客源地、个性产品诉求日益多样化,极地旅游等极限旅游市场不断扩容。开放南极长城站旅游申请,为游客更好地体验极地生活提供了新的可能,契合了游客对深度旅游和定制旅游体验的追求。

第二,极地旅游强调环保的极端重要性。《指南》在第二部分中强调了旅游组织者和活动者应遵守南极环保要求,对于违反南极环保和相关管理规定的旅游企业和游客界定了罚则。并在第三部分专门就环保教育作出规定,在行前、行中阶段对旅游企业提出环保要求。因此,除去具体的申请流程、开放区域及开放时间等基本规定之外,《指南》将维护南极环境作为赴南极旅游中极其重要的一环,并初步构建起事前、事中、事后三个维度的监管机制。

(三) 重要启示

第一,以极地旅游为代表的极限旅游有望迎来新一轮发展。此次《指南》指向南极,但借由此项政策,以南极旅游为代表的极地旅游、太空旅游、深海探险、高山探险等极限旅游有望步入新的发展阶段。

第二,极地旅游热现象的背后,应注入更多的冷思考。极地旅游市场扩容的背后是旅游消费升级,游客对旅游产品迭代的心理预期将不断催生极地旅游的火热,极地环境的承载力将面临愈加严峻的挑战,游客及随之而来的附属物、消耗物等的增多,对旅游环境的自净化能力等造成巨大压力,因此极地旅游应有步骤地稳妥推进,防止一哄而上。

第三,发展极地旅游尤其要注重环境保护。极地旅游等极限旅游的客体即旅游吸引物大多为稀缺的、脆弱的自然生态资源,因此在极地旅游过程中必须要以保护环境为前置条件。这是极限旅游发展中极其重要且不容忽视的命题。这一方面需要政府层面强化专项法律法规普及与教育;另一方面需要旅游企业及游客增强环保意识、敬畏意识,将环保理念植入极地旅游的全过程。

(执笔人:孙鹏义,中国社会科学院旅游研究中心特约研究员)

热点十:玻璃栈道叫停带来监管启示

(一) 热点事件

2019年,多个景区玻璃栈道被叫停,一时间景区监管话题引起了广泛

关注。从2016年开始，经过2017年的火热和2018年的持续爆发，湖南省张家界"飞云渡"、平江石牛寨，河北省涞源白石山、易县狼牙山，重庆云阳龙缸，辽宁丹东凤凰山等众多景区相继推出玻璃桥项目。据不完全统计，短短几年，各种玻璃栈道、玻璃栈桥、玻璃水滑道已达2300多条。各类惊奇效果、仿真效果、特技效果层出不穷，各项"更高、更长、更新"的宣传此起彼伏。这些都为相关景区带来了广泛的关注、市场的突破以及实在的利润，同时各种问题也逐步显现。由于偶发事故的警示、潜在风险的隐忧、准入门槛的缺失、评估标准的真空等，从北京开始，越来越多的省份出台了暂停现有项目、清查危险项目、不准新建同类项目等政令，使很多景区谈"玻"色变、望"玻"兴叹。

（二）事件点评

首先，玻璃栈道的出现在时代背景下有其进步意义。在景区投资多元化的旅游业发展阶段，景区需要新的项目带来新的客流增量和收益增量；"大众创新""法无明文禁止即可为"等让很多景区操盘者大胆尝试新、奇、险、特的技术；游客需求多元化、个性化、年轻化的倾向，也挑战原来"好山好水、名山大川"的资源依赖思维，产生创新压力。

其次，"急刹车"的做法来源于政府对安全生产的高度重视和安全预防导向。确保公共安全，是悬在相关监管部门头上的"达摩克利斯之剑"。在公共安全面前，"无限创意"必须要有红线。尤其偶发事件通过舆论传播开来，使得社会公众感觉到事态严重，监管部门当机立断进行整治。

最后，玻璃项目的市场跟潮冲动和行政监管初衷的错位，在旅游业其他领域也会存在或出现。例如，高空秋千、极速速降、空手攀岩等项目，无一不符合年轻游客群体挑战自我、追求刺激、炫耀性参与等心理，但这些项目一旦出现一次偶发事故，会产生巨大且多方面、长辐射的负面效应。因此，如何既鼓励创新又能够有效控制，已经成为一个旅游业未来发展必须面对的课题。

（三）重要启示

一是监管加快规范管理进程。河北省住建厅联合质监局、文旅厅、安监局组织编制了《景区人行玻璃悬索桥与玻璃栈道技术标准》。作为国内第一部专门针对景区玻璃项目的地方标准，给全国做出示范。据悉，中国工程建设协会等机构也在着手编制相关规范。

二是暂停激发创新动能。已建项目的景区，尽管或多或少受到影响，但也都在寻找其他渠道，或者被迫做出新的创新，这某种程度上也不失为一种"压力刺激"，使其更加重视安全，提升创新能力。

三是安全红线意识增强。跟风项目的迅速蔓延，已在客观上导致玻璃桥审美疲劳，原有的刺激感因为同质化而大大消退。"叫停"客观上会避免继续跟进者的投资浪费，也在客观上让景区经营者更加感知政府"安全一票否决"的决心。

四是"骤然叫停"带来的舆论场引发科学监管思考。政府关注"促进投资、满足需求、有效监管、依法施策"等诸多方面的总体平衡和有效衔接。玻璃栈道的管理过程，使政府有关部门在今后类似领域类似事件的处理中，积累新的经验，从而呈现出更好的前瞻性。

（执笔人：张树民，中国社会科学院旅游研究中心特约研究员）

特别专题
疫情下的中国旅游业

Special Theme
China's Tourism Industry in the Context of COVID-19

G.3
新冠肺炎疫情与旅游业：
影响评估与思考建议

宋瑞 冯珺 王业娜*

摘　要： 新冠肺炎疫情是改革开放以来我国旅游业所遭受的影响最大、范围最广、程度最深的一次冲击。面临巨大冲击，政府部门、行业协会、旅游企业做出积极应对。除关注疫情对旅游业的短期影响和总体影响外，还要关注其长期影响、结构性影响、

---

* 宋瑞，中国社会科学院旅游研究中心主任、中国社会科学院财经战略研究院研究员、博士生导师，研究重点为旅游政策、旅游可持续发展、休闲基础理论与公共政策；冯珺，中国社会科学院财经战略研究院博士后、中国社会科学院旅游研究中心特约研究员，研究重点为服务经济学、旅游经济学、文化产业管理；王业娜，中国社会科学院大学博士研究生，研究重点为旅游管理、旅游政策与规制等。

对旅游从业者的影响、国际影响和间接影响，要理性对待疫情结束后的"市场反弹"。展望未来，宜长远兼顾，以应对疫情为契机，推动旅游业的新一轮改革开放和高质量发展，进一步强化、优化和细化相关扶持政策，加强疫后旅游市场的引导和恢复，重视入境旅游市场的振兴，引导旅游就业市场稳定化和规范化发展。

关键词： 新冠肺炎疫情　旅游业　影响评估　政策建议

新冠肺炎疫情是新中国成立以来在我国发生的传播速度最快、感染范围最广、防控难度最大的一次重大突发公共卫生事件。[①] 作为以人的移动性和聚集性为特征的旅游业，在此次疫情中受到强烈冲击。一方面，旅游业必须把疫情防控作为首要工作，采取严格措施，内防扩散、外防输出；另一方面，旅游业要在科学评估疫情影响的前提下，采取有效措施消除短期负面影响，并推动旅游业新一轮改革开放，从而实现高质量发展的长远目标。

一　短期影响：冲击巨大，超乎以往

关于此次疫情给旅游业所造成的影响，目前大部分论断局限于描述性判断，少数定量分析也因研究时间较早、对疫情复杂性预估不足等而偏于乐观。总体来看，此次疫情在短期内对我国旅游业造成超乎以往的巨大冲击。

（一）2020年全年旅游总收入将减少33%~45%

为准确评估此次疫情对旅游业的影响，我们根据"反事实"、"有限外

---

① 习近平：《在统筹推进新冠肺炎疫情防控和经济社会发展工作部署会议上的讲话》，新华社，http://www.xinhuanet.com/politics/2020-02/23/c_1125616016.htm。

推"和"相机修正"等原则,采用弹性分析法和回归分析法尝试进行分析①。所谓"反事实"原则,是在假设不存在疫情的情况下,计算旅游业发展的预期数值,再预测疫情不同走势下旅游市场可能呈现的实际情况,根据二者的差值测算疫情对旅游业的影响。所谓"有限外推"原则,是在世界疫情尚未结束、防治形势复杂多变的情况下,重点把握短期预测和关键时点预测。所谓"相机修正"原则,是根据疫情的最新变化对预测结果作出合理修正。基于国内外医学界对疫情的最新判断,我们设定三种不同情境进行评估。情境1持乐观态度,假设国内疫情有望于3月底基本结束,最迟于4月上旬彻底结束;情境2持谨慎乐观态度,假设国内疫情有望于4月底基本结束,最迟于5月上旬彻底结束;情境3持谨慎态度,假设国内疫情有望于5月底基本结束,最迟于6月上旬彻底结束。

总体来看,三种情境之下,此次疫情将导致2020年度全年全国旅游总人次同比减少23.12%、29.29%和34.97%,全年旅游总收入同比减少26.27%、33.40%和39.83%。若考虑不发生疫情情况下2020年的自然增长率(即"反事实"预测),则三种情境下,此次疫情导致2020年全年全国旅游总人次损失29.80%、35.44%和40.62%,全年旅游总收入损失33.19%、39.65%和45.48%(见表1)。其中新冠肺炎疫情造成2020年第一季度全国旅游总人次和旅游总收入的潜在下降比例分别为76.49%和79.77%。

表1 三种情境下,新冠肺炎疫情对我国旅游业的影响

	旅游总人次(亿人次)			旅游总收入(亿元)		
	情境1	情境2	情境3	情境1	情境2	情境3
绝对指标						
2019年实际值	60.60			65200.00		
2020年预测值	46.59	42.85	39.41	48072.95	43426.32	39228.83

---

① 冯珺、宋瑞:《新型冠状病毒疫情对我国旅游业的影响:评估与建议》,《财经智库》2020年第4期。

续表

	旅游总人次(亿人次)			旅游总收入(亿元)		
	情境1	情境2	情境3	情境1	情境2	情境3
2020反事实预测值	66.37			71954.72		
2020年预测值与反事实预测值的差值	-19.78	-23.52	-26.96	-23881.77	-28528.40	-32725.89
相对指标(单位:%)							
以2020年预测值计算的同比增长幅度	-23.12	-29.29	-34.97	-26.27	-33.40	-39.83
以2020年反事实预测值计算的同比增长幅度	+9.52			+10.36		
2020年预测值与反事实预测值的差值相当于反事实预测值的比例	-29.80	-35.44	-40.62	-33.19	-39.65	-45.48

来源：冯珺、宋瑞，《新型冠状病毒疫情对我国旅游业的影响：评估与建议》，《财经智库》2020年第4期。

（二）此次疫情将是改革开放以来旅游业遭受的最大一次冲击

综合考虑此次疫情的复杂性、世界性，以及我国旅游业的规模、体量，在GDP、就业和居民消费中的占比，国际化程度等因素，可初步判断，这应是改革开放以来我国旅游业遭受影响最大、范围最广、程度最深的一次冲击，其影响远超2003年非典（见表2）。

表2　2003年非典与2020年新冠肺炎影响对比

类别			2003年	2020年		
				情境1	情境2	情境3
旅游总人次	数量(亿人次)	上年度	9.76	62.03		
		本年度	9.62	59.25	48.02	39.41
		反事实	10	66.37		
		本年度与反事实的差值	-0.38	-7.12	-18.35	-26.96
	比例(%)	差值相当于上年度比例	-3.89	-11.48	-29.58	-43.46
		差值相当于本年度比例	-3.95	-12.02	-38.21	-68.41
		差值相当于反事实比例	-3.8	-10.73	-27.65	-40.62

043

续表

类别			2003年	2020年		
				情境1	情境2	情境3
旅游总收入	数量（亿元）	上年度	5566	65200		
		本年度	4882	65317.36	51259.39	46128.83
		反事实	6000	71300.00		
		本年度与反事实的差值	-1118	-5982.64	-20040.61	-25171.17
	比例（%）	差值相当于上年度比例	-20.09	-9.18	-30.74	-38.61
		差值相当于本年度比例	-22.9	-9.16	-39.10	-54.57
		差值相当于反事实比例	-18.63	-8.39	-28.11	-35.30

来源：根据《中国旅游统计年鉴》与《新型冠状病毒疫情对我国旅游业的影响：评估与建议》一文整理而成。

二 缓解冲击：多元发力，多策并举

（一）政府部门积极救市

疫情暴发以来，政府部门积极行动，一方面做好疫情防控，坚决杜绝通过旅游活动尤其是有组织的旅行活动扩散和传播疫情；另一方面出台各类政策，为包括旅游在内的各类受损行业企业提供支持。2020年1月24日，文化和旅游部要求全国旅行社及在线旅游企业暂停经营团队旅游及"机票+酒店"产品。此后，有关部门出台相关扶持政策。据不完全统计，自2020年1月24日起，财政部、国家税务总局、国家发展改革委、人力资源和社会保障部、海关总署、中国人民银行、银保监会、证监会、国家外汇管理局、工业和信息化部、教育部、交通运输部、国家卫生健康委、文化和旅游部、科技部等部门先后出台50余条政策，从金融、财政、税费优惠、稳岗就业等方面为企业提供支持（见附录）。

在金融扶持政策方面，主要措施如下。一是对于受疫情影响较大的批发零售、住宿餐饮、物流运输、文化旅游等行业不盲目抽贷、断贷、压贷，通过适当下调贷款利率、完善续贷政策安排、增加信用贷款和中长期贷款等方式支持企业渡过难关。二是加大对受疫情影响的创业企业的担保贷款贴息支持力度，鼓励信用优良企业发行小微企业增信集合债券，为受疫情影响的中小微企业提供流动性支持。三是对到期还款困难的企业予以展期或续贷，对中小微企业延期还本付息，为受疫情影响较大的企业提供应急转贷资金支持，降低应急转贷费率。四是暂退旅游服务质量保证金，截至2月25日全国约90%共35200家旅行社申请暂退质保金，已退金额34.62亿元。

在稳岗就业和社会保障政策方面，主要措施如下。一是允许企业与职工协商，采取调整薪酬、轮岗轮休、缩短工时等方式稳定工作岗位；暂无工资支付能力的企业可与工会或职工代表协商延期支付，以减轻资金周转压力。二是用好培训费补贴、工会经费、企业组织会费、工会防疫专项资金等政策。对于停工期、恢复期组织职工参加各类线上或线下职业培训的，可按规定纳入补贴类培训范围，对工会经费、企业组织会费进行合理返还。三是支持帮助受疫情影响企业特别是中小微企业开展职工技能培训和困难企业职工转岗培训，开放"中国职业培训在线"平台全部功能，免费提供培训教学资源。四是根据受疫情影响情况和基金承受能力，免征中小微企业三项社会保险单位缴费部分，免征期限不超过5个月。五是受疫情影响严重的企业，可申请缓缴社会保险费与住房公积金，缓缴期间免收滞纳金或不影响正常提取。对灵活就业人员和城乡居民2020年一次性补缴或定期缴纳社会保险费放宽时限至疫情结束。六是加大失业保险稳岗返还力度。对受疫情影响不裁员或少裁员的中小微企业，可放宽裁员率标准，由不高于上年度统筹地区城镇登记失业率，放宽到不高于上年度全国城镇调查失业率控制目标，对参保职工30人（含）以下的企业，裁员率放宽至不超过企业职工总数20%。

在减税降费方面，主要包含延长申报纳税期限、延期缴纳税款等政策。国家税务总局2月先后两次延长纳税申报期限，受疫情影响较大的困难行业企业——包括交通运输、餐饮、住宿、旅游（指旅行社及相关服务、游览景区管理两类）四大类——2020年度发生的亏损，最长结转年限由5年延长至8年。在降低企业生产成本方面，通过减免租金，降低用电、用气价格等方式降低企业生产要素成本。例如，加大创业载体奖补力度，支持创业孵化园区、示范基地降低或减免创业者场地租金等费用；对疫情防控期间暂不能开工企业、疫情后复工复产企业分别出台用电政策，通过执行淡季价格、对特定行业给予特殊价格优惠、及时降低天然气终端销售价格等措施降低企业成本；等等。

（二）行业协会有效引导

行业协会作为政府、市场之外的第三种监督力量与组织形式，在疫情防控、行业自律和产业互助方面也发挥了积极作用。具体做法如下。一是发布呼吁与倡议书。中国旅游协会、中国民用机场协会等先后发布关于号召全行业积极防控疫情、发挥通用机场保障作用防控备勤值守等倡议，充分发挥协会行业号召力，迅速启动疫情防控工作。二是积极承担社会责任。中国旅游协会等通过组织会员企业捐赠防疫用品、联合企业开展全国医务工作者免费游公益活动等措施，组织会员企业发挥资源优势、积极承担社会责任，树立行业正面形象。三是开展行业自律与自救。中国旅游景区协会组织51家景区发布《中国旅游景区防疫自律公约》，中国饭店协会联合企业发布《数据图解，疫情对全国酒店市场的影响分析》《民宿用于新冠肺炎期间的应急管理及经营操作指南》《疫情期间民宿业主合规应对指导手册》等，发挥行业自律作用，指导企业认知市场、分析影响及应对危机。中国旅游协会等免除会员单位会费；联手线上平台推出"无接触餐厅"，改革营业方式；为餐饮企业提供在线招聘服务，解决企业用工问题等，积极开展自救。

（三）旅游企业勇于作为

旅游企业是旅游市场运行的重要组成单位，在疫情发生后勇于承担责任，并在困境中抱团取暖、苦练内功，为疫情后的恢复与振兴储存力量。具体做法如下。

一是积极参与疫情防控工作。文化和旅游部1月24日发布公告以后，全国旅行社及在线旅游企业经营团队旅游及"机票+酒店"旅游产品暂停；各类景区、公园、博物馆、艺术馆等全部关闭；旅行社和在线旅游企业投入大量人力处理游客行程调整和退团退费等事宜，客服人员夜以继日、耐心服务；OTA等旅游企业在铁路、航空等有关部门制定退订政策前后，出台并不断升级退订政策，并启动"门店关怀计划"；航空公司运送湖北滞留客人回家，并免费承运救援物资；武汉数百家酒店组成联盟，为医务人员提供免费住宿；各地酒店根据当地有关部门部署，集中接待湖北游客。旅游企业积极参与所在地区和社区的疫情防控工作，把疫情防控与社会责任、社区共建、精准扶贫紧密结合；部分旅游企业推出保障基金、专项公益基金，支持医护人员；旅游企业捐献医用口罩、防护服，并向湖北疫情防控一线捐款。尤其值得一提的是，诸多出境社领队，化身"国际快递员"，在海外华人、华侨等的帮助下，将一批批口罩、防护服送回国内。

二是开展行业互助。部分连锁酒店、民宿等品牌企业减收或免收加盟费和管理费；部分业主对相关项目实施租金优惠减免政策；部分上市公司实际控制人和高管团队通过股票回购、减薪等方式与企业共克时艰；同程艺龙、携程、首旅如家等在线平台、酒店集团组织同业抱团取暖，共渡难关。例如同程艺龙发起城市"方舟联盟"活动，运用VR及高清视频技术为旅游目的地免费提供旅游推广服务，携程投入10亿元合作伙伴支持基金和100亿元额度小微贷款向合作伙伴推出"同袍"计划，首旅如家对特许加盟酒店出台还款展期金融扶持和"营业中断险"保险扶持政策，巅峰智业、景域驴妈妈、美团等推出文旅产业振兴公益直播、"酒店加油计划"公益课程等。

三是在保生存的前提下谋发展。旅游企业积极与上下游、合作方、相关方沟通，思考商业模式和企业战略的调整；在产品研发、利益调配、渠道维护、资产收购、重塑IP、业态调整等方面加快研究和部署；企业积极开展内部分级、分类在岗培训，景区、酒店等在设备闲置期间进行全面排查、维保、升级；等等。

三 相关思考：全面分析，理性看待

由于此次疫情的复杂性，其对旅游的影响需全面分析、理性看待，尤其要关注以下六个问题。

（一）关注疫情对旅游业的长期影响

关于此次疫情对旅游业的影响，目前人们的关注点主要在当期影响和短期影响，对长期影响尚未有足够重视。所谓当期影响，是讨论此话题之时或疫情进展初期已经发生的影响。所谓短期影响，时段划分不一，大致为疫情高峰两个月之后，为期半年到一年。所谓长期影响，大致为疫情发生一年后。在对后续发展态势乃至总体影响做出判断时，既要考虑到当期影响，又不能做简单的线性推演，更不能将当期影响沿着时间轴顺延成总体影响。特别值得一提的是，要关注此次疫情在未来数年内，对世界经济格局、全球旅游格局、我国旅游地位、旅游业发展模式等的长期影响，并在"十四五"规划中做出相应的规划，做出科学应对乃至积极引导。

（二）关注疫情对旅游业内在结构的影响

除关注疫情对旅游业的总体影响外，也要关注其对旅游业内在结构造成的冲击。在这方面，要特别关注两个问题。一是就不同细分行业而言，此次疫情的影响大小、市场恢复的时间早晚等有所不同。相对而言，航空业（尤其是国际航空）、邮轮业、以传统团队业务为主的旅行社业等受损可能最为严重。在制定相关政策和市场振兴计划时，应加以区别对待。二是就旅游业的产业链条而言，要警惕可能出现的产业链震荡，关注某些领域可能出现的兼并收购、行业洗牌或投资烂尾；要平衡好"不可抗力"情境下退订背后的法律、行规与道义问题，思考如何在头部企业率先示范建立新规则的前提下维护好产业生态体系乃至实现产业链协同；等等。

（三）关注疫情对旅游从业者的影响

旅游业是国民经济战略性支柱产业，也是吸纳就业的重要领域。2018年我国旅游直接就业2826万人，旅游直接和间接就业7991万人，占全国就业总人口的10.29%。疫情之下，旅游业是稳岗压力最大的行业之一，特别是考虑到旅游就业的特性，更应引起关注。总体来看，旅游就业有如下特征。

一是除个别重资产行业外，旅游业中的大部分细分行业（如旅行社、住宿接待、餐饮、购物、娱乐等）均属劳动密集型行业，且以中小微企业为主，抗风险能力相对较弱。二是旅游业中存在大量非传统就业岗位和非全日制、临时性、自由职业、平台型就业和弹性工作等就业形式。灵活的非传统就业在提供大量就业机会的同时，也面临着保障制度不健全的问题。即便导游这样的传统职业，很多也属于自由职业者，没有基本工资和"五险一金"，抗风险能力弱。一项调查显示，此次疫情将导致近60%的导游全年收入减少一半以上。三是吸纳特殊群体就业。旅游领域的就业对社会重点人群就业有突出作用，尤其是对于年轻人群体、女性群体、农村劳动力群体以及边远地区的弱势群体有很强的吸纳能力。在此背景下，要特别关注旅游就业市场的稳定。

（四）关注疫情对旅游业的间接影响

就影响的传导路径而言，除直接影响外，也要关注间接影响。所谓直接影响，是疫情给旅游产业、旅游市场、旅游经济、旅游企业、游客（心理、行为、消费时间、消费偏好等）、旅游从业者等带来的直接影响。所谓间接影响，是因疫情给其他领域（如居民收入、医疗等支出、就业状况等）和其他产业（如农业、金融业、制造业等）、其他要素（如资本市场、劳动力市场等）带来的冲击，其会间接地传导至旅游业。若疫情导致经济下滑、失业增加、居民收入尤其是可自由支配收入大幅减少，则旅游需求会出现萎缩，所谓的报复性反弹便难以实现；若疫情带来金融市场较大波动、资本市场普遍悲观，则旅游投资会面临缩减，大量旅游在建待建项目可能沦为烂尾。目前大家更多的只是关注直接影响，很少涉及间接影响，如此则可能低估此次疫情所带来的影响。

（五）关注疫情对旅游业的国际影响

此次疫情已构成全球性大流行。截至2020年3月30日，全球已有100多个国家暴发新冠肺炎疫情，全球确诊病例超过70万人，死亡人数超过3.3万人，诸多国家实施不同程度的封锁边境或禁止出行政策。国际货币基

金组织（IMF）总裁格奥尔基耶娃在G20领导人特别峰会上预计2020年全球经济将负增长，呼吁各国尽快出台各项经济刺激方案。世界旅行与旅游理事会（WTTC）于3月25日指出，此次疫情将导致全球5000万旅游业者失业，相当于旅游行业总就业人数的12%~14%，全年全球国际旅游可能减少25%[1]。世界旅游组织（UNWTO）3月26日预测，2020年全球国际旅游人次将减少20%~30%[2]。实际上，多位国际旅游专家认为，上述预测仍偏于乐观，实际情形可能会更糟。疫情的全球性蔓延，必然给全球旅游业造成重大影响。作为世界第一大出境旅游消费国和重要的入境旅游目的地国，我们应对此有足够的关注和重视，并对相关政策和发展目标予以必要调整。

（六）慎重对待疫后的旅游市场反弹

围绕疫情结束后的旅游市场发展态势，不少人认为会出现反弹，尤其是在大小长假、暑期等重要时点甚至会出现所谓的报复性反弹。对此要理性看待。从经验主义的角度看，至少2003年非典后的反弹并不显著。当年6月疫情全部结束，而国庆节期间的旅游人次仅比上年度增加了1%左右，旅游收入的增幅则更低。考虑到此次疫情走势的复杂性、波及地区的广泛性和对学校开学时间的影响等各种因素，恐怕更不宜对"五一"、暑期和"十一"等重要时点的反弹有过于乐观的预期。

四 相关建议：长短兼顾，化危为机

（一）推动旅游业的新一轮改革开放和高质量发展

以开放促改革、促发展，是我国现代化建设不断取得新成就的重要法

---

[1] *Latest Research From WTTC Shows a 50% increase in Jobs at Risk in Travel & Tourism*，https：//www.wttc.org/about/media-centre/press-releases/press-releases/2020/latest-research-from-wttc-shows-an-increase-in-jobs-at-risk-in-travel-and-tourism/.

[2] *International Tourist Arrivals Could Fall By 20%-30% in 2020*，https：//www.unwto.org/news/international-tourism-arrivals-could-fall-in-2020.

宝。在世界面临百年未有之大变局、我国经济正迈向高质量发展阶段的关键时期，新冠肺炎疫情的全球蔓延给国内外经济发展和经济往来带来新的巨大挑战。在此背景下，推动旅游业的新一轮改革开放，既是对冲疫情影响的应时之举，也是实现高质量发展的长久之策。建议在"十四五"规划中，着重增加旅游业改革（如旅游业现代经济体系建设、旅游要素管理体制改革、旅游投资体制改革、旅游绩效评估与统计体系改革等）和对外开放（如旅游外商投资企业、境内免税购物制度等）等方面的内容。

（二）进一步强化、优化和细化政策

在国内外疫情结束前后的一段时期，要进一步强化、优化和细化相关扶持政策，具体包括三个方面。一是加大政策扶持力度。此次新冠病毒肺炎疫情对我国旅游业的冲击空前巨大。综合考虑旅游业的规模、体量，以及在GDP、就业和居民消费中的占比等因素，需制定专门的产业振兴政策，通过设立旅游业振兴基金、财政专项拨款、金融贴息专项贷款等方式加大扶持力度。二是动态调整政策重点。疫情防控初期的政策重点在于全面、紧急叫停旅游活动尤其是团队旅游；疫情防控中期的政策重点在于缓解旅游企业成本压力，除退还旅游服务质量保证金外，也要关注旅游企业的人力成本支出、房屋租金支出等，进一步推进落实延长社会保险缴费期、失业保险费返还等政策工具；疫情防控后期则需要根据不同区域、不同旅游细分行业受损情况和复苏预期，引导各地尽快制定出台旅游业振兴计划、指导意见与实施细则。三是明确政策帮扶重点。旅游业以中小企业为主。一方面，这些中小企业资金周转能力有限，经营活动对人力资源投入的依赖性强，疫情环境下的风险抵御能力相对较低；另一方面，与行业头部主体相比，中小企业的旅游业资源禀赋存在劣势，在疫情影响下往往更易成为损失承受者。

（三）加强疫后旅游市场的引导

随着疫情得到有效控制，推动旅游业有序复工、高质复产成为重点。在推动复工复产过程中必须妥善处理疫情防控需要与旅游业恢复经营活动之间

的关系，使复工复产始终服务于疫情防控大局。对此，可运用大数据，做好旅游行业复工复产专项分析、关键区域检测预警、返程人口检测等。在此基础上，针对不同地区、不同领域、不同规模的旅游从业主体复工复产的条件和必要性进行全面评估，制定旅游业分区分业分时段复工复产指南。

（四）重视入境旅游市场振兴

此次新冠病毒肺炎致使本就低迷不振的入境旅游雪上加霜。根据中国旅游研究院（文化和旅游部数据中心）提供的数据，2020年一季度和全年的入境旅游人次将同比降低51.7%和34.7%，国际旅游收入将同比降低59.8%和40.6%，全年将分别较上年减少5032万人次和534亿美元。值得一提的是，相比国内旅游和出境旅游而言，入境旅游市场对疫情的反应更为强烈，疫后复苏也更为艰难。因此，要制定全面振兴入境旅游国家战略，实施差别化放宽签证政策，设立入境旅游市场振兴基金，给予入境旅游企业创汇奖励，完善入境旅游营销机制和模式。

（五）引导旅游就业市场稳定化和规范化发展

各级旅游管理部门应重点关注并解决如下问题：一是充分了解各地旅游企业享受一次性就业补贴、创业担保贷款展期贴息、失业补助金、"五险一金"延期缴纳等政策的落实情况；二是引导企业与职工集体协商，采取协商薪酬、调整工时、轮岗轮休、在岗培训等措施，保留劳动关系；三是鼓励各地通过政府采购、购买服务等方式，吸纳旅游从业人员灵活就业；四是向湖北地区的旅游相关企业，尤其是在疫情防控中做出突出贡献的酒店、餐饮、导游等行业从业者提供专门帮助或补贴；五是鼓励地方政府积极引导发展地方性或区域性旅游从业者服务平台，为广大旅游从业者提供用工信息、业务提升、法律咨询等方面服务，也可借鉴"共享员工"方式，解决旅游相关行业错峰用人问题。此外，还要从长远考虑，推动旅游就业市场的规范化和现代化，包括重点完善导游管理和评价体系，有效解决导游、领队挂靠问题；推动建立旅游职业认证制度和社会化的评价制度，尤其是针对各种新兴行业，制定相应的从业标准；重视旅游行业中的"非正规就业"或非传统就业，制定相应的管理规范或标准体系。

参考文献

国务院发展研究中心"新冠肺炎疫情影响分析与应对"课题组：《新冠肺炎疫情对服务业的影响和应对建议》，《调查研究报告》2020年第22号。

冯珺、宋瑞：《新型冠状病毒疫情对我国旅游业的影响：评估与建议》，《财经智库》2020年第4期。

宋瑞：《如何判断新冠病毒肺炎疫情的旅游影响》，"文旅中国"客户端2020年2月18日。

习近平：《在中央政治局常委会会议研究应对新型冠状病毒肺炎疫情工作时的讲话》，《求是》2020年第4期。

夏杰长、丰晓旭：《新冠肺炎疫情对旅游业的冲击与对策》，《中国流通经济》2020年第3期。

新华社：《中共中央政治局常务委员会召开会议分析国内外新冠肺炎疫情防控和经济形势研究部署 统筹抓好疫情防控和经济社会发展重点工作 中共中央总书记习近平主持会议》，新华网，2020年3月18日报道，http：//www.xinhuanet.com/politics/leaders/2020－03/18/c_1125731925.htm。

赵序茅、李欣海、聂常虹：《基于大数据回溯新冠肺炎的扩散趋势及中国对疫情的控制研究》，《中国科学院院刊》2020年第3期。

中国疾病预防控制中心新冠肺炎疫情防控技术组：《新型冠状病毒感染的肺炎疫情紧急研究议程：传播和非药物缓疫策略》，《中华流行病学杂志》2020年第2期。

Cowling, B. Coronavirus Outbreak："What's Next?" http：//www.nature.com/articles/d41586－020－00236－9.

附录 中央部委出台的相关扶持政策

金融扶持政策				
序号	发文机关	标题	发文字号
1	工业和信息化部	关于应对新型冠状病毒肺炎疫情帮助中小企业复工复产共渡难关有关工作的通知	工信明电〔2020〕14号
2	中国银保监会	关于进一步做好疫情防控金融服务的通知	银保监办发〔2020〕15号

续表

金融扶持政策				
序号	发文机关	标题	发文字号
3	中国银保监会	关于加强银行业保险业金融服务配合做好新型冠状病毒感染的肺炎疫情防控工作的通知	银保监办发〔2020〕10号
4	中国人民银行、财政部、银保监会、证监会、国家外汇局	关于进一步强化金融支持防控新型冠状病毒感染肺炎疫情的通知	银发〔2020〕29号
5	财政部	关于支持金融强化服务做好新型冠状病毒感染肺炎疫情防控工作的通知	财金〔2020〕3号
6	国家发展改革委	关于疫情防控期间做好企业债券工作的通知	发改办财金〔2020〕111号
7	文化和旅游部	关于暂退部分旅游服务质量保证金支持旅行社应对经营困难的通知	—
8	银保监会、中国人民银行、国家发展改革委、工业和信息化部、财政部	关于对中小微企业贷款实施临时性延期还本付息的通知	银保监发〔2020〕6号
就业与社保政策			
1	人力资源和社会保障部、财政部、国家税务总局	关于阶段性减免企业社会保险费的通知	人社部发〔2020〕11号
2	人力资源和社会保障部、全国总工会、中国企业联合会、中国企业家协会、全国工商联	关于做好新型冠状病毒感染肺炎疫情防控期间稳定劳动关系支持企业复工复产的意见	人社部发〔2020〕8号
3	人力资源和社会保障部、教育部、财政部、交通运输部、国家卫生健康委	关于做好疫情防控期间有关就业工作的通知	人社部明电〔2020〕2号
4	人力资源和社会保障部	关于切实做好新型冠状病毒感染的肺炎疫情防控期间社会保险经办工作的通知	人社厅明电〔2020〕7号
5	人力资源和社会保障部	关于妥善处理新型冠状病毒感染的肺炎疫情防控期间劳动关系问题的通知	人社厅明电〔2020〕5号
6	国家税务总局	关于贯彻落实阶段性减免企业社会保险费政策的通知	税总函〔2020〕33号
7	住房和城乡建设部、财政部、中国人民银行	关于妥善应对新冠肺炎疫情实施住房公积金阶段性支持政策的通知	建金〔2020〕23号

续表

就业与社保政策			
序号	发文机关	标题	发文字号
8	人力资源社会保障部、财政部、国家税务总局	关于阶段性减免企业社会保险费的通知	人社部发〔2020〕11号
9	人力资源和社会保障部、全国总工会、中国企业联合会、中国企业家协会、全国工商联	关于做好新型冠状病毒感染肺炎疫情防控期间稳定劳动关系支持企业复工复产的意见	人社部发〔2020〕8号
1	国家税务总局	进一步延长2020年2月份纳税申报期限有关事项的通知	税总函〔2020〕27号
2	国家税务总局	关于充分发挥税收职能作用助力打赢疫情防控阻击战若干措施的通知	税总发〔2020〕14号
3	国家税务总局	关于支持新型冠状病毒感染的肺炎疫情防控有关税收征收管理事项的公告	国家税务总局公告2020年第4号
4	财政部、国家税务总局	关于支持新型冠状病毒感染的肺炎疫情防控有关税收政策的公告	财政部税务总局公告2020年第8号
5	国家税务总局	关于优化纳税缴费服务配合做好新型冠状病毒感染肺炎疫情防控工作的通知	税总函〔2020〕19号
6	国家税务总局	关于开展2020年"便民办税春风行动"的意见	税总发〔2020〕11号
降低企业成本政策			
1	国家发展改革委	关于疫情防控期间采取支持性两部制电价政策降低企业用电成本的通知	发改办价格〔2020〕110号
2	人力资源和社会保障部、教育部、财政部、交通运输部、国家卫生健康委	关于做好疫情防控期间有关就业工作的通知	人社部明电〔2020〕2号
3	国家发展改革委	关于阶段性降低企业用电成本支持企业复工复产的通知	发改价格〔2020〕258号
4	国家发展改革委	关于阶段性降低非居民用气成本支持企业复工复产的通知	发改价格〔2020〕257号

G.4
新型冠状病毒肺炎疫情下旅游业发展的几点思考

厉新建 陆文励 沈铮杰[*]

摘　要： 自新型冠状病毒肺炎疫情发生以来，旅游业遭受了巨大冲击，面临严峻考验，影响着我国稳定就业、乡村振兴、扶贫减贫等战略目标的实现。经济下行和产业结构性转型叠加给旅游业恢复发展增加了困难。政府层面需要进行一定的临时政策支持和既有政策改进，并立足长远进行政策评估和制度优化。旅游企业要有破局的思考，努力让自己生存下来；要加强相互沟通，保障发展能力；特别是，中小旅游企业要在积极配合疫情防控举措的前提下，通过专业化发展、留住人才和客户、加入行业协会等途径，进行有针对性的应对。入境旅游市场复苏尤其重要，需要重新思考入境旅游发展战略，加强客源国旅游研究，重构国际旅游营销架构。

关键词： 旅游业　新型冠状病毒肺炎　旅游企业　入境旅游

---

[*] 厉新建，北京第二外国语学院旅游科学学院教授，研究方向为旅游经济发展战略、旅游企业跨国（境）经营等；陆文励，北京第二外国语学院旅游科学学院硕士生，研究方向为旅游经济发展战略；沈铮杰，北京第二外国语学院旅游科学学院硕士生，研究方向为旅游经济发展战略。

一　对总体形势的判断

（一）叠加影响下的形势

疫情防控，最重要的是减少流动，就地隔离。各省（自治区、直辖市）都采取了应对疫情的一级响应机制，文化和旅游部也发布通知，要求暂停当前的旅游企业经营活动，最大限度降低了人员流动，为疫情防控提供了巨大的支持，对有效控制疫情起到巨大的作用。对于2019年就已反映"太难了"的旅游企业来说，疫情形势将对努力爬升的旅游业造成雪上加霜的影响。从行业上看，对于旅行社、住宿领域的冲击会更大；从企业规模看，中小旅游企业因为自身抗风险能力方面的原因，受到的冲击会更大。

按以往的旅游数据大致估计，2020年春节期间的旅游业损失在5500亿左右，如果疫情延续，清明节损失在530亿左右，五一节的损失在1400亿左右（今年五一假期长达5天）。考虑到2019年上半年国内旅游人数达30.8亿人次，实现旅游收入2.78万亿元，分别增长8.8%和13.5%；入境旅游人数7269万人次，国际旅游收入649亿美元，均增长5%。如果此次疫情覆盖整个上半年，对整个旅游行业则更将是极大的打击。

（二）艰难蜕变下的考验

有观点认为，此次疫情造成的停摆是行业养精蓄锐、谋划长远发展的好机会，应该说这种看法没错，但这主要是针对整个行业或行业中的大企业而言的，对中小型旅游企业而言未必如此。当前，中小企业在整个旅游行业中占了很大比重，对这些企业来说，当前的业务停滞不仅仅是收入损失的问题，更可能是对企业生死存亡的考验。由于旅游业自身在就业带动、减贫发展等方面的特殊作用，这些中小型旅游企业的生死存亡还影响着稳定就业、扶贫攻坚、乡村振兴、激活消费等诸多社会经济发展战略目标实现的问题。此外，由于旅游业存在着一定的时间和空间固定性，很多旅游企业的生产能力并不具有冗余能力，很难采取"拆东墙补西墙""堤内损失堤外补"的方式，这几个月的业务流量损失很难在市场恢复后通过扩大接待能力来弥补。

因此，我们不仅要看到旅游企业在这次疫情应对中表现出满满的正能量、大局意识、社会责任感和积极高效应对的能力，更要看到它们在当前产业生态中生存发展所面临的严峻困境，要看到它们为了疫情防控做出大量牺牲之后对政府强有力的纾困扶持政策措施的满满期待。"旅游是发展经济、增加就业和满足人民日益增长的美好生活需要的有效手段，旅游业是提高人民生活水平的重要产业。""旅游业已成为国民经济的战略性支柱产业"，而如果没有了旅游企业这些旅游业发展的"细胞"，旅游业作为国民经济的战略性支柱产业和"提高人民生活水平的重要产业"等的地位都将成为空中楼阁，毕竟满足人们美好生活的更丰富、更优质的旅游需求最终都需要通过旅游企业产品和服务的创新与供给来实现。

（三）处境各异下的恢复

现在有了更好的技术能力和应对措施，对战胜疫情也有了更多的手段和信心。相信随着中央的科学决策和各方的积极防控，一定能以最快速度控制、战胜疫情，并将疫情对国民经济、旅游业的影响降到最低，旅游业也会尽快得以恢复。不过也要客观地看到当前所采取的措施对旅游业更大的影响。

这次全国 31 个省（区、市）对疫情的防控响应远胜过 2003 年 SARS 时期，涉及范围更广，采取措施更严，"东方不亮西方亮"的可能性为零，"线下不亮线上亮"多数情况下没有实质现金流。WHO 将新冠病毒肺炎列入了全球突发公共卫生事件，很多国家和地区对中国游客及近期到过中国的游客实施了严格的入境管控，这将对我国入境商务差旅需求产生严重影响。尽管大家都认同新冠疫情跟当年的 SARS 一样会给旅游业带来不小冲击，但由于旅游业多年发展后形成的产业规模和当前的经济发展形势同 2003 年有很大不同，此次事件对旅游业的影响也会很不一样。比如我国旅游行业的产业规模已经是 SARS 前的 2002 年的 10 多倍，2020 年单单一个春节假期旅游业的损失就差不多超过了 2002 年的全年旅游总收入；我国经济下行压力不小、调结构、稳增长、提质量的任务艰巨，投资、出口作用下降，消费在国民经济中作用越来越大，旅游在激发消费潜力方面扮演着越来越重要的角色（经济下行时对旅游业的重视程度会提高，旅游业扮演"救火队员"角色，"是否重视旅游业"甚至可以作为非正式的经济景气度观测指标）；等等。而对于旅游业需要多长的时间来恢复的问题，目前恐怕还很难准确回答，要根据疫情延续的时间而定，毕竟疫情时间长短会将显著影响到公众对卫生安全的担忧程度。疫情持续的时间越短，市场恢复可能就越快；疫情持续的时间越长，市场恢复可能就越慢。

同时也需要关注到此次疫情的一个非常重要的特点就是传染性很强，而且存在无症状感染者，因此疫情防控有一定的不确定性，即便疫情总体战结束，人们在心理上要调整过来也需要一段时间，因此，要做好相关准备。第一，不能盲目乐观地估计疫情结束时间，要有底线思维、极限思维，要密切关注中央应对疫情工作领导小组以及国务院联防联控机制新闻发布会相关消息。第二，要客观地看到疫情结束后市场会有一个心理缓冲期，旅游需求难以快速爆发性增长，而且各地为了巩固疫情防控成果，应该会非常谨慎地对待市场启动问题，尤其是西部地区的省份因为防控能力相对比较薄弱，可能会更加谨慎。第三，要考虑长期发展，而不能对所谓的报复性增长有不合理的期待，企业也好目的地也好，其发展都不是毕其功于一役的，都不能指望着爆发性增长来发展的，更多地还是要立足于常规性增长和趋势性增长、为了适应疫情对人们消费心理的影响所增加的相关检测设施与防疫举措、面向企业员工进行的相关知识培训、企业面对类似突发公共卫生事件的危机应对措施与行动指南。

就三大市场而言，因为涉及 SARS 之后我国公共卫生信息发布的及时性、有效性方面的再次检验，入境旅游发展面临的恢复周期可能更长；出境旅游可能会迎来新一波的快速增长，前提是主要目的地国家和地区在航线往来方面的恢复情况以及疫情防控情况；国内旅游的周边市场（尤其是此次

疫情较轻地区和城市周边）的高频消费可能会在疫情结束后率先启动（2003年底国内旅游人次同比略降0.9%，基本恢复到2002年水平）。因为商务需求的刚性，住宿业会先于景区行业复苏，但景区因为有较强的冗余能力，抢回损失的能力更强。旅行社行业的保险需求尤其是跟健康相关的保险产品开发可能面临新机遇，个性化定制产品、小团产品、深度游产品可能迎来新的增长机遇。环境优美的自然型景区和目的地将更受市场青睐。

二 旅游行业的应对

（一）要破局的思考，不要破产的哀号

碰到此类公共事件，旅游业减少所受冲击的首要办法就是努力让自己生存下来，这样才能在疫情过后的市场恢复中看到黎明的曙光。那么在疫情背后旅游企业需要思考的究竟是如何延续旧有业务和模式，还是去开拓新的方向和格局呢？现在大多数企业都想着怎么活下去、原有业务怎么延续的问题。与此同时，也需要抬头看远方，需要借这次难得的时间冷静思考一下以往因为业务繁忙而没有时间思考的转型问题、战略问题，发现创新的空档。

一是应加强对替代业务发展形势的分析，提前研究潜在的替代业务对现有业务的负面影响，比如视频会议、在线营销和展览、在线旅游深化、机器人应用级发展、自驾游、定制化深度游、线上演艺等对会议会展业务、旅游演艺、传统旅行组织与服务模式以及用工模式等方面所可能产生的冲击。二是加强对行业内定制类潜在标的进行收购分析或者被收购洽商。三是加强对非接触旅游形式（如无人酒店等）、自驾游、小规模定制游、自然教育类研学等市场切入机会的研究。四是在关注在线旅游深化的同时也需要考虑如何应对在线获客成本上升的问题。

（二）加强相互沟通，保障发展能力

一是加强与境内外（尤其是境外）相关业务链企业之间的沟通协商，

争取上下游供给厂商的理解和业务支持，避免因为疫情而导致的交易取消带来的损失。大企业要从保护旅游业生态系统的角度，充分考虑到中小企业（供应商）应对危机的能力，否则容易造成供应商系统受损甚至瓦解，从而影响到大企业发展所依托的产业生态的稳定性和持续性。在当前的竞争发展环境中，大企业只有具备对外开放协同能力才能更好地发展。

二是希望能够有更多的境外供应商考虑到疫情情况，立足长远发展，在原有契约履行和损失分担方面进行相应的协商和调整。疫情发生以来，不仅国内的很多旅游企业提供了及时的退改政策，希尔顿集团、香格里拉酒店集团等都发布了针对从中国出发前往他国旅行的宾客的免费取消政策，洲际集团也发布了部分地区的免费取消政策。

三是打通各个企业尤其是集团性企业内部资源的链化通道，做好对抗击疫情群体的奖励性旅游市场（如抗疫医护人员、抗疫科研人员以及抗疫辅助配套人员）的需求预测、资源整合和产品研发。要充分利用企业自己的资源，以及整个奖励性产品所涉及链条上的供应商的资源，围绕医护人员群体处理好疫情结束后企业公共形象性的运维和市场层面的盈利性问题。要做好产品预售文章，并在新产品研发和预售过程中处理好风险分担机制安排。

四是通过网络学习等方式引导员工在线培训，企业要在身体健康之外给予员工知识增长方面的支持。培训内容除了跟所处企业或行业有关之外，也可以包括企业在面临突发公共事件时的应对指南，以及如何提升灾难或突发事件中自身生存能力、户外生存能力等。同时要做好控制疫情传播导致假期延长、居家办公所产生工资以及何时返回岗位等问题的处理，避免法律风险。实际上，2月4日~7日，四大会计师事务所的上海分所、深圳分所等均遭遇员工投诉，后来相关投诉蔓延至立信、致同、中审众环等内资大所，员工大多认为企业违反延迟复工规定，拒绝支付加班费，要求地方领导予以解决。

（三）呼吁政府临时政策支持和既有政策的改进

目前中央和各地已经出台了很多政策，以期支持企业渡过难关。例如，

2020年1月31日，中国人民银行等部门发出通知，"对受疫情影响较大的批发零售、住宿餐饮、物流运输、文化旅游等行业……特别是小微企业，不得盲目抽贷、断贷、压贷；对受疫情影响严重的企业到期还款困难的，可予以展期或续贷"。2月1日，财政部发出通知，"加大对受疫情影响个人和企业的创业担保贷款贴息支持力度；……展期还款，……对受疫情影响暂时失去收入来源的个人和小微企业，地方各级财政部门要会同有关方面在其申请创业担保贷款时优先给予支持"。2月6日，财政部、国家税务总局发布公告，"受疫情影响较大的困难行业企业2020年度发生的亏损，最长结转年限由5年延长至8年。困难行业企业，包括交通运输、餐饮、住宿、旅游（指旅行社及相关服务、游览景区管理两类）四大类"。2月6日，人力资源和社会保障部、财政部等就支持中小微企业稳定就业制定了相关政策，"对受疫情影响暂时失去收入来源的个人和小微企业，申请贷款时予以优先支持"。2月6日，财政部、国家发展改革委发布公告，2020年1月1日起"免征航空公司应缴纳的民航发展基金"。2月6日，文化和旅游部办公厅发出通知，暂退全国所有已依法交纳保证金、领取旅行社业务经营许可证的旅行社质量保证金，暂退标准为现有交纳数额的80%，期限两年。与此同时，地方政府主要从强化金融支持（贷款贴息、下调贷款利率10%等，山西新增贷款利率下调不低于20%，三亚提供1亿元稳定市场专项资金）、减轻税费负担（城镇土地使用税、房产税、社保费用等，北京暂退100%旅行社质量保证金）、降低运营成本（房租、水电气等）、加大稳岗力度（调整薪酬、返失业保险费50%、轮干轮休、在岗培训等，上海提供95%的培训费用）等方面缓解受损企业尤其是中小企业的压力。

在此基础上，要积极争取阶段性政策调整，为旅游需求的补偿性释放创造条件。比如，阶段性调增个人离岛免税单次限额，加快城市免税店建设，延长购买免税品时限，更好地将境外免税购物需求转向国内，使疫情期间损失的免税品购买力在下半年补偿性地得到释放。包括加强线上业务，争取政策调整，在规定期限内，允许游客离岛后通过在线购买免税商品的方式使用在岛免税购物时未用完的限额额度。

（四）政府可立足长远进行政策评估和制度优化

一是反思和评估以往碰到类似突发事件对行业造成大面积影响时的政策措施包的执行效果、改进空间、优化方向。比如，有关政策已经允许返回部分旅行服务质量保证金，但质量保证金返回究竟能在多大程度上缓解旅行社现金流、除了返回质量保证金外还可以有什么政策途径缓解资金紧张问题，对此需要评估。比如携程带动的OTA"自动对齐"的全额退款做法是否跟《旅游法》第67条所确立的规定相符？是否会改变旅游业合理生态、改变产业竞争格局？这些做法是不是有过度反应的成分？如此等等，也需要及时评估。此外，从社会治理体系和治理能力现代化角度看，政府是否需要构建应对突发灾害或事件的战略储备点、企业是否需要建立自己的灾备机制？因为旅游业具有很强的环境敏感性，今后也难免会碰到类似SARS和这次新冠疫情的公共卫生事件，如果能够形成相应的政策包，有了政策储备就能沉着应对，就不需要每次碰到问题临时应对。针对这种社会性公共事件造成的企业业务发展困境，除了寻求政府部门的政策性补贴外，还需要考虑建立中小旅游企业发展基金之类的长远谋划。

二是共同推动休假制度的落实和完善。2019年下半年，国务院办公厅及国家发改委、中组部、文化和旅游部等多部委出台了激发文旅消费潜力以及加快推动落实带薪休假、完善带薪休假相关制度建设等方面的相关政策文件，要加快这些政策更有效的落实。在各大企业延长春节假期和因疫情而开工困难的情况下，如何权衡当前困难和长期需要，推动假日制度进一步深化改革，需要理性决断。毕竟为应对疫情而延长的假期影响了企业开工、机关返岗、学校开学，待疫情过后会不会存在复工后赶工加班、学校补假等问题还不完全确定。实际上，如果能够实行带薪休假等便利化措施，就可以降低集中出游消费，在未来碰到类似公共事件时也有利于减少损失。

（五）中小旅游企业应对

第一，积极配合国家对疫情防控的举措，最大限度降低流动带来的疫情防控压力，尽快战胜疫情，恢复正常社会经济活动。第二，在保证安全的前提下，组织好骨干业务人员，研究判断发展形势，系统地谋划企业发展战略，做好产品创新和资源组合工作，迎接市场的恢复性增长以及特定人群的旅游新需求。第三，从提高企业抗风险的角度研究企业发展，包括企业专业化发展提升竞争力和集团化发展增强抗压能力。专业化发展提高细分市场占有率，能显著改善企业在新时期新需求背景下的获利能力；寻求与大集团的战略合作或者被并购机会，成为大集团的专门业务单元，也是提升抗风险能力的选择之一。第四，人才和客户是旅游企业最重要的资产，研究如何留住人才、留住客户也是当务之急。不能做市场的时候就做好市场关系的文章。第五，加入旅游行业协会，获得协会的专业指导，通过行业协会反映企业诉求，获得政府相应支持。文旅部门也要尽快完成对中小旅游企业相关诉求的调研，研判形势，提出并优化有针对性的支持措施。

三 特别关注入境旅游市场的恢复

入境旅游需要更长时间恢复，如何保存供给系统也是不小挑战。总体来说，疫情之后的入境旅游恢复至少需要做好以下几个方面的工作。

一是加强对入境客源国深入的研究。全球化减速给我国出口增长带来巨大压力，人民币贬值或成刺激出口的重要政策选项，入境旅游或许因此而获得增长动力。我们在寻求入境旅游增长的时候，那些客源国也恰恰在经济下行压力下极力寻求着中国客源的消费力量。客观而言，尽管每年都会有入境旅游方面的研究报告发布，但我们对这些国家的出境旅游发展情况投入的研究力量是明显不足的。

二是构建有效的国际旅游营销架构和战略。一方面要注意充分借助适合的媒体进行全媒体传播格局的构建，另一方面则要注意传播的有效性问题，信息触达和信息接收、信息反馈是不同层面的事儿。现在有太多旅游品牌、旅游信息的海外传播的有效性存在问题。要避免停留在发发资料、写写报道、交交材料的模式（"交差"策略），避免在国外做中国营销但没有国际营销范儿的现象（"热闹"策略），而是要真正直面挑战，做深入的调研，走专业化道路，求有效的营销效果（"收获"策略）。

三是注意链条化协同推进。立足旅游企业的主体地位（强主体），进入客源国主流OTA货架（上货架），进入客源国的百姓视角（选视野），加强自然环境及便利性建设（优环境），致力于年轻人客源市场、客源财富、"客源资本"开发（抓长远），加强远程洲际市场开发（提水平），做好华人移民网络推广（做熟客）。

四是关注面向境外年轻人市场的品牌形象塑造。年轻人是时代的未来，通过塑造品牌、提供便利、优化产品、调整政策、完善机制，吸引更多境外年轻人来华旅游是中国旅游品牌化发展的重要任务。来华旅游市场开发谋划和长远战略制定，需要在中外人文交流机制框架内进行更深化的考虑。经济收益要与人文交流、文化传播、公共外交等进行更好的协同，应该摒弃过于关注旅游经济收益的思维，重视文化体验优化，重视口碑营销以及口碑营销的整体设计（制造口碑传播的环境）。

五是品牌塑造要从经验主义转向技术引导。比如进行更科学的入境旅游营销图片选择，通过技术进行入境旅游宣传片的视频制作检验。要基于大数据进行品牌塑造的内在设计，因为在互联网时代的品牌构建有自身的模式，转化成本、圈层关系等因素在入境旅游营销方面都需要深入研究。

六是彻底评估以往的入境旅游营销模式，为未来入境市场恢复制定新的营销战略和方案。

七是建立入境旅游发展专项基金，建立入境旅游研究的数据库，加强对入境旅游市场的深度研究，引导入境旅游产品创新。

八是签证、营销、价格、人才、安全、产品等多方面联动，下大力气重建入境旅游整个供给体系。

总体上看，入境旅游将缓慢增长。如何有效增强入境旅游营销效果、加强海外旅游办事处与对外文化交流平台之间的协同,如何围绕入境旅游进行包括入境自驾游等方面的场景化创新、围绕入境青年人制定国家层面的旅游发展规划,如何借助高铁网络形成144入境免签城市网络、形成分层次区域化的入境签证便利化政策,如此等等,都亟待在"稳中有进、稳中有变、变中有忧"的大格局中尽快破题。

参考文献

①魏小安、付磊:《旅游业受"非典"影响情况分析及对几个相关问题的辨析》,《旅游学刊》2003年第4期。

②刘德谦:《中国旅游70年:行为、决策与学科发展》,《经济管理》2019年第12期。

③杨玉英、刘辉、闫静:《中国入境旅游演变特征及发展策略》,《宏观经济研究》2019年第7期。

④夏杰长、徐金海:《中国旅游业改革开放40年:回顾与展望》,《经济与管理研究》2018年第6期。

G.5 新冠肺炎疫情对旅游行业的影响

——以旅游上市公司为例

张茜 赵鑫[*]

摘　要： 本报告以旅游上市公司为窗口，观察和评估新冠肺炎疫情对旅游行业的影响。首先从资本市场的走势分析本次疫情对沪深旅游上市公司的影响，同维度分析比较非典疫情的冲击，并收集旅游上市公司财务数据，分析短期内公司的营业收入、现金流量、债务压力等情况。后疫情时期旅游业向现代化、精细化、数字化转型，本报告指出旅游上市公司经营要把握现金赛道、融资支持、销售跟踪、资本支出四个关键节点。

关键词： 疫情　旅游业　旅游上市公司

观察和评估新冠肺炎疫情对我国旅游行业的影响可有多个维度。以上市公司为切入点，可较为全面而细致地了解旅游企业所受到的影响，原因有三。其一，行业代表性。我们选择在沪深A股上市的旅游类公司（一般参照申万一级行业中休闲服务业口径，剔除B股后共计33家），涵盖餐饮类、酒店类、景点类、旅游综合类和其他休闲服务五个细分行业，具有广泛的代表性。其二，数据及时性。上市公司信息披露要求相对较高，相关数据公开

---

[*] 张茜，经济学博士，中国邮政集团研究院金融研究中心高级研究员，主要关注资本市场运作、商业银行经营与管理等；赵鑫，金融学博士，中国社会科学院旅游研究中心特约研究员，主要关注股权投资、产业投资等。

及时、信息透明度高。其三，表征前瞻性。资本市场是实体经济的晴雨表，旅游上市公司的绩效表现可在一定程度上提前反映旅游行业的趋势，具有一定的前瞻性。

一 新冠肺炎疫情对旅游上市公司影响甚大

（一）旅游上市公司基本停摆

新冠肺炎疫情发生后，为有效切断病毒传播途径，各旅游上市公司积极采取措施，关闭景区、暂停发团、停止营业。

表1 部分旅游上市公司疫情防控举措

上市公司	措施
中青旅	自1月24日暂停国内组团业务；1月25日起乌镇东栅景区、西栅景区和乌村暂停开放，古北水镇景区暂停营运；1月26日暂停出境组团业务
天目湖	1月24日起天目湖山水园、南山竹海、御水温泉关闭
宋城演艺	1月24日起景区关闭
黄山旅游	1月25日起A级以上景区暂停开放
峨眉山	1月24日起景区关闭
曲江文旅	1月24日起暂时关闭公司所辖景区，1月27日起暂停营业公司所管辖酒店
九华山	1月24日下午6时起，风景区暂停对外开放游览
众信旅游	1月24日起停发国内旅游团组，1月27日停发出境旅游团组，并暂停经营团队旅游及"机票+酒店"旅游产品
桂林旅游	1月26日起暂停公司所有景区及漓江游船客运业务等
中国国旅	三亚国际免税城自1月26日起暂停营业
三特索道	分布于全国多个地方的旅游项目的主要业务已主动暂停运营

资料来源：根据上述公司公告整理。

（二）旅游上市公司股票普遍下跌

其一，旅游板块跌幅大于市场平均跌幅。1月20日钟南山院士宣布新冠病毒可以人传人，可将此日作为市场开始关注疫情的观察起点。截至2月28日，休闲服务①指数跌幅（-12.69%）显著高于同期沪深300指数跌幅（-2.4%）。

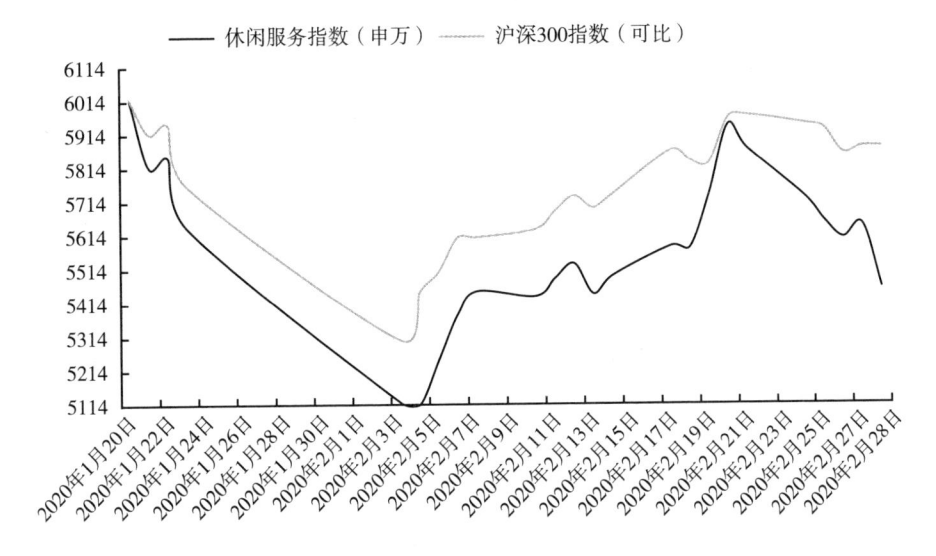

图1　沪深300指数与休闲服务指数走势对比（1月20日~2月28日）

资料来源：wind。

其二，相比其他行业，旅游板块跌幅最大。疫情期间，多数板块呈现不同程度的下跌。申万28个一级行业中，8个行业上涨，20个行业下跌，其中休闲服务板块跌幅居于首位，跌幅达-12.69%。

其三，餐饮行业所受冲击最大。从细分行业看，餐饮行业受冲击最大。据国家统计局统计，2019年全国餐饮行业收入为4.67万亿元，其中15.5%的收入来自春节期间。粗略估算，2020年春节期间7000亿元的收入受到重大影响，之后漫长的恢复期潜在损失更难以估量。从二级市场走势看，景点、酒店、综合类旅游上市公司走势和板块较为一致。

其四，旅游上市公司普遍下跌。33家旅游上市公司中仅3家上涨，航

---

① 休闲服务是申万研究所统计的28个一级行业之一，具体统计涵盖所有旅游类上市公司。

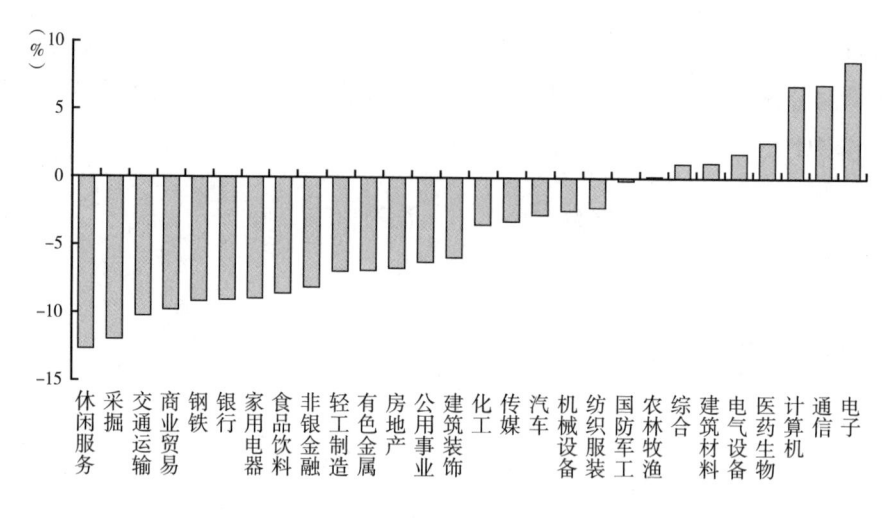

图2 申万一级行业疫情期间涨跌幅对比

资料来源：wind。

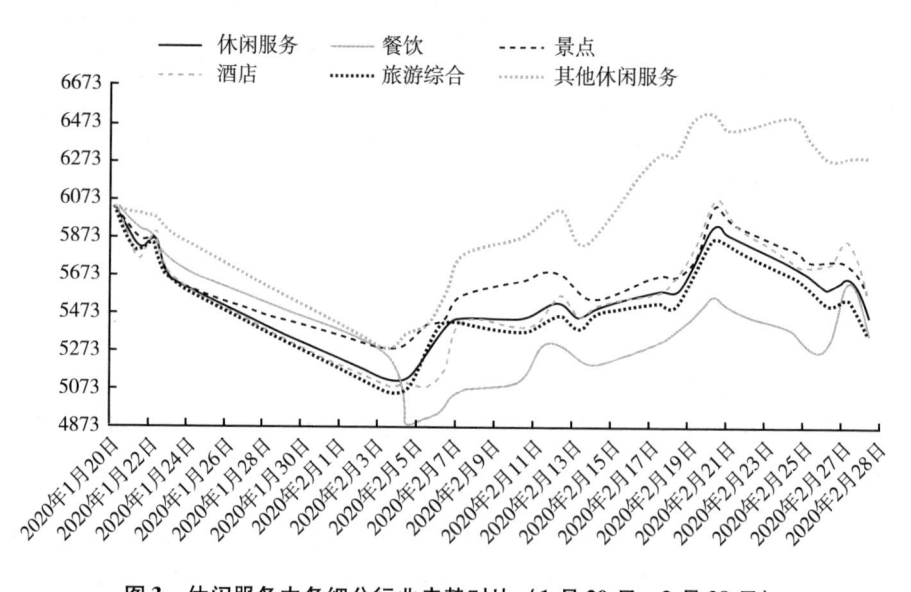

图3 休闲服务中各细分行业走势对比（1月20日~2月28日）

资料来源：wind。

海创新主要受海航系重组消息刺激；科锐国际主营业务是人力资源服务，在疫情期间需求大增。跌幅在10%以上的有26家，占比约为80%。

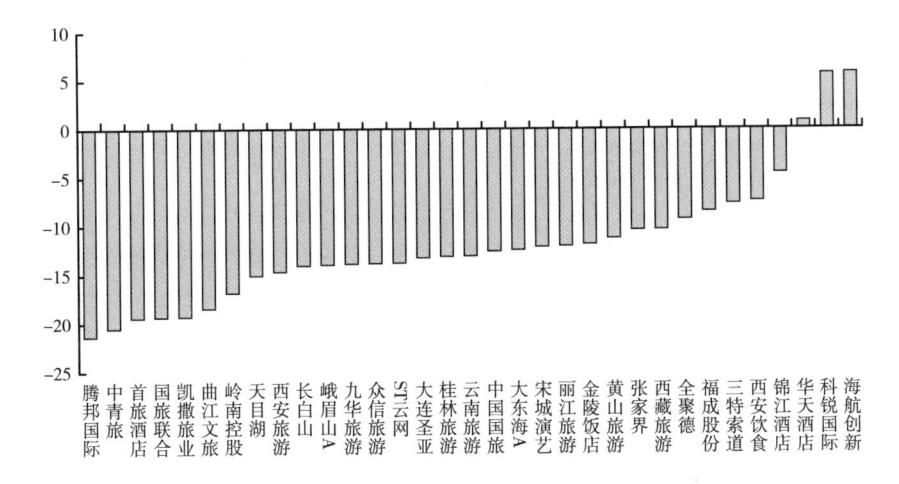

图 4　各旅游上市公司疫情期间涨跌幅

资料来源：wind。

二　复盘历次重大疫情，旅游行业恢复相对缓慢

重大疫情往往会对依赖客源流动的旅游板块有较大影响。复盘 2003 年 SARS、2009 年甲流、2013 年禽流感可见，SARS 影响较大疫情结束后市场反弹力度也更大，而后两者对市场影响都较为有限。因此可以 2003 年作为参考，大致判断旅游行业疫后的恢复情况。

（一）SARS 期间旅游板块跑输市场整体

SARS 从首次发现病例至完全结束约持续 7 个月，入境、国内、出境三大旅游市场均受拖累。SARS 疫情期间（2003 年 2~7 月）旅游板块跑输市场整体。休闲服务指数跌 20.97%，显著跑输同期上证综指（-0.23%）。2003 年 7 月疫情基本结束，休闲服务指数并未立即回暖，持续走弱，股价和投资人信心双双受挫，在跟随市场经过 2004 年一季度的短暂反弹后，进入漫长恢复期。至 2005 年 7 月，受益于资本市场回暖、股权分置改革、人民币升值、上市公司业绩上涨等多重利好，旅游板块指数才出现趋势性上涨，与大盘走势的差距略有缩小。

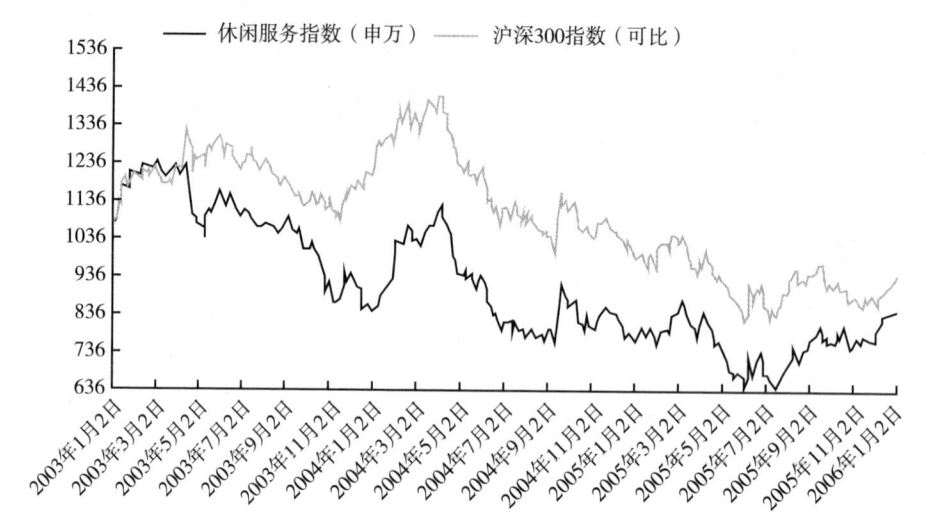

图5　沪深300指数和休闲服务指数走势对比（2003年1月~2005年12月）

资料来源：wind。

（二）旅游上市公司业绩冲击滞后

研究SARS对旅游上市公司业绩的冲击，发现其影响程度要比想象的更久、更严重。剔除2003年及之后上市的旅游公司，观察样本共计20家，2003年营业收入合计85.43亿元，净利润7.11亿元，2004年营业收入104.13亿元，净利润0.83亿元，虽然营业收入增长超过疫情前水平，但净利润同比下降幅度较大。值得关注的是酒店类公司影响较小，锦江国际、首旅酒店、华天酒店等均有可观幅度的增长。随后2005年和2006年，旅游上市公司营收和利润总额均恢复增长，利润分别为4.32亿元、7.21亿元，元气恢复，逐渐恢复为疫情前水平。

（三）信心的恢复比业绩修复可能更加漫长

此次疫情较2003年SARS更为复杂，影响更大。进入3月后，疫情开

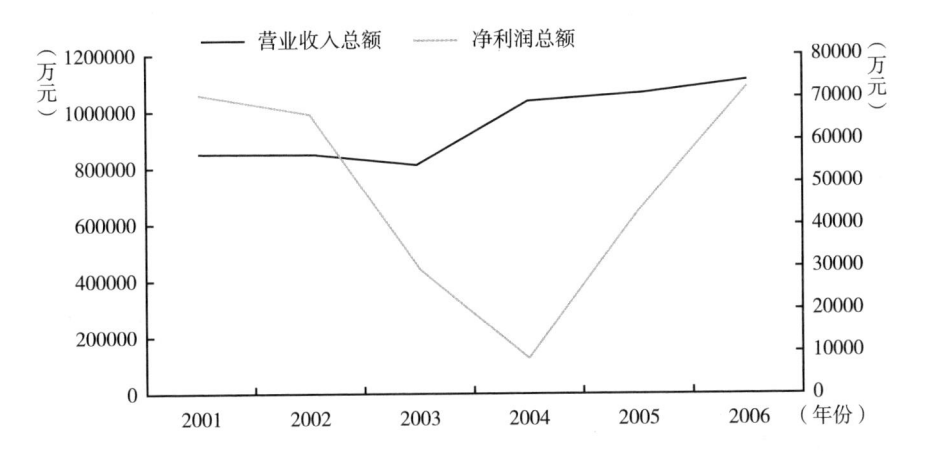

图 6　2001~2006 年旅游上市公司营收总额和净利润总额

资料来源：wind。

始在全球蔓延，截至 3 月 18 日扩散至全球 159 个国家和地区，而且尚未有控制住的趋势，这对于旅游业影响巨大，尤其对于出入境旅游是致命的打击。本次疫情冲击后，旅游行业的全面恢复恐更为漫长。

三　旅游上市公司短期内经营尚可保持

（一）对全年收入影响相对可控

2018 年[①]一季度，各旅游上市公司营收占比普遍不及 25%，尤其是景区类营收占全年比重偏低，如西藏旅游 5.5%、云南旅游 8.7%。考虑往年 1~3 月是旅游业务淡季，若二季度能逐渐恢复正常经营，从全年收入的角度看疫情对景区类上市公司影响相对可控。餐饮酒店类一季度营收占比相对较高，如全聚德、华天酒店均达到 25% 以上，一季度疫情对餐饮酒店类公司的冲击是无法避免的，但餐饮类恢复正常运营也更早，早期也有堂食变外

---

① 由于大多数上市公司 2019 年年报尚未披露，选取 2018 年数据测算。

卖的应对之法，随后更容易遇到消费反弹。总体看，若疫情不出现反复，全年营业收入影响可控。

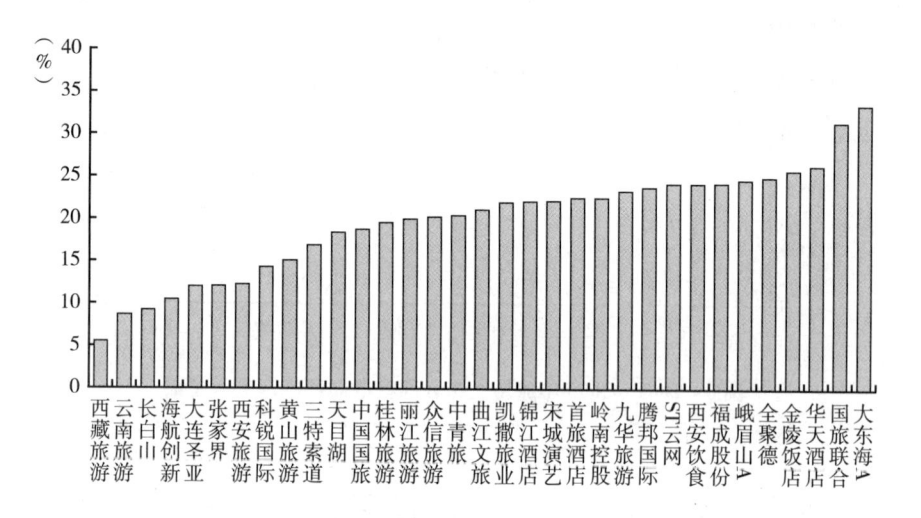

图 7　2018 年一季度各旅游上市公司营业收入占全年比重

资料来源：wind。

（二）现金流总体充裕，旅行社相对吃紧

在疫情影响下，旅游领域的诸多中小企业的现金流难以为继。形成鲜明对比的是，33 家公司经营活动现金流均为正，而且能够较好地覆盖营业成本。从细分行业看，旅行社的现金流更为吃紧，腾邦国际、凯撒旅业、众信旅游等旅行社 2018 年一季度营业成本占经营活动现金流比重约 25%，若疫情冲击一至二季度不能消化和恢复，停业期间仍会产生员工成本、租金成本、库存成本等，现金流将对此类公司形成较大挑战。

（三）部分公司短期债务压力明显

2019 年第三季度，33 家旅游上市公司中，黄山旅游、九华旅游等 7 家无任何短期债务，长白山、中国国旅等 17 家货币资金/短期债务均大于 1，共计 24 家上市公司基本无短期债务压力。华天酒店、腾邦国际等 9 家短期

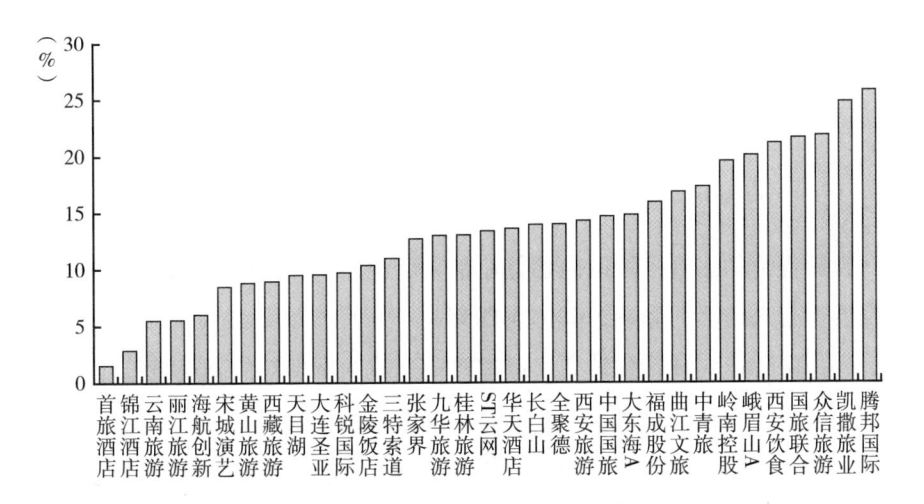

图 8　2018 年一季度各旅游上市公司营业成本占经营现金流比重

资料来源：wind。

债务压力凸显，尤其当货币资金/短期债务低于 0.5 时，叠加外部疫情冲击和经济总体下行压力，公司存在债务违约的风险，所以通过融资或者其他方式缓解债务压力成为当务之急。

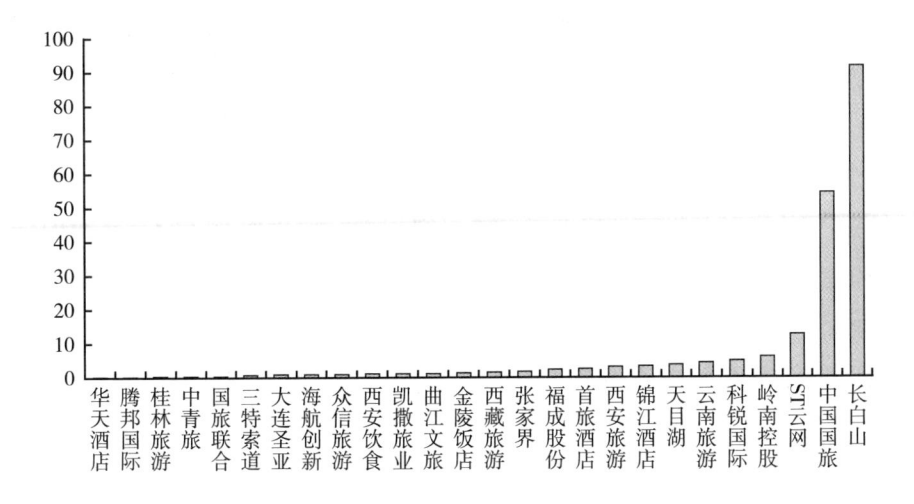

图 9　2019 年三季度部分旅游上市公司货币资金/短期债务

四　后疫情时期旅游上市公司应关注要点

（一）后疫情时期行业发展重塑

新冠疫情的出现，给国内各行业带来巨大冲击，同样给旅游上市公司经营发展也带来巨大的影响，具体表现为三个方面。

一是旅游业向现代化转变。经过改革开放四十多年的高速增长，我国的服务业经历了快速的发展，尤其旅游业持续高速发展，但旅游业整体的发展水平和成熟度与发达国家相比仍有很大差距，现代化水平仍然不高。因此，本次疫情作为旅游业转型的契机，将大大加快现代旅游业转型升级进程，通过提升现代化水平，带动旅游业高质量发展。

二是管理理念向精细化转变。疫情帮快速发展的旅游业踩了一脚刹车，过去旅游上市公司传统管理所存在的问题，如贪大图快、过度举债扩张、项目协同性不高、业务缺少战略眼光等逐一暴露。由于旅游上市公司缺少大数据分析支撑，无法精准定位各项业务成本收入及增长潜力等，只能采取简单粗暴的砍业务、砍费用等手段。整个经济在无重大科技创新的情况下，存量时代仍将持续，旅游业作为劳动密集型企业，管理精细化将是实现公司降本增效的必然选择。

三是商业模式向数字化转变。疫情加速了传统旅游上市公司数字化和智能化转型的步伐，数字化技术正重构组织流程，简化作业环节。公司的管理模式、运营模式、商业模式、工作模式都将加速转变，旅游上市公司将加快线下和线上相结合的全面布局，开展无接触/低接触智能服务模式，例如酒店的无接触服务业界早有先例，疫情将推动这种智能化服务加速普及应用。

（二）应变要抓住四个关键点

疫情对旅游业的冲击更突显其脆弱性。对于旅游上市公司而言，收入和现金水平的下降往往要快于各项支出。公司要在丛林竞争中生存，最关键的是适应疫情冲击带来的环境的变化。能生存下来的"不是最强大的公司，而是最能适应变化的公司"。未来要抓住以下四个关键点。

一是现金赛道。近期美国 10 年期国债收益率跌破 0.4%，全球金融恐慌持续蔓延，预示无收益风险时代到来。各行业发展都面临赛道选择的问题。同样，对于旅游上市公司而言，要慎重考虑选择赛道，重点考虑能带来可观收益的项目。当经济周期改变，步入衰退或者萧条时，赛道只有两条——现金和其他。疫情之下，恢复正常经营尚需时日，在不损害业务的前提下，保守发展更适合大多数企业。

二是融资支持。对于旅游上市公司而言，多样化的融资手段是逆境生存的保障，也是弯道超车的重要手段。许多行业的标杆性公司都是在绝境中塑造的，如 2000 年谷歌和 PayPal 在互联网泡沫破灭后幸免于难，2008 年全球金融危机中成立了 Airbnb、Square 等。当市场低迷、融资变得困难时，旅游上市公司要注重修炼内功，讲好投资故事，争取投资者支持。

三是销售跟踪。疫情如投入水中的石子，圈圈涟漪可能引起连锁反应。即使看不到公司有任何即刻的风险，也要及时跟踪和预测客户可能会改变消费习惯，从而带来营业收入结构的改变。例如消费者对卫生健康情况、无接触智能化服务提出更高要求，以后小规模、自组织、家庭型旅游产品和服务可能更受青睐。如果公司不能及时抓住和把握消费者习惯的改变，未来销售会遇到瓶颈。

四是资本支出。国内保持较高速度增长的公司有限，能长期高速增长的旅游公司更是凤毛麟角。旅游上市公司过去大开大合的资本运作和粗犷的发展难以为继。事实上，疫情下旅游上市公司在正常营业受阻的情况下，最大限度控制成本、挤干水分是逆境中公司生存和发展的硬功夫。在每一项资本支出中，应深思熟虑：是在为公司做加法还是减法，是在透支未来还是布局机遇。

总之，旅游上市公司终究都要回归商业本质——开源节流、控制风险、创造价值。

五 兼顾当前与长远，同舟共济

虽然景区陆续开始营业、酒店预订回暖，但疫情控制还在关键阶段，再加之对人们心理层面的影响，旅游业目前出现"复工难复产"的现象。国内能够流动的只是少量的公务旅行者、商务旅行者，国内旅游基本搁置。随着疫情全球范围的变化，防控疫情由旅游活动输入和扩散的任务也会加重，入境游基本停顿。国外疫情处于暴发期，国民出行意愿降至冰点，出境游受限。长远看，各方要周全计划，制定应对之策。

（一）对政府部门的建议

一是制定并实施旅游业振兴计划。建议文化和旅游部联合相关部门尽快制定旅游业振兴计划，获取中央批复。疫情一旦结束，迅速实施，以消除此次疫情对国内外游客的心理影响，重塑中国安全旅游目的地的形象，重振中国旅游经济。

二是争取其他部门支持。建议文化和旅游部联合相关旅游协会向旅游板块上市公司征集困难诉求与建议，将收集的诉求和建议分类整理分析后，及时与财政部、国家税务总局、证监会等部门及所在辖区政府沟通，了解减税降费、融资审批、退还旅游服务质量保证金等惠企措施的落实情况。同时进一步争取市场化金融机构对旅游企业的支持，出台增加授信额度、适当给予贷款利率优惠、延期还贷、展期续贷等措施。

三是加强相关议题研究和标准制定。建议组织国家智库、高校学者、业界专家基于但不限于当前疫情进行研判和研究，加强文化和旅游安全、应急体系、危机管理、突发公共卫生事件应对等方面的研究，制定相关行业标准和规范。

（二）对旅游上市公司的建议

一是加强经营现金流管理。虽然部分旅游上市公司现金充沛，仍需要做好"过苦日子"的准备。从经营活动产生的现金流量净额这一指标来看，中青旅、宋城演艺均在10亿元以上，同比有不同幅度的增长。然而，停业期间能耗成本、人工成本、景区关停期间的维护费用、财务费用、税费等仍持续发生。因此上市公司应当开源节流：开源指利用上市公司平台，在资本市场通过配股、发债等形式融资，或者引入战略投资者支持，寻求纾困基金帮扶；节流指加强现金流管理，重新梳理自己的成本结构，从细节上入手，优化各项流程，压缩各项成本费用，在可能的情况下加快应收账款的回笼。

二是妥善处理多方关系。其一，对于投资者，可通过回购方案、员工持股等方式增持公司股票，以此向市场传递公司对未来持续稳定发展的信心，在一定程度上稳定股价，减少异常波动。其二，对于消费者，要妥善处理景区、酒店、机票取消与延期事宜，积极争取供应商优化酒店、机票及相关第三方服务的退改政策，尽量挽回和减少旅游消费者损失，避免与消费者产生纠纷，影响旅游上市公司形象。其三，对于企业客户，加强与合作伙伴的沟通，对于因疫情推迟的项目，为客户制定应对预案，为疫情结束后项目的快速启动奠定基础。其四，对于政府部门，呼吁政府相关部门给予旅游上市公司在税收、融资、补贴、保险、劳资等方面的扶持，最大限度获取政府的支持。其五，对于企业员工，保障员工权益，长期看则能明显提升员工忠诚度，有利于公司长远发展。

三是积极创新商业模式。其一，共享互助模式。盒马鲜生联合西贝、云海肴等餐饮企业开展"共享员工"合作，旅游上市公司可借鉴，不仅使人员成本被有效分担，而且帮助一些企业缓解用工荒难题。其二，需求捕捉模式，快速推出企业员工隔离专属预订产品及服务，解决返工员工无法"个体居家隔离"的难题。其三，线上升级模式，5G时代数字文旅或是未来转型方向，各旅游平台可以借助VR开展云旅游项目，针对疫后市场，制定针对性的营销策略，实现快速引流汇流，流量前移、变现后移。

四是发挥行业头部企业作用，引导行业全面振兴。一方面，结成命运共同体，头部旅游上市公司为利益相关方提供救助，如锦江国际推出"五项金融措施"，首旅如家推出费用减免扶持政策；另一方面，通过头部旅游上

市公司发起相关市场复苏计划，如携程的 V 计划、同程艺龙城市"方舟联盟"行动等，发挥行业领先企业的示范带动作用，实现行业互助和企业自救。

五是化危为机，积极蓄力布局未来。受疫情影响，旅游上市公司短期业绩承压已是必然，应借此休养生息之际自我提升，为下一阶段的发展奠定基础，化危为机。其一，景区要强化各类设施维护保养，同时对景区进行升级改造，增加消费场景，确保疫情解除后及时恢复常态经营。其二，旅行社可以研讨新线路，加快新产品的开发和打磨，加强管理和人才培训，做好业务恢复准备。其三，酒店要深度聚焦加盟模式、金融支持、筹建开业、运营管理等多个重要环节，盘活酒店生态价值链，实现整体价值链上的提升与溢价。其四，现金流充裕的公司可抓住疫情冲击带来的企业估值折价机会，根据公司战略，运作横向并购或纵向并购，扩大市场份额、提升影响力或者实现产业链补缺。

参考文献

成保明：《突发疫情对我国旅游上市企业的财务影响及应对策略建议》，《山西农经》2020 年第 4 期。

石培华、张吉林、彭德成、崔凤军：《"非典"后的旅游经济重建与风险管理》，《旅游学刊》2003 年第 4 期。

廉月娟：《国际金融危机对旅游业影响研究》，《北京第二外国语学院学报》2013 年第 5 期。

魏小安、付磊：《旅游业受"非典"影响情况分析及对几个相关问题的辨析》，《旅游学刊》2003 年第 4 期。

吴其付：《论中国旅游业的危机管理机制——以非典时期旅行社行业的救助与自救措施为例》，《桂林旅游高等专科学校学报》2004 年第 3 期。

G.6 新冠肺炎疫情防控中的旅游行业协会

龙 飞*

摘 要： 旅游行业协会以脱钩改革为契机，开始进入自主办会、独立运营的市场化发展新阶段。此次疫情防控过程中，旅游行业协会采取系列举措，在信息服务、桥梁纽带、行业规范、行业提升和社会公益等方面发挥重要作用。未来，旅游行业协会要鼓励旅游产品升级，构建旅游行业协会联动机制，深入参与旅游市场重振，积极参与旅游治理，在危机应对中发挥更大作用。

关键词： 旅游行业协会 新冠肺炎疫情 危机应对

新型冠状病毒肺炎疫情使旅游业的发展遭受重创。防控疫情，旅游行业协会责无旁贷。复工复产，旅游行业协会积极作为。各级各类旅游行业协会在这次旅游系统疫情防控中，充分发挥协会职能，主动担当、快速行动，对于指导企业自救与互助、帮助企业复工复产、提振行业发展信心，发挥了很大作用。旅游行业协会在旅游市场发展、行业自律、危机应对等方面发挥着越来越重要职能和作用。

一 旅游行业协会的发展概况

《社会团体登记管理条例》（2016修订）中指出社会团体，是指中国公

---

* 龙飞，中国社会科学院财经战略研究院博士后，研究方向为旅游规划、民宿旅游。

民自愿组成，为实现会员共同意愿，按照其章程开展活动的非营利性社会组织。行业协会是社会团体的一种，是由公民、法人或其他组织在自愿基础上，基于共同的利益要求所组成的一种民间性、非营利性的社会团体。旅游行业协会主要由旅游企事业单位组成。行业协会的存在不仅弥补了旅游企业过于微观的不足，又弥补了旅游行政管理部门过于宏观的缺陷，具有更灵活、更具体、更直接、更有效的管理服务特点。

目前，旅游行业协会由全国性旅游行业协会、各地方旅游行业协会组成。全国性旅游行业协会，如中国旅游协会、中国旅游景区协会、中国旅行社协会等；省级旅游行业协会，如北京市旅游行业协会、湖南省旅游协会等；市级旅游行业协会，如合肥市旅游协会、济南市旅游联合会等。旅游行业协会按旅游业的不同产业要素又分为旅游饭店协会、旅游景区协会、旅行社协会、旅游车船协会等专业协会。各地情况不一样，很多专业也以分会、专业委员会等形式存在。

2015年6月30日，中共中央办公厅、国务院办公厅印发《行业协会商会与行政机关脱钩总体方案》，要求行业协会商会要与行政机构实现"机构、人事、资产财务、职能、党建与外事"的"五分离，五规范"，行业协会商会脱钩改革工作正式启动。2015年起，开展了三批脱钩试点工作，截至2019年6月，已有422家全国性协会和5318家省级协会实现了与行政机关脱钩。国家发展改革委、民政部、中央组织部等十部门联合下发《关于全面推开行业协会商会与行政机关脱钩改革的实施意见》提出，2019年7月31日前全面启动推开地方行业协会商会与行政机关脱钩改革工作。中国旅游协会、中国旅游景区协会、中国旅游饭店协会、中国旅行社协会、中国旅游车船协会五个全国性行业协会从2015年到2018年分三批全部完成脱钩改革工作。

全国性旅游行业协会进入自主办会、独立运营的市场化发展新阶段，旅游行业协会的重心转移到关注行业发展、关注会员企业发展上来。旅游行业协会依法自治，与政府部门相互独立，与政府以"共生"关系存在。旅游行业协会与旅游行政部门能平等地交流、协商与合作，不再是一方单向依附另一方的情况。旅游行业协会将服务会员工作作为重点，深入调研企业诉求，调整会员结构，加强会员与协会黏性。旅游行业协会通过开展相关活动、培训，让会员企业感受到协会脱钩改革后的变化，协会的服务工作更加务实、贴近行业发展、贴近企业诉求，会员的黏性不断增强。很多会员单位开始主动、义务承担协会工作，对协会产生"依赖性"。面对这次新冠肺炎疫情，很多旅游企业第一时间向行业协会反映诉求，希望协会将行业面临的共性问题反映给相关政府部门，解决行业共同面临的问题。

经过几年的发展，旅游行业协会的脱钩改革基本成功，会员数量不断增加、协会实力不断增强、行业影响力不断加深，发挥了很多其他社会机构无法替代的作用，不但解决了自身生存问题，还得到了政府、行业的认可，打造了旅游行业协会的自身发展空间。在新型冠状病毒肺炎疫情的防控战中，旅游行业协会所采取的迅速行动、务实措施，让整个行业重新审视近些年旅游行业协会的发展。旅游行业协会在改革脱钩后的组织转型、组织架构调整和协会职能重构，为应对这次危机提供了坚实的基础。

二 防控疫情，旅游行业协会的举措和作用

在这次防控新型冠状病毒肺炎疫情过程中，无论是国家级的旅游行业协会还是地方旅游行业协会，以及与旅游行业相关的各类协会都开展了一系列卓有成效的工作，发挥了重要作用。

（一）旅游行业协会的举措

一些旅游行业协会这次防控疫情的举措引起了较大反响。中国旅行社协会在公号上发布的《关于贯彻文化和旅游部2020年29号文的法律指引》，阅读量达43万，转发过万，央视等主流媒体纷纷引用报道。1月25日~1月31日，分别就旅行社如何处理与供应商合同、旅行社损失举证、处理疫情期间企业劳动关系等方面又继续发布了6篇法律指引，帮助旅行社更好地理解执行该通知，同时妥善处理旅游合同纠纷，降低旅行社和旅游者损失，

在社会上树立了旅游行业协会的良好形象。截至2020年1月31日，总计发布疫情相关的法律指引9篇，累计阅读量60余万。中国旅行社协会1月26日发布了《关于防止新型冠状病毒肺炎疫情扩散 给予中国游客退改优惠措施的公开信》中英文版，希望能得到境内外供应商们的充分理解和支持，出台相关退改优惠措施，把中国游客的损失降至最低，给予中国旅行社行业支持和配合，共渡时艰。此公开信迅速在旅游业者们中广泛传播，成为旅行社和境内外供应商谈判、协商退款的依据。中国旅游协会为尽量减少疫情给企业造成的损失，2月3日决定免除212家会员单位2020年会费，虽然每家会员单位的会费金额不大，但让旅游企业感受到行业协会的温暖，也成为地方协会的榜样。全国性行业协会利用其国际影响力，切实帮助企业解决了难题，提升了旅游业者的信心，得到了行业的高度肯定。2月22日，中国旅游景区协会指导支持美团点评与全国51家景区共同发布《中国旅游景区防疫自律公约》。各地方旅游行业协会从各地实际情况和旅游业态特点出发，发布工作指引、安全操作指南，倡议做好旅游产品、酒店产品等退订工作。旅游行业协会的行动体现了行业组织应有的担当和责任。

基于网络公开消息，本文对于旅游行业协会的工作进行归纳，主要体现几个方面开展工作。

表1 旅游行业协会防控疫情举措

类别	内容	行业协会
发布法律指引、自律公约、工作指引、安全操作指南	发布《旅行社预防、控制新型冠状病毒肺炎降低对旅游活动影响的法律指引》、《关于贯彻文化和旅游部2020年29号文的法律指引》、《疫情防控期间复工复产及会员服务工作指引》、《民宿应对疫情安全操作指南》、《中国酒店客房防疫自律公约》等	中国旅行社协会、中国饭店协会、广东省旅游规划与营销协会、湖南省旅行社协会、浙江省旅游民宿产业联合会等
收集相关信息统计收集情况	收集防控疫情期间企业承担社会责任的事迹，统计相关企业因疫情遭受的损失情况，统计各地政府给予旅游企业的帮扶政策，给政府决策、企业运营提供参考	中国旅游协会、中国旅行社协会等

续表

类别	内容	行业协会
减免会费，减轻企业负担	免收2020协会会员全年或半年会费	中国旅游协会、山东省旅游行业协会、上海市旅游行业协会、济南市旅游联合会、张家界旅游协会导游分会等
发布公开信、倡议书、通知	要求各旅游企业高度重视，全力防控；倡议做好旅游产品、酒店产品等退订工作；倡议境内外供应商给予中国游客退改优惠措施；协助为湖北武汉游客安排住宿；倡议民宿业主（房东）减免租金；倡议广大游客理解旅游行业退款过程；倡议政府给予相关帮扶政策共渡时艰	中国旅行社协会、中国旅游饭店业协会、中国旅游景区协会、中国旅游车船协会、北京市旅游行业协会、上海市旅游行业协会、湖南省旅游饭店协会、新疆旅游饭店业协会、广州地区酒店业行业协会等
捐款捐物	在旅游行业自身遇到很大困境的情况下，仍倡议广大会员单位和个人为广大医护人员筹集和捐助医疗物资，号召旅行社的领队从海外协助运送口罩等防疫物资	山东省旅游饭店协会、河南省旅游协会导游分会、黑龙江省旅游协会导游分会、陕西省旅游协会导游分会等、深圳市旅游协会导游分会等
做好行业培训	对旅游企业进行疫情防控培训，推出多种形式微课堂，对旅游企业从业人员进行专业培训、法律指导，提升职业素质	贵州省旅游协会、合肥市旅游协会、福州市旅游协会、成都旅游协会、洛阳市导游协会等
活动延期举办	按照民政部有关通知，协会组织的大型展会、论坛、活动延期举行	中国旅游景区协会等
助力复工复产	指导和帮助会员单位科学防疫，有序复工复产	中国旅游景区协会、湖南省旅行社协会等

注：由于篇幅所限，很多行业协会名字未能一一列明。

（二）旅游行业协会疫情防控中的作用

一是发挥信息服务作用。旅游行业协会在这次疫情中，及时发布相关倡议、安全指引、工作指引和法律指引，在海量信息中聚焦旅游行业，通过旅游行业协会官方网站和微信公众号等传达有关疫情防控信息、政府政策，让会员单位可以及时了解旅游行业相关政策要求、政府行业帮扶政策、行业内企业情况，可根据疫情发展情况调整经营计划，发挥行业引领作用。

二是发挥桥梁纽带作用。旅游行业协会充分发挥政府和企业之间的桥梁纽带作用。在疫情暴发时，及时将政府关于疫情防控的有关指示精神传递给企业，引导企业积极配合防疫工作。同时，在疫情防控的不同阶段，了解旅游企业需求，调研旅游企业因疫情而遭受损失情况，对于行业共性问题形成建议向政府有关部门反映，传达企业诉求，为政府制定帮扶政策提供决策参考。在疫情得到有效控制后，根据政府要求，引导企业有序开展复工复产。

三是发挥行业规范作用。旅游活动是旅游行业内外不同资源的组合，旅游产品是由住宿、景区、航空、车船等诸多部门产品要素的组合。疫情发生后，很多旅游者取消旅游计划、退订旅游产品，旅游企业与旅游者、境内外供应商、资源方之间解除合同，业务处理过程涉及面较广、环节流程复杂。旅游行业协会设立应对疫情业内黑名单制度，对于不积极配合退改、无故扣押相关款项、故意拖延退款时间、设置不合理退款条件等的相关企业进行业内通报，规范行业经营。通过协会专业服务能力，帮助行业企业在规范化、专业化经营等方面有所提高。

四是发挥行业提升作用。在抗击疫情时期，旅游行业协会积极引导会员单位开展培训工作，鼓励会员单位推出线上公益课程，抓紧对员工队伍进行培训，做到队伍不散的同时苦练内功，助力企业在经营停滞期厘清发展方向，练好内功，自我迭代，等待市场复苏后面对更激烈的竞争，为旅游业赋能，助力"过冬"。很多旅游行业协会筹划相关复兴工作、加强资源联系，为复苏后的行业发展做充分准备。

五是发挥社会公益作用。旅游行业协会倡议会员单位响应国家号召和部署，第一时间启动游客保障预案，积极履行社会责任，众多导游领队从世界各地筹集医疗物资捐赠给武汉等重点疫区。中国旅行社协会联合保险公司向旅游业者免费提供新型冠状病毒风险保障保险，为坚守工作岗位的旅游业者们送上关爱和保障。旅游行业协会号召广大会员单位从自身企业情况出发，以景区免门票、酒店提供住宿等形式为以医护人员为代表的抗击疫情"逆行者"们奉献爱心，帮助他们在疫情过后得到身心修养。

（三）旅游行业协会在复工复产中的作用

广大行业协会积极响应、自觉定位、主动补位，有效发挥了政府的助手、行业的抓手、企业的帮手作用，在疫情防控和复工复产两条战线上都做出了积极贡献。广大行业协会积极响应习近平总书记关于"大力支持和组织推动各类生产企业复工复产"的要求，充分发挥扎根行业、贴近企业的独特优势，帮助行业复工复产。

一是深入了解疫情对行业的冲击和影响，为政府和企业提供双向信息支撑。如，中国旅行社协会联合携程旅游集团调研导游受疫情影响情况，向有关部门提出多项意见建议，帮助导游渡过难关。

二是指导企业稳步有序复工复产，防止上下游链条式停摆。如，中国旅游景区协会指导支持美团点评与全国51家景区共同发布《中国旅游景区防疫自律公约》，发布了《齐心协力共渡时艰中国旅游景区协会关于旅游景区受新冠肺炎疫情影响情况及产业恢复对策建议的报告》，成立景区疫后恢复振兴委员会及专门工作组，制定十大专项行动计划，落实相关工作。

三是代表行业维护企业合法权益，帮助企业减少疫情损失。如，中国旅行社协会维护企业合法权益，并积极协商有关方面保障旅游企业退改业务有序进行，最大限度减少企业损失。协助旅游企业解决相关困难，营造良好行业环境。

在传统行政体制的长期影响下，旅游行业协会只能在一定范围内最大限度发挥自身职能。旅游行业协会在疫情防控中的做法，让政府、社会、行业对于旅游行业协会有了新的认识，随着旅游行业协会转型后的不断发展，协会在旅游治理体系中的作用会进一步加强。

三 旅游行业协会应对危机发展的建议

（一）提振旅游行业信心，鼓励旅游产品升级

疫情发生后，旅游行业协会主动提高政治站位，强化使命担当，充分发

挥党组织战斗堡垒作用和党员先锋模范作用,压实疫情防控责任;及时发出倡议和号召,结合行业特点,帮助会员科学防疫;积极宣传本行业和会员企业在疫情防控、捐款捐助、复工复产等方面的先进典型和感人事迹,切实增强打赢疫情防控阻击战、实现经济持续稳定发展的信心和决心。

疫情过后旅游业的发展会更加理性。经过疫情的"寒冬",旅游市场肯定会有一轮洗牌,可能很多小微旅游企业没能熬过去,能留下来的是有一定能力在市场中立足的旅游企业,旅游市场结构会得到优化和调整,旅游行业协会的会员结构也会发生相应改变。旅游行业协会与会员沟通探讨,旅游业务会有以下几个可能发展方向。①在线旅游企业会得到更多流量加持。在疫情防控期间,网购消费习惯已经形成,未来会有更多的用户选择网络预订旅行产品,在线旅游企业们会获得比疫情发生前更多的用户和流量。②以家庭为单位的定制游产品会受到市场推崇。在疫情结束后更加珍惜与家人在一起的美好时光,以家庭为单位的定制游产品会受到热捧。③中老年旅游市场会进一步扩展深化。④疫情过后,大量医护人员的疗养、休养旅行也会成为重要的旅游市场机会。旅游行业协会将积极引导和鼓励会员单位做好旅游产品升级,为旅游行业市场复兴做好充分准备。

(二)构建旅游行业协会联动机制,加强内外合作

目前,除中国旅游协会、中国旅游景区协会、中国旅游饭店业协会、中国旅行社协会、中国车船协会等全国性旅游行业协会外,全国31个省(区、市)及新疆生产建设兵团都成立了旅游行业协会,还有很多省市成立了专业协会。各级各类独立法人旅游行业协会还设有分支机构,如中国旅游协会有21个分会,中国旅游景区协会有10个分会及委员会,地方旅游协会也有很多分支机构,如北京市旅游行业协会就有十余个分会或委员会。专业协会和分支机构的成立确实能够顺应旅游市场不断细分领域的发展,提供更加精准的专业化服务。但过于复杂的旅游协会系统、很多企业重复入会,也使很多企业和公众对协会的认知造成了混乱。现有的旅游行业协会结构体系一定程度上对行业协会的管理发展和工作开展提出了更高要求和新的挑战。

旅游业是关联度高、跨地区、跨行业的综合性产业。旅游产品的预定和实施需要饭店、车船、景区、旅行社等多元素组合完成，又必然涉及跨区域的流动。这次疫情发生时，各个协会主要从自身领域开展工作，并没有形成协会横向和纵向之间、内部和外部之间的联动。旅游行业协会应放眼全局，相互理解、相互支持、同舟共济，共同促进行业发展。因此，建议理顺各级各类旅游行业协会关系，建立联动机制，形成全国旅游行业协会体系，建立有效沟通协商机制。对旅游行业内部，能够有效协调不同细分领域、不同地区相关事务，对外能够代表旅游行业整体，树立良好形象，争取外部合作和资源。良好的联动机制，也可以为应对行业危机提供有力支持。

（三）积极发挥行业协会作用，做好服务工作

新冠肺炎疫情发生，旅游行业遭受重创，危机应对管理工作成为行业发展的重要课题。在世界旅游组织（UNWTO）2003年5月制定的《旅游业危机管理指南》中，明确了旅游业危机管理的四个主要途径：沟通、宣传、安全保障和市场研究。旅游行业协会可以建立和完善危机应对的工作机制，深化协会服务职能。

一要做好信息服务。协会要提供关于危机应对的信息，对不同层面的信息进行甄别，剔除误导性信息，及时转达给会员和政府，为会员决策提供重要参考，为政府决策提供依据。

二要做好研究服务。协会可以联合有关机构研究危机发生、发展和消除的规律，提高行业危机意识和预见性，及时收集整理行业内外危机处理的经验，为会员恢复生产提供借鉴。通过研究，引导企业调整经营预期，重新梳理旅游业态，对内完善和优化管理制度，同时加强内部网上培训，做好行业人才储备。对市场和营销进行研究，协助企业整合优质旅游资源，加强行业合作和产品研发，鼓励企业设计更具市场竞争力的旅游产品。

三要做好宣传引导服务。以此次疫情为契机，将广大旅游企业积极捐款捐物、筹集防疫物资，很多领队和导游将防疫物资带回国内等感人事迹进行广泛宣传，树立旅游从业人员的正面形象。通过举办各种形式的论坛、培

训，探讨应对危机事件的方法，提高会员危机处理意识和能力，做好旅游行业的正面宣传引导，与企业共渡时艰。

（四）深入参与旅游市场重振，助力提质增效

新冠疫情突发时，旅游行业协会积极发布法律指引、倡议宣传，帮助企业应对疫情。疫情过后，更重要的是旅游市场恢复工作。除政府支持减负外，旅游行业协会更要积极参与旅游市场重振，助力行业提质增效。迎接市场重启期间，正是行业消除虚火、重新布局产品升级、服务升级的重要时机。

一是要助力国内旅游目的地市场恢复。旅游行业协会可以利用协会会员规模优势，推动会员单位高质量复工，通过与旅游目的地政府协商制定奖励政策、扶植政策，推动会员单位集中输送客源，快速恢复旅游市场，推动旅游行业升级、提质增效，积极引导旅游行业高质量发展。

二是助力中国国际旅游市场恢复。随着疫情在境外的不断蔓延，世界旅游业发展都面临巨大危机。待全球大范围疫情过后，旅游行业协会应利用国际影响力，通过加强与各国旅游行业协会交流合作，协助会员企业国际旅游业务的开展，采购优质资源，助力中国国际旅游市场恢复。

三是要助力旅游企业健康运行。旅游行业协会要加强行业自律和诚信建设，鼓励产品创新，挖掘新的业务增长点，规范经营。旅游行业协会要利用行业规模优势与相关金融机构、保险机构商讨开发适合旅游行业的金融产品、保险产品，帮助企业规避风险，减轻企业的财务负担。

（五）积极参与旅游治理体系，发挥更大作用

疫情过后是旅游业提质增效发展的良好契机。随着全域旅游的发展，旅游产业的规模和形态已经发生了变化，产业链条延伸、产业边界模糊、产业空间也延伸至全球范围，研学旅行、民宿旅游、汽车露营地等新业态的快速发展与行政监管、产业政策出台滞后的矛盾日益突出。市场化的旅游行业协会更容易把握市场变化、行业趋势，很多国家级行业协会成立了细分领域的

专业协会，如中国旅行社协会成立了研学旅行分会，中国旅游协会成立了民宿客栈与精品酒店分会，中国旅游车船协会成立了自驾与露营地分会等，能够快速把握行业发展动向，引导新兴市场领域的发展。2019年2月20日的国务院常务会，李克强总理提出要求制定涉企法规规章和规范性文件必须听取相关企业和行业协会商会意见，使政府决策更符合实际和民意。党的十九届四中全会审议通过的《中共中央关于坚持和完善中国特色社会主义制度、推进国家治理体系和治理能力现代化若干重大问题的决定》中强调要发挥行业协会商会自律功能，发挥社会组织在推进国家治理体系和治理能力现代化中的作用。要以此次疫情事件作为提升行业治理能力的契机，积极探索完善行业危机治理的对策，做好系统治理、依法治理、源头治理、综合治理，推动治理体系和治理能力现代化建设，创新应对各种挑战。旅游行业协会在这次疫情当中发布的一些公开信、倡议等都已经成为处理行业内部业务问题的依据。旅游行业协会将在旅游市场发展和治理体系中成为中坚力量，发挥更大作用。

参考文献

①龙飞：《我国旅游行业协会发展现状与改革对策》，《赤峰学院学报》（自然科学版）2013年第15期。
②周文辉、王昶、周依芳：《瓶颈突破、行动学习与转型能力——基于三家内向型中小制造企业的转型案例研究》，《南开管理评论》2015年第2期。
③张辉、范梦余、王佳莹：《中国旅游40年治理体系的演变与再认识》，《旅游学刊》2019年第2期。
④皇娟：《我国行业协会应转变领导方式》，《中国社会组织》2019年第23期。
⑤李利利：《论行业协会外部治理结构调整》，《开放导报》2017年第6期。

年度主题
文化与旅游的深度融合
Annual Theme　Deep Integration of Culture and Tourism

G.7 关于文化和旅游融合问题的几点思考与认识

庞学铨*

摘　要： 当前，文化和旅游融合成为热门词语。文化与旅游的关系从来就是在内涵上相生相伴、在作用上相互借力、在形成上互相创造的。文旅融合涉及观念、资源、产业、管理、公共设施、服务和营销等诸多方面，核心是产业的融合，产业融合是文旅融合的最大最佳连接点。文旅融合有资源共生共存式的融合，以非物质文化资源为基础的融合，通过对单纯自然资源进行文化赋能的融合，通过创意实现的融合，产业的融

---

* 庞学铨，浙江大学哲学系外国哲学、休闲学教授，博士生导师，浙江大学旅游与休闲研究院院长，长期从事德国现当代哲学的教学与研究，近年来介入休闲学研究。

合，以及管理、公共服务、运行方式、营销策略的融合等六种基本的融合路径。

关键词： 文旅融合　示范案例　文旅关系　融合路径

2018年，文化和旅游部的组建，被人们称为诗与远方走在了一起。不久，各级政府很快建立起文旅或文旅体媒一体的政府管理机构系统。企业界也应对迅速，许多旅游企业和咨询策划公司在更名为文旅企业（公司）的同时，在宣传或广告中强调突出了自身的文旅功能。学界同样闻风而动，原来的"旅游"论坛（会议）纷纷更名为"文旅"或"文旅发展"论坛（会议），一些旅游研究专家也随即就文旅融合问题发表各自的见解。在很短时间内，"文旅"一词及其关联词"文旅融合"、"文旅发展"和"文旅产业"等很快成为流行的热门词语。然而，文旅融合的一些重要理论问题，尚需要我们深入思考和探讨。

一　文化与旅游的一般关系

关于文化与旅游的一般关系问题，目前有一种似乎得到普遍认同的说法，即文化是旅游发展的灵魂，旅游是文化发展的载体。还有一种与此相似的说法，因其更具形象化而流传甚广，叫作"文化没有旅游就是灵魂出窍，旅游没有文化就是魂不附体"。倘若深入思考便会发觉，这种说法易于流传，却失之简单，二者的关系实际上可能并非如此。

（一）文化与旅游在内涵上是相伴相生、彼此蕴含的

在中国古代，与近现代"旅游"相近的概念最早是"观光"，语出《周易·观卦·爻辞》："观国之光，利用宾于王。"此爻的意思是天子举行国家盛典，邀请他作为君王的宾客前来观光，他也应该不负君王的器重，做好君

王的宾客，好好为君王做事。引申开来，便指观察国家的民情风俗，了解国家的人文礼仪，借以更好地为君王做事、为国家服务。显然，这里的观光内含着对人文、文化的观察与体验。

从词源上看，中国古代早期是将"旅"和"游"分开来说的。《周易》中有旅卦，旅卦的卦辞和四条爻辞中都有"旅"。"旅"是此卦的主题，形象地比拟旅行中旅店和旅客的主客关系，说的是旅行是件麻烦事，是旅行者自寻烦恼。唐代学者孔颖达的《周易正义》对此卦"旅"字的释义是："旅者，客寄之名，羁旅之称。失其本居而寄他方，谓之为旅。"可见，这里的"旅"，就是我们通常说的作为空间移动的旅行。至于"游"字，最早大概出自《论语·述而》。孔子提出，立己立人之道是"志于道，据于德，依于仁，游于艺"。这里的"游"有遨游之意，遨游至自由挥洒的程度便成"游戏"。只有在艺术中得到游戏般的乐趣，才能真正做到立于世上，游戏人间。汉代《尚书·考灵曜》中也说到"游"："地有四游，常动而人不知。又玩物适情之意。"意思是大地向四方游动，人虽不知，却身随、心随，由此便有了闲适怡情之意；"玩物适情"应属于闲情娱乐的人文性精神层面的享受。因此，宋代朱熹曾说："游者，玩物适情之谓。"古代人有各种"出游"：外出求学，称"游学"；异地做官，称"宦游"；僧侣出游，称"游方"；在外观览，增长见识，改变心境，称"游历"；为人为事而劝说他人，称"游说"；游学讲艺，称"游艺"；等等。不同的游，有不同的目的、经历、收获和体验，但都蕴涵着某种人文性，实现着某种文化追求。

据说，中国最早使用"旅游"一词的是梁代诗人沈约。他在《悲哉行》中写道："旅游媚年春，年春媚游人。徐光旦垂彩，和露晓凝津。时嘤起稚叶，蕙气动初苹。一朝阻旧国，万里隔良辰。"（见《乐府诗集》）诗中说的"旅游"，是诗人因客居他乡思念故国而外出游赏以解忧愁，更多带有寄情山水、赏景怡情的意味，这与早期那种注重观察民情风俗的"观国之光"有了明显不同。至唐代，"旅游"既成为士人诗文中的一个高频词，又成为人们一种通常的出游类型，李白、杜甫、白居易就写有大量的旅游诗。

什么是"旅游"？按1991年世界旅游组织所规定的含义，旅游是指人们为休闲、商务或其他目的离开惯常的环境，到其他地方，连续停留时间不超过一年的活动。这个定义说的只是旅游的空间移动及其停留时间这种外在形式，而没有涉及旅游的内容及其对人可能的影响。人们为什么愿意冒着种种不便甚至风险到一个他们几乎一无所知的地方？动机不是单一而是多样的。比如：了解新东西、见识新事物，回归自然、放松身心，建立新的人际关系、扩大社交范围，等等。无论哪一种动机，都包含着对新奇性的追求、对意义的追求，即希望通过旅游来增加和加深对自己、对他人和对世界的理解。在旅游过程中，人们观景抒情，愉悦忘忧，怀古叹今，自然地抒发人文情怀。而不同的人有不同的文化、不同的追求，也会有不同的感受与体验，因而旅游又是一种宽松随意情境下的文化交流与传播。

文化涉及的范围和内容极其广泛。最广义的文化"是人类在社会发展过程中所创造的物质财富与精神财富的总和"，既有物质的，也有精神的；包括留存下来的物质文化遗产，也包括民间流传下来的非物质文化遗产，还包括活的现实的生活观念和生活方式。绝大部分物质文化遗产，如中西方不同时期、各种风格的建筑、园林、雕塑艺术等，由于它们具有独特的建筑或艺术形态，承载和体现着历史文化内容与价值，本身就是拥有特殊魅力的旅游吸引物，其中的多数更是成为人们趋之若鹜的热门旅游景区或景点。将这些物质文化遗产列入世界文化遗产名录，是最高级别的对具有普适性价值文化遗产的传承与保护，又使其成为国际著名的旅游目的地。非物质文化遗产，也大多具有可观赏性和可体验性，或可以直接成为旅游产品，或具有转化成旅游产品的潜在可能。

旅游与文化内涵上的这种彼此蕴含与内在联系，是显而易见的。

（二）文化与旅游在作用上是相互借力、交融互动的

"灵魂"与"载体"是一种形象的比喻。

所谓旅游发展的"灵魂"，指对旅游发展起推动、主导乃至决定作用的关键或核心因素。这样的因素显然是属于精神、观念、价值等抽象层次的文化。前面已经提到，文化含义广泛，层次多样。从文化的层次上说，有精

神、观念、价值等属于抽象层次的文化；有生活方式、生产关系、社会关系等抽象与具体兼具的文化；有凝聚着不同历史、民族和风俗的物态文化即物质文化遗产；还有既有物态也有非物态形式的非物质文化遗产。那些属于抽象层次的文化，能够使作为旅游吸引物的景点景区更富有内涵，彰显它们的意义，触动游客的情感，加深游客的认知，丰富游客的体验，从而使它们在游客的心中变得更加灵动、更有生气。从这个意义上说，称其为旅游发展的"灵魂"倒也未尚不可。物质文化遗产和大部分非物质文化遗产，既是文化资源，又是旅游资源，这样的文化，本身就与旅游彼此蕴含、相生相伴，如影随形，恐怕不能说它们是旅游发展的"灵魂"，它们也不需要有另外的旅游"载体"才能发展和传播。而有一些文化内容和文化产业，更是不适合也难以作为旅游产品的，如出版业及其产品，若说这类文化与文化产业是"灵魂"关系，便有点儿不知所云了。

所谓"载体"，科学技术上指的是某些能传递能量或承载其他物质的物质，在这里，则是指能够承载、传递和传播上述精神性、观念性因素的旅游吸引物（景点景区）或旅游活动。以空间移动为基本特征的旅游，由于灵活自由、形式多样，对于艺术作品、价值观念、风俗民情等文化内容的传播，具有自身的独特优势。从这个层次与角度上说，旅游是文化发展与传播的良好载体，自然是对的。但是，我们可以提一个问题：是否所有的旅游都是或必定是文化发展的载体？我们知道，旅游基本上可分为事务性旅游和休闲性旅游两大类。参加会议、商务、展览、医疗等属于事务性旅游，严格地说，这是一种旅行，它当然也包含着不同的文化内涵。休闲性旅游大致可分为自然旅游和文化旅游两种。以单纯的山川湖海这类自然景物为欣赏对象，或在沙滩上晒太阳、在森林里吸氧、在小溪边发呆，这可以叫作休闲活动或休闲性旅游。尽管这也是一种旅游，也会有某种收获和体验，但可以把它们叫作文化旅游，说它们具有或被赋予了某种文化内涵，是"文化发展的载体"，是"魂不附体"的旅游吗？

因此，以笔者陋见，与其说文化与旅游之间是灵魂与载体的关系，不如说是相互借力、交融互动的关系：文化使旅游更有内涵、更有灵气与魅力，旅游使文化更易传播、更能发挥实际影响。只有充分认识和理解文化与旅游之间的这种内在有机的联系，才可能增强文旅融合的自觉意识，乘着机构改革的东风，深入推进文旅在各方面的融合发展。

（三）旅游与文化在形成上又是互相创造、互为因果的

文化是传承与创新的综合，也是传承与创新的结果。这种传承与创新的路径和方式，是在书斋里读书、思考，更是在自然社会中旅游、实践，此即所谓读万卷书，行万里路。

旅游能够创造文化，是因为旅游能让人看到不同的风景、风物、风俗，由此产生不同的联想、思考和感悟。将所看到、所思考的感悟记录下来、描写出来，就创造了文化。孔子周游列国，与弟子一起边游历边思考边讨论，留下了《论语》；屈原在被放逐的路上，创作了《离骚》；荷马诗人边游历边吟唱，留下了《荷马史诗》；摩西在出埃及途中，写就了《圣经》的开篇五章；但丁在流浪的路上，创作了《神曲》；释迦牟尼在行走恒河两岸途中，创造和传播了佛教教义。中外许多大诗人、大文学家都在旅游、游历中创作了世代流传的诗词文学。

文化同样能够创造旅游，这在后面讨论文旅融合路径时回头再述。

二 文旅融合涉及的主要方面

文化和旅游部部长雒树刚在 2019 中国旅游科学年会上提出推进文旅融合发展需要研究和探讨的 14 个焦点热点难点问题。其中第一个问题是文化和旅游的最佳连接点在哪里？与这个问题相关的是，将文化和旅游合在一起来谈的文旅融合，具体涉及哪些方面？是上文所论一般的文化和旅游的融合，还是文化资源和旅游资源的融合，或文化产业和旅游产业的融合，或文化管理和旅游管理的融合，或文旅领域中公共设施、服务和营销等方面的融合，抑或兼而有之？我认为，从文旅融合发展的基础、内容、作用和前景看，应该是兼而有之的融合。不过，在这种兼容的融合中，核心是产业的融

合。产业涉及文旅的各个方面，产业融合会带动各方面各要素的联动或组合，从而产生整体效应，这也是文化和旅游的最大最佳连接点。一般意义上的文化与旅游的融合，是实现产业融合的观念依据，也是推进产业融合顺利发展的思想前提；资源的融合，是产业融合的物质基础和客观条件；管理的融合是促进产业融合的制度与政策保障；公共设施、服务或营销的融合是产业融合的必要支撑。

我们可以看到，实现文旅融合是有着内在的基础与条件的，因为上述各个方面本来就存在内在联系与交叉的关系。

（一）文化和旅游在内涵、作用、形成上的关系

旅游与文化在内涵上相伴相生、彼此蕴含，在作用上相互借力、交融互动，在形成上互相创造、互为因果，二者的这种内在联系，前面已经简要阐述过了，这里不再重复。

（二）旅游资源与文化资源的交叉

旅游资源是自然界和人类社会中能对旅游者产生吸引力，可以为旅游业开发利用，并能产生经济效益、社会效益和环境效益的各种事物和因素，涉及的领域和内容相当广泛，当然也包含了文化资源。国家旅游局2017年颁布的旅游资源分类标准将旅游资源分成8个主类：地文景观、水域景观、生物景观、天象与气候景观、建筑与设施、历史遗迹、旅游购品、人文活动。其中建筑与设施、历史遗迹、旅游购品、人文活动4个主类基本上都属于文化资源，历史遗迹和人文活动则全部是文化资源。

（三）文化产业和旅游产业的交叉

按照国家统计局2018年公布的文化及相关产业分类，文化产业是指为社会公众提供文化产品和文化相关产品的生产活动的集合，包括9个大类（新闻信息服务、内容创作生产、创意设计服务、文化传播渠道、文化投资运营、文化娱乐休闲服务、文化辅助生产和中介服务、文化装备服务、文化

消费终端生产），下分 43 个中类、146 个小类。文化产业的发展与人的创造力、技术更新和服务活动有较大相关性，兼有服务业和一般产业的特征，其产业资源都是文化元素，文化产业的各个具体行业之间并没有完全必然的联系。对这一产业的规模和经济贡献，大多可以通过产值来衡量。9 个大类中的文化娱乐休闲服务类的 3 个中类（娱乐服务、景区游览服务、休闲观光游览服务）、15 个小类（歌舞厅娱乐活动，电子游艺厅娱乐活动，网吧活动，其他室内娱乐活动，游乐园，其他娱乐业，城市公园管理，名胜风景区管理，森林公园管理，其他游览景区管理，自然遗迹保护管理，动物园、水族馆管理服务，植物园管理服务，休闲观光活动，观光游览航空服务）全部与旅游产业直接相关，其他各大类的许多内容也都与旅游业直接或间接相关，如依托文化制造业、文化服务业等与旅游融合，发展文旅小镇、田园综合体等。旅游产业指围绕吃、住、行、游、购、娱以及更多相关要素形成的综合性产业体系，西方把 19 世纪中期英国人托马斯·库克（Thomas Cook）创办的世界上第一家旅行社作为旅游业的开端。旅游产业属于服务业，对其他产业具有明显的依赖性、关联性和带动性，其本身具有易变性，受外部因素的影响较大，它的经济贡献通常只能以旅游者的消费来衡量。

（四）旅游产业与文化产业的交叉

旅游产业除了在其产业体系中包括部分文化产业外，它的各个要素在供求两个方面都需要文化产业，与文化产业密切相关。每一条旅游路线和旅游目的地中都包含了某些文化景点，体现着某种文化内涵，特别是文化遗产类的旅游，更是如此。文化与旅游在资源和产业上的交叉，也决定了文旅领域中公共设施、服务和营销同样存在着错综复杂的内在联系与交叉。

（五）文化和旅游工作的共同目标

习近平总书记指出，丰富健康的文化生活是衡量人们生活质量的重要标志，旅游是人民生活水平提高的一个重要指标。文化产业是现代服务业的重要门类，既是高附加值的朝阳产业，又是低消耗的绿色产业。旅游是综合性产业，是第三产业的重要组成部分，是拉动经济发展的重要动力。文化和旅游的共同目标就是满足人民群众对美好生活的需求，促进社会经济优质快速发展。这也是实施文旅融合发展的时代要求和群众愿望。

三　文旅融合的可能路径

雒树刚部长提出的14个焦点热点难点问题的第二个问题是融合发展的路径有哪些？明确了文旅融合所涉及的主要方面，再来讨论关于二者融合的可能路径，便有了比较明确的方向。

（一）文化与旅游资源共生共存式的融合

在某个自然环境优美的乡村或城镇，由于某种特殊的因缘，产生和形成了某种有着独特内涵的文化传统和氛围，它们与优美的自然环境长期共生共存、彼此内在地融合一起，使此处成为著名的旅游目的地。形成这种文化传统和氛围的原因，有的是在那里曾发生过重大历史事件或活动，乃至是一个国家的政治或文化艺术中心；有的是某个（甚至一些）著名的思想家、艺术家和政治人物，在那里生活、居住，留下了带有其个人生活和品格的深刻烙印并对文化传统和氛围产生了广泛影响；有的是在那里举办过或持续举办某种传播极广、影响深远的文化艺术或其他特别活动；有的则是在那里比较完整地保留着代表某个时代的历史、文化乃至建筑形制和风格的历史建筑与艺术形态；等等。国内外众多旅游目的地和旅游胜地，包括许多世界文化遗产或世界自然与文化双遗产，都属于这类文旅资源长期共生共存式融合的结果，尤其在欧洲，比比皆是。它们是自然生成的山水，也是历史对这山水的再创造、再加工，文化又赋予了它们丰富的内涵，重塑了它们不同的形象。长期共生共存的自然、历史和文化，既是构成这些文旅融合景观的三大基本要素，又是形成这种景观的三种主要力量。在这样的景观中，自然景物中渗透着历史和文化，历史和文化以自然景物的形态向世人敞开着。

（二）以非物质文化资源为基础的融合

文化资源可以分为物质性和非物质性两大类。物质性文化资源，如历史文化遗址、雕塑、建筑艺术、博物馆、艺术馆等，它们本身就是具有独特魅力的旅游吸引物，辅以相应的旅游设施、服务和营销，便成为颇具吸引力的以文化资源为吸引物的旅游产品。如目前国外旅游中人们比较喜欢的欧洲博物馆旅游、欧洲建筑艺术旅游、文艺复兴艺术旅游、土耳其文明之旅、东欧巴洛克风体验之旅等文化旅游项目。对于文字、诗词、传说等文化内容、文化记忆和文化符号这类非物质性文化资源，则需要创造和再创造的途径，将它们转化成演艺、影视等艺术形式，或主题性公园、酒店等实体形态，以及其他可以直接欣赏或体验的形式，从而成为内容生动、特色鲜明的文化旅游产品，并有可能实现产业化，形成品牌。国内外文化和旅游界一直十分重视通过这种途径和方式使非物质性文化资源转化成具有影响力和传播力的文旅融合产品，并且已经有了许多成功的案例。国外的如一些已经成为知名旅游品牌的演艺节目和音乐节、具有特定文化内涵的节庆活动；国内的如张艺谋的"印象"系列、宋城集团的"千古情"等旅游演艺项目，浙江大学西迁文化主题酒店等。相信这类将非物质性文化资源转化开发形成新型旅游产品的途径和方式，例如开发与语言、知识、思维相关的教育旅游，与百姓传统饮食文化相关的美食旅游，与风俗民情相关的节庆旅游等，在未来的文旅融合发展中，会有广阔的前景。

（三）通过对单纯自然资源进行文化赋能的融合

前面提到，国家旅游局2003年颁布的8个主类的旅游资源中，有4个主类涉及文化资源，另外4个主类（A、地文景观，B、水域风光，C、生物景观，D、天象与气候景观）则基本属于自然资源。单纯的自然资源也可以成为人们观赏的对象，以观赏自然资源为目的的旅行，也可以叫作旅游。然而，这样的对象肯定不是文旅融合的旅游吸引物和旅游目的地，这样的旅游也肯定不能称为文旅融合的旅游。

要使单纯的自然资源成为文旅融合的旅游产品，必须对其进行文化赋能，使之具有文化内涵。例如，郁达夫曾有诗说：楼外楼头雨如酥，淡妆西子比西湖。江山也要文人捧，堤柳而今尚姓苏。郁达夫说的极是。天下佳山秀水很多，但必须要有贤人雅士的赋情，以及后人的共情，才能成为旅游胜地。今天国内外很多旅游胜地，都是单纯的自然山水与贤人雅士们以诗词文章绘画进行文化赋能赋情的结果。在这个意义上说，文化创造了旅游（吸引物）。

这种文化创造旅游的例子，古往今来，国内国外，数不胜数。以西湖为例。西湖独特的形象、气质和意境，完全同西湖的诗词文化直接相关。白居易写了大量西湖诗，他最早将西湖比作美女，开掘了西湖女性妩媚妖娆之审美意境："碧毯线头抽早稻，青罗裙带展新蒲。未能抛得杭州去，一半勾留是此湖。"此后，视西湖为美女、以女性形象比喻西湖的西湖诗，便如雨后春笋，生生不绝。经过长期潜移默化的熏陶，在人们的集体无意识记忆中，西湖成了"美人湖"，再加晚唐诗风重情调，词境多婉约，在一些人的眼里，西湖便又添了颓废虚幻的形象。而杭州本土诗人林逋的诗则开掘了西湖美的另一面：空灵、隐逸、静谧、深沉。白居易作为主政杭州的游宦诗人，看到的更多是世俗热闹的西湖；林逋作为与梅鹤相伴的隐逸诗人，感受的则更多是出世清静的西湖。他的那首《孤山寺端上人房写望》可以说是西湖诗这种风格和传统的代表："底处凭阑思眇然，孤山塔后阁西偏。阴沉画轴林间寺，零落棋枰葑上田。秋景有时飞独鸟，夕阳无事起寒烟。迟留更爱吾庐近，只待重来看雪天。"你看，寺院、水田、飞鸟、寒烟，还有雪天，好一幅清幽脱俗的图画！同一个西湖，在白居易那里，是婀娜多姿，一个美女身姿；在林逋眼中，则是空旷幽邃，一种文人气息。后世许多诗人，特别是隐逸诗人，继承了林逋这一脉诗风，延续和张扬西湖清幽冷寂的一面，西湖于是又有了"高士湖"之称，西湖在人们的心目中，也因此有了不同于妩媚妖娆的清幽脱俗之美。到了苏轼、范仲淹、王安石等士大夫诗人的笔下，西湖便拥有了浓重深厚的人文气息和文化品格，即使把她比作女子，也不再是白居易那种单纯的红衣女或采莲女，而是闺中知音，兼具书卷之气。于是，西湖呈现在世人面前的，又是另一种形象与意境：放达而清雅、清幽而妩媚、脱俗而绮艳。南宋以来，除了诗词家的吟诵，众多画家留下描绘湖山景色的画图不计其数，西湖也真正成了亦俗亦雅、雅俗共赏、诗情画意兼得的西湖了。有人说，假如没有白居易、林逋、苏轼等一大批闻名天下的诗人词家，西湖也许仍然只是一潭青山围绕的湖水而已。从这个意义上说，赋予单纯的自然资源以文化内涵和形象，也就创造了一种新的文旅融合的旅游产品，以致可能发展成为世界闻名的旅游胜地。

（四）通过创意实现的融合

这里说的创意是指一种凭借创新思维和意识，通过挖掘和激活现有资源或进行资源重组合的方式，提升现有资源价值或创造新的结果及其价值的活动，其基本含义是通过创新的思想和方法实现新的结果。创意来自个人或群体的思维活力和创造力，文旅融合发展离不开创意，创意促进文旅融合发展，也造就和促进创意产业的发展。

创意的核心是创新、创造，但这种创新、创造又必须以一定的资源为基础和依托，而不是凭空产生的。创意的资源，或者存在于现实生活中，诸如人们日常的经历、矛盾、需要与追求；或者存在于历史文化的遗存传承中，诸如人物、典故、传说与梦想；或者就是现存的文化资源，包括物质和非物质文化遗产，诸如博物馆、艺术馆、文物与艺术品。将诸如此类的资源转化成创意产品，同时又使这样的创意产品发展成文旅融合的旅游产品，关键在于人们的思维灵感和将灵感与资源结合创造出新结果的技能。资源、灵感、技能/技术的有机结合和综合运用是实现创造性转化和打造创意产品的必由之路。通过创意实现文旅融合，代表了旅游发展的新方向、新趋势，主题公园是文化、旅游与创意融合的集合，医疗美容旅游是韩国创意旅游的示范。

就通过创意实现文旅融合所取得的成功而言，美国的迪士尼乐园和北京故宫的创意，可谓最典型的案例。

迪士尼乐园之所以能够取得巨大成功，成为国际上最有吸引力和影响

力的主题性休闲游乐王国，主要在于华特和设计者们从自家的动画中寻找设计灵感，充分发挥想象力，开发和利用各种相关文化资源，从米老鼠开始，创造了无数个深入人心的动画形象和卡通故事，以独特的故事讲述方式和参与式体验，将美妙、新奇和娱乐融为一体，使人们，无论是大人还是小孩，都能从那里找到快乐和知识。贯穿于其中的，便是资源、灵感与技能/技术的有机结合与运用，体现了创意、科技、产业、娱乐、旅游的高度融合。

故宫内有许多专题性的馆舍，收藏有大量古代艺术珍品，是中国收藏文物和艺术品最丰富的博物馆。但自故宫建馆以来，这些藏品绝大多数静静地躺在库房里，整个故宫只是一个旅游者前来参观藏品（而且是极少部分藏品）的地方，一个储藏艺术品和文物的博物院。近年来，故宫解放思想，积极开展文化创意实践：开设文创体验店，开展各种DIY创意活动，改原来的冰库为向大众开放的餐厅，用VR技术"复活"宫殿，挖掘故宫特有的文化资源，拍摄和传播各种影视动漫节目，设计制造实用性、趣味性结合的各种文创产品，举办多种节庆活动……通过各种方式，让故宫文物走向大众，让大众自愿走进故宫、认识故宫。自此，故宫以文旅融合的新面貌出现在世界人民的面前，来自世界各国的旅游者，也看到并体验到了一个与以前不一样的故宫。

（五）产业的融合

这里由于问题范围及篇幅所限，难以涉及文化和旅游产业融合的具体路径与方式，因而只谈一点融合的基本路径。大体说来，有三种融合的基本路径。

一是加载功能、综合运营。说文化产业与旅游产业的融合，显然不是指二者的合并，而是指对功能的加载和运营的综合。上述说到的文化产业分类中，有许多类别本身就是文化和旅游产业的交叉融合。有些文化产业，如影视拍摄制作、创意产业等，则可以通过加载旅游功能、实行综合运营，实现两种产业的融合，同步增加经济效益和社会效益。这方面也已经有不少成功的例子,如各地一些著名的影视拍摄基地、动漫制作工厂和文化创意园区,既是典型的文化产业,又成为著名的旅游目的地,由此而形成新的文化旅游业态。反过来,一些相对单纯的自然旅游项目,通过加载文化功能和引入文化产业的运营方式,成为具有新的吸引力和魅力的文化旅游目的地。

二是植入休闲元素。休闲是个体在相对自由的状态下,以自己喜爱的方式进行所选择的活动,并获得身心放松与自由体验的生活。休闲同时与文化和旅游相关联。休闲生活涉及一系列相关的要素,需要一系列的配套条件,包括休闲设施、休闲空间、休闲产业、休闲服务等。通过植入休闲元素,文化产业便具有了旅游的内容与功能,旅游产业则增添了文化的内涵与特征。特别是在互联网时代,文化产业和旅游产业在组织结构、包含内容和运营方式等方面都发生了很大变化,休闲的内容、形态和方式,也随之发生了很大变化。但无论怎样变化,休闲作为人们生活的一个组成部分,仍然会贯穿于文化产业和旅游产业运营发展的整个过程。

三是跨界合作。指的是文化产业或旅游产业与其他产业的合作,从而形成新的文旅产业形态。如专题性工业旅游或文化旅游、休闲农业及休闲农业旅游等。

当然,需要指出,文化产业与旅游产业毕竟是两种不同的产业类型和形态,并不是所有的文化产业和旅游产业都可以相互转化实现融合的。所以,能融则融,尽可能多融,因地因时制宜推进文旅融合,是一个必须遵循的原则。

(六)管理、公共服务、运行方式、营销策略的融合

目前,组建文化和旅游统一管理机构体系的工作已经基本完成,为实现文旅事业和产业的融合发展提供了领导管理方面机制和制度上的有力保障。然而,机构的建立、名称的变更,并不意味着能自然实现文旅融合。传统上,文化领域和旅游领域所涉及的内容不同,公共服务对象的定位也不相同,相应地,文化和旅游部门的管理观念、管理方式、管理体制,也存在客

观的差异，这些需要不断调整和磨合。管理上的融合，对于文旅事业和产业融合发展的重要性是不言而喻的。同样，由于文化和旅游涉及的内容与服务对象的差异，二者原有的公共服务和运行方式乃至营销策略都有明显的不同，随着管理机构的改革、产业融合的发展，这些方面也必然而且必须进行相应的调整、转变，进而实现融合。这些方面和因素的融合，对于产业的融合和发展，会产生直接的作用与影响。

G.8
长城文化遗产利用的现状与发展趋势

周小凤　刘文艳　陈晨　于冰　张朝枝*

摘　要： 长城是我国体量最大、分布最广、问题最复杂的文化遗产。长城的保护利用现状、问题与趋势是我国文化遗产利用的缩影。本报告将长城的利用分为接触型利用和非接触型利用，并系统地对各种利用方式进行分析与评价。研究发现，旅游已经成为长城的主要利用形式，长城利用程度对综合效益、遗产保护状态均有积极影响。同时，接触型利用的综合效益明显高于非接触型利用，在将来的长城保护利用中需要加以关注。在此基础上，报告提出了长城优先保护、分级管理、选择开放、差别利用的策略。

关键词： 长城　文化遗产　遗产利用　遗产保护

遗产利用是文物工作的重要组成部分。一方面，遗产保护是利用的前提和基础；另一方面，"合理利用"是我国文物工作的基本方针，"活化利用"是新时代利用方式的新要求。据2017年《国家文物事业发展"十三五"规划》，我国现有不可移动文物766722处，其中全国重点文物保护单位4296

---

* 周小凤，中山大学旅游学院博士生，研究方向为文化遗产保护与旅游利用、遗产认同、遗产记忆；刘文艳，中国文化遗产研究院文物研究所副研究员，研究方向为遗产保护与利用；陈晨，中山大学旅游学院博士后，研究方向为遗产旅游与遗产保护；于冰，中国文化遗产研究院文物研究所副所长、研究员，研究方向为遗产保护与利用、遗产保护管理制度；张朝枝，博士，中山大学旅游学院教授、博导，研究方向为遗产旅游与目的地管理。

处。截至2019年10月，我国世界遗产总数达55项，跃居世界第一（与意大利并列），其中世界文化遗产37项、世界文化与自然双重遗产4项、世界自然遗产14项。我国已成为一个名副其实的文化遗产大国。然而，究竟何谓文化遗产的利用，到底有哪些利用方式，各种利用方式各自存在什么问题，目前仍不清晰。

长城是我国体量最大、分布最广的世界文化遗产，也是我国最早向游客开放的文物保护单位。长城既是国家形象与民族精神符号，又是我国最受游客欢迎的旅游景点之一，因此长城保护与利用工作的重要性不言而喻。国家文物局一直都非常重视长城的保护与利用工作，并专门颁布了《长城保护条例》对长城的保护与利用工作进行指导。自党的十九大明确提出"加强文物保护利用和文化遗产保护传承"以来，"加大文物保护力度、推进文物合理适度利用、努力走出一条符合国情的文物保护利用之路"[1][2] 已逐渐成为社会共识。

鉴于此，本研究以长城为例，分析文化遗产利用的概念与内涵，并对长城利用的分类、现状特征、发展趋势等问题进行讨论。

一 文化遗产利用的定义与内涵

（一）利用的定义

近年来，国际上对文化遗产的利用理解从"有利于保护"发展为"重要的保护方针和途径"，内涵也从"文化遗产的利用与展示"扩展到"文化遗产的阐释与展示"[3]。我国对遗产的理解也日益多元化，从单一保护到将利用作为一种保护方式。依据文化遗产相关国际宪章与国内相关法规（见

---

[1] 国家文物局：《关于促进文物合理利用的若干意见》，2016。
[2] 中共中央办公厅、国务院办公厅：《关于实施中华优秀传统文化传承发展工程的意见》，2017。
[3] 张朝枝、郑艳芬：《文化遗产保护与利用关系的国际规则演变》，《旅游学刊》2011年第1期。

表1),本报告将文化遗产"利用"定义为"在不影响文化遗产安全和真实性、完整性的前提下,以传播文化遗产价值为目标,利用遗产本体进行遗产价值阐释、展示、教育、体验等实践活动"。

表1 文化遗产"利用"的相关表述

时间	制度	内容
1964	ICOMOS《威尼斯宪章》	第五条提及"为社会公用之目的而利用古迹永远有利于古迹的保护。因此,这种利用合乎需要,但决不能改变该建筑的布局或装饰。只有在此限度内才可考虑或允许因功能改变而需做的改动。"
1972	UNESCO《关于在国家一级保护文化和自然遗产的建议》	"在不贬损文化价值情况下,文化和自然遗产的组成部分应恢复其原有用途或赋予新的和更恰当的用途,只要其表明恢复遗产用途或重新利用也是保护遗产的一种手段。"
1982	ICOMOS《佛罗伦萨宪章》	第22条规定:"根据季节而确定实践的维护和保护工作,以及为了恢复该园林真实性的主要工作应优于民众利用的需要。"
1999	澳大利亚ICOMOS《巴拉宪章》	第1.10条规定:"'use'(利用)特指对某一场所的功能,以及可在这一场所开展的活动或实践行为。应给予并创造文化遗产地的'相容用途'"。延续性、调整性和修复性利用是合理且理想的保护方式,即"保护性利用"
2002	全国人大常务委员会《文物保护法》	明确提出"保护为主、抢救第一、合理利用、加强管理"十二字的文物工作方针
2006	文化部《世界文化遗产保护管理办法》	世界文化遗产工作贯彻保护为主、抢救第一、合理利用、加强管理的方针,确保世界文化遗产的真实性和完整性
2013	国家文物局《世界文化遗产申报工作规程(试行)》	明确提出世界文化遗产申报工作要"按照'不改变文物原状'原则,最小干预,因地制宜,确保文化遗产的真实性、完整性和展示利用的可持续性。"
2015	中国ICOMOS《中国文物古迹保护准则》	第一章总则第六条明确提出"文物古迹的利用必须以文物古迹安全为前提,以合理利用为原则。利用必须坚持突出社会效益,不允许为利用而损害文物古迹的价值"。其中,利用是指"延续文物古迹的原有功能或赋予新的适当的当代功能";合理利用是指"以不损害文物本体及其环境,不损害文物古迹价值为前提的利用……必须根据文物古迹的类型、价值特征、对使用的承受能力,选择利于展现文物古迹价值,又不损害文物古迹的利用方式"

续表

时间	制度	内容
2016	国务院《关于进一步加强文物工作的指导意见》	提出"任何文物利用都要以有利于文物保护为前提,以服务公众为目的,以彰显文物历史文化价值为导向,以不违背法律和社会公德为底线。"
2017	中国 ICOMOS《实施〈世界遗产公约〉操作指南》(中文版)	提出"可持续使用:世界遗产存在多种现有和潜在的利用方式,其生态和文化可持续的利用可能提高所在社区的生活质量。缔约国和合作者必须确保这些可持续使用或任何其他的改变不会对遗产的突出的普遍价值、完整性和/或真实性造成负面影响。对于有些遗产来说,人类不宜使用。"
2018	中共中央办公厅、国务院办公厅《关于加强文物保护利用改革的若干意见》	提出文物保护利用的总体目标:"到 2025 年,紧紧围绕走出一条符合我国国情的文物保护利用之路,文物依法保护水平显著提升,文物保护利用传承体系基本形成……文物保护利用成果更多更好惠及人民群众,文物治理体系和治理能力现代化初步实现。"

(二)利用的内涵

根据文化遗产利用的相关规范性文件,文化遗产利用的内涵包括三个方面:一是指文化遗产的利用本身就是一种保护形式,恰当的利用是促进遗产保护的一种有效手段;二是指文化遗产利用的根本目标是传播遗产价值,传承其精神与意义;三是指围绕文化遗产价值展开的展示、教育、体验等利用活动,往往与游客活动紧密关联,这是一种综合效益显著但双面影响兼具的利用形式。

二 长城利用的分类与特征

(一)利用的分类

长城的利用形式多样,既包括生产性利用,如将长城作为酒店、客栈、旅游吸引物;也包括生活性利用,如利用长城的关堡建设住宅、圈养牲口等。各种利用方式繁多,利用方式间也常交叉,很难进行简单分类。根据长城的实际情况，本文将利用分为接触型利用和非接触型利用两类，以方便指导长城的保护与管理。其中，接触型利用是指利用者在长城开放状态下可直接与长城本体接触并开展活动，如攀爬、登临、建设等，这些活动可能对遗产本体及其周边环境风貌产生直接影响。非接触型利用是指利用者利用长城的景观价值但不直接接触长城本体开展活动，如远眺、旁观、俯瞰等，这些活动不直接影响遗产本体，但对遗产周边环境产生影响。根据这一分类标准，本文对2018~2019年普查登记的162个长城段落进行分类。这些长城段落分布在北京、甘肃、河南、河北、黑龙江、辽宁、内蒙古、宁夏、山东、山西、陕西、天津、新疆等13个省份。分析表明，长城的利用以接触型为主，共128个，占比达到79.01%（见图1）。以攀爬、登临等活动形式为主的长城场所有慕田峪景区、八达岭长城、水关长城、金山岭长城、山海关、虎山长城等，以生产、生活等活动形式为主的长城有岔道城、兴城古城、张家口堡、宣化古城等。非接触型利用场所共34个，占比为20.99%，如八仙山国家级自然保护区、冰塘峪长城风情大峡谷风景区、内蒙古达里诺尔国家级自然保护区、药乡国家森林公园等区域内的长城场所。

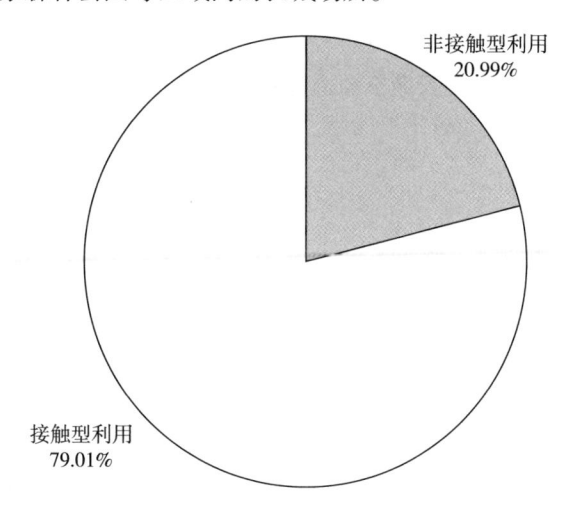

图1 长城利用方式分类比例

资料来源：中国文化遗产研究院：《长城保护与开放利用对策研究课题报告》，2018。

（二）利用的特征

1. 资源分布区域广，但利用区域集中

我国长城文化遗产资源呈线性分布，跨越了15个省（自治区、直辖市）、404个县域，总长度达2万多千米。据国家文物局2018年《长城保护报告》资源普查数据（见图2），接近1/3的长城资源分布于内蒙古，其次是河北、山西、甘肃、辽宁、陕西、北京等地，占比分别为18.89%、9.74%、8.79%、6.86%、6.66%、5.38%。在利用方面，根据2018年《长城保护与开放利用对策研究课题报告》实地普查统计数据，以长城点段为主体的开放与利用场所共计162处（见图3），共涵盖13个省份31个市77个县（青海、吉林两省长城资源的利用尚未展开调查）。其中，接触型利用长城主要分布在华北地区，以北京、河北、山西为主，占比分别为24.07%、15.43%、13.58%（见图4），三省的接触型利用长城资源占比已超过总数的1/2；其次是东北地区，以黑龙江、辽宁为主；再次是西北地区，以宁夏、陕西、甘肃为主。而非接触型利用长城主要分布在山东、河北、北京等省市。总体来看，长城遗存分布与利用的区域差异大，如内蒙古长城资源丰富，但其利用率占比却仅为2.47%，北京的长城资源遗存占比排第七，其利用率排名第一。

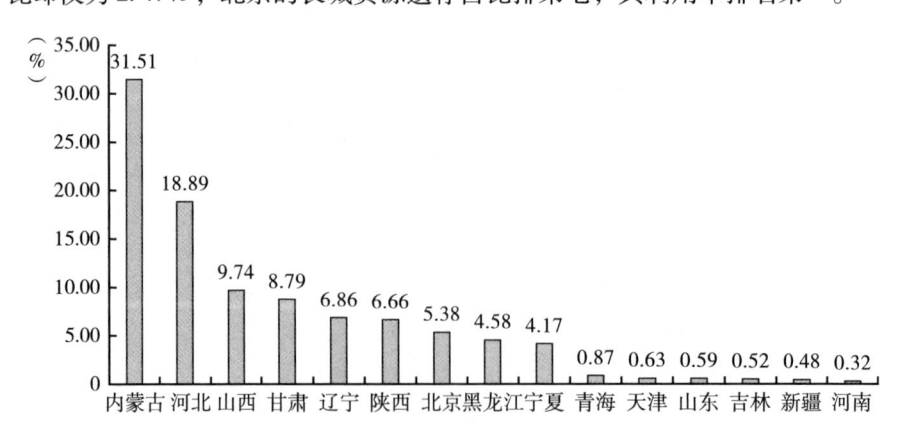

图2 我国长城资源空间分布占比

资料来源：国家文物局，《长城保护报告》，2016。

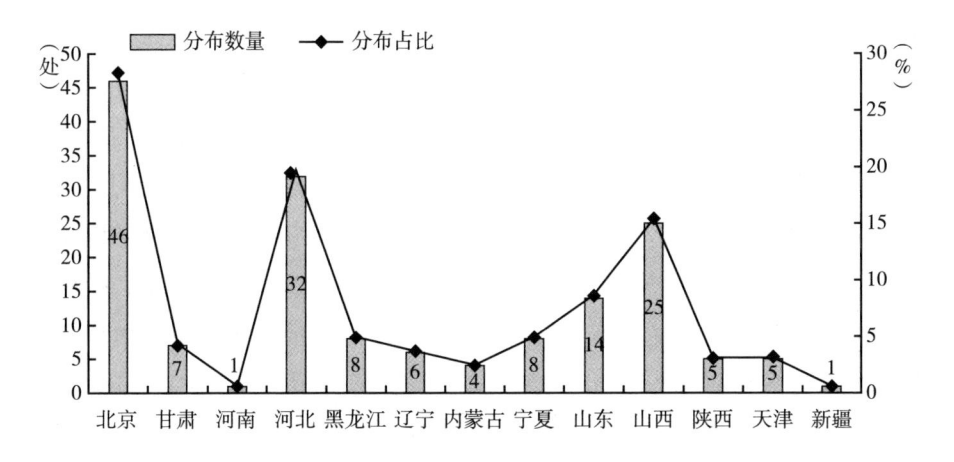

图3　我国长城资源利用的空间分布及其占比

资料来源：中国文化遗产研究院：《长城保护与开放利用对策研究课题报告》，2018。

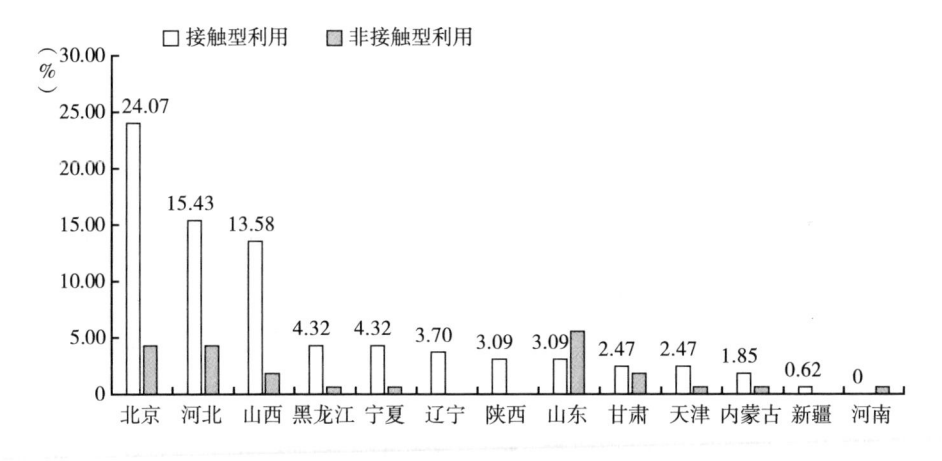

图4　各地长城资源利用类型占比

资料来源：中国文化遗产研究院：《长城保护与开放利用对策研究课题报告》，2018。

2. 资源遗存量大，但利用对象集中

长城资源本体遗存主要包括墙体、敌台、壕堑、关隘、城堡和烽火台以及其他一些具备长城特征的历史文化遗存。根据长城资源调查数据（见表2），我国各类长城资源遗存总数达43721处（座/段），已统计总长度达21196.18千米。其中，墙体和壕堑/界壕共11815段，占比为27.02%；单

体建筑共29510座（主要包括敌台、烽火台、马面3种），占比为67.50%；关堡共2211座；其他相关遗存185处。从朝代来看，长城资源遗存以明朝为主，且明长城分布最广、保存相对完整。据2018年《长城保护与开放利用对策研究课题报告》不完全统计（见表3），长城本体资源的利用表现为"以墙体为核心层、墙体外围的配套设施——关堡为中间层、墙体的附属资源——敌台为外围层、烽火台为边缘层"等四个层次。在实践中，接触型利用以墙体和关堡为主，其次是敌台；非接触型利用的长城本体以墙体为主，其次是敌台和烽火台。总体来看，长城虽然体量大，但主要是对关堡、墙体、敌台和烽火台的直接利用，其他部分利用较少。

表2 长城资源本体遗存数量统计

时代	分布省份（个）	墙体和壕堑/界壕（段）	单体建筑（座）	关堡（座）	相关遗存（处）	合计（段/座/处）	长度（千米）
春秋	9	1795	1367	160	33	3355	3080.14
秦汉	6	2143	2575	271	10	4999	3680.26
明	10	5209	17449	1272	142	24072	8851.8
其他：北魏、北齐、隋、唐、五代、宋、西夏、辽	11	1276	454	119	0	1849	未统计
金（界壕）	3	1392	7665	389	0	9446	4010.48
认定总数	15	11815	29510	2211	185	43721	21196.18
明代遗存占比（%）		44.09	59.13	57.53	76.76	55.06	41.76
明以前占比（%）		55.91	40.87	42.47	23.24	44.94	58.24

资料来源：国家文物局：《长城保护报告》，2016。

表3 长城资源本体的利用状况统计

本体资源	利用类型	数量（千米、座）	利用场所（个）	不详场所（个）	无资源场所（个）
墙体	接触型	296.556千米	48	35	45
	非接触型	340千米	17	10	7
敌台	接触型	296座	31	45	52
	非接触型	16座	7	20	7
关堡	接触型	83座	68	24	36
	非接触型	5座	4	11	19
烽火台	接触型	17座	9	38	81
	非接触型	7座	3	13	18

资料来源：中国文化遗产研究院：《长城保护与开放利用对策研究课题报告》，2018。

3. 遗产保护等级不一，但利用多的地方保存良好

在现有长城遗存中，被列为国保单位的长城本体以古建筑类为主，主要是墙体、烽火台及其他单体建筑（见表4）。从保护等级与利用方式的对应性分析来看，接触型利用长城的国保与省保占比分别为51.23%、24.69%，非接触型利用长城的国保与省保占比分别为12.96%、4.32%。从目前长城遗存的状况来看，总体保护良好。据长城信息系统统计，目前各时代长城墙体消失段总长度为6548千米，占长城墙体总长度的30.9%，其中明以前时代长城消失段占比为35.4%，高于明长城墙体消失段占比（23.3%）。① 根据中国文化遗产研究院2018年长城调查数据（见表5），在接触型利用的省保级及以上长城资源中，保存状态为"较好"、"好"、"一般"和"较差"的比例分别为37.03%、0.62%、12.96%和16.66%；而非接触型利用的长城段落中，相应的保存状况占比分别为6.17%、0.00%、3.71%和4.93%。其中，保存相对好的遗产本体的接触利用数量远多于非接触型利用，同时接触型利用类保存"较好"与"好"的长城本体的比例均高于非接触型利用类。整体来看，遗存保护好的本体侧重于接触型利用，接触型利用的遗产保护状态相对较好。

表4 国保单位中的长城资源统计

本体类型	包含墙体长度（千米）	包含的烽火台数量（处）	包含的关堡数量（座）	包含的其他单体建筑数量（处）	相关遗存数量（处）	遗存数量合计（座处）
古建筑类	10016.91	2920	786	9366	9	13081
古遗址类	602.70	396	93	1656	0	2145
合计	10619.61	3316	879	11022	9	15226
古建筑类占比(%)	94.32	88.06	89.42	84.98	100.00	85.91

资料来源：于冰：《中国长城整体保护管理：挑战与探索》，《中国文化遗产》2018年第3期。

---

① 于冰：《中国长城整体保护管理：挑战与探索》，《中国文化遗产》2018年第3期。

表5 长城资源本体利用的保护级别与保存状态

保护级别	利用类型		保存状态					合计
			较好	好	一般	较差	不详	
国保	接触型	数量（处）	47	1	7	24	4	83
		占比（%）	29.01	0.62	4.32	14.81	2.47	51.23
	非接触型	数量（处）	8	0	5	6	2	21
		占比（%）	4.94	0	3.09	3.70	1.23	12.96
省保	接触型	数量（处）	13	0	14	3	10	40
		占比（%）	8.02	0	8.64	1.85	6.17	24.69
	非接触型	数量（处）	2	0	1	2	2	7
		占比（%）	1.23	0	0.62	1.23	1.23	4.32
市保	接触型	数量（处）	1	0	0	0	0	1
		占比（%）	0.62	0	0	0	0	0.62
不详	接触型	数量（处）	—	—	—	—	4	4
		占比（%）	—	—	—	—	2.47	2.47
	非接触型	数量（处）	—	—	—	—	5	5
		占比（%）	—	—	—	—	3.09	3.09
无	非接触型	数量（处）	—	—	—	—	1	1
		占比（%）	—	—	—	—	0.62	0.62

资料来源：中国文化遗产研究院：《长城保护与开放利用对策研究课题报告》，2018。

4. 以旅游为主要利用形式，以管理委员会等多种形式进行综合管理

接触型利用长城多以风景名胜区、地质公园、森林公园、遗址公园、度假区等景区形式存在，而非接触型利用长城多为全域旅游长城板块、长城沿线特色小镇、主题博物馆、长城历史文化乡村或者不以长城为主要吸引物的旅游景区（点）。据不完全统计，162处长城开放利用场所中已经有66处成为不同等级的旅游景区（见图5），其中接触型利用长城的A级旅游景区占80.30%，远远高于非接触型利用长城的A级旅游景区（19.70%）。旅游景区对于长城本体资源的利用方式有三类：第一类景区以长城墙体及附属物等本体作为景区主要旅游吸引物，如八达岭、山海关、慕田峪、居庸关、虎山长城、嘉峪关、雁门关、九门口长城、金山岭长城风景区等，以展示长城价值为核心；第二类景区以长城本体资源及周边自然人文资源的结合为主要旅

游吸引物，如医巫闾山风景名胜区、镇北堡西部影视城、古北水镇、涞源白石山国家地质公园等综合性旅游景区；第三类景区以长城墙体外围的堡寨类资源为主要核心引物，如兴城古城、张家口堡、暖泉古镇、宣化古城、老牛湾堡等。根据长城保护的属地管理原则，接触型利用长城多以景区管理委员会形式进行统一管理，同时接受相关主管部门（如文物、旅游等部门）的监督管理。而非接触型利用长城的管理主体较为多样化，但往往管理边界不清、权责不明，其利用活动本身对长城本体不产生影响，但对长城的风貌控制、价值阐释等产生影响。例如，利用者在长城附近违规进行休闲度假、房地产开发等活动，对长城的风貌控制产生不可逆的影响。

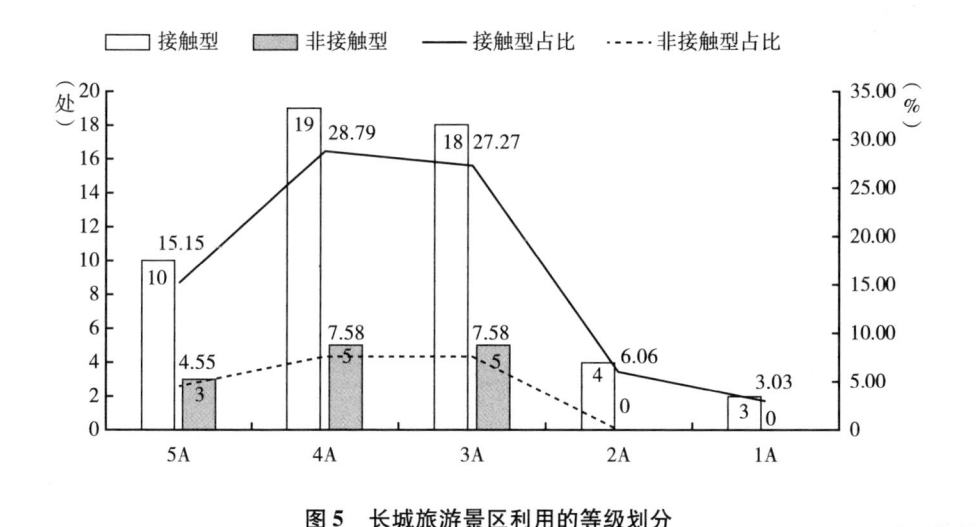

图5 长城旅游景区利用的等级划分

资料来源：中国文化遗产研究院：《长城保护与开放利用对策研究课题报告》，2018。

5. 总体经济效益显著，接触型利用高于非接触型利用

据不完全统计，全国与长城相关的各类旅游景区年接待游客量10万人次以下的有16处（如张家口堡、九门口长城景区、嘉峪关悬壁长城景区、九龙山国家森林公园梨木台自然风景区等），年接待游客11万~50万人次的有18处，51万~100万人次的有4处，101万~500万人次的有7处（如水关长城、嘉峪关关城景区、镇北堡西部影视城等），超过500万人次的有

2处（泰山景区、八达岭长城景区）。其中，长城每年创造的旅游收入在50万元以下的景区有10处，51万~100万元的有4处，101万~500万元的有8处，501万~1000万元的有7处（如兴城古城、娘子关、雁门关等），1001万~5000万元的有13处（如青龙峡景区、沂山国家森林公园、原山国家森林公园、九门口长城景区、水关长城、黄花水长城等），5000万元以上的有4处（慕田峪、八达岭、嘉峪关等、泰山等）。总体来看，接触型利用长城旅游景区的年游客接待量与年收入整体高于非接触型利用长城景区，且优势明显。

表6 长城相关旅游景区的年游客接待量与年旅游收入统计

长城旅游景区的年游客接待量						
年均游客量（人次）	0~10万	11万~50万	51万~100万	101万~500万	501万及以上	合计
景区总数（处）	16	18	4	7	2	47
非接触型（处）	3	3	0	0	0	6
接触型（处）	13	15	4	7	2	41

长城旅游景区的年旅游收入						
年旅游收入（元）	0~50万	51万~100万	101万~500万	501万~1000万	1001万~5000万	5001万及以上	合计
景区总数（处）	10	4	8	7	13	4	46
非接触型（处）	2	1	2	0	3	0	8
接触型（处）	8	3	6	7	10	4	38

资料来源：中国文化遗产研究院：《长城保护与开放利用对策研究课题报告》，2018。

6. 经济效益与社会效益协调发展，接触型利用高于非接触型利用

为进一步对长城利用效益进行综合评价，专家组按"传播长城文化遗产核心价值"（3分）、"提高当地居民生活水平"（2分）、"促进长城文化遗产保护"（1分）、"兼顾社会公众的公益性"（1分）四个维度对长城利用的社会效益进行打分评价，共7分；按"创造当地居民就业机会"（1分）、"提高当地居民收入水平"（1分）、"促进长城遗产地经济发展"（1分）等三个维度进行经济效益打分评价，共3分。分析结果表明，有23处

长城景区的经济效益高于社会效益,如横城堡景区、七星台景区、芦芽山风景名胜区等;有43处长城景区的社会效益高于经济效益,如秦长城旅游景区、古北口瓮城、周四沟城、赫甸城、金界壕遗址公园、盐池县长城遗址公园等,其主要社会效益表现为"传播长城文化遗产核心价值"。大部分长城旅游景区经济与社会效益协调发展,如居庸关长城、响水湖景区、慕田峪景区、嘉峪关关城景区、嘉峪关悬壁长城景区、嘉峪关长城第一墩景区。只有极少数长城类旅游景区经济效益缺乏,如金界壕遗址公园、盐池县长城遗址公园等。总的来看,大部分长城旅游景区的经济效益与社会效益基本一致,即利用得好的长城景区经济效益与社会效益协调发展,接触型长城的利用效益高于非接触型长城的利用效益。

表7 长城旅游景区的利用效益评估与比较

单位:处

利用总效益评分		1~3分		4~6分		7~9分		10分及以上		合计
利用类型	非接触型(A)	A	B	A	B	A	B	A	B	
	接触型(B)									
经济效益>社会效益		3	7	0	13	0	0	0	0	23
经济效益<社会效益		0	4	1	7	4	21	1	5	43
经济效益=社会效益		0	0	1	21	c	0	0	0	22
合计		3	11	2	41	4	21	1	5	88

资料来源:中国文化遗产研究院:《长城保护与开放利用对策研究课题报告》,2018。

三 利用的趋势与策略

(一)利用趋势

1. 在国民文化自信建设中承担更重要的功能

随着文化自信建设工作的不断深入开展,长城作为中华民族文化精神象征的载体,将来需要承担更多的文化自信建设功能。《长城保护总体规划》

(2019)明确提出长城保护的核心任务是"实现长城资源保护与可持续利用,保护和展示长城价值"。同年,中央全面深化改革委员会提出建设长城国家文化公园,并赋予长城国家文化公园坚定文化自信,彰显中华优秀传统文化的持久影响力、革命文化的强大感召力等重要意义。因此,未来的长城保护利用需要更多地承担文化自信建设的功能。

2. 在管理体制改革方面将进行更大的突破

长期以来,体制障碍是长城保护与利用的关键矛盾。近年来,国家不断出台新的政策促进我国自然与文化遗产资源管理体制改革,如十八届三中全会明确提出"建立党委和政府监管国有文化资产的管理机构,实行管人管事管资产管导向相统一"。《"十三五"规划》提出文化行政管理体制改革、国有文化单位改革要在2020年基本完成。2019年,中央全面深化改革委员会第九次会议通过的《长城、大运河、长征国家文化公园建设方案》再次强调要深化长城管理体制改革。由此可见,长城的管理体制改革将持续推进,并进一步促进长城综合利用。

3. 旅游利用在遗产保护中将发挥更大的作用

实践表明,旅游利用是遗产保护的一种重要方式,无论是接触型利用还是非接触型利用,旅游利用的经济效益、社会效益都与遗产保存状态正面相关。未来,在文化遗产承担文化自信建设的功能中,旅游利用将需要发挥更多的作用,因此更加需要关注旅游对遗产保护的综合影响。

4. 接触型利用需要受到更多关注

实践表明,长城的两种利用方式中,接触型利用是主体,且综合效益高于非接触型利用,但接触型利用往往直接利用长城本体,对长城本体可能产生各种潜在影响。在无法回避接触型利用的情况下,对其影响加以更多关注,平衡保护与利用的关系显得更加重要。

(二)利用策略

1. 优先保护

应保护好长城的本体及其与周边人文、自然环境的完整性,处理好全面保存与重点保护的关系。对于绝大多数长城点段，重点做好日常维护管理、局部抢险和标识说明。对于遗产价值突出的点段，在开展考古研究的基础上，科学有序地修缮加固，设置开放利用的服务设施，向公众展示与阐释长城真实的与完整的遗产价值。

2. 分级管理

首先，对长城资源本身与周边环境资源按核心—外围层次进行分级管理。目前，长城本体包括长城墙体、壕堑/界壕、单体建筑、关堡、相关设施等各类遗存，具体可以分为城墙主体、城墙上附属设施与城墙外配套设施等三大类，属于核心管理层。而长城本体外的自然与人文资源被列入外围层次进行管理。其次，依据长城属地管理的层级关系，构建自上而下与自下而上的管理互动反馈机制。

3. 选择性开放

结合长城遗产资源条件与当地社会经济发展的现状，选择性地开放不同点段的长城。首先，对于尚未开放的长城依据资源条件、发展潜力与周边的可达性进行科学规划、选择性开放。其次，对于非规范性开放的长城依据规范性开放的条件逐步转变非规范性的局面，将对长城物质形态与价值信息的危害降至最低。最后，对于将开放为旅游利用的长城依据当地旅游吸引物核心、附属、一般等三大层次进行分类，再有选择性地开放长城本体资源。

4. 差别化利用

依据现有长城遗产资源的可干预强度，差别性地采取利用方式，真实地、完整地向公众展示与阐释长城的遗产价值。在长城整体的利用划分方面，接触型利用对长城本体及其整体环境干预程度与影响力度较大，需要定期监测、评估及反馈利用的影响结果，必要条件下将其转化为非接触型利用，以维持长城遗产价值的原真性与完整性。而非接触型利用对长城本体及其整体环境干预程度与影响力度较小，在影响人与长城遗产互动深度的情况下可能不利于广泛地传播遗产价值，同时可能导致长城本体在自然与时间因素的损耗下逐渐消失。对此，针对非接触型利用的长城，需要加强对本体的防护、加固及抗风险等举措，同时在适当条件下按可承载、可接受的标准转化为接触型利用。

参考文献

国家文物局：《关于促进文物合理利用的若干意见》，2016。

国家文物局：《中国长城保护报告》，2016。

孙伟航、韩雨桐、王宁、赵洋：《基于社会责任投资的遗产保护与开发——以八达岭长城社区参与为例》，《经营与管理》2018年第9期。

于冰：《中国长城整体保护管理：挑战与探索》，《中国文化遗产》2018年第3期。

袁婧：《为长城构筑更完善的保护屏障》，《光明日报》2018年3月8日第16版。

张朝枝、郑艳芬：《文化遗产保护与利用关系的国际规则演变》，《旅游学刊》2011年第1期。

中共中央办公厅，国务院办公厅：《关于实施中华优秀传统文化传承发展工程的意见》，2017。

G.9 大运河文化带文化遗产保护与旅游开发利用研究

范周 杨甯*

摘 要： 大运河是中国古代创造的一项伟大工程，是流动的、活着的世界级人类文明遗产，蕴含着中华民族悠久绵长的文化基因。当前，大运河文化带文化遗产保护和旅游开发仍存在一些问题，需要加强顶层设计，统筹基础设施建设，健全区域协同机制；深入挖掘大运河文化内涵，打造运河文化符号；推动产业融合，创意文化遗产传承方式，丰富大运河文化旅游产品和服务供给；推动大运河文化带成为宣传中国形象、展示中华文明、彰显文化自信的标志性文化品牌，成为文化保护传承与旅游开发利用的中国样板。

关键词： 大运河文化带 遗产保护 文化和旅游开发

中国大运河是纵贯南北、横亘古今的中华历史文化长廊和世界文化遗产。在两千多年的历史进程中，大运河为中国经济发展、国家统一、社会进步和文化繁荣做出了重要贡献，也留下了宝贵的遗产和流动的文化。如今大

---

* 范周，中国传媒大学文化产业管理学院院长、教授、博导，文化和旅游部专家委员会委员，教育部高等学校艺术学理论类教指委副主任，研究方向为文化产业政策及理论体系、区域文化产业发展等；杨甯，中国传媒大学文化产业管理学院博士生，《中国文化产业年鉴（中、英文版）》副主编，研究方向为区域文化产业研究。

运河文化，已内化为中华民族悠远绵长的文化基因，成为生生不息、发展壮大的丰厚营养，具有巨大的文化和旅游价值。2014年6月22日，中国大运河被列入世界遗产名录。规划建设大运河文化带，以运河遗产为核心，以文化带建设为抓手，保护、传承和利用好运河文化和旅游资源，是值得探索的重要课题。

一 大运河文化遗产保护和旅游开发利用现状

（一）大运河文化遗产资源丰富，保护形式多样

大运河由京杭大运河、隋唐大运河、浙东运河三部分构成，全长3200多公里，其中京杭大运河包括通惠河、北运河、南运河、会通河、中（运）河、淮扬运河和江南运河等段，隋唐大运河包括永济渠和通济渠等段，浙东运河主要指杭州至宁波段。大运河是具有2500多年历史的活态遗产，沟通融汇京津、燕赵、齐鲁、中原、淮扬、吴越等地域文化，以及水利文化、漕运文化、船舶文化、商事文化、饮食文化、民俗文化等文化形态，形成了诗意的人居环境、独特的建筑风格、精湛的手工技艺、众多的名人故事以及丰富的民间艺术和民风民俗，至今仍散发勃勃生机。沿线水工遗存、运河故道、名城古镇等物质文化遗产超过1200项，已列入世界文化遗产的河道遗产、水工遗存、附属遗存及相关遗产共计58处。在已经颁布的四批国家级非物质文化遗产代表性项目中，大运河沿线八省市共有837项，[1] 是我国优秀传统文化高度富集的区域。

近年来大运河沿线各地区加大非物质文化遗产保护力度。第一，出台相关保护管理办法和条例。近年来先后出台《大运河遗产保护管理办法》（原文化部，2012年）、《山东省大运河遗产山东段保护管理办法》（山东省，

---

[1] 李冉：《中国大运河：当文化遗产流向未来文明——对话著名文化学者范周》，《人民交通》2018年第7期。

表1 京杭大运河、隋唐大运河、浙东大运河入"世遗"项目对比

单位：个，%

指标	京杭大运河	隋唐大运河	浙东大运河
遗产河段	19	5	3
占总遗产河段比例	70.5	18.5	11
遗产点	49	4	5
占总遗产点比例	84.5	6.9	8.6

表2 大运河沿岸八省市国家级非物质文化遗产代表性项目汇总

项目	第一批	第二批	第三批	第四批	合计
北京	13	48	12	16	89
天津	31	49	15	14	109
河北	7	8	5	8	28
山东	24	60	27	19	130
江苏	37	44	24	14	119
浙江	39	73	49	20	181
河南	22	45	12	18	102
安徽	19	28	12	20	79

资料来源：中国非物质文化遗产网。

2013年）、《杭州市大运河世界文化遗产保护条例》（杭州市，2017年）等法规。第二，加强非物质文化遗产立法。例如，杭州和无锡从保护历史文化遗产角度立法保护大运河文化资源，宿迁、淮安、常州、苏州从保护非物质文化遗产角度进行立法保护，镇江从传承人角度进行立法保护，等等。第三，建立了四级非物质文化遗产保护体系、代表性传承人体系，建立了非物质文化遗产保护中心，以大运河为主题的博物馆（如杭州京杭大运河博物馆、聊城中国运河文化博物馆）、非遗馆（如苏州市非物质文化遗产馆）、非遗传承基地（如无锡市梁溪区非物质文化遗产传承基地）、大运河文化长廊（淮安）等，在一定程度上保护、挖掘、征集、宣传了非物质文化遗产，取得了一定的社会效益。此外，部分沿线省市利用大运河及其文化资源发展文化、旅游及相关产业，打造标志性景点、文化活动及运河遗产保护利用综合性工程。尤其是江苏、浙江两省，加强运河遗产的创新传承和资源的创造性转化，逐渐形成了历史文化街区、运

河特色小镇，运河主题节庆活动等多层次、立体化的运河文旅产品体系，推动文博、会展、演艺、节庆、创意设计等多元业态融合式发展。

（二）政府高度重视大运河文化带建设，各类规划相继出台

2017年2月，习近平总书记在视察京杭大运河通州段的治理工程时强调要"深入挖掘以大运河为核心的历史文化资源"，并在同年6月关于大运河文化带建设的报告中批示，大运河是祖先留给我们的宝贵遗产，是流动的文化，要统筹"保护好、传承好、利用好"大运河。

随后，大运河沿线8个省市均着手编制地方大运河文化带发展与建设规划纲要，对大运河文化带建设做出了部署，如天津市专门成立大运河文化建设规划编制领导小组；河北省设立大运河文化带建设联席会议制度，建立京津冀三地协调机制；山东省立足丰富的文化资源，实施大运河（山东段）文化带重大文物保护工程；浙江省将加快大运河文化带（浙江段）建设写入2018年政府工作报告，发动社会力量、大力发展文化产业，积极推进大运河文化带建设，等等。

表3　沿线部分省市已颁布及正在编制的大运河相关政府文件

	文件名
天津	《天津境内京杭大运河保护与发展规划》《大运河天津段遗产保护规划》《大运河天津段文化保护传承利用实施规划》等
河北	《中国大运河河北段遗产保护规划》《大运河（河北段）文化带文物保护利用总体方案》《河北省大运河文化保护传承利用实施规划》等
山东	《大运河遗产山东段保护规划（2012~2030）》、《山东省大运河遗产山东段保护管理办法》（我国首部由省级人民政府颁布的大运河保护专项管理办法）、《山东运河历史文化长廊建设规划》、《山东省大运河文化带建设规划》等
江苏	《中国大运河（江苏段）遗产保护规划（2011~2030）》《大运河江苏段旅游发展规划（2017~2030）》《大运河文化带江苏段建设规划》《大运河江苏段文化保护传承利用规划纲要》等
浙江	《杭州市大运河世界文化遗产保护条例》（国内首个保护运河世界文化遗产的地方性法规）、《大运河（杭州段）遗产保护规划》等
安徽	《大运河遗产安徽段保护规划》《中国隋唐大运河柳孜运河遗址景区旅游规划》《通济渠泗县段保护管理规划》《柳孜运河特色旅游小镇规划》等

资料来源：根据网络资料整理。

（三）基础设施建设逐渐完善，沿线生态环境有所改善

为保护好"母亲河"，大运河沿线省市积极开展河道疏浚与治理、水利工程复建和水生态环境修复工程，逐步改善运河水质，同时建立监测预警体系，不断提高综合管理能力。如大运河无锡段共安装了6个水质自动监测站，每天进行四次检测；苏州每年两次运用航拍、水下声呐探测技术加强对运河苏州段的监测管理，同时还利用三维激光扫描把运河遗产建模数字化。此外，大运河江苏沿线积极实施退渔还湖工程，依靠大运河发展旅游业，既保护了水生态，又改变了渔民的生活方式，实现了水环境治理和生态富民双赢。

此外，各地积极完善文化旅游基础设施，因地制宜推进航道开通。如北京通州区、天津武清区和河北省香河县签订通航合作框架协议，计划于通州—香河—武清段先后实现旅游通航和客货运通航。河北省沧州市启动"运河生态文化带"一期工程，沿4.2公里河道打造古韵河景，将在安陵闸所建设"大运河吴桥杂技生态城"。

（四）沿线经济发展水平较高，文化和旅游业基础较好

大运河沿线八省市以占全国不足10%的土地面积，承载了全国超1/3的人口，贡献了全国近一半的经济总量，其中江苏、山东、河南、浙江四省的GDP多年来稳居全国前五名，是国家经济发展的中流砥柱。从文化产业的发展来看，大运河文化带贯穿了长三角、淮海、环渤海三大经济圈，拥有雄厚的腹地经济、庞大的文化消费群体以及相对发达的文化产业和文化市场体系，是中国文化产业较为繁荣的区域。

同时，大运河沿线城市利用文化带推动运河生态带、景观带建设，利用文化带促进旅游资源开发，提升当地居民生活品质，形成良性循环的保护、传承与利用模式。如京津冀携手编制《京津冀大运河旅游观光带规划》，北京市围绕大运河文化带打造文化旅游产业集群，天津市积极进行保护性开发利用，建成了一批以大运河为主题主线的生态文化公园。河北省科学规划流

域内旅游产业发展，并推动实现大运河京津冀段的观光性通航；山东省把鲁风运河列为省内十大文化旅游品牌之一，实施重点开发建设；江苏省将大运河沿线作为经济重心与创新前沿；浙江省提出以运河为枢纽，以名山大川、著名景点等为重点打造大运河文化带。文化和旅游融合，助力大运河文化带建设。

（五）大运河文化品牌意识增强，系列重点项目有序建设

随着大运河文化价值的日渐凸显，各省市积极谋划和布局项目，通过项目建设，推动大运河文化的保护、传承和利用。杭州、苏州、无锡、扬州、淮安等地运河旅游都已形成一定规模，无论是景区业态、品牌影响力、客流量还是周边交通住宿的条件都相对成熟，已经初步成为区域内重要的旅游项目。例如，无锡市梁溪区作为国家全域旅游示范区，主打宣传口号为"江南水乡地，运河遗产区"，引入了非遗（如昆曲、古琴等）活态补充旅游项目内容，重视学生群客户的开发，打造运河诗歌节、古运河风情夜游节等大运河文旅项目，成立了国企控股的古运河集团。无锡运河岸边的南长街商业街区有古运河集团主导生产的文创产品，景区内人流量较多。

二 大运河文化保护和旅游开发利用的主要问题

（一）沿线省市运河文化和旅游发展基础不平衡

第一，运河遗存及使用价值不平衡，尤其是在河道及通航方面。如京杭大运河北方大部分河段断流断航，部分还未淤废、仍然有水量的河流承担起城市排水或引水灌溉的任务；而京杭大运河、隋唐大运河的江南运河段和浙东大运河整体均位于水量充足的江浙地区，运河仍然每天承担着大量的航运功能，持续发挥着重要作用。

第二，经济发展基础不平衡。受历史发展基础和行政区划等方面的影响，运河沿线城市在国土面积、人口方面相差不大，但在GDP、人均GDP、地方财政收入指标上出现了严重的不平衡性。发达运河城市至今仍然保持旺盛的发展势头，经济社会发展在全国处于先进水平，具有举足轻重的地位；而欠发达运河城市，如山东、苏北运河沿线城市，虽近年来得以发展，但由于历史和环境的制约，经济发展较为缓慢。运河城市经济发展较为不平衡。

第三，沿线城市文化和旅游产业梯度明显。整体来看，大运河沿线城市文化和旅游产业发展水平呈现"U"型格局，河段两端文化和旅游产业实力强劲，中部文化和旅游产业较为落后。从产业发展类别看，两端以高附加值的文化产业为主，中部以文化产品制造、文化观光等附加值较低的产业为主。

（二）大运河遗产保护与传承利用仍存在矛盾

一方面，非遗保护、传承、利用严重不足。2014年大运河申遗成功后，运河沿线省、市政府均高度重视对运河遗产的保护和发掘，居民的保护意识也明显增强。但在保护过程中，仍面临着重"有形"遗产、轻"无形"遗产，重静态保护、轻动态保护，缺乏整体性保护，文化遗产保护与城市建设脱节等问题，使遗产与遗产地的原生自然环境和人文背景相脱离，遗产的原真性和完整性遭到破坏。如运河非物质文化遗产的活化利用程度依然偏低，文化内涵挖掘不够深入，遗产资源开发方式和展示手段传统、单一，缺乏创意设计和科技手段的运用。此外，非遗项目亟待发展和创新，非遗传承发展难以为继。许多非物质文化遗产时代背景已远，与现代生活生产不相融合，难以满足人们新的需求和审美。受传承方式和传承人不足的限制，部分项目难以为继。如江苏徐州市丰县的国家级非遗项目糖人贡，由于国家丧葬制度改革，项目传承形势严峻。

另一方面，大运河遗产保护与旅游开发存在实施层面上的矛盾，不同部门的职责及依据法律法规的差异是产生矛盾的根本原因。仅就文物和水利部门来说，大运河不同于一般的文物，仍具有重要的水利功能和发展的需求；同时，大运河又不同于一般的水利工程，它承载了厚重的历史文化和水利科技文明。文保单位和水利部门基于各自的职责，在对大运河的功能定位、处置原则和基本要求方面存在一定分歧。① 到实施层面，由于行政审批归口不同，对审批程序、主体及相关建设的具体技术要求均不一致，保护工作困难重重。

（三）运河文化内涵挖掘不足，运河特色文化体系未形成

目前，对大运河文化和旅游资源的开发利用整体还处于较低水平。第一，对大运河文化内涵挖掘不深、融合不够，许多项目显得简单粗放。目前，大运河非遗项目以年度节庆活动为主，展示频次较低，传播效果不佳；以运河为主题的部分活动同质化现象普遍，对运河文化、运河非遗的展示不足。第二，缺乏创新性传承与创造性转化的有效路径与载体。模式创新较少，没有围绕运河IP形成系列产品与服务，特别是对虚拟价值与形态开发不足。从全国范围看，在大运河沿线城市中，由于线型旅游资源历史功能相同或相似，旅游产品开发也呈现出趋同的特征，比如多地正在实施的各类运河博物馆项目等。又如从浙江、江苏以及山东段运河开发现状来看，旅游产品以水上游览沿线风光、历史文化遗存为主。产品开发缺少与地域性历史文化、民俗风情等资源的整合。

随着航运功能的衰退，"因河兴城"的城河共生关系日渐松散，运河与城市经济、社会、生态的关系还需重塑。在大运河保护利用传承方面可参照学习的成功模式不多，对大运河文化基因与精神内核的挖掘与研究不够。如何实现大运河文化的活态传承与可持续发展，实现历史文化与现代文化之间的圆融对接，是必须突破的难题。

（四）运河旅游基础设施相对薄弱，配套服务体系不完善

目前，大部分地区各类运河文化和旅游资源多以文献资料和实物的形式保存在当地的文化馆、档案馆，博物馆、非遗展览和主题活动也主要发挥宣

---

① 李云鹏、吕娟：《大运河水利遗产现状调查及保护策略探讨》，《水利学报》2016年第9期。

传、教育的功能,不具备旅游功能。政府主要从遗产管理的视角对大运河文化进行静态的、单点的、项目性的保护,而没有从产业开发视角,对大运河文化和旅游资源进行整体规划,缺乏市场化的定位和创意化的展示利用手段,旅游配套设施和服务体系相对不完善。

(五)缺乏有效的沿线协同合作,统筹协调机制有待创新

应统筹好沿线城市的资源与力量,在断航的现实条件下推进协同合作,构建起大运河文化带命运与利益共同体。大运河文化带建设是一个巨大的系统工程。"纵向上需要国家、省、市甚至更具体的行政单元形成合力;横向上,需要运河沿线城市之间,城市文化、水务、商业等各部门间协抓共管",[1] 同时还需要协同与整合多元社会力量。目前来看,情况不容乐观。一是国家层面统筹缺位,沿线城市各自为政,同质化趋势严重;二是大运河涉及水利、环保、规划、文物、宣传等多个职能部门,多头管理现象突出;三是宣传力度不足,社会力量参与热情与程度不高;四是区域协同还缺少必要的组织、制度与政策保障。

三 大运河文化保护和旅游开发利用的对策建议

(一)因地制宜顶层设计,打造大运河文化IP

大运河是蓄积了千年文化势能的超级IP。大运河流域城市需充分运用历史文化、民族民间文化、红色文化、旅游生态文化等资源,推动文化精品创作生产,加大对原创文化精品的扶持力度,推出更多思想精深、艺术精湛、制作精良的力作。大运河沿线文化和旅游行政主管部门要着眼于更好地满足人民群众日益增长的美好生活需要,推进大运河文化带供给侧结构性改革,促进相关文化产业转型升级、提质增效,构建

---

[1] 熊海锋:《大运河文化带的内涵解析与建设对策研究》,《人文天下》2017年第23期。

结构合理、门类齐全、科技含量高、富有创意、竞争力强的大运河文化体系。

（二）更新资源活化方式，增强文化遗产传承活力

第一，挖掘非遗文化资源，建设非遗馆。提升大运河沿岸现有非物质文化遗产展示馆，鼓励有条件的地区，建立具有地域特色的非物质文化遗产专题博物馆或综合馆，活跃群众文化生活。同时加强统筹协调，避免重复建设。第二，创新传习活动形式，推动交流。每年以春节、文化遗产日为契机，组织活动，逐步打造地方特色文化品牌。同时，通过政府文化部门和一些文化艺术组织的推介，组织非物质文化遗产传承人赴外地展演，让大运河非物质文化遗产"走出去"，在与世界文化的交流中得到升华。第三，传承保护与开发利用相融合，促进可持续发展。大运河非物质文化遗产涉及文化、生产、生活、民间工艺、表演艺术、礼仪习俗等多个领域，既是当地群众文化生活多样性的重要体现，又是中华民族传统文化的瑰宝。要把得天独厚的自然风光与深厚的人文积淀及丰富的非物质文化遗产结合起来，保护好、传承好大运河沿岸的非物质文化遗产，推动大运河特色体验旅游业的发展。

（三）挖掘运河文化内涵，推动运河文旅价值转化

第一，梳理大运河历史文化发展脉络。对大运河文化的精神内核尤其是对大运河及其与流经城市的地域文化传统、民俗特色、历史变迁、城市风貌之间的内在关联进行深入研究，为旅游项目策划和旅游产品设计提供丰富的素材。第二，挖掘非遗本身的文化价值，尤其是蕴含在其外显形态之中的隐性的内涵、价值观、审美心理与生活方式等，并将其凝练成重要的文化元素及符号。第三，关注非遗与运河的关系。如不同形态的传统工艺、美术、表演艺术等在运河沿线的传播、交流与融合等。总的来说，要在梳理大运河的水文化、漕运文化、商业文化、民俗文化，北京的古都文化、京味文化及非遗的历史、精神、科学及审美等价值的基础上，进行挖

掘、整合与转化，提炼出大运河特色文化符号，在促进产业融合、做大产业载体、融入运河旅游网等方面下足功夫，最终将运河文化资源优势转化为文化产业发展优势。

（四）统筹旅游基础设施建设，着力改善生态环境

第一，完善相关基础设施配套。如构建水陆快速交通网络、5G通信、智慧景区等。第二，完善旅游公共服务配套。以丰富的运河文化资源为依托，打造公共文化服务设施和地方景标，将文化资源保护与公共文化空间结合，不仅为大众提供了休闲娱乐空间，也丰富了群众文化及相关保护知识，营造了区域文化氛围，增强了地方文化认同，在创新文化保护传承形式的同时丰富了公共文化服务体系，实现了二者的有效联动。如设计运河沿线景观节点，打造旗帜性运河文化地标；塑造特色文化空间与雕塑小品，渗透运河文化气质；等等。

（五）丰富文旅产品供给，构建运河文化品牌体系

第一，培育大运河文化精品创作生产体系。大运河流域城市需充分运用历史文化、民族及民间文化、红色文化、旅游生态文化等资源，推动文化精品的创作生产，加大对原创文化精品的扶持力度，推出更多思想精深、艺术精湛、制作精良的精品力作。因此，整合特色人文资源，打造文化产业品牌，使大运河文化带成为"高品位的璀璨文化带、高颜值的绿色生态带、高水平的全域旅游带"。第二，加大旅游景点的文化融入和品牌营销力度。将区域特色的自然人文资源进行整体规划和开发利用，组织研究人员编写具有文化底蕴的景点介绍，突出地方特色旅游项目的知识功能和文化传承功能。大运河流域地级市需大力培育新型文化业态，促进数字技术、互联网技术等高新技术在文化创作、生产、传播、消费等各环节的应用，加快培育基于大数据、云计算、物联网、人工智能等新技术的新型文化业态。

（六）促进产业融合对接，探索文旅融合的新业态

第一，调动市场力量，大力培育新型文化业态。以大运河文化为内核，启动"大运河文化+"计划，促进数字技术、互联网技术等高新技术在文化创作、生产、传播、消费等各环节的应用，加快培育基于大数据、云计算、物联网、人工智能等新技术的文化业态。第二，创新发展模式，拓展文旅发展空间。推进与沿线生态建设、城市功能、经济发展间的融合发展，创建一个文化有特色、创新有力、繁荣活跃的发展带和城市群。鼓励沿线城市充分挖掘本地运河的历史文化资源，并创新性地将其融入城市建设中去，丰富城市服务的多样性与特色性。同时运河文化不必局限在河道、船闸、码头等固态遗产上，还应探索以大文化IP为纽带，与特色小镇、动漫影视、旅游产品等有机融合，打造一个集景观带、文化带和经济带于一体的综合性城市群廊。

（七）建立健全区域协同机制，增强统筹管理能力

第一，推进市域统筹。创新大运河文化带的合作组织、合作机制、合作政策等，推动形成文化带命运与利益共同体，打造区域协同发展的典范样板。第二，推进区域统筹，将大运河文化带建设融入京津冀协同发展、长江经济带建设、中华文化"走出去"、"一带一路"文化建设上来，助推运河保护利用与所在地区以及沿线经济社会文化协调发展，全方位深化国家战略和区域新格局背景下不同层面的文化交流与合作。第三，推进国际合作。流淌了2500多年的中国大运河所承载的中华文化，具有多元性、包容性和开放性特征。加强国际交流合作是大运河文化带建设的重要内容和应有之义。对此，要加强与国际运河城市间的交流与合作，引领创新大运河文化带的合作组织、机制、政策与内容，推动形成文化带命运与利益共同体。第四，推进学术联盟。依托城市人才资源优势，集聚一批优秀专家，倡导建立大运河文化带研究学术联盟，成立大运河文化带建设人才智库，推动"运河学"建设，反哺大运河文化带建设的新发展。

参考文献

李冉:《中国大运河:当文化遗产流向未来文明——对话著名文化学者范周》,《人民交通》2018年第7期。

李云鹏、吕娟:《大运河水利遗产现状调查及保护策略探讨》,《水利学报》2016年第9期。

熊海锋:《大运河文化带的内涵解析与建设对策研究》,《人文天下》2017年第23期。

G.10
文化遗产与可持续旅游：世界银行集团在消除极端贫困方面的努力

艾哈迈德·艾维达　贾铮*

摘　要： 文化遗产和可持续旅游是世界银行集团向发展中国家提供发展援助的固有组成部分，以此实现消除极端贫困与促进共同繁荣的双重目标。保护历史遗产、振兴古镇村落以促进旅游业可持续发展，有助于促进当地经济发展，并助力创意产业、创造就业机会。城市和农村的古迹恢复与保护创造出新的旅游产品，提升了资源价值，刺激了旅游消费，从而为地方机构和公共服务创造更多额外资源。世界银行集团在全球和中国范围内支持文化遗产与可持续旅游发展以及城乡复兴，具体方式从最初提供基本服务和"无损害"项目，发展到投资遗产资产与再生，再发展到如今利用文化自然资源、非物质文化遗产发展旅游业和文化创意产业以实现可持续发展目标的新一代综合计划。如今，世界银行集团通过一系列资本融资、分析咨询工具向文化遗产和可持续旅游投资约44亿美元，涵盖50多个国家的186个在建项目。中国政府与世界银行在文化遗产和可持续旅游之间的伙伴关系由来已久。自20世纪90年代以来，中国政府和世界银行就开始将文化遗产和可持续旅游纳入发展项目，到目前为止已投资17个项目，总

---

* 艾哈迈德·艾维达（Ahmed Eiweida），博士，世界银行集团文化遗产和可持续旅游全球协调官；贾铮，世界银行集团城市专家。本文由中国社会科学院大学（研究生院）博士研究生王业娜、梁粤燕翻译，宋瑞审校。

文化遗产与可持续旅游：世界银行集团在消除极端贫困方面的努力

融资额约 18.6 亿美元。

关键词： 文化遗产　可持续旅游　消除贫困

一　世界银行集团关于文化遗产与可持续旅游的做法

世界银行集团的发展使命是明确的，即促进共同繁荣，消除极端贫困。当前面临的挑战依然紧迫。很多国家的减贫进程有所放缓甚至逆转，而现有的投资和增长不足以提高生活水平。贫困国家在获取基本发展收益方面面临诸多挑战。例如：缺乏清洁的水和电力，卫生和教育服务不足，缺少就业机会，私营部门缺乏竞争力；妇女充分融入经济和社会生活面临诸多障碍，政府的政策往往更有利于精英阶层，而不是为最需要帮助的人创造工作机会和提供支持；环境和气候挑战日益紧迫；公共债务激增，却没有带来真正的收益。[①]

旅游业已被公认为世界各国经济增长与创造就业的重要手段。从全球来看，旅游业是第三大贸易产业。2018 年国际游客增长 5%，达到 14 亿人次。联合国世界旅游组织（UNWTO）预测，到 2030 年，全球国际旅游人数将达到 18 亿。[②] 国际旅游业创造了 1.7 万亿美元的出口收入，占世界总出口的 7%、服务出口的 30% 和全球 GDP 的 10%。旅游业创造了全球 1/10 的就业机会，受益者主要为妇女和年轻人。当旅游价值链得到充分发展时，游客消费不会仅限于住宿和旅游，还会向其他活动和商品延展，对延展消费的估值虽有差异，但约为住宿消费的一半到两倍。

世界银行集团在保护现有文化遗产方面所发挥的作用，可追溯至"二战"后，当时向法国提供了第一笔重建贷款。然而，直到 20 世纪 70 年代末

---

① Government of Italy, the World Bank, and UNESCO, 2000.
② 联合国世界旅游组织：《迈向 2030 年的旅游业》。

80年代初，世界银行集团才开始在发展中国家从事文化遗产保护工作，例如在突尼斯麦地那的Hafsia社区进行试点修复，改造拉合尔的历史古城城墙。1999年佛罗伦萨国际会议之后，世界银行集团增加了对文化遗产的贷款与技术援助，目前已资助了300多项贷款和非贷款业务，其中包括历史城市重建和文化保护。在某些情况下，文化遗产保护可能是支持城市发展、城市更新、环境保护或基础设施修复等大型项目的一部分，也可能是一些大量独立的文化遗产项目，例如在中国、突尼斯、摩洛哥、约旦、海地、秘鲁、格鲁吉亚和俄罗斯的项目可以保护世界遗产、国家历史遗迹以及古镇、古村落。

世界银行之所以参与文化遗产与可持续旅游，是因为该行业具有经济和社会发展潜力，它有能力利用现有文化资产创造收入，例如通过与旅游有关的活动提供经济机会、促进就业并减轻贫困。

为了实现全球可持续发展目标并发挥旅游业的增长优势，世界银行于2017年与联合国教科文组织（UNESCO）签署了谅解备忘录，并很快与世界旅游组织（UNWTO）签署谅解备忘录。与教科文组织签署的谅解备忘录考虑到城市环境，提出了为实现可持续发展战略所采取的具体联合行动，重点关注三个战略领域：文化遗产/历史城市景观和城市复兴、文化和创意产业、复原力和文化遗产。世界银行和世界旅游组织认识到旅游业为实现可持续发展目标的贡献潜力，因而通过在宣传、政策建议、技术合作、研究和分析活动等领域开展合作，将旅游业与消除贫困、创造就业和环境保护联系起来。

二 世界银行集团在全球文化遗产和可持续旅游的投资组合

快速增长的投资组合和全球经验表明，投资和可持续旅游密切相关的文化遗产有助于促进经济可持续发展和减少贫困。无论是通过投资贷款项目、赠款还是技术援助，世界银行援助的重点一直是确保对文化遗产的投资带动其他行业的增长，主要是可持续旅游。这些投资被视为经济发展的资产，有助于增强社会凝聚力，促进社区发展，增强文化认同，这些文化认同可以定义社会的过去、现在和未来。

20世纪70年代以来，世界银行已为241项业务（208笔贷款和33笔非贷款）提供了资金支持，投资额为40亿美元。这些业务包括遗产保护和通过可持续旅游业促进当地经济。目前正在执行117项行动（100项贷款和17项非贷款），实际投资为18亿美元。

文化遗产和可持续旅游突显了文化与城市之间的重要联系：文化、身份认同和以人为本。这些对于构建我们想要的城市并确保其可持续发展至关重要。

文化是一个安全、包容、弹性、可持续和人人向往的城市聚落的重要组成部分。建立以人为本的城市、优化城市环境和制定综合政策等新举措，应围绕文化这一核心展开。具体而言，文化应从以下四方面促进城市发展，所有这些都与以可持续方式消除贫困与共享繁荣联系在一起。首先，保护城市的特性、当地文化以及促进文化表达，对于确保城市宜居性和使其成为充满活力的生活空间至关重要，如重建自然遗产，创造公共绿化区域。其次，文化也是社会、经济发展及竞争力的平台。城市历史中心是发展城市社区、促进文化和创意产业以及增强旅游业可持续发展的资产。这些活动可以创造收入、为当地社区创造就业机会以减少贫困。再次，包容和承认文化身份是解决贫困问题和促进共享繁荣的一个重要因素。在国内外向城市移民的背景下，保护文化多样性是促进社会互动和凝聚力的一种方式。最后，从文化中创造城市适应力可以通过传统知识体系、基于文化战略降低城市在灾害前的脆弱性、为灾后恢复制定文化项目等实现。将世界遗产和各种文化遗产视为全球遗产加以保护以为国际和平而努力。

三　世界银行集团在全球资助的城市重建和恢复项目案例

在本部分将举例说明一些在脆弱环境中开展的项目案例，其中两个代表了过去的成功做法，另一个是在冲突结束后立即开始工作的前瞻性计划。在波斯尼亚和黑塞哥维那，世界银行集团与许多伙伴合作修复了横跨涅雷特瓦河的莫斯塔尔桥。我们与联合国教科文组织、Khan文化信托基金合作，融合赠款资金与双边融资重建了莫斯塔尔大桥和旧城建筑。当地社区将桥梁修复作为优先事项，为项目的设计与实施做出了贡献。在承认和恢复共同遗产方面，该项目有助于促进社会和宗教团体之间的理解，并带来了可观的经济收入：到2004年，游客人数增长了20倍，2006年达到70万人；创办了几百家中小企业，包括商店、宾馆、饭店等；海岸旅游线路也扩大了。

黎巴嫩的文化与城市发展项目在经历了十多年的冲突后寻求重建，冲突已使该国损失了数十亿美元、成千上万的工作机会，并使数十万人流离失所。我们的做法是让社区团结起来实现共同目标，加强文化认同和适应能力并带来社会、经济效益。世界银行集团聚焦于历史名城巴勒贝克（Baalbek）、比布鲁斯（Byblos）、赛达（Saida）、的黎波里（Tripoli）和泰尔（Tyre）。这些城市是该国特有考古和城市遗产的重要样本，包括巴勒贝克、比布鲁斯、泰尔的世界遗产遗址。世界银行将金融贷款与法国、意大利和黎巴嫩的政府资金相结合。这条路并不轻松，由于当地战斗和政治不确定性而多次中断。尽管如此，该项目还是着重突出黎巴嫩的复原力及其保护遗产、促进城市公平发展、改善生活质量、寻找经济发展机会、发展优质旅游的坚定承诺。比布鲁斯的历史中心已经完全修复，并吸引了大量境内外游客。赛义德和的黎波里的大部分历史街区都得到了修复，包括恢复了两个古老的"可汗"以保护文化和发展旅游业；巴勒贝克和泰尔也进行了城市和考古工作。所有地方的房屋都得到了升级改造，当地的商业也因该项目而得到发展。

尽管叙利亚冲突又进入下一个灾难性年头，但合作伙伴已经在规划其恢复工作，文化遗产被视为未来复兴的关键。叙利亚有关部门利用卫星图像和社交媒体来分析计划重建，并分析了该国六个主要城市（阿勒颇、霍姆斯、哈马、伊德利卜、达拉和拉塔基亚）所遭受的破坏。该计划将有助于估算战争损失成本，并帮助计划冲突后的重建工作。该技术在自然灾害之后进行了数十年测试,其中包括基于远程的数据收集技术。卫星图像显示,阿勒颇是受影响最严重的城市,其次是霍姆斯和哈马。数据表明,住房是受灾最为严重的,包括历史悠久区域的建筑。

世界银行集团从中积累的经验是协调方法很重要,包括保护、恢复和修复、城市规划与管理。同样重要的是将经济发展潜力与妥善管理、维护文化资产所获收益纳入重建计划之中。与社区协作设计和实施项目可大大促进团结、改善当地条件并促进经济发展。

四 世界银行集团在城市重建和复兴中促进文化发展

我们今天生活的世界是由许多力量塑造的,包括城市化、自然灾害和冲突,而文化是这些力量相互作用的核心基础。今天,世界正以人类历史上前所未有的速度和规模进行城市化,预计到2050年,全球2/3的人口将生活在城市。伴随着如此迅速的城市化,自然灾害和武装冲突的频率和强度都在增加。它们对城市造成广泛的破坏,并对文化产生破坏性影响。由于自然灾害,每年约有2600万人陷入贫困,而冲突对文化遗产和社区造成了严重破坏。在冲突或灾难后和城市危难的情况下,文化处于城市重建和复兴的最前沿,但在这些工作中却很少考虑到文化。

正是在这种背景下,世界银行集团和联合国教科文组织于2018年发布了联合立场文件,即《城市重建与复兴中的文化》(CURE)。该文件为政策制定者和实践者提供了框架和操作指导,以进行危机后城市重建和恢复干预措施的规划、融资和实施。这份联合立场文件使得这两个机构致力于将文化置于危机过后城市重建和复兴过程的核心。文化作为整合以人为本和以地域为基础的政策的基础,需要在损害和需求评估过程中,以及在政策和战略的制定、融资和实施中被作为主流。这份文件还反映了联合国教科文组织和世界银行将文化纳入城市发展的更广泛目标,特别是在危机之后,城市受到威胁需要重建和复兴的过程中,我们需要努力使城市更具包容性、安全性、适应性和可持续性。

五 世界银行与中国在文化遗产和可持续旅游领域的合作伙伴关系：保护过去有助于穷人建设更光明的未来

中国以其历史文化名城、考古遗址、历史建筑、非物质文化艺术、文化景观和民族的多样性而闻名于世。中国经济的快速发展和文化遗产保护力度的加大，使文化遗产得到了新生，也促进了文化产业的发展。收入的增加和全国各地新的交通方式正在推动旅游业的蓬勃发展。目前，中国是世界上旅游业从业人数最多的国家。旅游业对 GDP 的贡献位居全球第二。

在过去几十年里，中国的旅游业蓬勃发展，得益于快速发展的经济和不断增长的个人可支配收入。仅 2017 年，旅游业对中国 GDP 的贡献率就达 11%，对全国就业的贡献率达 10.3%。毫无疑问，文化遗产是最受欢迎的旅游目的地之一。但是许多文化遗产地都位于中国较贫穷的内陆城市和省份。如果以可持续的方式加以管理，这些地区的旅游业将成为帮助当地社区特别是少数民族、青年和妇女找到工作、增加收入和改善生计的独特机会。

为了帮助消除中国落后地区的贫困和不平等，世界银行集团致力于与中国在文化遗产和可持续旅游方面建立长期合作伙伴关系。世界银行在中国全国范围内开展了大约 20 个相关项目。这些项目支持了文化旅游以带动当地经济发展。自 20 世纪 90 年代以来，中国政府和世界银行集团开始将文化遗产和旅游业纳入发展项目。到目前为止，已经投资了 17 个项目，贷款总额约为 18.6 亿美元。将近 7 亿美元直接用于文化遗产和可持续旅游业，使中国成为世界银行集团支持该行业的最大单一国家。世界银行集团与中国政府在文化遗产和可持续旅游方面的合作从 20 世纪 90 年代的紧急保护需求发展到 20 世纪 90 年代末和 21 世纪初的具有文化遗产成分的城市环境项目，再发展到 2000 年末至 2010 年初的独立文化遗产和可持续旅游项目，直到现已整合的文化遗产和可持续旅游业，以支持减贫、地方和区域经济发展以及支持国家项目，如丝绸之路和农村振兴项目。多年来，该项目帮助保护了 40

多个文化遗产遗址，30多个历史悠久的城市社区、城镇和乡村；支持创造了数千个就业机会和企业；增加了所有项目地点的旅游人数、旅游支出和满意度。

六 世界银行集团资助的中国项目的案例

多年来，中国政府和世界银行集团在文化遗产和可持续旅游领域取得了丰硕成果。具体体现在如下四个方面：一是保护文化和自然遗产，包括历史文化名城、城镇和乡村；二是改善历史名城、乡镇和村庄的基础设施，住房和旅游基础设施；三是结合就业、创收和社区培训的可持续旅游业促进地方经济发展；四是加强城市规划技能、保护和场地管理总体规划、保护和发展控制准则、技术研究、能力建设和知识交流。

世界银行支持的两个例子为山东和甘肃的项目。2011～2017年度山东孔孟文化遗产保护项目的目标是帮助山东省"加强曲阜和邹城的文化遗产保护、旅游管理和发展"。该项目对曲阜（包括保护世界遗产孔庙遗址的整体遗址并改善其管理）和邹城（包括保护孟庙遗址的整体遗址并改善其管理）的文化遗产保护和展示进行了战略投资。该项目投资于旧城的重建（例如古建筑、古城墙、432块石碑、7000棵古树、古井、传统道路）；曲阜和邹城的基础设施改造（例如道路、人行道、管道、河流、护城河）；清理、修复沂河及其河岸周围的再生区；改善旅游服务和设施（例如博物馆、游客中心、数字显示器、标牌、语音导览系统）；提高机构能力，编制计划、指导方针、手册和研究方案（例如旧城发展指导方针、场地管理计划、保护技术、社会经济影响评估）。

透过保育工作，非物质文化遗产的传统建筑技术亦得以保存。利用现代保护技术修复了木画、碑刻、石碑等历史文物。通过加强文化遗产保护、旧城基础设施和旅游服务，该项目使总共234.7万居民和游客受益。该项目显著提升了曲阜和邹城的旅游服务水平。在项目实施之前，这些城市基础设施、标识和信息、开放的公共空间和游客中心等旅游服务相对缺乏；许多文化资产对游客不开放；孔子博物馆的展厅和藏书不足，邹城也没有一个符合其地位的博物馆；重点文物古迹吸引力不足；等等。项目实施后，游客的满意度提高了约48%。该项目的长期目标是保护社区，改善城市环境，改善旅游服务，为当地社区带来显著的社会经济效益。这两座城市的旅游业及其对当地经济的贡献显著增长。根据统计资料，曲阜的游客数量从2011年的426万人增加到2017年的494万人，邹城的游客数量从2011年的100800人增加到2017年的256800人。与此同时，这两个城市的旅游总收入几乎翻了一番。旅游业占当地GDP的份额曲阜增长了7%，邹城增长了一倍。

在甘肃，省政府和世界银行已经在文化和自然遗产以及旅游开发方面进行了十多年的密切合作。甘肃历史悠久，文化底蕴深厚，自然环境独特。在甘肃，开发该省独特的物质、非物质文化遗产，创意产业和旅游业的机会是无限的。甘肃拥有7000多处历史遗迹和20多处非物质文化遗产，丰富的文化资源对促进甘肃经济发展具有巨大潜力。2008~2013年甘肃文化和自然遗产保护与开发项目已经完成，投资3840万美元，目标是"通过甘肃省可持续文化旅游的发展为当地社区带来收益"。该项目成功展示了一种平衡的旅游业开发和遗产保护方法，同时为嘉峪关长城、索阳镇、麦积山石窟、马蹄寺、鲁土司衙门旧址、青城古镇、黄河石林、雅丹地质公园等景点提供了当地基础设施和社区支持服务。正在实施的甘肃省第二批文化和自然遗产保护与开发项目投资1亿美元，从2017年延续到2022年，旨在保护甘肃东南部的崆峒山、泾川百里石窟、云崖寺、官鹅沟、阳坝、松鸣岩风景区的文化和自然遗产，加强旅游服务和社区服务。

七 展望未来，世界银行集团将支持中国的文化和创意产业

世界各地的市长和其他城市决策者都对使自己的城市更具创造力和竞争力感兴趣。他们认识到创造力对市民及提高其经济生活质量所做出的贡献。

但是，成为"创意城市"到底意味着什么？如何使文化和创造性活动能够促进包容性经济发展？如何利用它们来促进城市发展和提高城市居民和游客的生活质量？在特定的城市中，什么样的条件能够促进文化和创意产业①发展？什么样的条件能使城市充分利用其文化和创意资本来脱颖而出？什么样的条件能刺激经济活动，并使包括低收入群体在内的所有人过上更好的生活？在利用创造力方面取得成功的城市是那些通过努力改进或允许其他城市改善其生态系统的城市：①体制和规章；②基础设施、土地和城市空间；③人员－技能和创新；④企业资助；⑤创造性和文化资本。

在此框架内，世界银行集团一直在与甘肃省探讨提高文化旅游质量的新途径。甘肃省政府刚刚与文化和旅游部、甘肃融资控股集团开始实施一项由世行贷款、金额达1.8亿美元的项目，名为"甘肃振兴与创新项目"。同时，国际金融公司将提供8000万美元的资金，以资助微型和小型企业（MVSEs），以及文化旅游业的发展，并为女企业家增加创收机会。由世界银行资助的项目包括三个支柱：①通过甘肃银行提供的微型和小额信贷，为文化、旅游和创意产业中的中小企业提供更多的金融服务机会；②通过对基础设施和公共服务有针对性的干预以及对当地创意产业的支持，促进历史城镇和村庄的城乡复兴；③在全球范围内建立机构，并将甘肃的知识转移到古代丝绸之路沿线的其他省份和国家。

项目通过充分利用当地文化资源，将物质文化遗产和非物质文化遗产相结合。古老的城镇和村庄将通过更新来恢复，并将开辟新的旅游路线，以吸引更多游客，增加当地人民的旅游收入。将建设一个知识枢纽，以传播甘肃发展文化和旅游业的知识和经验。世界银行集团、联合国教科文组织和世界旅游组织将共同帮助甘肃制定国际旅游营销战略，开发丝绸之路旅游线路，搭建国际交流和品牌推广平台，并增强参与实体的机构能力。此外，将创造一个更有利的商业环境和更便捷的融资渠道，以支持小企业在文化和旅游领

---

① 文化和创意产业的定义为生产和分配文化产品、服务的活动，或具有文化内涵，传达思想、符号和生活方式的活动，而不论其可能具有的商业价值。我们使用联合国教科文组织对创意领域的定义，包括烹饪、文学、音乐、设计、手工艺和民间艺术、电影和媒体艺术。

域的发展，充分发挥小企业的活力，提供更多的文化旅游服务，创造新的就业机会，增加地方文化旅游收入，促进欠发达地区的经济发展，提高当地居民的生活水平。

该项目将推动甘肃的创意产业发展，并在生产、研究、展示、销售以及知识和经验的交流等方面提供聚集和有利的空间。这是世行集团在甘肃文化和旅游领域的第三笔投资，这表明世行与甘肃的长期合作关系。我们期待着这一新的世界银行集团项目的成功实施，并成为丝绸之路沿线其他地区的典范。

八 结论

旅游业发展可以为发展中国家提供可持续的就业机会，并为其经济多样化议程做出贡献。旅游业可以为出口增长创造机会，利用独特的文化资产，振兴衰败的城镇和村庄，并通过其促进经济多样化的能力扩大当地私营部门的参与。确保旅游业可持续发展的基本条件包括支持广泛的地方经济活动，加强旅游业与其他经济部门之间的联系，为地方社区赋权。鉴于几个发展中国家拥有丰富的文化和自然遗产，利用自然和文化资产进行保护和提高生产力是一个重要的机会。

文化遗产和可持续旅游的公共卫生服务政策与方法的重要性不应该仅仅是增加游客数量和消费，开发新产品或保护文化和自然资产对于下一代来说更加重要。文化遗产和可持续旅游政策还应包括当地经济发展、基础设施升级、历史城镇与村庄的复兴和振兴、目的地管理以及社会包容等。这是一个有趣的文化遗产和可持续旅游方案，对世界各国都非常有价值。

世界银行集团一直在支持发展中国家采用这种方法，并以可持续的方式利用资源。旅游业是一个复杂且竞争激烈的行业，世界银行集团基于其丰富的全球经验积极支持各国寻求可持续的经济、社会和环境发展。中国在旅游业扶贫方面的经验适用于许多国家。世界银行集团期待与中国政府继续深化合作，将文化遗产保护纳入可持续增长和扶贫计划。

文化遗产与可持续旅游：世界银行集团在消除极端贫困方面的努力

参考文献

WBG Annual Report 2019, *Ending Poverty. Investing in Opportunity.* WBG 2019, https：//www. worldbank. org/en/about/annual – report#anchor – annual.

Culture Counts-Financing, *Resources*, *and the Economics of Culture in Sustainable Development* (*2000*). Proceedings of the Conference held in Florence, Italy, October 4 – 7, 1999. Government of Italy, the World Bank, and the United Nations Educational, Scientific, and Cultural Organization (UNESCO).

UNWTO International Tourism Highlights, 2019 Edition. UNWTO 2019, http：//marketintelligence. unwto. org/publication/unwto – tourism – highlights – 2018.

UNWTO Tourism Towards 2030. Global Overview：UNWTO General Assembly 19th Session. UNWTO 2011, http：//cf. cdn. unwto. org/sites/all/files/pdf/unwto_ 2030_ ga_ 2011_ korea_ 1. pdf.

Shandong Confucius and Mencius Cultural Heritage Conservation Project：Heritage Sites of Confucius and Mencius Restored to Glory, *Better Life for Local Communities.* WBG 2017a, https：//www. worldbank. org/en/news/feature/2017/12/07/china – heritage – sites – of – confucius – and – mencius – restored – to – glory – better – life – for – local – communities.

Gansu Cultural and Natural Heritage Protection and Development Project：New Life for Historical Sites and Local Communities. WBG 2015, https：//www. worldbank. org/en/news/feature/2015/11/23/new – life – for – historical – sites – and – local – communities.

Second Gansu Cultural and Natural Heritage Protection and Development Project：World Bank to Support Cultural Heritage Conservation and Improve Services to Poor Communities in China's Gansu Province. WBG 2017b, https：//www. shihang. org/zh/news/press – release/2017/02/24/world – bank – to – support – cultural – heritage – conservation – and – improve – services – to – poor – communities – in – chinas – gansu – province.

Gansu Revitalization and Innovation Project：New World Bank Loan Leverages Cultural Assets to Boost Private Sector Development in China's Poorest Province. WBG 2019, https：//www. worldbank. org/en/news/press – release/2019/06/04/new – world – bank – loan – leverages – cultural – assets – to – boost – private – sector – development – in – chinas – poorest – province.

旅游与区域发展

Tourism and Regional Development

G.11
国家区域发展战略与旅游机遇

魏小安[*]

摘　要： 改革开放40年来，国家区域发展战略形成三个波次的发展阶段。旅游发展与国家区域战略并进，二者相辅相成。旅游客观要求打破行政区划限制，推动区域发展；而打破行政区划的限制，客观上推动了区域旅游发展。新时代在国家区域发展战略的总体部署下，旅游发展迎来新的挑战与机遇。

关键词： 区域发展　旅游　旅游城市

国家区域发展战略是新时代国家重大战略组成，是贯彻新发展理念、建

---

[*] 魏小安，世界旅游城市联合会专家委员会主任、中国社会科学院旅游研究中心特约研究员，长期从事旅游行政管理和旅游经济研究工作。中国社会科学院旅游研究中心访问学者杨慧协助整理。

设现代化经济体系的重要内容。2018年11月，中共中央、国务院发布《关于建立更加有效的区域协调发展新机制的意见》。目标到2020年，建立与全面建成小康社会相适应的区域协调发展新机制，到2035年，建立与基本实现现代化相适应的区域协调发展新机制，为建设现代化经济体系和满足人民日益增长的美好生活需要提供重要支撑。旅游作为国民经济发展的重要产业组成，在新时代国家区域发展战略大背景下面临新的挑战与发展机遇。

一 国家区域发展战略的主要历程

改革开放40年来，国家区域发展战略总体上形成三个波次的发展历程。第一波次是20世纪80年代，这一阶段主要是特区建设与沿海城市开放，承接世界产业转移，形成开放红利，大进大出战略引领这一时期的发展，成效显著，奠定中国发展的基础，鼓舞持续开放的信心。40年来，无论经济如何增长，始终坚持开放的信心，基本没有动摇过，但同时也带来了区域发展的不平衡的问题。与其说构造一个更大的特区，但事实上，特区的力量释放得比较多，这种力量既有正面效应，也面临一些发展难题，特区和沿海开放城市加剧了中国区域的不平衡是刚开始没有预料到的。

第二波次是20世纪90年代，邓小平同志视察南方谈话，提出开发浦东、开放引领的梯度发展战略。既有自然梯度也有发展梯度，中国是从西往东、从高向低，发展梯度也是这样。到90年代后半期，西部大开发战略、东北老工业基地振兴、中部崛起等一系列战略提出之后，区域战略的普遍性一直延续，这个阶段政策实施力度较大，每个战略都有配套一系列的政策，也有设立专门机构，比如，国务院专门设立西部开发办公室，东北老工业基地振兴办公室设在国家发改委。现在来看政策涉及范围过大，东西南北中各地方都提及，但是财政支持有限、支撑不足，所以力不从心，并没有达到预期的效果。

第三波次是党的十八大之后，国家区域战略全面深化。2018年，习近平总书记在首届中国国际进口博览会的主旨演讲中提出，"将支持长江三角洲区域一体化并上升为国家战略，着力落实新发展理念，构建现代化经济体系，推进更高起点的深化改革和更高层次对外开放，同'一带一路'建设、京津冀协同发展、长江经济带发展、粤港澳大湾区建设相互配套，完善中国改革开放空间布局。"这段内容中出现的每一个字都是慎重考虑，甚至"千锤百炼"的，最重要的是"完善中国改革开放空间布局"。此后，国务院批复了长江三角洲城市群发展规划、粤港澳大湾区发展规划等一系列相关规划，雄安新区和海南自由贸易区也在紧锣密鼓的推进当中。完善中国改革开放空间布局，成为区域发展战略的根本指导思想。一是完善，是大格局确定需要深化；二是促进改革开放，是出发点；三是空间布局，是国土空间的落脚点。

二 旅游发展与国家区域战略的关系

40年来旅游发展与国家区域战略并进。20世纪80年代，中国旅游市场以入境旅游为主，这也是以沿海城市为主体，形成三大航空口岸支撑的发展格局。90年代，国内旅游兴起，珠三角、长三角、环渤海地区成为客源输出主体，中西部发展显著。进入21世纪旅游业全面发展，区域旅游发展开始实体化运作。省际交流普遍，国内营销大串联，这种现象普遍存在，当国际营销战略技巧被运用于国内，实际上说明各级政府对旅游的重视程度已经完全不同，这样的格局下需要研究新的发展模式。

（一）区域战略先行，旅游战略跟进

按照区域发展战略同旅游发展的关系来看，区域战略先行，旅游战略跟进。比如交通先行、拉动区域，必然促进旅游发展，因为交通格局决定旅游格局。这些年来交通特别是中国远程交通的发展，大体上已经达到世界一流水平，这也为旅游发展插上了翅膀，直到今天还在发挥作用。旅游在区域战略当中发展速度最快、影响最大、作用显著，这是40年来众人皆知的事实，任何一个区域战略发展中，最体现效果的、发展速度最快的还是旅游，所以主观感觉旅游在引领，客观分析虽晚一步，但后来居上。

（二）发挥节点作用，推动区域发展

旅游客观要求打破行政区划限制，推动区域发展，所以传统行政区域，包括区域战略发挥作用有限，需要二者相辅相成。如 80 年代提出的丝绸之路旅游，但是 8000 公里的丝绸之路，从头走到尾不太可能实现；长江三峡游也是一条主体线路，通过长江游轮这个载体和工具使其旅游产品化；没有一个旅游者称此行是到粤港澳大湾区或者京津冀协同发展区，只会介绍出行所到的几个城市，所以旅游最终还是落在节点。研究区域战略和旅游发展，最终要研究这个节点，而且各区域从经济发展来看互补性特别强，可以形成产业群和招商引资的平台，也会形成大规模的经济区，但是从旅游的角度来看恰恰相反，原因在于区域内部资源同质化，同一个区域历史相似、文化相似、地理条件相似、区位条件相似。如果出行的目标是粤港澳大湾区，一定是选择一些节点游览，比如珠海的港珠澳大桥。

（三）打破行政区划限制，推动区域旅游发展

打破行政区划的限制，客观上推动区域旅游发展。比如区域旅游的同质化使分工逐步细化、格局转化，使其越来越不一样。上海的时尚变换越来越多，有新看点，总能给人以新的体验、新收获、新享受；浙江的杭州、宁波这样的城市，人文气息特别强烈；而到安徽的体验则又不同，这就是三个不同的文化区。总体来说，区域旅游发展战略和旅游发展是一种相辅相成的关系。

三　现状与趋势：新发展、新格局

当前国家区域战略发展背景已经发生了根本变化：经济体量大，GDP 达到 93 万亿元人民币，综合国力不断增强。长途交通水平世界一流，通信设施水平世界前列，能源充足，原来制约旅游发展最大的问题基本解决。城市化成为新时代战略发展的突出特点，也成为战略落实的基点，所以区域战

略可视为区域性城市战略，对于城市的关注是研究区域发展战略的重中之重。全面开放，自贸区从沿海到全国，边境开放力度更大。深度持续，开放深度前所未有。

（一）区域均质化程度进一步提高

5G时代来临，意味着互联网与物联网的结合，将使区域发展的均质化程度大为提高。所谓的均质化程度是指质量上的平均程度提高，东部和西部也有很大的关联。现在即使到西藏一些很偏远的地方，都可以看到厕所和公路设施建设很好，1996年的西藏，所有的道路都是沙石路，只有靠近城市才有柏油路，5G时代会让均质化程度更加提高。

（二）以城市群为依托的区域新格局

首先，把握研究核心问题。研究区域发展战略协同、乡村旅游是否需要发展的问题，答案当然是要发展，尤其是现在所倡导的全域旅游也是以乡村旅游为基础的，但是全域旅游不等于乡村旅游，本质上还是城市。研究城市群的发展，比如江苏、浙江和广东都是沿海发达地区，可以认为这些城市发挥了根本作用。西南城市群则是以四川能够成为全国第四个旅游万亿大省为根本的。到2019年，湖南和河南旅游业产值会突破万亿元，中国将有七八个万亿省，这些都将涉及区域的发展。

根据国务院的批准，长江三角洲由沪苏浙皖四地二十六个地级以上城市组成，这是中国旅游发展的关键区域。资源是否丰富并不重要，因为长江三角洲一体化是世界级城市群，是我国经济发展、参与国际经济的代表，也是全球经济一体化的高地。粤港澳大湾区已经实际存在，已经上升为国家战略，港珠澳大桥建设的成功成为标志性事件。

其次，空间线性发展格局的形成。此次空间布局有两个带状空间形成了线性发展格局，一是丝绸之路，二是长江经济带，但是布局并没有局限于这个概念，仍是以城市为核心，以交通为基础，形成新发展。作为一个大陆型国家，空间布局从来都是根本问题，我国有960万平方公里的陆地，300多万平方公里的蓝色海域,在这种情况下研究空间布局的思路同其他国家完全不同。1492年,哥伦布发现新大陆,世界进入海权时代,五百年变迁,从大西洋到太平洋。清朝末年,李鸿章和左宗棠争论海防重要还是塞防重要,实际上两个人的看法是一致的,只不过李鸿章争的是海防,左宗棠争的是塞防,要是不把新疆守住整个中国就守不住。进入新世纪以来,陆权开始重新崛起,谁掌握欧亚大陆谁就控制世界。当下,陆权与海权并重的时代来临,所以中国提出"一带一路"倡议恰恰对应这一世界趋势,中国的空间布局新战略也是全面对应这一趋势的。

最后,世界级都市群的发展高度。目前全球公认的比较成熟的世界级都市群有六个,上海成为国际经济中心、贸易中心、金融中心和航运中心的定位更是突出了上海建设世界一流都市的发展目标,这就是说以上海为中心的长三角城市群已经变成了世界级的都市群。下一步我国还将出现一个世界级都市群即大湾区,京津冀能不能成为世界级都市群还不好说,至少可以看出,全球一体化的大背景下,世界级都市群代表的是全球一体化的发展高度。

(三)跨国公司与全球城市发展影响深远

跨国公司与全球城市的发展在世界旅游经济方面产生深远的影响。全球城市会逐步发展成为旅游的中心城市,旅游中心城市当中聚集主要的旅游人流,形成主要的客流集散地,同时也会变成重要的旅游目的地,强化都市旅游的发展。由于旅游活动的跨区域特点,旅游中心城市的发展又会逐步打破地域格局、淡化行政区域色彩,进一步形成各个全球城市之间的水平分工。亚洲第一个世界级都市群就是日本东京、大阪、京都,长三角将变成亚洲的第二个世界级都市群,下一步粤港澳大湾区将会成为第三个世界级都市群,这样的区域发展格局和整个区域发展战略扣在一起,在国际上的意义更加突出,这种发展态势也将从根本上改变世界旅游的发展格局。

(四)无国界的旅游带来城市集中化

无国界的经济带来无国界的旅游,无国界的旅游带来城市的集中化。现

在发生的情况是到某一个国家旅游已经不是一种主要选择，到某一个中心城市旅游则变成主要选择。这里有全球城市的全球化一面，要求旅游服务的基础同质化，包括基础交通同质化、公共服务均质化、旅游服务设施水平化，与此同时，市场也会要求全球城市形成自己的文化特色，增强自身的吸引力。

四　挑战与机遇：新时代、新战略

新时代、新战略，给中国旅游发展创造了巨大的发展机遇。区域内部产品相互支撑，区域之间市场相互补充，有助于各地挖掘优势、突出特色。需要进行资源的国际比较，在更广阔的领域开展竞争。就像我们的海洋资源一样，中国大陆海岸线有18000公里，但是放在国际相比就不那么占优势，并非得天独厚、丰富多彩，但是我们可以不做资源比较，而是做资源利用的比较。

（一）整合国际资源，开拓国际市场

事实上，我国旅游资源不够用。如从滨海旅游来看，去一次海南的花费可以去三次东南亚，从性价比角度来考虑，游客未必非要到海南。日本人的服务意识，中国现在达不到，所以冬季滑雪很多人选择日本北海道，黑龙江和吉林的明显缺乏竞争力。所以这就意味着中国的区域发展战略一定要和国际结合到一起，就是整合国际资源。

（二）借鉴国际经验，探索链条式发展

参照日本模式，形成链条式发展。所谓的日本模式通俗地解释就是吃日本饭菜、坐日本汽车，加上很多服务资源。日本人花费大把的外汇，最终还是利润回流，我们距离这样的模式还有很大差距。包括各个区域之间也是这样，发达地区到发展中地区投资，形成品牌溢出、市场溢出、消费溢出，但最终还是会利润回流，国内的模式相对比较成熟，但距离国际的链条式发展还有很大差距。

挑战与机遇并存，旅游发展的困难也很明显。多种体制交汇，形成内部的政策高地、发展洼地。同样是长三角，自贸区政策多，旅游产品则不平衡。由于休闲度假产品不足，庞大的消费力也会转移。市场溢出、投资溢出、品牌溢出、效益溢出，这是一把双刃剑，需要处理好各种关系。分工体系异质化发展不足，涉及经济结构不平衡。

（三）深化一体化，谋求发展大格局

一体化是解开困难的金钥匙，需要逐步深化。区域一体化打破区划局限，谋求更大的发展格局。政策一体化，自贸区的政策效应扩大化。市场一体化，各种要素自然流动。生态文明一体化，从高速度发展转向高质量发展，生态文明的要求越来越高，海洋、湖泊、山地、乡村等都需要形成旅游新格局。通过四个一体化为国家区域发展战略与旅游机遇提供基本路径和创新思路。

参考文献

李爱民：《"十一五"以来我国区域规划的发展与评价》，《中国软科学》2019年第4期。

陈耀：《新时代我国区域协调发展战略若干思考》，《企业经济》2018年第2期。

柳建文：《中国区域协同发展的机制转型——基于国家三大区域发展战略的分析》，《天津社会科学》2017年第5期。

蔡赤萌：《粤港澳大湾区城市群建设的战略意义和现实挑战》，《广东社会科学》2017第4期。

G.12
乡村旅游发展中的农民股份制

王德刚 解嘉欣*

摘　要： 深化农村集体产权制度改革、壮大农村集体经济，是党的十九大根据当前农村经济社会发展的新形势和脱贫攻坚、乡村振兴的新目标、新任务，提出的新发展理念。农民股份制作为新型农村集体经济发展模式，在乡村旅游发展过程中经历了实践检验，并形成了具有不同适应性的类型和模式。对这些典型类型和模式进行总结，形成可复制、可推广的经验，不仅有助于在更大范围推动旅游精准扶贫和乡村振兴，也有助于进一步丰富农业经济和股份制理论。

关键词： 乡村旅游　农民股份制　集体经济　产权制度改革

一　乡村旅游经营主体与利益分配机制演变

自20世纪80年代以来，我国乡村旅游的经营主体历经演变，从资本属性和主体身份来说可以划分为三个阶段。一是农民个体阶段，是以农民业户为主体，以体验原汁原味的乡村生活为主要内容的农民自主开发阶段，以"农家乐"为主要形态，主要业态包括农家餐馆、农家旅馆、赏花会、采摘

---

* 王德刚，山东大学旅游产业研究院院长、教授，中国旅游协会副会长，山东省旅游行业协会会长，山东省人大常委会立法顾问，长期从事乡村旅游和旅游产业政策研究；解嘉欣，山东大学管理学院旅游管理专业硕士研究生。

园、租赁农场、农业科技园等。二是资本下乡阶段，是以城市资本下乡为主要形式、以新乡村主义为理念、以"新乡居生活"体验为主要特征的乡村旅游综合体阶段，主要业态包括主题民宿、乡村酒店、创意农业园区、田园旅游综合体、乡村度假地等。三是新集体经济阶段，是在精准扶贫和乡村振兴战略背景下出现的以农民股份制为主要形式的新型农村集体经济发展模式，乡村旅游走向规模化、规范化和利益均衡化。

从乡村旅游发展的总体情况来看，上述三个阶段不是替代性的，只是在不同阶段反映了不同的标志性特征。

（一）农民个体阶段

农民个体阶段多以农户为投资、经营主体，农户自主经营、自我发展。由于农民分散性的经营缺乏严格的管理制度、监督机制以及规范的市场竞争机制，村庄内纠纷时有发生，产品和服务质量也很难保证。同时，受农民自身的生活经历、受教育程度、专业技能、市场渠道、经营知识等的制约，乡村旅游产品和服务质量、管理水平、创新能力等长期停留在较低水平，无法真正发挥乡村旅游对"三农"发展的造血功能。

（二）资本下乡阶段

近20年来，城市资本下乡，通过租赁、合资、合作等形式进行乡村旅游开发，成为乡村旅游业发展的一种新趋势。资本下乡不仅促进了乡村旅游产品的转型升级和乡村旅游产业的提质增效，而且通过大投资带来的整体效应，推动了乡村面貌的整体提升，"新乡居生活"的示范作用也引领了乡村生活的品质提升。因此，从一定意义上来说，资本下乡，是由"乡居"带动了"乡建"，引领着乡村社会新一轮的发展。但同时，以企业为主体的资本下乡也在一定程度上带来了一些新的问题，主要表现为农民利益被边缘化或农民成为乡村旅游的旁观者、乡村传统文化被外来的企业文化所排挤或"异化""涵化"等。

（三）新型集体经济阶段

基于上述我国乡村旅游发展过程中出现的问题，学术界和产业实践领域一直试图通过新型乡村经济组织的打造来兼顾公平与效率，破除农民主体地位弱化和乡村旅游可持续发展的瓶颈制约，使得乡村旅游的发展能够让更多的农民或全体村民都获得利益，而不是一部分农户或个别企业从发展乡村旅游中获利。以股份制为代表的新型乡村集体经济模式就是在这样的前提下诞生的。

之所以称其为"新型集体经济模式"，是因为这是一种完全不同于改革开放之前"大锅饭"时代的集体经济模式，而是在新时代中国特色社会主义建设过程中，有法律依据、有制度设计和政策体系保障、以农村和农民资产入股分红为主要形式的现代农村集体经济发展模式。其基本形态是农村股份制企业或股份制合作社，股东主体一般包括三部分：一是外来企业，以现金、设备、技术等入股；二是村集体，以村办企业资产，村集体留用的耕地、荒山、林地、办公用房和设施、村内公共设施和场所等入股；三是村民，以承包地、地上物、宅基地、房屋、现金和其他物资等入股。其中，作为"集体经济"模式的主要标志，一是股份制企业中要有村集体股份；二是村集体股份的分红利润中要有一定的比例用于全体村民分配。

我国乡村旅游发展三个阶段的特征，实际上反映了我国农村经济发展模式由以农民个体为主走向集体经济的新动向。这种动向可能并不会转化成为一种普遍的趋势，但在现阶段，集体经济的红利和福利，一方面的确能够解决脱贫攻坚过程中那一部分完全或部分失能人口的脱贫问题，对于彻底完成脱贫攻坚任务有着十分重要的现实意义；另一方面对于稳定和提高乡村基层政权的地位的确有着非常重要的作用，特别是在乡村振兴过程中，如果没有集体经济的基础保障，乡村的组织振兴很难产生实效。因此，新型农村集体经济发展模式的确意义重大。

二　新型农村集体经济发展的制度设计与政策体系

2007年7月1日开始实施的《中华人民共和国农民专业合作社法》规定了农村土地可以转包、出租、出售，使农村土地流转具有了合法性，但土地流转向种植和经营大户集中后，如何由单纯的经营权转移向资本化经营转型、进一步产生资产增值，使农民获得更大的经营性收益，并覆盖更大的收益群体，在农村经济社会发展中发挥更大的作用，则一直没有在模式、路径等方面实现实质性破题。十多年来，人们也一直在实践中不断探索，特别是在乡村旅游发展过程中，出现了许多新型乡村经营性组织，在农村产权制度改革和经营模式创新等方面，进行了具有先行意义的探索。

2017年10月，党的十九大召开，对我国的农业和农村工作提出了新的指导思想，确定了在习近平新时代中国特色社会主义思想和全面建成小康社会总体目标指导下"深化农村集体产权制度改革""壮大集体经济"的新思路。十九大报告指出：要"加快推进农业农村现代化。巩固和完善农村基本经营制度，深化农村土地制度改革""深化农村集体产权制度改革，保障农民财产权益，壮大集体经济""构建现代农业产业体系、生产体系、经营体系""发展多种形式适度规模经营，培育新型农业经营主体"。十九大报告中关于农业和农村发展的指导思想，集中反映了现阶段党和国家"三农"工作的主导思路，特别是进一步明确了"集体经济"在现阶段农业和农村发展中的重要地位。

2018年1月2日，中共中央、国务院发布了《关于实施乡村振兴战略的意见》。该意见指出，要"巩固和完善农村基本经营制度""完善农村承包地'三权分置'制度，在依法保护集体土地所有权和农户承包权前提下，平等保护土地经营权""农村承包土地经营权可以依法向金融机构融资担保、入股从事农业产业化经营""实施新型农业经营主体培育工程，培育发展家庭农场、合作社、龙头企业、社会化服务组织和农业产业化联合体，发

展多种形式适度规模经营"；提出"深入推进农村集体产权制度改革"、"全面开展农村集体资产清产核资、集体成员身份确认，加快推进集体经营性资产股份合作制改革。推动资源变资产、资金变股金、农民变股东，探索农村集体经济新的实现形式和运行机制"。该意见是对十九大"三农"工作指导思想的深化，明确提出了"资源变资产、资金变股金、农民变股东"的农村产权制度改革的"三变"理论和"探索农村集体经济新的实现形式"的工作思路。

2019年1月3日，中共中央、国务院又发布了《关于坚持农业农村优先发展做好"三农"工作的若干意见》，再次提出要"全面深化农村改革"、"巩固和完善农村基本经营制度"、"突出抓好家庭农场和农民合作社两类新型农业经营主体"、"开展农民合作社规范提升行动，深入推进示范合作社建设，建立健全支持家庭农场、农民合作社发展的政策体系和管理制度"、"完善'农户+合作社'、'农户+公司'利益联结机制"。在土地制度方面，提出要"完善落实集体所有权、稳定农户承包权、放活土地经营权的法律法规和政策体系"、"健全土地流转规范管理制度，发展多种形式农业适度规模经营，允许承包土地的经营权担保融资"。在农村集体产权制度方面，提出要"深入推进农村集体产权制度改革"、"加快推进农村集体经营性资产股份合作制改革，继续扩大试点范围"、"完善农村集体产权权能，积极探索集体资产股权质押贷款办法，研究制定农村集体经济组织法，健全农村产权流转交易市场，推动农村各类产权流转交易公开规范运行，研究完善适合农村集体经济组织特点的税收优惠政策"等。该意见还提出，要"把发展壮大村级集体经济作为发挥农村基层党组织领导作用的重要举措，加大政策扶持和统筹推进力度，因地制宜发展壮大村级集体经济，增强村级组织自我保障和服务农民能力"。

十九大会议精神和后续的两份文件，明确了农村产权制度改革和新型集体经济的发展方向，设计了"资源变资产、资金变股金、农民变股东"的农村股份制实施的逻辑路径，为前期已经处于探索阶段的农村股份制进一步完善、规范奠定了政策基础。

三 农民股份制的组织形态与股权结构

以股份制为代表的新型农村集体经济模式，根据生成方式可以分为内生式组织和外源式组织。合作社、村办企业、村办股份公司均属于由村集体主导的内生式经济组织形式，是以村集体为主导、村民为主体参与乡村旅游规划、开发、经营、决策、管理和监督的新型乡村经济组织形态。其核心是村内各种资源的使用权、控制权和决策权等均由本村主导，依靠村集体和村民的力量推动乡村旅游发展，村民是受益对象和赋权群体，实现村集体和村民的自我组织、服务、管理和监督。外源式组织是由外来企业主导，即由引进的外来投资者进行乡村旅游开发经营并组织股份合作公司的组织形态。根据在当地乡村旅游发展中的产权分配和利益分配情况，外来企业的主导权、控制权有一定差异。

（一）内生式组织形态与股权结构

内生式组织形态，是以村集体为主导、以村内经济组织为主体形成的农村集体经济形态。乡村内部经济组织一般有三种具体形态，即合作社、村办企业、股份制公司。其中股份制公司作为农村经济组织的高级形态往往是在合作社或村办企业的基础上升级形成的。因此，合作社和村办企业实际上是股份制公司的基础。

乡村旅游合作社属于农民专业合作社的范畴，是由开展乡村旅游和农副产品生产经营的农户自发成立的一种互助性经济组织。村办企业是以村庄集体资产为主体兴办的企业，一般由村"两委"主导。合作社和村办企业在农村经济发展中都曾起到很大的积极作用，合作社只是参与的村民受益，而村办企业的利润可以拿出一部分作为村民福利，只是农民的个人财产无法进入经营领域并通过分红获得财产性收益，特别是无法使农村、农民的闲置资源产生经营效益。乡村旅游开发为农村荒山、荒滩、林地以及农民闲置的宅基地、住宅等进入经营领域提供了机会，因此，在乡村旅游发展领域，较早地出现了农村股份制的探索实践,即在合作社或村办企业基础上升级的新型农村集体经济模式——乡村旅游股份制公司。

内生式组织形态的股份公司的股权结构,一般由三类股份组成,即集体股、成员股、募集股。

集体股:村庄集体资产量化的股份。从理论上讲,集体股的所有者是乡(镇)或村范围内的全体农民。企业赢利后,集体股的分红一般会有一定比例用于全体村民分配,留取一部分作为集体积累。

成员股:在组建股份公司时,一些村庄一般会把集体资产的一部分量化成一定比例的股份平均分给村内在籍的村民。成员股是一种"固化"的股权,不增不减,"可以继承不许转让",形成相对封闭的红利分配机制[①]。

募集股:村民通过募集的方式入股,如劳动力、闲置房屋、山林、菜地、果园等经过统一的资产评估后,村民都可以拿来进行入股。

(二)外源式组织形态与股权结构

在资本下乡过程中,外来企业多是通过租赁、托管、合作等方式进入乡村旅游开发领域,获得乡村资源经营权的,村民则获得租金和就业薪酬。但总体来说,大多数村民仅仅是乡村旅游的旁观者,在乡村发展过程中的"主人"地位越来越被弱化。而外源企业与村集体、村民以股份合作形式进行乡村旅游开发,则形成了一种共赢的乡村旅游发展之路。

外源企业以现金、技术、设备等作为股本,村集体、村民则将旅游资源、土地使用权、不动产使用权、特殊技能、现金等要素经过价值评估转化为股本,成立股份合作制乡村旅游企业,[②] 公司按股份分红。当地村民从中获得利益的途径主要有三个:一是股份分红收入,二是工资收入,三是在公司允许的情况下自己经营旅游纪念品、住宿、餐饮等获得经营收入。公司通

---

① 孙敏:《三个走向:农村集体经济组织的嬗变与分化——以深圳、苏州、宁海为样本的类型分析》,《农业经济问题》2018年第2期。

② 周永广、姜佳将、王晓平:《基于社区主导的乡村旅游内生式开发模式研究》,《旅游科学》2009年第23卷第4期。

过公积金的积累完成扩大再生产、进行旅游设施建设与维护；通过公益金的形式支持乡村旅游的公益事业（如村民和导游培训、乡村环境与文化设施建设等）；同时，通过股金分红支付股东的股利分配。[①]

股份合作公司作为一种新的乡村经济组织形式，明确了产权关系，广泛吸收各方面资金、资源、物力、技术等生产要素，兼顾外来投资者和当地村民的利益，特别是通过集体股分红让全体村民获得旅游发展红利，实现集体分配。在这种组织形态下，外源企业与村集体、当地村民具有共同的利益和发展目标，风险共担、利益共享。通过股份制运营与分红，使当地村民的旅游受益面扩大、就业机会增多、收入水平提高，也提高了村民的素质。最关键的是，外源企业具有丰富的经营管理经验、产品研发、创新能力强，易于建立规范的企业制度、树立良好的品牌和旅游地形象。[②]

四 农民股份制类型与典型案例[③]

近年来，在乡村旅游、精准扶贫和乡村振兴发展实践中，多种形式的新型农村集体经济模式不断涌现，特别是陕西、浙江、山东、湖南、河南、贵州等地，在探索农民股份制新型农村集体经济发展模式过程中走在了前列，形成了不同类型的新型农村集体经济发展模式，积累了经验，取得了很好的效果，具有非常重要的示范意义，具有代表性的有以下五种类型。

（一）全员股份制——以中郝峪为例

中郝峪，是山东中部山区深处的一个典型山村。因地处山沟，交通不便，人均耕地少，靠天吃饭，长期贫穷，曾经是远近闻名的"讨饭村"。在

---

① 郑群明、钟林生：《参与式乡村旅游开发模式探讨》，《旅游学刊》2004 年第 4 期。
② 廖珍杰：《乡村旅游社区参与典型模式的比较与选择研究》，湘潭大学，2008。
③ 说明：本文所有案例资料均来源于笔者课题组现场调查。

发展乡村旅游之前,全村人均年收入不到 2000 元。近年来,创新采用"全体村民股份制"的新型农村集体经济发展模式,实现了资源整合、统筹协调、可持续发展的演化过程,全村 113 户、363 名村民全部入股,真正实现了全村参与、全民入股。全村人均年收入跃升到 2018 年的 4 万元,比发展乡村旅游之前增长了整整 20 倍。实现了彻底的资源变资本、资本变股金、农民变股民。

中郝峪在村"两委"的主持下,成立了全体村民参与的乡村旅游股份制公司——幽幽谷旅游开发有限公司。通过村民大会选出评估小组,对所有自愿参与乡村旅游发展的村民的固有资产进行评估、折现入股,同时对全村集体资产进行确权转股。村民凡是有价值的资源（劳动力、闲置房屋、山林、菜地、果园等）都可以拿出来经评估折现入股,并可在本村内转让继承,每年通过发放福利、年底分红等形式对参与农户进行分红。

中郝峪乡村旅游股份制公司的股权构成分为村民股和集体股两部分。其中村民股占 80%,集体股占 20%。集体股中的 17% 用于全体村民平均分红和公司发展,3% 用于老年福利。

中郝峪乡村旅游股份制公司村民股份构成见图 1。

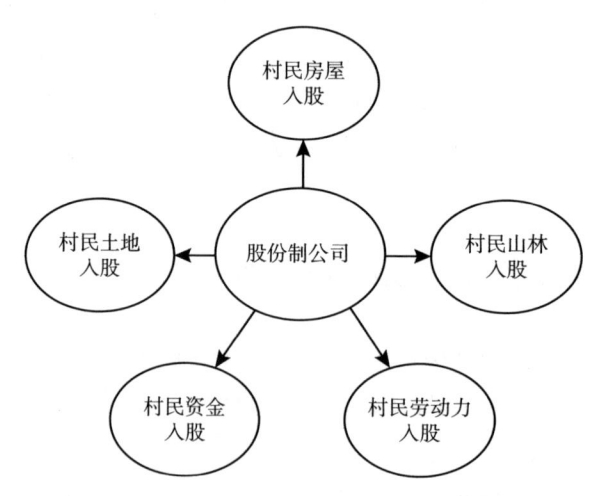

图 1 中郝峪乡村旅游股份制公司村民股份构成

（二）"村集体+公司"合作股份制——以鲁家村为例

2011年以前，浙江省安吉县鲁家村是一个缺乏优势产业、农民收入较低的村庄，很多村民外出务工，人口流失严重。近年来，鲁家村将美丽乡村建设与家庭农场发展相结合，并引入外来专业旅游管理公司进行专业规划、经营和管理。经过6年的发展，村集体资产从不足30万元增加到2017年的1.4亿元，村股份经济合作社的每股股金从375元增加到19500元，集体经济年收入从不足3万元增加到335余万元，农民人均年收入从19500元增加到35615元，基本实现全民就业。

鲁家村"村集体+公司"的发展模式经历了三个阶段的演变过程。

第一阶段是村内股份合作社。从2014年开始，鲁家村以村集体为主导将农户土地流转给合作社进行家庭农场经营。合作社为股份制，其中的集体资产估价98.8万元，20%为风险金，80%的资产量化后折算成78.8万元。全村在册人口2099人，折算后每人每股价值375元。

第二阶段是股份合作公司。鲁家村引进专业旅游经营企业入股，建立了股份合作公司，鲁家村和外源企业分别占股49%和51%。

第三阶段为村办股份公司。2017年鲁家村股份经济合作社全资收购了外源公司股份，鲁家村从此成为以村办合作社股份制为主体的集体经济发展模式。

目前鲁家村农民有6笔收入：租金收入、就业收入、创业收入、分红收入、培训收入和管理输出收入。

村集体（"两委"）主要负责政府、公司、农场与村民间的组织协调。村内通过股份制改革，使所有村民变为股东，充分调动了村民参与乡村旅游发展的积极性，提升了村民参与乡村发展中的主动性。农场主要负责乡村旅游经营，是具体的产品生产和服务提供者。

鲁家村"村集体+公司"的股份制发展模式，充分发挥了村集体统筹协调、内外资源整合、专人做专事的主导作用，将农村集体经济发展与社会管理一体化，提升了农民的主体地位，有效激发了乡村的内在活力和造血功能。

（三）"公司+村集体+贫困户"扶贫股份制——以五彩山村为例

山东省五彩山村项目是一个企业带动5个贫困村连片开发、集中脱贫的案例。因地处山区、交通闭塞，山东省济南市章丘区的十八盘、东车厢、小石屋、西车厢、西里虎5个村庄，经济发展非常落后。在当地政府的协调下，北京开元智信文化发展有限公司与五个村合资成立了五彩山村旅游发展股份有限公司。

该案例采取了"公司+村集体+贫困户"的股份组织模式，公司拥有乡村旅游项目的经营权，负责整个项目的设计、投资、运营；村"两委"协助公司在村内开展工作，负责提供项目建设所需资料及协调公司与农户之间的关系，以推动项目进展；农户除以土地、房屋及其他资产入股公司外，还可以经营农家乐、售卖农特产品，享受乡村旅游开发带来的好处。

合作公司的股份构成：外源公司占51%；村集体占49%，其中用于村庄平均分配的占30%，用于贫困户的占19%。村集体49%的股份是由镇政府将各级专项资金集中使用投入公司转化而成的。

在收益分配机制上，公司、村集体、贫困户按51∶30∶19进行利润分红。村集体30%股份的分红用于集体提留和全体村民分红；19%的"扶贫股"全部用于5个村的贫困户分红。该案例的特点是股份中专门设置了19%的"扶贫股"，保障了5个村庄所有贫困户直接脱贫。

（四）"公司+村集体+农户（非贫困户+贫困户）"分类股份制——以十八洞村为例

湖南省十八洞村是习近平总书记视察过的贫困村，是精准扶贫理论的发源地。该村在脱贫过程中采用了"公司+村集体+农户"的分类股份制模式。

外源企业——花垣县苗汉子野生蔬菜专业合作社出资306万元，占股51%；村集体出资71.85万元，占股12%；村内非贫困户政策扶持资金入股59.55万元，占股9.9%；贫困户人口542人按照政策享受的扶持资金共计 162.6 万元，占股 27.1%，这样实际形成了"公司+村集体+农户（非贫困户+贫困户）"的股份结构。

十八洞村股份合作制合作社成立后，在村内、村外流转了 1200 亩土地建设了猕猴桃基地，劳务用工 3 万多个，村民劳务创收 200 多万元。猕猴桃合作社基地大量收购农肥，为十八洞村及周边村村民创收 600 多万元。同时，公司流转的 1200 亩土地涉及十八洞村及周边村 290 户农户，户均增加收入 2000 多元。

（五）"村集体+业户"多元股份制——以袁家村为例

陕西省袁家村的发展先后经历了农业学大寨（1970~1978 年）、村办企业（1978~2006 年）、乡村旅游（2007 年至今）三个阶段。目前，袁家村通过股份制改革，形成了三产带二产连一产的"三产融合"发展体系，有效解决了农村集体经济发展资源投入不足、活力下降、联系松散、监管困难等问题，成功探索出一条实施乡村振兴战略的新时代农村集体经济发展之路。

袁家村乡村旅游发展的组织模式，是典型的"村集体+业户"模式：党支部是村集体的核心，农民业户是乡村旅游发展的主体。

袁家村的股份制是一个独具"袁家村特色"的模式，由基本股、混合股、交叉股、调节股、限制股五种类型构成。

基本股：袁家村将集体资产进行股份制改造，集体保留 38%，其余 62% 量化到户，每户 20 万元，每股年分红 4 万元，只有本村集体经济组织成员才能持有。

混合股：袁家村每一个业户、每一家农户的持股结构都不一样，既有资本入股，也有技术入股、管理入股等；股东既有袁家村的，也有周边其他村的，形成了混合持股的结构。

交叉股：旅游公司、合作社、业户之间互相持有股份，共交叉持股 460 家商铺，村民可以自主选择自己入股的店铺，入股的村民范围已扩充到在袁家村的各类经营户。

调节股：针对经营户收入高低不均的现实，村里将盈利高的商户变为合作社，分出一部分股份给盈利低的商户，以缩小他们与高收入商户的差距。

限制股：全民参与、入股自愿，钱少先入、钱多少入，照顾小户、限制大户。其中，项目的实际经营者最多占20%的股份。外来投资和经营项目，凡占用袁家村集体资源的，这部分集体资源就作为股份（一般为20%）进入项目，所得股份分红收益作为村集体收入，主要用于基础设施建设等必要的公共事业支出。

袁家村的新集体经济实现了所有权、经营权、收益权的高度统一，全民参与，入股自愿，你中有我，我中有你，形成了一个村内的利益共同体网络。通过调节收入分配和再分配，避免两极分化，实现了利益均衡。

五 结语

乡村旅游领域作为新型集体经济实践的先行者，为全面推进精准扶贫和乡村振兴提供了可资借鉴的新模式和新经验，但总体来说，以农民股份制为代表的新型农村集体经济模式，目前还处在探索阶段，对这些模式的进一步探索完善，不仅有利于在更大范围推动精准扶贫和乡村振兴，也有助于在理论上推进农业经济和股份制理论的发展。

参考文献

孙敏：《三个走向：农村集体经济组织的嬗变与分化——以深圳、苏州、宁海为样本的类型分析》，《农业经济问题》2018年第2期。

周永广、姜佳将、王晓平：《基于社区主导的乡村旅游内生式开发模式研究》，《旅游科学》2009年第23卷第4期。

郑群明、钟林生：《参与式乡村旅游开发模式探讨》，《旅游学刊》2004年第4期。

廖珍杰：《乡村旅游社区参与典型模式的比较与选择研究》，湘潭大学硕士学位论文，2008。

G.13
旅游减贫的中国实践与发展经验*

李燕琴 赵壮英**

摘　要： 中国旅游减贫从自然减贫到发展驱动式减贫,再到精准减贫,开拓了一条中国特色的减贫之路。中国旅游减贫模式突出农民的主体地位,强调政府与市场双轮驱动,政府领导兼顾村寨内部力量整合与社会外部力量参与,企业运行涵括直接经营运作与间接责任帮扶。中国发展经验表明,旅游减贫需要以政府为主导,以农民为主体,在注重区域发展差异的同时,强调一二三产业融合、开发与保护结合、扶贫与扶智融合。展望未来,减贫重点要从绝对贫困转向相对贫困,从经济减贫转向多维减贫,从基于战略的宏大叙事转向对村民美好生活的微观柔性关怀,进而在理论凝练的基础上谋求更高质量的减贫。

关键词： 旅游减贫　精准减贫　旅游业

减贫,是关乎人类命运的重要议题。"二战"以来,消除贫困一直是全球的艰巨任务。从《新千年宣言》（MDGs：Millennium Development Goals）

---

* 基金项目：国家自然科学基金项目"旅游扶贫社区居民生活满意度演变过程与驱动机理研究"（41871145）、教育部人文社会科学重点研究基地重大项目"多维贫困视角下少数民族反贫困与基本公共服务均等化研究"（17JJD850006）阶段性成果。
** 李燕琴,中央民族大学可持续旅游与减贫研究中心主任,教授,博士生导师,长期从事旅游扶贫、可持续旅游、社区生态旅游、民族旅游等领域的研究；赵壮英,中央民族大学博士研究生,太原工业学院讲师。

到《2030年可持续发展议程》（SDGs：Sustainable Development Goals），联合国始终致力于世界范围内的减贫工作。SDGs将"无贫困"作为17个可持续发展目标之首，希望通过全球协同行动，"到2030年，在世界各地消除一切形式的贫穷"。作为负责任的大国，中国对SDGs积极响应，2015年11月29日发布《中共中央 国务院关于打赢脱贫攻坚战的决定》（中发〔2015〕34号，以下简称《决定》），《决定》将SDGs减贫目标实现节点提前10年，提出到2020年，确保中国现行标准下7000万农村贫困人口实现脱贫，贫困县全部摘帽，解决区域性整体贫困。作为对《决定》的响应，2015年国家旅游局和国务院扶贫办提出拟通过乡村旅游发展实现2020年带动全国17%（约1200万）贫困人口脱贫的目标。

相比于其他减贫方式，旅游减贫的优势在于：①贫困地区自然或区位条件的劣势，有可能使旅游资源得以保护，成为旅游业发展的优势；②旅游业关联性强，可直接和间接带动多产业共同发展[1]，带来更多工作机会，特别是在地就业；③旅游业发展对环境影响较小，好的发展还可激发贫困地区文化自豪感，强化文化认同。总体来看，旅游业是已被验证的发展中国家减贫重要手段，在世界48个最不发达国家中，旅游业是20个国家出口收入来源的前两位。[2]

2019年10月11日，国务院扶贫办主任刘永富表示，预计到2019年年底，全国95%左右现行标准的贫困人口将实现脱贫，90%以上的贫困县将实现摘帽[3]。国家乡村旅游监测中心数据显示，设在全国25个省（自治区、直辖市）的101个扶贫监测点（建档立卡贫困村）通过乡村旅游脱贫人数为4796人，占脱贫人数的30.4%，通过乡村旅游，监测点贫困人口人均增收1123元[4]。2020年是中国全面脱贫目标实现的时间节点，也恰是检验成

---

[1] 张祖群：《Pro-Poor Tourism公益性研究：文献基础、机制与展望》，《北京第二外国语学院学报》2012年第3期。

[2] 中国旅游研究院：《世界旅游发展报告2018——旅游促进减贫的全球进程与时代诉求》附件《旅游减贫的中国行动》，2018年9月25日。

[3] 顾仲阳：《国务院扶贫办：预计2019年底95%的贫困人口脱贫》，《人民日报》2019年10月12日，第6版。

[4] 田虎：《我国重点扶贫监测点超3成脱贫人口依靠"乡村旅游"》，2019年9月20日。

果、总结经验、展望未来之时，对此本文系统总结了中国旅游减贫的历程、实践与经验。

一 中国旅游减贫的历程与政策

2018年，世界旅游联盟和中国旅游研究院发布了《世界旅游发展报告2018——旅游促进减贫的全球进程与时代诉求》，其附件《旅游减贫的中国行动》中将中国旅游减贫历程划分为四个发展阶段[①]，本文阶段划分以此为参考，并将旅游减贫置于中国减贫的大框架下做适当调整，划分为五阶段。40余年的中国旅游减贫历程，从粗放的自然减贫到发展驱动式减贫，再到精准减贫，减贫目标逐步聚焦，减贫方式日益多元，开拓了一条"政府+市场"双轨并行的中国特色减贫之路。

（一）第一阶段（1978~1985年）：自然减贫阶段

1978年中国开始改革开放，1978~1985年是中国农村制度性变革的减贫效应集中释放阶段，家庭联产承包责任制和提高农产品价格等一系列措施，大大调动了农民的积极性和创造性[②]。此时，入境旅游和国内旅游起步发展，客观上对贫困的旅游目的地起到减贫作用，此时是自然与自发增长的旅游减贫[③]。

（二）第二阶段（1986~1996年）：减贫探索阶段

1986年，国家与地方资金开始注入旅游资源丰富但经济落后的地区，标志着旅游减贫工作真正启动。1991年贵州省旅游局首次提出"旅游扶贫"

[①] 中国旅游研究院：《世界旅游发展报告2018——旅游促进减贫的全球进程与时代诉求》附件《旅游减贫的中国行动》，2018年9月25日。
[②] 张琦、冯丹萌：《我国减贫实践探索及其理论创新：1978~2016年》，《改革》2016年第4期。
[③] 中国旅游研究院：《世界旅游发展报告2018——旅游促进减贫的全球进程与时代诉求》附件《旅游减贫的中国行动》，2018年9月25日。

概念，旅游减贫工作在国务院办公厅1993年转发国家旅游局的《关于积极发展国内旅游业意见的通知》中进一步得到推动。1995年"旅游扶贫"由国家旅游局正式写入《中国旅游业发展"九五"计划和2010年远景目标纲要》。1996年国务院扶贫办和国家旅游局对旅游扶贫开发工作进行专题研究和工作总结，从改革开放至1996年，中国通过旅游扶贫脱贫的人口约为600万，涉及12000个村。本阶段突出成效为由政府主导逐步向"政府主导+市场运行"的双轨并行制发展。

（三）第三阶段（1997~2004年）：发展减贫初级阶段

1998年国务院发行5年长期建设国债，其中42亿被作为旅游国债[①]；1999年，中国推出了"黄金周"制度和西部大开发战略，一方面大大刺激了国民的旅游需求，另一方面也体现了政府对旅游作为开发式扶贫的高度重视。2000年国家旅游局在宁夏西海固地区创办全国第一个旅游扶贫试验区。这一系列举措，极大促进了旅游业在中国的发展，进而带动了以国家贫困县为代表的特定贫困区域的减贫工作。据国家旅游局2004年10月数据，中国25年来通过发展旅游直接受益的贫困人口有6000万~8000万，占全部贫困人口的1/4~1/3。

（四）第四阶段（2005~2012年）：发展减贫高级阶段

2006年被国家旅游局定为"中国乡村旅游年"，提出"旅游业向农村挺进"，开创乡村旅游带动旅游减贫新局面。2009年，中国国家旅游局正式成为国务院扶贫办领导小组成员单位。2012年，"旅游扶贫"首次作为扶贫方式写进政府扶贫纲领性文件《中国农村扶贫开发纲要（2011~2020年）》。本阶段为发展带动减贫的高级阶段，突出特征是影响面扩大，旅游减贫工作由贫困县扩展到全国广大乡村，由地区战略上升到国家战略。

[①] 中国旅游研究院：《世界旅游发展报告2018——旅游促进减贫的全球进程与时代诉求》附件《旅游减贫的中国行动》，2018年9月25日。

（五）第五阶段（2013年至今）：精准减贫阶段

2011年，中国政府制定了2011~2020年新农村贫困标准，以2010年不变价2300元为基数，2011年现行农村贫困标准是2536元，贫困线调整导致贫困人口增加到12238万，加上经济增长速度放缓，变革减贫方式的客观要求日益增强，因此引发中国农村扶贫方式的重大转变和创新[①]。2013年，习近平总书记在湖南湘西考察时明确提出"精准扶贫"概念，之后中央推出一系列文件对精准扶贫实操层面做出系统指导，中国扶贫工作从发展减贫阶段进入精准减贫阶段。[②] 2016年，国家旅游局等12个部门联合印发《乡村旅游扶贫工程行动方案》，旨在充分发挥乡村旅游在精准扶贫中的重要作用。方案提出，"十三五"期间，力争通过发展乡村旅游带动全国25个省（自治区、直辖市）2.26万个建档立卡贫困村230万贫困户747万贫困人口实现脱贫致富[③]。

二 中国旅游减贫的实践与模式

在2020年高质量脱贫目标的约束下，出现了大量扶贫创新模式，极大丰富了中国减贫实践。旅游减贫模式在某种程度上代表了区域旅游扶贫的方向和途径[④]。中国行之有效的减贫模式突出农民的主体地位，强调政府与市场的双轮驱动，政府领导既强调村寨内部力量的整合，也强调更广泛多元外部社会力量的参与，企业市场运行既有直接经营运作等模式，也有通过辅助性的信息共享等强调社会责任的帮扶方式（见图1）。

[①] 张祖群：《Pro-Poor Tourism公益性研究：文献基础、机制与展望》，《北京第二外国语学院学报》2012年第3期。
[②] 中国旅游研究院：《世界旅游发展报告2018——旅游促进减贫的全球进程与时代诉求》附件《旅游减贫的中国行动》，2018年9月25日。
[③] 国家旅游局等12个部门联合印发《乡村旅游扶贫工程行动方案》，《城市规划通讯》2016年第21期。
[④] 王孔敬：《PPT战略视野下民族山区旅游扶贫开发模式研究——以湖北武陵山区为例》，《湖北民族学院学报》（哲学社会科学版）2015年第33期。

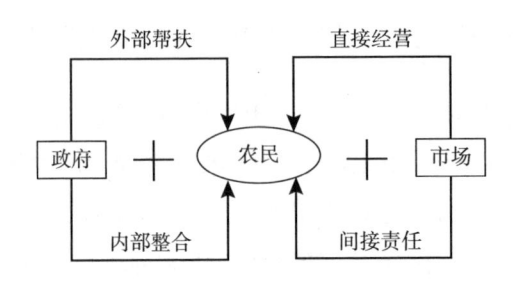

图1　中国旅游减贫的主要模式

（一）"政府主导+市场运行"的旅游减贫总模式

减贫探索阶段所确立的"政府主导+市场运行"的发展模式，贯穿于之后中国旅游减贫实践的全过程。一方面，政府从总体上规划和引导，既体现在宏观层面与整体效益上，也体现在公共产品的提供上，是一种大思维；另一方面，政府主导并不是时时主导，当贫困地区的经济被激活，当地旅游业开始兴旺时，政府应逐渐放手，更多地让市场起作用[①]。宁夏六盘山、河北阜平、江西赣州、江西吉安、内蒙古阿尔山等5个国家旅游扶贫试验区通过政府主导、市场运行的模式相继落成，同时推动体制机制创新、基础设施改善、市场营销开展等，有力地促进了试验区旅游业和经济社会的发展[②]，恰恰是这一模式行之有效的具体体现。

旅游扶贫是一个系统工程，需要整体规划、机构设置、资金筹集、基础建设、景区形象宣传以及人才培养，光靠政府的力量远远不够，所以选择在有限政府主导下，以政府、企业、市场、社区居民、旅游者为旅游扶贫主体，是市场经济规律的客观要求，也是扶贫社会化发展的必然结果[③]。而企业在资金和管理方面的优势，使其成为市场运行的主体。

[①] 刘向明、杨智敏：《对我国"旅游扶贫"的几点思考》，《经济地理》2002年第22期。
[②] 中国旅游研究院：《世界旅游发展报告2018——旅游促进减贫的全球进程与时代诉求》附件《旅游减贫的中国行动》，2018年9月25日。
[③] 龚艳、李如友：《有限政府主导型旅游扶贫开发模式研究》，《云南民族大学学报》（哲学社会科学版）2016年第33期。

（二）"村民委员会+农民合作社"的旅游减贫模式

"村民委员会+农民合作社"的旅游减贫模式是"政府主导+市场运行"的旅游减贫总模式在村级层面的具体体现，村民委员会作为基层群众性自治组织，对乡村旅游发展起领导作用，农民合作社则是具体对接市场的合作组织形式。农民合作社是中国20世纪50年代初探索的一种组织形式[1]，农民通过资金、技术、土地、林地、房屋等形式入股合作社获得分红等收益，从原来个体生产经营转变为集体生产经营，形成规模经济，提高农产品供给的规模化组织化水平，增强农产品持续供给能力。按照自愿联合、共同成立、共同管理、互助发展的原则成立的农民合作社，可提高贫困地区农民的组织化程度，使相对公平、自下而上的利益分配和社区参与方式的作用充分发挥出来[2]，有利于保障贫困人口在旅游扶贫中真正受益。

为使农民合作社产品在市场竞争中获得更长足发展，还可以进一步采取"村委会+合作社+企业"的模式，适度引进农产品龙头企业、批发企业、电商企业等。值得注意的是，在这个过程中，村委会仍需发挥领导作用，确保企业和村民之间公平、合理、透明的利益分配，避免冲突。

（三）"政府推动+结对帮扶"的旅游减贫模式

扶贫攻坚是为政者的勇敢担当，更是全社会的共同责任，需要全社会一起关心和参与。通过政府牵头，东部发达地区政府、国有企业利用自身优势，以人员、资金等多种形式帮助贫困地区发展旅游业，是中国政府倡导的旅游减贫模式之一，也卓有成效。2017年河南省组织869个单位对822个贫困村（建档立卡重点村332个）进行结对帮扶。其中，安置就业20301人，项目开发253个，涉及金额63亿元，输送游客1299万人，签订定点采

---

[1] 胡宗山：《农村合作社：理论、现状与问题》，《江汉论坛》2007年第4期。
[2] 刘麟、肖瑛：《全国乡村旅游与旅游扶贫工作取得阶段性成果》，《经济日报》2018年9月14日。

购合同171份，合同金额近2亿元，脱贫人数达22281人。[1]"政府推动+结对帮扶"的旅游减贫模式短期效益明显，但帮扶效果可能会因项目结束戛然而止，因此实现减贫的长期效果还需进一步创新和完善此模式。

（四）"企业运作+农户参与"的旅游减贫模式

引导一批成熟的旅游企业到贫困地区投资开发，有助于提高旅游减贫的市场化水平和发展效率。农户可通过扶贫资金入股、土地入股、就业等多种途径获得收益，就业途径包括企业务工、经营农家乐、开设店铺、参与演出、农产品售卖、景区导游等。如云南世博元阳哈尼梯田文化旅游公司自2008年成立以来，积极推动梯田旅游开发建设，使当地民族村寨旅游业取得了较快发展[2]。旅游企业入驻贫困地区发展旅游，主要源自经济利益和社会价值两种激励因素[3]，且经济利益的追求往往超越社会价值，因此政府需要在引进外资的同时，以政策法规强化企业社会责任感的培育，培养可持续发展观念，在注重减贫速度的同时，也要关注减贫质量，从村民感知和需求出发，提倡柔性发展观。

（五）"企业帮扶+信息共享"的旅游减贫模式

对于贫困地区，单纯捐赠的输血式扶贫只能救一时之困，帮助贫困地区适应时代发展，形成自我造血能力，提升贫困户的自主脱贫意识和经营技能成为关键突破点。"企业帮扶+信息共享"的旅游减贫模式，通过引入旅游电商，在脱贫攻坚中为农村经济注入新的活力，是旅游减贫的新探索。携程、同城、途牛、爱彼迎、抖音等互联网企业皆通过自身优势与贫困旅游目的地对接，实现数据共享、实时营销等功能。2018年抖音发起的"山里DOU是好

---

[1] 李金早：《发展乡村旅游，促进旅游扶贫》，2018年全国乡村旅游与旅游扶贫工作推进大会暨锦绣潇湘推介会上的讲话，搜狐网，2018年9月13日。
[2] 王睿：《元阳哈尼梯田世界遗产地旅游产品开发研究》，云南财经大学硕士学位论文，2015。
[3] 王丽：《基于系统论的旅游扶贫动力机制分析》，《商业经济》2008年第5期。

风光"文旅扶贫项目，通过流量倾斜、人才培训、产品扶持和抖音认证四个方面的投入与运营，实现科技赋能精准扶贫，①得到旅游业界认可。

三 中国旅游减贫的发展经验

1978年末，我国农村贫困人口7.7亿，农村贫困发生率高达97.5%，②是世界上减贫人口最多的国家；2019年底，全国95%左右现行标准的贫困人口将实现脱贫③；2020年，中国将从普遍贫困走向整体消灭绝对贫困，成为第一个完成联合国千年发展目标之减贫目标的发展中国家，对全球减贫贡献超过70%④。而其中20%~30%来自旅游业的贡献，旅游扶贫为乡村产业兴旺和农业多功能化皆提供了方向。中国旅游减贫实践可资借鉴的经验包括以下六点。

（一）政府主导下的多群体参与

从宏观层面上看，离不开国家在制定政策时对减贫工作的足够重视，减贫工作的推进往往具有政策先行的特征，如前所述，1995年"旅游扶贫"由国家旅游局正式写入《中国旅游业发展"九五"计划和2010年远景目标纲要》，2012年"旅游扶贫"首次作为扶贫方式写进政府扶贫纲领性文件《中国农村扶贫开发纲要（2011~2020年）》，2016年国家旅游局联合12个部门印发《乡村旅游扶贫工程行动方案》等⑤。政府主导还体现在通过国家旅游扶贫试验区建设凝练经验、推广经验，通过基础设施改善优化环境等。贵州省通过中央政府与地方政府的主导，改善了交通，突破了空间贫困陷阱的限制，

---

① 《"山里DOU是好风光"计划启动，让贫困地区搭上抖音文旅扶贫这趟车》，凤凰网，http://biz.ifeng.com/a/20181204/45245703_0.shtml，2018年12月4日。
② 国家统计局：《扶贫开发持续强力推进脱贫攻坚取得历史性重大成就——新中国成立70周年经济社会发展成就系列报告之十五》，国家统计局网站，2019年8月12日。
③ 顾仲阳：《国务院扶贫办：预计2019年底95%的贫困人口脱贫》，《人民日报》2019年10月12日，第6版。
④ 张志达：《对全球减贫贡献超过70%"中国奇迹"普惠世界》，人民网，2015年10月16日。
⑤ 中国旅游研究院：《世界旅游发展报告2018——旅游促进减贫的全球进程与时代诉求》附件《旅游减贫的中国行动》，2018年9月25日。

从"因山而穷"转变为"因山而福"①，在政府主导的同时，注重多群体参与，企业运行、结对帮扶等多种形式皆推进了中国的旅游减贫工作。

（二）确立农民减贫的主体地位

旅游发展应给当地人提供更大的成长空间，使其对生活有更大的掌控感，减少其边缘感、被操纵感和相对剥夺感，因此，旅游减贫在尽量保有传统生活空间、生活方式的同时，当地人应有更多机会成为新的生产方式旅游业发展的主人②。中国的旅游减贫模式皆把农民置于主体地位，鼓励贫困人口深度参与旅游规划与管理，获得更多的净利益，真正实现旅游减贫。但也要看到，在现实情景下，旅游区各涉益方力量的失衡，往往造成居民在利益分配和决策权上受排挤③，因此政府当好裁判员，不当运动员，公正裁决、科学治理就显得尤其重要。

（三）注重区域间的差异化开发

没有差异就没有吸引力，差异性所形成的独特性是旅游产品的根本，只有这样旅游扶贫才能有特色。④ 因此，充分利用不同乡村的独有资源挖掘其内涵，也成为中国旅游减贫政策重点强调的方向。农业部于 2007 年专门颁布了《农业部关于加快发展农村一村一品的指导意见》，强调试点先行，稳步推进，加快培育一批特色明显、类型多样、竞争力强的专业村、专业乡镇。2016 年中央一号文件指出，大力发展休闲农业和乡村旅游，要建设一村一品、一村一景、一村一韵的魅力村庄⑤。

---

① 李燕琴：《贵州旅游扶贫的挑战与机遇》，《贵州日报》2018 年 9 月 26 日，第 15 版。
② 李燕琴：《反思旅游扶贫：本质、可能陷阱与关键问题》，《中南民族大学学报》（人文社会科学版）2018 年第 38 期。
③ 龙梅、张扬：《民族村寨社区参与旅游发展的扶贫效应研究》，《农业经济》2014 年第 5 期。
④ 张祖群：《Pro-Poor Tourism 公益性研究：文献基础、机制与展望》，《北京第二外国语学院学报》2012 年第 3 期。
⑤ 《中央一号文件：大力发展休闲农业和乡村旅游》，中国证券网，2016 年 1 月 27 日。

（四）注重产业间的融合式发展

以第一、第二产业为基础发展第三产业，再以第三产业创造更高经济效益反哺第一、第二产业，可形成三产融合互动的旅游减贫模式①。此外，通过在乡村发展休闲农业、健康旅游、养老旅游、研学旅游、体育旅游、文化创意旅游②等新业态、新产品，亦可拓宽旅游减贫的渠道，创新旅游减贫的路径。注重多产业在乡村的融合发展，使村民收入不再完全依靠农业，不再单纯依赖出卖劳动力获得收入，可形成包括工资、利息、股息、租金等多元化、多渠道的收入，旅游减贫则更有保障。

（五）旅游的开发与保护相结合

只有保护贫困地区的生态环境和自然资源，乡村旅游才有可能持续发展。不能让贫困地区面临"经济脱贫，生态返贫"的风险，要让游客"看得见山水、记得住乡愁、留得住乡情"③。2008年，浙江省安吉县正式提出"中国美丽乡村"计划，出台《建设"中国美丽乡村"行动纲要》。农业部于2013年启动了"美丽乡村"创建活动④，于2014年2月正式对外发布美丽乡村建设十大模式，为全国的美丽乡村建设提供范本和借鉴⑤。"生态宜居"亦成为乡村振兴的主要目标之一。

（六）扶贫与扶志扶智深度融合

要确保旅游减贫的成效，就要促进扶贫与扶志、扶智深度融合。上文

---

① 朱世杰：《龙凤山入选"世界旅游联盟旅游减贫案例"》，《东楚晚报》2018年9月11日。
② 中国旅游研究院：《世界旅游发展报告2018——旅游促进减贫的全球进程与时代诉求》附件《旅游减贫的中国行动》，2018年9月25日。
③ 魏后凯：《让居民望得见山、看得见水、记得住乡愁——中央城镇化工作会议亮点解读》，《紫光阁》2014年第1期。
④ 农业部办公厅：《农业部办公厅关于开展"美丽乡村"创建活动的意见》，农业部网站，2013年2月22日。
⑤ 农业部：《农业部发布中国"美丽乡村"十大创建模式》，农业部网站，2014年2月24日。

"企业帮扶＋信息共享"的旅游减贫模式即具有此特征。此外，近年所倡导的文旅融合也是实现路径之一。在旅游发展的同时，倡导乡风文明建设，重塑文明乡风振兴乡村文化，不仅有利于吸引游客，也有利于村民认同自己的活法，拥有文化自信。2018年文化和旅游部、国家发展改革委等13个部门联合发布的《促进乡村旅游发展提质升级行动方案（2018年—2020年）》特别指出，在"十三五"文化旅游提升工程中增补一批旅游基建投资项目，专项用于支持"三区三州"等深度贫困地区旅游基础设施和公共服务设施建设。此外，中国特有的乡贤文化，使得村落精英在村寨能力提升中也扮演了重要角色。

四 中国旅游减贫的发展展望

展望2020年的"后旅游扶贫"时代，有几大趋势值得关注。

（一）从绝对贫困到相对贫困

伴随经济快速增长，在绝对贫困消除的同时常常出现相对贫困扩大的情况，更大的贫富差距使村民幸福感降低[1]，因此，共同富裕是扶贫中必须遵循的准则，缩小贫富差距是未来相对贫困解决的重要目标。

（二）从经济减贫到多维减贫

"多维贫困指数"在经济收入之外，还将健康、教育和生活水平等多个方面纳入考量，以判断个人和家庭是否处于贫困状态，考察指标包括健康状况、工作质量，以及是否面临暴力威胁等[2]。习近平总书记在十九大报告中提出全新论断，我国社会主要矛盾已经转化为人民日益增长的美好生活需要和不平衡不充分的发展之间的矛盾，这也对旅游减贫提出了更高要求，需要从以经济为主转向实现农民美好生活的多措并举。

---

[1] 李燕琴：《反思旅游扶贫：本质、可能陷阱与关键问题》，《中南民族大学学报》（人文社会科学版）2018年第38期。
[2] 《全球有13亿人处于"多维贫困状态"》，大公网，2019年7月12日。

（三）从宏大叙事到微观关怀

中国减贫是具有战略意义的国家行动，带有宏大叙事之特征。而2019年三位诺贝尔经济学奖得主①则提出了一种田野实验的新方法，将减贫这个宏大的问题分解成个人或群体层面上更小、更容易处理、更精确的问题，然后通过实地实验来寻找答案②。对于"贫穷的深层、相互关联的根源"的理解，无疑有利于对微观个体的关怀，有利于乡村美好生活的实现，有利于促进减贫的精细化。

（四）从实践创新到理论探究

无论是中国减贫对全球减贫超过70%贡献率，还是每年1000多万人口脱贫的年度减贫速率之高，都可谓奇迹，而旅游业两成左右的贡献，也在世界旅游减贫史上一枝独秀。2020年之后，正如联合国秘书长古特雷斯所强调的，③中国继续推出系统性的社会计划，减少除极端贫困之外的贫困，致力于创造一个不仅将发展作为优先目标，而且努力实现社会平等，将现代社会的便利惠及每一个人。这无疑需要实践的创新，中国也正努力从扶贫攻坚向乡村振兴战略转型。此外，鉴于如此丰富的实践积累，下一阶段需要在实践基础上探究减贫理论，这既有利于指导中国新的乡村发展实践，也有利于从中国模式凝练可贡献于世界减贫事业的有效经验。

旅游扶贫是一场持久战，需要足够的耐心与"柔性"的操作。我们需要认识到扶贫的社会目标是要"打破社会生态的贫困平衡，构建富足平衡"，充分理解扶贫的艰巨性与复杂性；认识到扶贫的个人目标是"从低物质均衡的原生幸福到高物质均衡的次生幸福"，在逐渐走向现代化的过程

---

① 三位诺奖得主分别是美国麻省理工学院教授巴纳吉（Abhijit Banerjee）、迪弗洛（Esther Duflo）和哈佛大学教授克雷默（Michael Kremer）。
② 和佳：《2019诺贝尔经济学奖揭晓：这三人因寻找"减贫"答案折桂》，《21世纪经济报道》2019年10月15日。
③ 焦梦等：《国际权威人士点赞中国扶贫》，民生周刊网站，2019年3月6日。

中，更加注重扶贫速度与效果的平衡。对扶贫短期速度的追求应当让位于长期的效果，治贫过程的精确管理应当尊重科学，实事求是。如果说扶贫过程是贫困群体走向现代化的过程，那么以怎样的速度走向现代化应该由当地人决定，一个当地人可以接受的现代化速度是一种更可持续的扶贫保证。因此，在扶贫进程中，居民满意度应当被监测，以便适时地调控发展速度，适应居民的承受能力，彰显治贫的"柔性"。

参考文献

张祖群：《Pro-Poor Tourism 公益性研究：文献基础、机制与展望》，《北京第二外国语学院学报》2012 年第 3 期。

中国旅游研究院：《世界旅游发展报告 2018——旅游促进减贫的全球进程与时代诉求》附件《旅游减贫的中国行动》，2018 年 9 月 25 日。

顾仲阳：《国务院扶贫办：预计 2019 年底 95% 的贫困人口脱贫》，《人民日报》2019 年 10 月 12 日，第 6 版。

田虎：《我国重点扶贫监测点超 3 成脱贫人口依靠"乡村旅游"》，人民网，2019 年 9 月 20 日。

张琦、冯丹萌：《我国减贫实践探索及其理论创新：1978～2016 年》，《改革》2016 年第 4 期。

李小云等：《亚洲减贫报告》，博鳌亚洲论坛，2019 年。

《国家旅游局等 12 个部门联合印发乡村旅游扶贫工程行动方案》，《城市规划通讯》2016 年第 21 期。

王孔敬：《PPT 战略视野下民族山区旅游扶贫开发模式研究——以湖北武陵山区为例》，《湖北民族学院学报》（哲学社会科学版）2015 年第 33 期。

刘向明、杨智敏：《对我国"旅游扶贫"的几点思考》，《经济地理》2002 年第 22 期。

龚艳、李如友：《有限政府主导型旅游扶贫开发模式研究》，《云南民族大学学报》（哲学社会科学版）2016 年第 33 期。

胡宗山：《农村合作社：理论、现状与问题》，《江汉论坛》2007 年第 4 期。

刘麟、肖瑛：《全国乡村旅游与旅游扶贫工作取得阶段性成果》，《经济日报》2018 年 9 月 14 日。

王睿：《元阳哈尼梯田世界遗产地旅游产品开发研究》，云南财经大学硕士学位论文，2015。

王丽：《基于系统论的旅游扶贫动力机制分析》，《商业经济》2008年第5期。

张志达：《对全球减贫贡献超过70% "中国奇迹"普惠世界》，人民网，2015年10月16日。

李燕琴：《贵州旅游扶贫的挑战与机遇》，《贵州日报》2018年9月26日，第15版。

李燕琴：《反思旅游扶贫：本质、可能陷阱与关键问题》，《中南民族大学学报》（人文社会科学版）2018年第38期。

龙梅、张扬：《民族村寨社区参与旅游发展的扶贫效应研究》，《农业经济》2014年第5期。

朱世杰：《龙凤山入选"世界旅游联盟旅游减贫案例"》，《东楚晚报》2018年9月11日。

魏后凯：《让居民望得见山、看得见水、记得住乡愁——中央城镇化工作会议亮点解读》，《紫光阁》2014年第1期。

和佳：《2019诺贝尔经济学奖揭晓：这三人因寻找"减贫"答案折桂》，《21世纪经济报道》2019年10月15日。

G.14
全域旅游背景下的乡村旅游实践探索：
以浙江万村景区化为例

王莹 葛瑞*

摘　要： 乡村是全域旅游发展的重要空间，各地政府高度重视并开展了丰富的实践探索。浙江省通过万村景区化，以"旅游+"的思路与机制创新，在盘活农村资源促进农业转型升级、完善旅游公共服务改善乡村环境、强化文化传承提升居民自信、鼓励社区参与创新管理模式等方面取得了一定的成效，同时也面临着快速推进所带来的差异化发展、公共设施利用率与市场化运作等方面的诸多困惑。浙江经验为我国乡村旅游发展提供借鉴，也进一步引发对"三农"融合、公共服务效率、乡村旅游发展空间、乡村旅游人才瓶颈等问题的深入思考。

关键词： 全域旅游　乡村旅游　A级景区村庄

一　全域旅游视阈下乡村旅游发展面临的问题

全域旅游是指将一个区域作为旅游目的地来建设和运作，实现区域资源有机整合、产业融合发展、社会共建共享，以旅游业带动和促进区

---

* 王莹，浙江工商大学旅游与城乡规划学院教授，硕士生导师，研究方向是区域旅游开发与规划、旅游目的地管理；葛瑞，浙江工商大学旅游与城乡规划学院硕士研究生。

域经济社会协调发展。①全域旅游不仅是旅游可持续发展的突破口,也是区域经济社会发展的新引擎,自2015年9月国家正式启动全域旅游示范区创建工作以来,各级政府纷纷将发展全域旅游纳入地方经济社会发展的中心工作。

乡村是全域旅游发展的重要空间,全域旅游"全域资源、全境打造、全业融合、全民参与"的发展理念在为乡村旅游发展打开巨大空间的同时,也使乡村旅游可持续发展面临巨大挑战。

第一,公共服务配套不足阻碍乡村旅游转型升级。由于城乡二元结构、乡村人口分布特征,我国广大乡村地区基本公共服务短缺,加上乡村旅游的季节性、波动性与公共服务的公平性、效率性存在一定矛盾,如何协调并实现社区共享、区域共享是科学配置公共服务必须要突破的难题。

第二,"三农"融合存在缺陷制约乡村旅游带动作用。乡村旅游发展应以促进农业现代化、农民生活富足、农村风貌保护为主要目标,要在缓解当前农村面临的养老、生态、文化传承等社会问题中发挥积极的作用。但在快速发展的乡村旅游中,农旅缺乏深度融合、乡村辨识度不高、旅游产生效益有限等问题依然突出,一些乡村旅游开发甚至偏离方向。

第三,弱势地位难以改变影响社区参与管理。政府主导的乡村旅游发展模式在社区自我管理能力培养上存在不足,外来企业投资在解决乡村旅游发展资金问题的同时也使一些地区的村民更加边缘化,探索村民共同参与、自我管理的乡村旅游发展模式是乡村旅游可持续发展的迫切需要。

二 浙江省万村景区化的实践探索

依照全域旅游的发展理念选择乡村旅游发展模式与路径是各地探索的重点,浙江省选择以万村景区化来促进乡村旅游的转型升级,助推乡村振兴。

---

① 李金早:《全域旅游大有可为》,《旅游新报》2016年第5期。

万村景区化是浙江省委、省政府于 2017 年提出的，旨在通过 5 年努力，到 2021 年底，全省共建成 10000 个景区村庄，其中 3A 级景区村庄 1000 个，同时建成 10 个乡村旅游产业集聚区，乡村旅游从业人员超 100 万人，村镇两级乡村旅游骨干培训超 5000 人。[1] 万村景区化推进速度快、覆盖面广、挑战性强，万村景区化提出的背景解析、实践探索以及面临的困惑对我国乡村旅游发展具有典型案例价值。

（一）万村景区化提出的背景

1. 浙江省经济社会发展到一定阶段的必然产物

历经经济的快速发展，浙江省依然面临着协调区域平衡发展、绿色发展的重大难题，发展旅游缓解浙江省经济社会发展中的矛盾一直是各地实践探索的重点。配合美丽乡村建设、"大花园"建设战略，浙江省一直将乡村旅游作为重要抓手。从 2003 年浙江省启动"千村示范、万村整治"工程，造就两万多个"美丽乡村"，到 2017 年 6 月，浙江省第十四次党代会提出大力发展全域旅游、积极培育旅游风情小镇、推进万村景区化建设，提升发展乡村旅游与民宿经济，浙江省推进"万村治理"向"万村景区化"发展。[2]

2. 省级全域旅游示范单位创建的迫切需要

从西湖免费开放、乌镇"镇区景区化、景区全域化"，到桐庐县成为浙江省首个全域旅游专项改革试点县，浙江省在推进全域旅游发展中积累了一定的经验和实践基础。2017 年 8 月浙江省成为国家全域旅游示范省创建单位，全域旅游快速发展，同年公布首批 25 个浙江省全域旅游示范县（市、区）创建名单，出台创建工作实施意见和指南。2018 年发布《浙江省全域旅游发展规划（2018～2022）》，明确提出要率先把浙江建设成为全域旅游

---

[1] 浙江省文化和旅游厅：《浙江省万村景区化五年行动计划（2017～2021 年）》，2018 年 7 月。

[2] 车俊：《坚定不移沿着"八八战略"指引的路子走下去　高水平谱写实现"两个一百年"奋斗目标的浙江篇章》，《浙江日报》2017 年 6 月 13 日。

示范省、旅游业改革创新引领区和旅游业带动乡村振兴的样板区，万村景区化成为重要路径。

（二）万村景区化的推进机制

万村景区化并非要将乡村建设成为传统意义的旅游景区，而是要建成开放型的乡村旅游目的地，是以全域旅游的思路与模式，推动美丽乡村建设成果从"环境美"向"发展美"转型，从美丽乡村的诗画景色向美丽经济的富民目的转变，探索以文化和旅游发展激活乡村发展动能、引领乡村振兴的新路。①

1. 形成文旅农等多部门协同推进框架

万村景区化是一个庞大的系统工程，需要破除行政藩篱、实现上下联动。各级文化旅游部门与农业农村、住房和城乡建设、自然资源和规划等部门开展跨部门沟通与合作，将万村景区化建设与美丽乡村建设、大花园建设、小城市环境综合整治、乡村振兴等工作共同推进。各级政府部门职责明确，省文旅厅与省农办牵头制定《浙江省万村景区化五年行动计划（2017～2021年）》以及相关指南、管理办法，明确目标、分解任务、落实政策；设区市文旅局为责任主体，全面负责万村景区化工作；县（市、区）文旅部门负责基层辅导、组织初评，镇（乡、街道）相关部门负责组织与申报。各地根据需要成立专门的景区村庄创建工作领导机构及其办公室，扎实推进创建工作。

2. 探索适合乡村旅游发展的服务质量管理标准

为规范万村景区化创建工作，浙江省在借鉴《旅游景区质量等级的划分与评定》（GB/T 17775-2003）的基础上，出台《浙江省A级景区村庄服务与管理指南》与实施细则，从概念范畴、核心吸引物与服务管理方面进行规范引导。明确A级景区村庄是指以村庄、社区及其村民或居民生产、生活范围为核心，以自然景观、田园风光、建筑风貌、历史遗存、民俗文化、体验活动、特色产品为主要吸引物，具有一定的公共服务设施及旅游配套服务的区

---

① 《"万村景区化"工程》，浙江省政务服务网，2019年6月24日。

域。并从基本条件、旅游交通、环境卫生、基础设施与服务、特色项目与活动、综合管理6个方面对A级景区的创建工作加以引导。

3. 践行乡村公共设施共建共享

将万村景区化纳入省级全域旅游示范县（市、区）、旅游综合（专项）改革试点县、省级旅游风情小镇等创建工作要求之中，统筹推进乡村旅游公共设施的建设。万村景区化与美丽乡村建设等创建工作同步推进，加强基础设施、文化体育设施、环境卫生设施等方面的共建共享，在配置时以主客共享为基本原则，特别是在乡村公共交通设施、公共文化设施、公共休憩设施、公共厕所等建设时充分考虑游客与村民的使用需求，增加主客共享的公共交流空间。

4. 创新乡村旅游发展的激励与监管机制

推拉结合。省级旅游专项资金向景区村庄建设倾斜，地方也相应出台景区村庄建设资金扶持管理办法，重点支持公共停车场、公共厕所、标识标牌等公共服务设施建设；在税费、用电、用水、用气等方面给予适当优惠；发改、财政、住房和城乡建设、自然资源和规划、交通等相关部门结合职责分工，依法依规高效办理旅游项目建设审批流程。利用新闻媒体与出版读物，快速跟进对A级景区村庄的宣传，通过扩大知名度、吸引旅游者进一步激发村民参与的积极性。

强激励与严监管结合。放宽权限，A级景区村庄的申报由乡村自主提出，镇（乡、街道）组织申报，县（市、区）负责A级、2A级的评定，设区市负责3A级的评定。整个过程程序规范、监管严厉，实行动态化管理，制定重点抽查、定期明查和不定期暗访制度，一旦发现问题，上级政府部门有权直接取消下一级政府的权限，并对A级景区村庄作出通报批评、降低或取消等级的处理。

三 万村景区化的效益评价与面临的困惑

在示范带动下，村民由畏难、观望，到要求积极参与，A级景区村庄创建工作得到快速进。通过2017与2018两年的创建，截止到2019年5月，浙江省已创建成功4876个A级景区村庄，其中3A级景区村庄750个，村庄景区化覆盖率达到20%，并建成4个乡村旅游产业集聚区。①

（一）效益评价

万村景区化以"旅游+"的思路夯实旅游发展基础、丰富旅游产品业态、保护传承传统文化、提高农民参与积极性、改善乡村生态环境，为浙江农村发展、农业转型和农民致富注入新动力。

1. 盘活农村资源促进农业转型升级

A级景区村庄的创建使基层干部、村民真正开始对旅游产业有了新的认识，意识到旅游产品创新与服务配套的重要性，学会从产业角度去思考乡村发展的未来。浙江作为"两山理论"的践行者，在余村等示范作用下，遏制污染产业、发展绿色旅游产业成为共识，以旅游辅助农业转型升级、促进农村经济社会协调发展成为乡村发展的新型模式。农业资源得到深度挖掘，推进传统农业向一二三产业融合发展，以旅游增加农产品的附加值、减少农产品需求价格弹性低带来的风险。传统文化资源得到充分尊重，散落在乡间的非物质文化遗产通过旅游平台得到更好的传承、展示与产业化发展。农村闲置房屋、闲散劳动力资源得到再利用，特别是为中老年人的再就业创造机会，也吸引返乡青年与城市青年来乡村创业，在一定程度上缓解与改善空心化问题与老龄化问题。

2. 完善旅游公共服务改善乡村环境

农村地区公共服务薄弱一直以来是制约乡村经济社会发展的障碍，也是制约乡村旅游发展的重要因素。以旅游目的地建设要求来发展乡村旅游，改善旅游公共服务并实现与社区的共享，极大地改善了乡村环境。通过旅游综合服务体系建设，完善集购物、休闲、咨询于一体的游客接待中心，设置醒目的引路牌、公共信息指示牌等，在服务游客的同时，也为乡村土特产品展

---

① 《全省A级景区村庄达4876家》，浙江新闻网，2019年5月10日。

示提供窗口，改善与提升乡村整体形象。在 A 级景区村庄创建要求规范配置公共服务设施的推动下，进一步加强乡村交通道路与停车场、公共厕所、垃圾箱、人居环境以及乡村公共休闲空间的配套建设。

3. 强化文化传承提升居民自信

特色是旅游目的地的主要吸引力所在，万村景区化使乡村更加注重传统文化的保护与传承，开发利用逐渐多元化。一些原本传统文化底蕴深厚、传统手工艺制作历史悠久的乡村，通过建设博物馆、文化体验中心等，让文物与非物质文化遗产得到有效保护、传统工艺得到恢复，让乡村传统节庆活动得到进一步挖掘，特别是与传统农业生产相关的节庆活动、乡村传统民间戏剧得以活化与创新。通过农家乐与乡村民宿，游客沉浸式体验乡村风貌、乡土建筑、乡村生活、乡土文化，感受浓浓的乡愁乡情以及现代乡村的美好生活。在游客的认知、认同与体验中，让村民意识到传统文化与乡村田园生活的价值。

4. 鼓励社区参与创新管理模式

通过旅游提升村民的基本素质、经营技能与乡村社区自我管理能力是万村景区化的基本要求，这对村镇两级基层干部的培养有明确的指标要求。通过基层干部的专业培训以及 A 级景区村庄创建检查验收过程中专业部门的基层辅导，激发参与发展乡村旅游的积极性、提升旅游专业管理能力。各地结合实际鼓励村民参与并探索自我管理机制，村民通过垃圾分类换取积分以兑换生活用品、公共厕所等公共卫生设施以及乡村游览线路环保工作聘用村民为专职保洁员，让村民逐渐养成良好的卫生习惯。鼓励与要求村民建立合作社、协会、文艺社团等多个社会组织，为村民实现自我管理搭建平台。

（二）面临的困惑

A 级景区村庄创建工作的快速推进与乡村旅游发展的可持续要求，也使万村景区化在以下方面遇到较大的困惑。

1. 如何提升辨析度，彰显差异化发展

如此大规模的万村景区化创建工作，如何实现差异化发展、规避同质竞争是必须要面对的关键问题。随着创建工作的推进，A级景区村庄数量快速增长，覆盖率不断提高，原本旅游发展基础较好的村庄成功创建，后续创建村庄基础相对差，差异化发展难度越来越大。以家庭为单位的传统乡村旅游经营模式让村民普遍缺乏对市场的洞见能力，示范作用有时被理解为简单模仿，村民缺少品牌意识与创新动力。因此，找准乡村自身的资源禀赋、认识自身的开发基础与条件、创新独一无二的乡村旅游品牌是未来乡村旅游经营管理需要解决的难题。

2. 如何合理配置公共服务，提高有效性

经过前期美丽乡村建设与近两年的A级景区村庄创建，乡村基本公共服务设施与旅游公共服务设施更加完善，却暴露出公共设施利用率低下的问题。绝大多数A级景区村庄以吸引周边市场的周末游客为主，同时受到乡村旅游季节性甚至时令性的影响，一些旅游公共设施（如独立的旅游咨询中心等）平时处于闲置状态。创建中较多关注公共设施配置、较少涉及公共服务制度也导致有些公共设施的供需矛盾，如浙江省"村村通"工程基本保障各乡村道路交通基础设施供给，但乡村公交服务并没有根据乡村旅游的规律安排有效供给。

3. 如何培养经营人才，推动乡村旅游市场化运作

乡村旅游发展需要政府的大力支持，但最终要经受市场的检验。旅游业在市场经济条件下，受劳动力、土地、资本等生产要素影响，当前人才匮乏是关键的问题。然而经营理念的转变、生产习惯的改变并不能立竿见影，一些乡村引入乡村旅游职业经理人（团队），或由投资企业全权负责乡村旅游的发展以缓解燃眉之急，但均存在很大的局限性。因此，在快速推进A级景区村庄创建中，同步推进乡村旅游经营管理人才的培养，提升劳动力素质，是确保创建成果、促进乡村旅游可持续发展的长久之计。

四　乡村旅游可持续发展的理性思考

浙江万村景区化是我国乡村旅游发展实践的缩影，其取得的成就与面

临的困惑均具有启示价值,并进一步引发对我国乡村旅游可持续发展的理性思考。

(一)加强与"三农"融合的探索

乡村旅游发展,农业是基础、农民是主角、农村是舞台,缺少与脱离任何一方,都会失去乡村旅游的本质属性,同时也违背发展乡村旅游缓解"三农问题"的初衷。因此对农旅融合、农民参与、农村风貌保护的探索是乡村旅游发展中的永恒主题。

1. 探索农旅融合的路径

整合农旅融合产业链。农业转型升级是乡村旅游发展的重要基础,传统农业在向现代农业发展的过程中要寻求与旅游的融合,乡村旅游则要从三产的角度以带动二产促进一产发展为目标,两者重新组合,实现一体化发展。各村要充分认识自身的农业基础与旅游发展的条件,将其有机整合于农旅融合的产业链中,发挥各自特长,分工合作,形成完整的上下游供应链,并非每个乡村都要成为旅游接待的节点。

塑造乡村旅游目的地品牌形象。跳出旅游业、农业的行业思维以及产品思维模式,站在乡村旅游目的地与乡村经济社会发展角度,充分挖掘乡村本底文化特色,展示现代农业的发展成果,统筹策划品牌形象与对外推广。围绕品牌形象打造系列主题化乡村旅游产品,创新乡村旅游的业态,并对村民行为提出规范要求。

2. 完善村民参与制度

村民参与是乡村旅游本土化的关键,特别是在"三权"分置试点不断推广、外来资本投入逐渐增加的背景下,保障村民参与、共享发展成果是乡村旅游可持续发展的关键。乡村旅游发展能否给村民带来实质性的经济效益是重要的考量指标,要设计符合乡村旅游发展的村民参与制度,对于经济效益预期良好的旅游项目,要让村民人人参股,通过股权激励,使每位村民意识到是在为自己工作、这与自己收入息息相关,进而自愿服从制度规则;也可提供项目众筹平台,让村民自愿参与。

设计村民社区治理参与机制，更好地提升村民的获得感和满足感，对于重大外来乡村旅游投资项目，要赋予村民更多的话语权，甚至一票否决权。政府需要对乡村旅游资本结构、业态结构、经营主体结构以及外来企业聘用劳动力人员结构等方面做出合理安排并设置底线，给村民参与提供机会。

（二）提升乡村公共服务效率

乡村旅游目的地公共服务的配置与城市、景区有着根本的区别，需要根据乡村旅游的规律与乡村旅游者的行为特征加以合理配置。

1. 以共享提升设施的使用率

乡村公共服务空间的共享。乡村旅游公共服务设施的建设，要在满足旅游需求的前提下尽可能与现有乡村公共设施和公共空间实现共享，充分利用乡村行政中心、文化礼堂、乡村公园、农家书屋等，植入旅游公共服务所需要的功能。在村民允许的前提下，将生产与生活公共空间进行主客共享，并在特色上下功夫，既满足村民生产生活需要、提升村民生活品质，又考虑传统节日期间游客参与体验的需要。

地域空间上统筹配置。打破村庄界线、突破小而全的维度方式，以乡村旅游公共服务的客观需求来合理布局公共服务设施。加强镇（乡、街道）级基层政府在公共服务配置中的作用，充分利用中心集镇对区域经济的带动辐射作用，统筹配置旅游公共设施，特别是在旅游公共交通服务中，发挥集镇的集散作用，减轻村庄旅游公共交通服务压力。同时，随着乡村旅游产业发展不断成熟与集聚区的逐渐形成，乡村旅游公共服务设施可以尊重产业集聚发展的客观要求进行合理配置，并对周边乡村进行服务辐射。

2. 以服务提高受益者的满意度

乡村旅游公共服务的匮乏是设施利用率低下的重要原因，要根据乡村旅游的客观规律制定公共服务管理的原则与制度，要充分利用大数据技术提高乡村旅游公共服务的精准性。对于急需解决的乡村旅游公共交通服务，可以通过掌握区域内各乡村旅游活动的时间，从县（市、区）、镇（乡、道路）层面进行统筹安排，增加公共交通的班次、开通旅游专线等，满足旺季旅游公共交通服务的需要；利用大数据，分享各地公共停车位，在相对集中地点设置接驳车进行免费接送。

（三）拓展乡村旅游的发展空间

1. 融入区域旅游发展

将乡村旅游发展整合于区域旅游整体发展之中，在功能上形成互补，在公共服务上实现共享。探索乡村旅游与区域旅游融合发展的多种路径与合作模式，根据乡村自身的资源禀赋与发展条件、区域旅游发展的目标与功能配置要求，寻求融入的突破口。针对目前大部分乡村旅游目的地品牌知名度不高的现状，需要借助区域周边知名旅游景区的影响力及产生的流量，通过提供差异化的产品来吸引游客。已具有一定品牌知名度的乡村旅游目的地，则要充分发挥其集散与辐射作用，带动周边乡村与周边小景点的开发，打造全域乡村旅游产业集聚区。

2. 加快产业化发展

参与旅游经营活动的村民不断增加，客流量争夺成为主要问题，如果客流量不足使投资得不到应有的回报，村民就会产生抱怨，而由此引发的低价竞争更会滋生新的社会矛盾。因此，小而散的经营模式具有极大的局限性，现代乡村旅游的发展要以产业化发展为思路，以市场需求为导向，拓宽发展道路、组合现有资源、引入新型业态、开发特色项目，形成系列化主题产品以增强竞争力，依托现代化经营方式和组织形式提升运营水平，为乡村旅游目的地带来稳定的客流。

（四）突破乡村旅游人才瓶颈

1. 培养乡村带头人

乡村旅游人才队伍建设，重点要培养包括经营能人、合作社的负责人等在内的乡村带头人，充分利用乡村"熟人社会"以人为中心的传统管理优势，加强对带头人进行旅游专业知识的培训，搭建多种平台，为带头人提供管理的机会，在实践中提升管理能力。引入市场机制、利用社会力量培养乡村带头人，以专业培训机构对市场的敏感性进行培训方式与内容的创新，使培训更加符合实际需要。乡村之间开展现场交流，促进带头人相互学习，在实践中快速掌握经营管理技能；与城市酒店或相关旅游企业进行结对，通过一对一专业辅导，解决发展中的实际问题；要对乡村旅游职业经营人（团队）提出要求，将培养乡村能人（管理团队）作为重要考核指标。

2. 建立政府部门基层辅导的长效机制

任何创建活动都具有时效性，但乡村旅游效益体现具有长远性，各级政府部门需要建立长效机制，确保乡村旅游辅导工作的长久实施。根据农旅融合的需要，在人员配备与专业要求、工作内容、工作时间、工作考核方面进行创新。加强村镇两级基层乡村干部的专业培训与辅导，针对当前基层干部忙于事务疏于专业、工作压力大的实际，创新培训形式与考核机制。充分利用国家人才政策，对"村官"、选调生等人才进行旅游专业培训，让他们快速胜任乡村旅游管理工作。

3. 培育志愿者队伍

乡村旅游经营主体小而散、旅游活动季节性明显、服务需求波动大，这就需要有更多针对性的辅导与帮助。培育志愿者队伍，将真正热衷于乡村旅游服务的人士组织在一起，利用他们的专业知识与技术为乡村旅游发展提供优质的公益服务。要将乡村能人发展培养为志愿者，也可以将农旅专业人员、旅游活动相关的各行业人员、包括旅游专业在内的高校师生组成志愿者队伍，通过志愿者素质培训与规范化的组织程序，为乡村旅游目的地提供专业化的志愿服务。

4. 吸引青年乡村创业

利用离乡青年的乡土感情，出台针对性政策，鼓励他们返乡创业，或辅助父母进行乡村旅游经营活动。将返乡参与旅游创业与缓解农村人口的老龄化等社会问题相结合，创新激励政策。支持大学毕业生将农村作为创业基地，在政策扶持、公共服务配套上下功夫。在产业引导上增强导向性，鼓励在现代农业生产、民宿与文化创意、农产品电子商务等领域进行创业。

参考文献

李金早:《全域旅游大有可为》,《旅游新报》2016年第5期。

浙江省文化和旅游厅:《浙江省万村景区化五年行动计划(2017~2021年)》,2018年7月。

车俊:《坚定不移沿着"八八战略"指引的路子走下去 高水平谱写实现"两个一百年"奋斗目标的浙江篇章》,《浙江日报》2017年6月13日,第5版。

《"万村景区化"工程》,浙江省政务服务网,2019年6月24日。

《全省A级景区村庄达4876家》,浙江新闻网,2019年5月10日。

陈嫩华、钱霞芳、蒋斌、将挺、肖胜和、俞月红:《村落景区的路径研究》,《上海农村经济》2018年第2期。

G.15 高铁影响下长江经济带区域旅游空间格局演变[*]

汪德根 范子祺[**]

摘 要: 高铁所产生的时空压缩效应对长江经济带区域旅游空间格局产生重要影响。本文运用时间成本栅格法测算有无高铁条件下长江经济带部分典型城市与旅游资源点的交通可达性等时圈的变化,探究高铁对于长江经济带区域旅游空间格局的影响。结果显示:(1)长江经济带五大城市群的核心城市各等级交通出行等时圈均在高铁条件下明显向外拓展,城市群交流辐射范围在高铁作用下呈现扩张态势;(2)高铁很大程度上扩大和提高了区域内旅游资源点客源市场的市场规模与经济水平,加强了区域间旅游流的空间联系;(3)高铁拉近了城市与旅游资源点之间的O-D时空距离,强化了长江经济带客源地与旅游地的时空关联程度。

关键词: 高铁 区域旅游 格局演变 长江经济带

一 引言

交通作为区域中不可或缺的要素,在沟通与连接区域内各个节点、增强

---

[*] 基金项目:国家自然科学基金项目(41771125)、国家自然科学基金重点项目(41930644)。
[**] 汪德根,博士,教授,博导,主要研究方向为城乡发展与区域旅游;范子祺,苏州大学建筑学院硕士研究生,主要研究方向为城市景观和高铁旅游。

其相互之间社会经济等多个方面的联系与作用，从而发挥整体效应的过程中扮演了极其重要的角色。国务院2019年印发的《交通强国建设纲要》明确指出：中国交通运输经历了从瓶颈制约到初步缓解，再到基本适应的发展历程，围绕建设交通强国的总目标，全力打造"三张交通网""两个交通圈"[1]。"三张交通网"包括发达的快速网、完善的干线网、广泛的基础网。发达的快速网包括高速铁路、高速公路及民航等高品质、速度快的交通方式。其中高速铁路（以下简称高铁）作为如今大运量快速交通运输方式的重要代表，其产生明显的"时空压缩"效应，已成为当今时代世界"交通革命"的一个重要标志。[2]

旅游在当今国民经济体系中占据重要地位，交通在其中起到先决性的作用。[3] 在中国高铁网络由四纵四横向八纵八横格局转变的当下，高铁对旅游的影响日渐增强，极大程度上改变了旅游市场发展方向与旅游空间格局。目前对于高铁旅游的研究主要集中在高铁对旅游目的地可达性的影响、对旅游业的影响、对旅游目的地空间结构的影响与对旅游者的影响四个方面。[4] 国外高铁发展起步较早，对部分地区旅游空间格局已产生显著效应。如Gutiérrez通过选取加权平均旅行时间等指标测算了马德里－巴塞罗那－法国边境等地高铁对沿线旅游目的地可达性的影响，证实高速铁路大幅缩短欧洲地区的旅行时间，提升了区域整体可达性；[5] 日本新干线的开通扩大了人们的出行活

---

[1] 《国务院印发〈交通强国建设纲要〉》，http://www.gov.cn/zhengce/2019-09/19/content_5431432.htm，2019-09-19。

[2] 汪德根、钱佳、牛玉：《高铁网络化下中国城市旅游场强空间格局及演化》，《地理学报》2016年第10期。

[3] Prideaux, B., "The role of the transport system in destination development", *Tourism Management*, 2000, 21 (3): 53-63; Abeyratne, R. I. R., "Air transport tax and its consequences on tourism", *Annals of Tourism Research*, 1993, 20 (2): 450-460.

[4] 李磊、孙小龙、陆林等：《国内外高铁旅游研究热点、进展及启示》，《世界地理研究》2019年第1期。

[5] Gutiérrez, J., González, R., Gómez, G., "The European high-speed train network", *Journal of Transport Geography*, 1996, 4 (4): 227-238; Gutiérrez, J., "Location, economic potential and daily accessibility: an analysis of the accessibility impact of the high-speed line Madrid-Barcelona-French border", *Journal of Transport Geography*, 2001, 9 (4): 229-242.

动半径，使得旅游地与客源地联系更加方便，① 对旅游市场与区域经济社会等方面均产生了重要影响。国内高铁建设近年来不断取得突破性进展，运营里程已位居世界第一，高铁对我国旅游空间格局的影响也引起了广泛关注，学者们从不同尺度层面出发开展了相关研究。如杜果等运用旅游城市吸引力模型与空间分析方法研究高铁网络对重庆市旅游空间结构的影响作用；② 王绍博等通过测度高铁对于东北地区旅游交通可达性的影响，证实随着高铁主线支线建设的不断完善，高铁影响从虹吸效应向扩散效应转变，推进了东北地区全域旅游发展格局的形成与城市同城化发展进程；③ 殷平等采用旅游空间作用、交通边际效用、旅游平均中心、标准距离等指标，并依据历史数据分析了京津冀地区旅游空间结构在高铁作用下呈现的时空演化特征。④

综上，现有的研究多从城市、省际与区域（如京津冀、长三角）等中小尺度出发，缺少宏观层面上对大尺度旅游空间格局在高铁影响下发生相关演化的研究，而长江经济带覆盖长江流域9省2市，横跨中国不同类型区域，作为世界上人口最多、产业规模最大、城市体系最为完整的流域经济带，⑤ 社会经济活动交流频繁，旅游资源点众多，极具研究意义与研究价值。基于此，本文选取长江经济带作为研究对象，运用 ArcGIS 空间分析方法，探究高铁条件下长江经济带区域旅游空间格局演变。

二 研究设计

1. 长江经济带概况

本研究将长江经济带划分为130个城市级单元，包括2个直辖市、108

---

① 林上：《日本高速铁路建设及其社会经济影响》，《城市与规划研究》2011年第3期。
② 杜果、杨永丰：《高铁网络对重庆市旅游空间结构的影响》，《地域研究与开发》2018年第4期。
③ 王绍博、罗小龙、郭建科等：《高铁网络化下东北地区旅游空间结构动态演变分析》，《地理科学》2019年第4期。
④ 殷平、杨寒胭、张同颢：《高速铁路网与京津冀旅游空间作用与结构演化》，《旅游学刊》2019年第3期。
⑤ 曾刚：《长江经济带协同发展的基础与谋略》，经济科学出版社，2014，第1~3页。

个地级市、16个自治州、3个省辖县级市（天门市、仙桃市与潜江市）和1个林区（神农架林区）。区域内交通涵盖了高铁、普铁、高速公路、国道和省道等各类交通方式。

长江经济带包含5个城市群，即长三角城市群（CSJ）、长江中游城市群（CZY）、成渝城市群（CY）、黔中城市群（QZ）以及滇中城市群（DZ），各城市群的范围划分依据已出台的各城市群发展规划。

其中，长三角城市群位于长江经济带横向发展战略与沿海经济轴纵向发展战略的"T"字型交汇节点，形成了以上海为中心，南京、杭州、合肥为副中心，包括沪苏浙皖26个城市在内的区域格局。长江中游城市群是以武汉都市圈、长株潭城市群、环鄱阳湖城市群为主体，以武汉为中心，引领长江中游发展的大型城市群。成渝城市群地处长江上游，是西部地区唯一的特大城市群，由成都、重庆组成双中心辐射带动包括四川15个地市以及重庆部分地区在内的川渝两地发展。黔中城市群位于贵州省中部，是以贵阳为中心重点培育的贵州省域重要增长极，具有较好的区位优势与良好的发展潜力。滇中城市群是由昆明、曲靖、玉溪、楚雄州与红河州部分地区组成的云南省开发强度最高，发展水平最高的区域，与成渝城市群、黔中城市群共同组成西部大开发战略的重点地段（见表1）。

表1　长江经济带五大城市群概况

城市群名称	核心城市	城市数(个)	面积(万 km²)	人口(亿人)
长三角	上海	26	21.17	1.5
长江中游	武汉	31	32.61	1.25
成渝	重庆	16	18.50	0.95
黔中	贵阳	6	5.38	0.20
滇中	昆明	5	11.46	0.23

旅游者的空间行为受旅游时间比和最大信息收集量原则的影响，表现出倾向于选择较高级别的旅游点旅游的特征。[①] 依据这一原理，本文选取长江经济带具有代表性的世界遗产、国家风景名胜区和5A级景区等3类高等级旅游资源点作为旅游出游目的地统计因子（为避免重复统计，拥有多项称号的旅游资源点，按其所拥有的最高称号等级进行统计）。如表2所示，最终共计选取108处旅游资源点，其中世界遗产22处，国家级风景名胜区65处，5A级旅游区21处。

2. 数据来源与处理

本文所涉及长江经济带空间行政边界数据来源于1∶400万中国基础地理数据，交通数据如高铁、普通铁路、高速、国道、省道、水系等来源于交通部中国1∶400万公路交通版地图与中国1∶400万基本要素版地图。将长江经济带11省市的地图要素进行提取并矢量化，以ArcGIS Desktop 10.2为操作平台，按照同一投影坐标系（Krasovsky_ 1940_ Albers）对图形数据进行投影转换，将地图矢量数据分层存储于地理数据库中。另外，城市社会经济和人口等数据来源于各城市2017年国民经济与社会发展统计公报。

3. 研究方法

本文主要通过时间成本栅格法在栅格化数据的基础上测度节点的交通出行可达性。为提高精度将研究区域划分为$0.5km \times 0.5km$的均质网格，按照不同的出行方式将区域地表类型划分为陆地、道路、水域等3类分别设定时间成本值，设定的时间成本值按照平均出行1km所需分钟数，公式为：

$$\text{cost} = \frac{60}{v}$$

[①] 陈健昌、保继刚：《旅游者的行为研究及其实践意义》，《地理研究》1988年第3期，第44~51页。

表2 长江经济带高品位旅游资源点

序号	旅游资源点名称	类型	序号	旅游资源点名称	类型	序号	旅游资源点名称	类型
1	东方明珠	Ⅲ	28	九华山	Ⅱ	55	黄鹤楼	Ⅲ	82	邛海-螺髻山	Ⅱ
2	苏州园林	Ⅰ	29	琅琊山	Ⅱ	56	湖南莨山	Ⅰ	83	蜀南竹海	Ⅱ
3	金山	Ⅱ	30	太极洞	Ⅱ	57	武陵源	Ⅱ	84	北川羌族旅游区	Ⅲ
4	瘦西湖	Ⅱ	31	天柱山	Ⅱ	58	凤凰	Ⅱ	85	广安邓小平故里	Ⅲ
5	太湖	Ⅱ	32	绩溪龙川	Ⅲ	59	衡山	Ⅱ	86	阆中古城	Ⅲ
6	云台山	Ⅲ	33	天堂寨	Ⅲ	60	虎形山-花瑶	Ⅲ	87	汶川特别旅游区	Ⅰ
7	钟山	Ⅱ	34	颖上八里河	Ⅲ	61	猛洞河	Ⅱ	88	贵州荔波	Ⅱ
8	环球恐龙城	Ⅲ	35	龙虎山	Ⅰ	62	韶山	Ⅰ	89	赤水	Ⅱ
9	寨湖	Ⅱ	36	庐山	Ⅰ	63	苏仙岭-万华岩	Ⅱ	90	红枫湖	Ⅱ
10	鼋头渚	Ⅱ	37	三清山	Ⅰ	64	桃花源	Ⅱ	91	黄果树	Ⅱ
11	周庄	Ⅱ	38	龟峰	Ⅱ	65	万佛山	Ⅱ	92	黎平侗乡	Ⅱ
12	西塘	Ⅰ	39	井冈山	Ⅰ	66	炎帝陵	Ⅱ	93	马岭河峡谷	Ⅱ
13	百丈漈-飞云湖	Ⅱ	40	梅岭-滕王阁	Ⅱ	67	岳麓山	Ⅱ	94	榕江苗山侗水	Ⅰ
14	大红岩-岭峒山	Ⅱ	41	三百山	Ⅱ	68	岳阳楼-洞庭湖	Ⅱ	95	石阡温泉群	Ⅰ
15	江郎山	Ⅰ	42	武功山	Ⅱ	69	紫鹊界梯田	Ⅱ	96	沿河乌江山峡	Ⅱ
16	莫干山	Ⅱ	43	仙女湖	Ⅱ	70	大足石刻	Ⅰ	97	织金洞	Ⅰ
17	普陀山	Ⅱ	44	古客民俗博览区	Ⅲ	71	武隆喀斯特	Ⅰ	98	百里杜鹃	Ⅰ
18	天女湾	Ⅲ	45	婺源江湾	Ⅰ	72	金佛山	Ⅰ	99	红河哈尼梯田	Ⅰ
19	仙都风景名胜区	Ⅱ	46	明显陵	Ⅰ	73	潭獐峡	Ⅱ	100	丽江古城	Ⅰ
20	雪窦山	Ⅱ	47	武当山	Ⅰ	74	巫山	Ⅰ	101	石林喀斯特	Ⅰ
21	雁荡山	Ⅱ	48	大洪山	Ⅱ	75	峨眉山-乐山大佛	Ⅰ	102	大理	Ⅰ
22	千岛湖	Ⅲ	49	九宫山	Ⅱ	76	黄龙	Ⅰ	103	滇池	Ⅱ
23	乌镇	Ⅰ	50	隆中	Ⅱ	77	九寨沟	Ⅰ	104	普者黑	Ⅱ
24	黄山	Ⅰ	51	神农架	Ⅰ	78	青城山	Ⅰ	105	腾冲火山地热公园	Ⅰ
25	西递-宏村	Ⅰ	52	东湖	Ⅱ	79	卧龙大熊猫保护区	Ⅰ	106	西双版纳	Ⅱ
26	采石矶	Ⅱ	53	长江三峡	Ⅱ	80	光雾山-诺水河	Ⅱ	107	玉龙雪山	Ⅱ
27	巢湖	Ⅱ	54	恩施大峡谷	Ⅲ	81	剑门蜀道	Ⅱ	108	普拉措公园	Ⅲ

注:表中"Ⅰ"代表世界遗产,"Ⅱ"代表国家级风景名胜区,"Ⅲ"代表5A级旅游区。

上式中，cost 表示时间成本，v 为各类地表通道交通类型的通行速度。通行速度的确定根据《中华人民共和国公路工程技术标准（JTGB01 - 2003）》。设定道路速度分别为：高速公路 120 km/h、国道 80 km/h、省道 60 km/h。陆地假设为均质，均采用步行方式，设定其速度为 5 km/h。水域需要付出比陆地更大的时间成本，设定其平均速度为 1 km/h。[①] 铁路分为普通铁路和高铁，普通铁路的速度设定为 160 km/h；高铁则根据等级不同分段设定 200～300 km/h 的行车速度。

从地理数据库中提取不同的空间要素并赋予成本属性建立矢量要素层，然后将其转换为栅格数据，栅格数据的取值即为成本值。分别将无高铁条件与高铁条件下的时间成本值栅格数据进行空间叠加得到区域空间地物的时间成本栅格图，运用 ArcGIS 操作平台空间分析模块（Spatial analysis）测算时间成本距离的方法得到无高铁与高铁条件下各节点的可达性值，并利用重分类（Reclassify）、栅格计算器（Raster calculator）将节点可达性空间格局进行可视化，最后提取节点到区域内其他任意一点的可达性数值，从而实现对区域交通可达性格局的分析测度。

三 高铁条件下长江经济带城市群可达性格局变化

经前文所述方法分析可知，高铁对于长江经济带城市可达性产生了显著的影响作用，在空间上主要表现为城市各等级交通出行等时圈在高铁网络的牵引下不断向外扩张，低耗时出行等时圈如 3 小时和 5 小时等时圈所覆盖的面积有较大幅度增加。同时，区域内各节点城市作为相互联系的整体网络，各城市以及城市群交流辐射范围也必然产生一定程度的变化。本文以长江经济带 5 大城市群核心城市为例，研究高铁对长江经济带城市群的等时圈交流辐射范围的影响（见表 3）。

[①] 王振波、徐建刚、朱传耿等：《中国县域可达性区域划分及其与人口分布的关系》，《地理学报》2010 年第 4 期。

旅游绿皮书

表3 高铁对长江经济带城市群交流辐射圈覆盖范围影响

条件	等时圈	类别	上海	武汉	重庆	贵阳	昆明
非高铁条件下	0~3	城市群 城市数	CSJ 21	CZY+CSJ 24	CY+QZ 17	QZ+CY 8	DZ 5
	3~5	城市群 城市数	CSJ+CZY 14	CZY+CSJ 20	CY+QZ+CZY 12	DZ+CY 15	QZ+CY 9
	5~7	城市群 城市数	CZY 7	CSJ+CY+QZ 18	CZY+DZ 22	CY+DZ+CZY 18	QZ+CY 12
	7~10	城市群 城市数	CZY 15	CY+QZ 17	CZY+DZ+CSJ 18	CZY+CSJ 20	CY+CZY 13
	>10	城市群 城市数	CY+QZ+DZ 27	DZ 5	CSJ 15	CSJ 23	CZY+CSJ 45
高铁条件下	0~3	城市群 城市数	CSJ+CZY 31	CZY+CSJ 47	CY+QZ+DZ 31	QZ+CY+DZ+CZY 34	DZ+QZ+CY 22
	3~5	城市群 城市数	CZY 26	CSJ+QZ+CY 31	DZ+CY 24	CZY+CSJ 29	CY+CZY 18
	5~7	城市群 城市数	QZ+CY 7	DZ+CY 6	CZY+CSJ 25	CSJ 21	CZY+CSJ 26
	7~10	城市群 城市数	CY+DZ 20	DZ+CY 0	CSJ 4	CSJ 0	CSJ 18
	>10	城市群 城市数	CY+DZ 0	CY 0	CSJ 0	CSJ 0	CSJ 0

204

首先，长三角城市群核心城市上海在高铁条件下3小时等时圈辐射范围从仅限于长三角城市群变为在原先基础上新增了长江中游城市群，覆盖的城市数量由非高铁条件下的21个变为高铁条件下的31个，长三角城市群全部进入辐射范围，长江中游城市群西南部的赣北地区部分城市如南昌、九江、上饶、景德镇、鹰潭等进入3小时等时圈内。5小时等时圈在高铁条件下覆盖了长江中游城市群除上述城市外其他所有城市。7小时等时圈在高铁条件下覆盖的城市群增加了无高铁条件下10小时以上才能到达的黔中和成渝城市群，黔中城市群所有城市以及成渝城市群的达州进入7小时等时圈覆盖城市范围内。10小时等时圈覆盖区域在高铁的作用下从长江中游城市群扩展至成渝和滇中城市群，覆盖城市为成渝城市群除达州外其他所有城市与滇中城市群所有城市。10小时以上等时圈在无高铁条件下覆盖了27个城市，高铁条件下辐射的城市群减少为成渝城市群与滇中城市群西部少量区域。

其次，长江中游城市群核心城市武汉在高铁条件下3小时等时圈覆盖的城市群与无高铁条件下一致，均为长江中游和长三角城市群，但覆盖的城市数量由24个变为47个，新增的城市主要为原先5小时等时圈覆盖的长三角城市群成员城市。5小时等时圈在高铁条件下新增了成渝和黔中城市群，减少了长江中游城市群，新增的城市中包含长三角城市群核心城市上海、成渝城市群核心城市重庆、黔中城市群核心城市贵阳，减少的城市主要是长江中游城市群中如株洲、上饶等进入3小时等时圈的城市。7小时等时圈辐射城市由18个降为6个，无高铁条件下位于10小时以上等时圈的滇中城市群的所有城市进入高铁条件下7小时等时圈。武汉在高铁条件下7小时以上等时圈不含长江经济带5个城市群中的城市，影响范围也缩小为成渝与滇中城市群部分边缘区域，可见在高铁网络的作用下武汉在长江经济带5个城市群区域内交流辐射圈达到100%，可达性提升程度较高。

再次，从成渝城市群核心城市重庆来看，在高铁条件下，3小时等时圈覆盖的城市群由之前的成渝和黔中城市群新增了滇中城市群，新增可达城市包括了无高铁条件下5小时等时圈内可达的成渝与黔中城市群的其他城市与滇中城市群的昆明、曲靖和玉溪。5小时等时圈覆盖的城市群数量由3个变为 2 个，城市数量由 12 个变为 24 个，涨幅较大，成渝与黔中城市群则因完全被 3 小时等时圈覆盖而退出 5 小时等时圈辐射范围，滇中城市群的楚雄州与红河州进入 5 小时等时圈范围内，长江中游城市群中核心城市武汉进入 5 小时等时圈辐射范围。7 小时等时圈覆盖的城市与城市群数目大致相同，但由无高铁条件下覆盖长江中游和滇中城市群向覆盖长江中游和长三角城市群转变，原先分布于 7 小时以上等时圈的长三角城市群大部分城市进入 7 小时等时圈。10 小时等时圈在非高铁条件下覆盖长江中游、滇中、长三角等 3 个城市群，高铁条件下变为仅含长三角城市群，且覆盖城市数量从 18 个变为 4 个，减少较显著。10 小时以上等时圈无高铁条件下覆盖长三角城市群的 15 个城市，高铁条件下不含 5 个城市群区域内城市。

最后，从黔中城市群与滇中城市群两大西南地区城市群来看，二者在高铁条件下城市群等时圈交流辐射范围的变化具有相同的特征，如贵阳与昆明 3 小时、5 小时、7 小时等时圈所覆盖的城市数目均有较大幅度增加，其中贵阳 3 小时等时圈覆盖的城市数目由 8 个增加至 34 个，增幅最大；贵阳与昆明 3 小时等时圈所辐射的城市群数目均显著增加，贵阳由 2 个提升至 4 个，昆明由 1 个增加到 3 个，说明高铁对于城市群核心城市可达性提升具有显著的提升效应。但二者在高铁条件下 7 小时以上等时圈覆盖的城市数量上表现出差异，贵阳 7 小时以上等时圈不含 5 个城市群内的城市，昆明 7 小时以上等时圈覆盖了长三角城市群内的 18 个城市，二者在此处产生差异的原因主要是昆明是沪昆高铁线的端点城市，贵阳较昆明更接近长江经济带区域中心。

四 高铁条件下典型旅游资源点吸引范围格局变化

旅游资源点是构成区域旅游空间格局的最基本元素。在高铁网络时代，高铁所带来的"时空压缩"效应使得旅游资源点的客源市场吸引半径显著扩大，[1]从而深刻改变了区域旅游客源市场空间格局，环渤海、长三角和珠三角将成

---

[1] 汪德根：《旅游地国内客源市场空间结构的高铁效应》，《地理科学》2013 年第 7 期。

为客源市场辐射范围扩大尤为明显的中西部地区的主要客源市场。[①] 因此，为进一步分析高铁对于长江经济带区域旅游空间格局的影响，本文选取长江经济带位于沪昆和沪汉蓉两条高铁干线且属于西部地区的黄果树与青城山作为典型旅游资源点，观察两者在有无高铁条件下区域客源市场的吸引范围变化，从覆盖面积、吸引城市数量、人口和 GDP 等 4 个指标入手，分析高铁对典型旅游资源点吸引范围格局的影响作用。

1. 高铁条件下黄果树吸引范围格局变化

如表 4 所示，无高铁条件下，黄果树 3 小时等时圈吸引范围内的城市数量为 11 个，分别为贵州的安顺、六盘水、贵阳、毕节、黔南州、黔东南州、遵义和黔西南州，云南的曲靖和昭通，四川的泸州；在高铁条件下，黄果树 3 小时等时圈内的吸引城市增加到 29 个，包括贵州、云南、四川、重庆以及湖南等地，其中昆明与重庆也进入 3 小时等时圈，成为潜在的一日旅游交流圈客源城市。在高铁条件下 3 小时等时圈吸引范围内人口数增加了 195.76%，GDP 增加了 261.31%，可见高铁使黄果树 3 小时等时圈内的客源市场吸引范围与经济水平有大幅度提高。

表 4 高铁条件下黄果树吸引范围格局变化

等时圈	高铁	面积（万 km²）	吸引城市数量（个）	人口（万人）	GDP（亿元）
≤3	无	113461.63	11	4791.61	14446.41
	有	267252.03	29	14171.76	52197.22
3~5	无	284575.04	23	12092.51	52085.87
	有	653571.94	55	22453.85	98751.02
5~7	无	428403.02	28	9787.01	39913.09
	有	688753.42	41	19831.70	147629.02
7~10	无	641857.19	27	9940.81	45004.09
	有	369562.56	5	2441.52	15380.08
>10	无	584003.12	41	22286.90	162506.88
	有	73158.03	0	0	0

[①] 汪德根：《高铁网络化时代旅游地理学研究新命题审视》，《地理研究》2016 年第 3 期。

其他等时圈如 5 小时等时圈与 7 小时等时圈同样如此：在高铁条件下黄果树 5 小时等时圈内吸引城市数量由 23 个增至 55 个，7 小时等时圈内吸引城市数量由 28 个增至 41 个，吸引范围内人口数与 GDP 均获得较大幅度的增长，其范围也不断扩展至区域内几大重要节点城市如武汉、长沙，证明高铁加强了区域旅游流的联系，大幅度提高了区域旅游资源点潜在客源地市场水平。而 10 小时等时圈与 10 小时以上等时圈吸引城市的总数量由无高铁条件下的 68 个减少为 5 个，其中 10 小时以上等时圈在高铁条件下吸引城市数量变为零，表明高铁使区域内所有城市能于 10 小时内到达黄果树，显著增强了黄果树的旅游吸引力。

2. 高铁条件下青城山吸引范围格局变化

由表 5 可知，无高铁条件下，青城山 3 小时等时圈吸引范围内的城市为 14 个城市，分别为四川的成都、德阳、绵阳、眉山、资阳、雅安、乐山、遂宁、阿坝州、内江、南充、甘孜州、自贡和广元；在高铁条件下，青城山 3 小时等时圈内吸引的城市数量增加到 21 个，在原来的基础上增加了四川的宜宾、泸州、达州、巴中和广安，云南的昭通，重庆也进入 3 小时等时圈吸引范围内，成为潜在一日旅游交流圈客源城市。在高铁条件下 3 小时等时圈吸引范围内人口数增长了 102.36%，GDP 增长了 92.09%，表明高铁对于青城山旅游吸引力范围内客源市场规模与经济水平的提高有较大的作用。

表 5　高铁条件下青城山吸引范围格局变化

等时圈	高铁	面积(万 km^2)	吸引城市数量(个)	人口(万人)	GDP(亿元)
≤3	无	73705.57	14	5520.94	24067.91
	有	141811.94	21	11172.33	46233.82
3~5	无	223122.69	9	6780.00	24942.05
	有	412684.38	25	9838.42	37692.85
5~7	无	311764.85	13	4367.27	14239.82
	有	603230.44	39	15953.63	71244.09
7~10	无	607394.36	40	15202.97	70769.35
	有	784023.43	44	21880.35	158673.13
>10	无	836312.53	54	27027.65	179938.21
	有	110549.81	1	54.1	113.45

5小时等时圈与7小时等时圈同样如此，在高铁条件下，青城山5小时等时圈内吸引城市数量由9个增至25个，7小时等时圈吸引范围内城市数量由13个增加到39个，吸引范围内各城市人口总数与GDP均有一定程度的增长。10小时等时圈吸引范围内城市的数量在无高铁条件下为40个，在高铁条件下为44个，无较大变化，基本持平。而10小时以上等时圈吸引范围内城市数量由54个变为仅余1个，表明高铁使区域内绝大多数城市能于10小时内到达青城山。

五 高铁条件下长江经济带区域旅游O-D时空格局变化

旅游本质上是一种社会经济现象，客源地社会经济属性决定其出游力大小。[1] 环渤海、长三角、珠三角和成渝是中国目前最重要的4个旅游客流产地。[2] 基于此，本文选取长江经济带区域内长三角地区的上海与成渝地区的重庆两大城市作为代表，观察两者在有无高铁条件下至区域内各旅游资源点的可达性等时圈变化。同时，计算上海与重庆至各旅游资源点的最短空间距离，按0~300km为近程距离、300~800km为中程距离、800km以上为远程距离将空间距离分为3类。通过综合比较两大城市在有无高铁条件下到主要旅游资源点的时间距离与空间距离，得出高铁条件下长江经济带客源地与旅游地之间时空距离变化，即O-D时空格局变化。

1. 高铁条件下上海至主要旅游资源点可达性变化

由表6可得，在无高铁条件下，上海到45个旅游资源点的时间超过10小时，占旅游资源点总数的比重为41.67%，且这些旅游资源点全部为远程距离点，基本分布于长江上游云贵川地区。位于3小时等时圈以内的旅游资

---

[1] 钟士恩、任黎秀、蒋志欣等：《客源地出游力的社会经济现象假说：基于中国国内旅游出游力研究》，《旅游学刊》2008年第6期。

[2] 史春云、张捷、尤海梅等：《中国城市居民出游潜力的空间分异格局》，《地理科学》2006年第5期。

旅游绿皮书

表6 高铁条件下上海到主要旅游资源点的O-D时空格局变化

等时圈	无高铁条件下				高铁条件下			
	旅游资源点	空间距离			旅游资源点	空间距离		
		近	中	远		近	中	远
0~3	东方明珠*,周庄*,苏州园林*,乌镇*,太湖*,鼋头渚,莫干山*,西湖*,大极洞*,环球恐龙城*,溱湖,瘦西湖*,金山*,钟山*,千岛湖*,天姥山,雪窦山*,普陀山	19	0	0	东方明珠*,周庄*,苏州园林*,乌镇*,太湖*,鼋头渚,莫干山*,西湖*,大极洞*,环球恐龙城*,溱湖,瘦西湖*,金山*,钟山*,普陀山*,采石,千岛湖*,天姥山*,九华山*,雪窦山*,黄山*,西递-宏村,婺源江湾*,古客民俗博览区*,绩溪龙川*,龙虎山*,仙都风景名胜区*,龟峰*,大红岩*,梅岭-滕王阁**	20	14	0
3~5	云台山**,琅琊山**,巢湖**,天柱山**,九华山**,西递-宏村*,婺源龙川*,三清山**,龙虎山**,江郎山**,龟峰*,大红岩*,仙都风景名胜区*,雁荡山**	1	16	0	云台山**,颍上八里河**,天柱山**,三清山**,百丈漈-飞云湖**,天堂寨**,东鹤楼**,岳阳楼-洞庭湖***,庐山***,仙女湖***,岳麓山***,韶山** ,大洪山***	0	10	4
5~7	百丈漈-飞云湖**,岳阳楼-洞庭湖***,仙女湖**,庐山***,天堂寨**,东湖,黄鹤楼**,仙女湖**,梅岭-滕王阁**	0	8	1	武当山***,隆中**,明显陵***,九宫山***,长江三峡**,武陵源***,桃花源***,凤凰山**,虎形山-花瑶***,武功山***,井冈山***,炎帝陵***,苏仙岭-万华岩***,衡山***,三百山***	0	1	14

210

高铁影响下长江经济带区域旅游空间格局演变

续表

等时圈	无高铁条件下 旅游资源点	空间距离 近	空间距离 中	空间距离 远	高铁条件下 旅游资源点	空间距离 近	空间距离 中	空间距离 远
7~10	武当山**、隆中**、大洪山**、明显陵***、九宫山**、长江三峡**、武陵源***、桃花源***、凤凰***、岳麓山**、韶山**、衡山**、虎形山－花瑶***、武功山**、井冈山**、炎帝陵**、赤仙岭－万华岩***、三百山	0	1	17	神农架***、巫山**、恩施大峡谷***、武隆喀斯特***、猛洞河***、湖南莨山**、万佛山***、黎平侗乡***、榕江苗山侗水***、贵州荔波***、石阡温泉群***、红枫湖**、黄果树***	0	0	13
>10	神农架***、巫山**、恩施大峡谷***、武隆喀斯特***、金佛山***、大足石刻***、紫鹊界梯田***、湖南莨山**、万佛山***、黎平侗乡***、榕江苗山侗水***、贵州荔波***、石阡温泉群***、赤水河***、光雾山－诺水河***、剑门蜀道***、阆中古城***、百里杜鹃***、织金洞***、马岭河峡谷***、蜀南竹海***、九寨沟***、黄龙***、北川羌族旅游区***、卧龙大熊猫保护区***、汶川特别旅游区***、青城山－都江堰***、峨眉山－乐山大佛***、玉龙雪山***、大理***、普拉措公园***、腾冲火山地热地质公园***、丽江古城***、石林喀斯特***、普者黑***、红河哈尼梯田***、滇池、西双版纳	0	0	45	潭獐峡***、金佛山***、大足石刻***、紫鹊界梯田***、沿河乌江山峡***、光雾山－诺水河***、剑门蜀道***、阆中古城***、百里杜鹃***、织金洞***、马岭河峡谷***、蜀南竹海***、九寨沟***、黄龙***、北川羌族旅游区***、卧龙大熊猫保护区***、汶川特别旅游区***、青城山－都江堰***、峨眉山－乐山大佛***、玉龙雪山***、普拉措公园***、螺髻山***、大理***、腾冲火山地热地质公园***、邛海－泸山***、石林喀斯特***、普者黑***、红河哈尼梯田***、丽江古城***、滇池、西双版纳	0	0	32

注：*表示城市到旅游资源点的空间距离为近程，**表示城市到旅游资源点的空间距离为中程，***表示城市到旅游资源点的空间距离为远程，下同。

源点共计19个，占比为17.59%，均位于近程空间距离范围内，主要分布于本市与苏浙皖三省。在3到5小时等时圈范围内占15.74%，基本为中程距离旅游资源点，主要位于皖赣两省。在5~10小时时间段内旅游资源点分布情况为中程距离资源点9个，远程距离资源点18个，共计27个，占总体比重为25%，这些资源点大部分分布于湘鄂，少量分布于皖赣。

在高铁条件下，上海到76个旅游资源点的时间在10小时以内，占全部旅游资源点比重为70.37%。其中，位于3小时等时圈以内的旅游资源点数量增加到34个，增幅为78.94%，增加的旅游资源点主要来源于皖赣两省，共计为11个，占增加数的73.34%。其中，位于高铁站区附近的梅岭-滕王阁旅游资源点在无高铁条件下位于5~7小时等时圈范围内，高铁加强了区域交通可达性后其进入3小时等时圈范围内即一日旅游交通圈范围内，大大提高了上海旅游者选择梅岭-滕王阁作为旅游出游目的地的倾向。而西南地区部分旅游资源点虽距高铁线较远，但上海到这些旅游资源点的可达性因上海至昆明高铁干线的开通而有所增强，如贵州荔波、黎平侗乡等旅游资源点无高铁条件下位于10小时以上等时圈范围内而高铁条件下进入7小时等时圈范围内。

综上所述，高铁增强了上海到长江经济带区域内各旅游资源点的可达性。

2. 高铁条件下重庆至主要旅游资源点可达性变化

如表7所示，在无高铁条件下，重庆至24个旅游资源点的交通出行时间超过10小时，到30个旅游资源点的时间超过7小时，即选取的一半主要旅游资源点位于7小时等时圈之外，其中包括8处中程距离点、46处远程距离点，主要分布于江苏、浙江、安徽、江西和云南等地。位于3小时等时圈以内的旅游资源点数量为7个，占全部旅游资源点的比重为6.48%，均位于近程空间距离范围内，这些旅游资源点分布于本市以及四川、贵州两省。在3~5小时等时圈范围内分布有24个旅游资源点，其中中程距离旅游资源点有5个，远程距离旅游资源点有19个，分布于贵州、云南、湖南、四川与湖北等地。在5~7小时等时圈内分布有23个旅游资源点，占比为21.29%，其中包括1个近程距离点、21个中程距离点、1个远程距离点。

高铁影响下长江经济带区域旅游空间格局演变

表 7 高铁条件下重庆到主要旅游资源点的 O-D 时空格局变化

等时圈	无高铁条件下				高铁条件下			
	旅游资源点	空间距离			旅游资源点	空间距离		
		近	中	远		近	中	远
0~3	广安邓小平故里*,武隆喀斯特*,金佛山*,大足石刻*,阆中古城*,蜀南竹海*,赤水*	7	0	0	广安邓小平故里*,武隆喀斯特*,金佛山*,大足石刻*,阆中古城*,蜀南竹海*,红枫湖*,恩施大峡谷**,峨眉山-乐山大佛*,汶川特别旅游区*,黄果树**,青城山**,贵州荔波*,滇池*,赤水*,长江三峡*,武陵源*,谭獐峡*,剑门蜀道*,凤凰*,桃花源*,北川羌族旅游区*,巫山*,榕江苗山侗水*	10	14	0
3~5	恩施大峡谷**,剑门蜀道*,汶川特别旅游区**,凤凰*,红枫湖*,武陵源*,峨眉山-乐山大佛*,青城山**,黄果树**,桃花源*,谭獐峡*,长江三峡*,织金洞*,虎形山-花瑶*,石阡温泉群**,九寨沟**,万佛山-侗寨*,光雾山*,韶山*,岳阳楼-洞庭湖*,黄龙*,赤水河*,榕江苗山侗水*	5	19	0	石阡温泉群**,百里杜鹃*,虎形山-花瑶*,织金洞*,岳阳楼-洞庭湖*,九寨沟**,万佛山*,光雾山*,诺水河*,岳麓山**,黄鹤楼*,东湖*,黎平侗乡*,武当山*,神农架*,邛海*,螺髻山*,大洪山*,明显陵*,马岭河峡谷*,丽江古城*,井冈山*,猛洞河*,仙女湖*,红河哈尼保护区*,大理*,玉龙雪山*,卧龙大熊猫保护区*,梅岭-滕王阁*,衡山*,庐山*,赤仙岭-万华岩*,黄龙**	2	27	5

213

续表

等时圈	无高铁条件下 旅游资源点	空间距离 近	空间距离 中	空间距离 远	高铁条件下 旅游资源点	空间距离 近	空间距离 中	空间距离 远
5～7	岳麓山**、猛洞河**、贵州荔波**、韶山**、神衣架**、黎平侗乡**、卧龙大熊猫保护区**、沿河乌江山峡**、湖南茛山**、邛海-螺髻山**、丽江古城**、滇池**、隆中**、大洪山**、黄鹤楼**、采石矶**、马岭河峡谷**、石林喀斯特**、东湖**、武当山**、明显陵**、仙女湖**、玉龙雪山**、衡山**	1	21	1	湖南茛山**、沿河乌江山峡**、古客民俗博览区**、西双版纳**、龙虎山**、普者黑**、炎帝陵**、龟峰**、巢湖**、采石矶**、天柱山**、婺源江湾**、天堂寨**、普拉措公园**、九华山**、西山**、钟山**、黄山**、琅琊山**、千岛湖**、金山**、武功山**、环球恐龙城**、大红岩-岘响山**、西递-宏村**、莫干山**、仙都风景名胜区**、绩溪龙川**、雪窦山**、太极洞**、大湖**、苏州园林**、普陀山**、乌镇**、瘦西湖**	1	5	31
7～10	大理**、井冈山**、梅岭-滕王阁**、苏仙岭-万华岩**、古客民俗博览区**、炎帝陵**、庐山**、普者黑**、天柱山**、龙虎山**、紫鹊界梯田**、龟峰**、红河哈尼梯田**、九华山**、九宫山**、武功山**、西双版纳**、西递**、大红岩-岘响山**、钟山**、三清山**、瘦西湖**	0	8	22	紫鹊界梯田**、九宫山**、三百山**、三清山**、腾冲火山**、雁荡地热地质公园**、鼋头渚**、东方明珠**、颍上八里河**、周庄**、百丈漈**、飞云湖**、云台山**	0	2	11
＞10	金山**、琅琊山**、绩溪龙川**、太极洞**、西湖**、三百山**、三清山**、雪窦山**、乌镇**、天姥山**、普陀山**、苏州园林**、都风景名胜区**、环球恐龙城**、雁荡山**、鼋头渚**、东方明珠**、苏州园林**、周庄**、百丈漈**、飞云湖**、云台山**、河**、颍上八里河**	0	0	24	无	0	0	0

214

高铁条件下，所有旅游资源点均进入 10 小时等时圈内，95 个旅游资源点进入 7 小时等时圈内，占全部资源点数量比重为 87.96%。其中，位于 3 小时等时圈以内的旅游资源点数量增加到 24 个，增幅为 242.85%，增加了 3 个近程距离点，14 个中程距离点，主要分布于云南、贵州、四川与湖南等地。尤其是位于高铁站点城市的旅游资源点如滇池在无高铁条件下位于 5～7 小时等时圈范围内，高铁加强了区域交通可达性后其进入 3 小时等时圈范围内即一日旅游交通圈范围内。而部分旅游资源点如位于江西吉安的井冈山、湖南株洲的炎帝陵等虽距高铁站点较远，但重庆到这些旅游资源点的可达性因重庆至长沙、南昌等地的高铁通道形成而大大加强：两处旅游资源点在无高铁条件下均位于 7～10 小时等时圈，而在高铁条件下井冈山进入 5 小时等时圈范围内，炎帝陵则进入 7 小时等时圈范围内。

综上所述，高铁增强了重庆至长江经济带区域各旅游资源点的可达性。

六 结论与展望

高铁对于长江经济带区域旅游空间格局的影响主要体现在以下几个方面：

第一，对于长江经济带的城市而言，高铁显著优化了区域内各城市群的可达性。主要表现为长江经济带 5 个城市群的核心城市各等级交通出行等时圈均在高铁条件下明显向外拓展，0～3 小时、3～5 小时等时圈覆盖面积均获得较大幅度的提升。5 个城市群交流辐射范围也在高铁作用下呈现扩张态势，各核心城市交通出行等时圈覆盖的城市数量与辐射的城市群数量在高铁"时空压缩"的效应影响下都获得一定程度的增长。

第二，对于长江经济带的旅游资源点而言，高铁大大增强了区域内各旅游资源点的旅游吸引力范围。高铁在很大程度上提高了区域内各旅游资源点吸引客源市场的市场规模与经济水平，很大程度上加强了区域间旅游流的空间联系。

第三，从长江经济带区域旅游 O-D 时空格局变化看，时间层面，高铁条件下长江经济带城市 0～3 小时、3～5 小时交通出行等时圈范围内所包含的旅游资源点数量均有一定程度的增长，部分涨幅达到100%甚至200%以上；7~10小时以及10小时以上等时圈范围内旅游资源点的数量大大减少，其中部分数量为零。空间层面，高铁条件下绝大多数的近程空间距离旅游资源点进入城市一日交流等时圈内，中程空间距离旅游点向城市低数值交通出行等时圈范围内集中趋势明显，远程空间距离旅游点很大一部分已进入城市7小时等时圈内。综上，高铁大大拉近了城市与旅游资源点之间的O-D时空距离，强化了长江经济带客源地与旅游地的时空关联。

参考文献

《国务院印发〈交通强国建设纲要〉》，http：//www.gov.cn/zhengce/2019-09/19/content_5431432.htm，2019-09-19。

汪德根、钱佳、牛玉：《高铁网络化下中国城市旅游场强空间格局及演化》，《地理学报》2016年第10期。

Prideaux, B., "The role of the transport system in destination development", *Tourism Management*, 2000, 21（3）:53-63; Abeyratne, R. I. R., "Air transport tax and its consequences on tourism", *Annals of Tourism Research*, 1993, 20（2）:450-460.

李磊、孙小龙、陆林等：《国内外高铁旅游研究热点、进展及启示》，《世界地理研究》2019年第1期。

Gutiérrez, J., González, R, Gómez, G., "The European high-speed train network", *Journal of Transport Geography*, 1996, 4（4）:227-238; Gutiérrez, J., "Location, economic potential and daily accessibility: an analysis of the accessibility impact of the high-speed line Madrid-Barcelona-French border", *Journal of Transport Geography*, 2001, 9（4）:229-242.

林上：《日本高速铁路建设及其社会经济影响》，《城市与规划研究》2011年第3期。

杜果、杨永丰：《高铁网络对重庆市旅游空间结构的影响》，《地域研究与开发》2018年第4期。

王绍博、罗小龙、郭建科等：《高铁网络化下东北地区旅游空间结构动态演变分析》，《地理科学》2019年第4期。

殷平、杨寒胭、张同颢：《高速铁路网与京津冀旅游空间作用与结构演化》，《旅游学刊》2019年第3期。

曾刚：《长江经济带协同发展的基础与谋略》，经济科学出版社，2014，第1~3页。

陈健昌、保继刚：《旅游者的行为研究及其实践意义》，《地理研究》1988年第3期。

王振波、徐建刚、朱传耿等：《中国县域可达性区域划分及其与人口分布的关系》，《地理学报》2010年第4期。

汪德根：《旅游地国内客源市场空间结构的高铁效应》，《地理科学》2013年第7期。

汪德根：《高铁网络化时代旅游地理学研究新命题审视》，《地理研究》2016年第3期。

钟士恩、任黎秀、蒋志欣等：《客源地出游力的社会经济现象假说：基于中国国内旅游出游力研究》，《旅游学刊》2008年第6期。

史春云、张捷、尤海梅等：《中国城市居民出游潜力的空间分异格局》，《地理科学》2006年第5期。

旅游与产业创新

Tourism and Industrial Innovation

G.16 浅谈国内旅游行业大数据技术的应用与发展

许 杨[*]

摘 要： 大数据技术是现今旅游行业发展的重要助力，随着算法研究的深入和数据采集技术的日臻成熟，一些基于大数据的应用持续对多个涉旅角色产出应用价值，本文力图对旅游行业大数据应用的场景和利益相关方情况进行研究，并对未来发展做出预测。

关键词： 大数据 行业监管 旅游业 旅游管理

---

[*] 许杨，硕士，12301国家智慧旅游公共服务平台旅游规划师，长期从事平台大数据分析、产业监测以及文化和旅游行业数字化转型规划等方面的工作。

一 大数据技术概述

随着科技的进步，以智能手机为代表的便携式智慧终端和各种软件被广泛接受和使用，随之而产生的信息量指数级增长，信息流转速度的提升也不断地刷新人们的认知，传统的数据处理方式已经不再能很好地对庞大且流转迅速的数据进行收集、处理，于是大数据技术应运而生。

麦肯锡全球研究所在2011年从数据量的角度将大数据定义为大小超出传统数据库软件工具抓取、存储、管理和分析能力的数据群。而根据甲骨文对大数据的定义，大数据是难以在一定时间内高速涌现并用一般软件难以进行收集、储存、管理和加工的庞大且多样的数据群。[1] 针对这个观点，2011年Gartner[2]就大数据提出3V理论，即高速（Velocity）、大量（Volume）、多样化（Variety），后期演化成7V甚至11V理论等。然而，在广泛认可的理论中，大数据大体具备四大显著特性，分别是：大量性（Volume）、快速性（Velocity）、多样性（Variety）、具有庞大价值（Value）。大量性顾名思义是指数据数量巨大，往往能到达PB等级甚至EB，远超出一般工具软件的处理能力。快速性是指大数据系统往往需要在有限的时间里对大量数据进行响应。这对数据实时处理有着极高的要求，而传统数据库软件查询方式远不能达到。数据种类大致可以分为结构化数据和非结构化数据。传统的数据库中所储存的往往都是结构化数据，而非结构化数据是指包括文档、图片、网页、音频等在内的非数据类型格式的数据。大数据多样性的表现就是大数据中包含着不止传统的结构化数据，更需要进行处理的往往是音频、视频、地理位置信息等异构化数据。大数据可以带来巨大的商业、管理和科研价值，通过正确地处理海量数据，分析人员可以从中获得更加精准的统计分析结果，同时

---

[1] 麦肯锡：《大数据——下一个创新，竞争和生产力的前沿》，2011。
[2] Gartner, "Gartner says solving 'Big Data' challenge involves more than just managing volumes of data", STAMFORD, Con. Accessed 1 Dec. 2015.

可以获得更加立体的分析结果，为商业分析、管理工作和行为统计等提供精确且详细的支持。

二 大数据与旅游的融合发展

如今，大数据技术已经被逐步应用到生产活动中，并在各行业领域内表现出比较显著的作用，其中大数据在赋能旅游领域，尤其是在发展智慧旅游应用中同样展现了较为突出的价值。

智慧旅游是在"数字化地球"概念提出后诞生的概念，国内学者对智慧旅游从不同角度分析形成了多种见解：智慧旅游将新型技术手段应用到旅游行业中并带来新的变化；[1] 智慧旅游是一种可以提升旅游服务、旅游体现，提高旅游管理并优化旅游资源的一种现代化工程；[2] 智慧旅游是一种可以提升游客参与感和体验的新型的运营模式。[3] 同时，一些学者也对大数据技术和智慧旅游两者关系进行了探讨。如郭玲霞在《大数据助力智慧旅游发展的研究综述》一文中提到"智慧旅游如果没有大数据支持，只能是低端实现，依托大数据才能走上高端发展"。大数据技术通过在有限时间内抓取、储存、处理和管理庞大的数据群，使得旅游产业数据收集、处理效率显著提高。根据业务覆盖的角度，分析大数据与智慧旅游的融合发展将从旅游服务、旅游营销和旅游管理三个角度切入，为旅游供应链上的各相关方提供强有力的信息支持。

（一）大数据和旅游服务

旅游服务可根据渠道大致分为两类：第一，线上服务，即通过网络提供旅游信息查询、预约、购买旅游产品、信息推送等功能；第二，线下服务，即通过线下为游客提供基础设施服务以及导游导览、讲解等服务。大数据技术可以

---

[1] 马勇、刘军林：《智慧旅游应用前景巨大》，《中国旅游报》2011年8月24日。
[2] 张凌云、黎巎、刘敏：《智慧旅游的基本概念与理论体系》，《旅游学刊》2012年第5期。
[3] 姚国章：《"智慧旅游"的建设框架探析》，《南京邮电大学学报》（社会科学版）2012年第2期。

依靠其固有特点，服务线上和线下，充分提高旅游服务水平和游客体验度。

1. 线上服务

旅游线上服务在游客端往往体现为旅游信息的查询，而信息查询往往是旅游行为发生前和发生时产生的行为。在该行为中用户通过搜索引擎、在线信息平台、门户网站、地图商等渠道主动获取旅游所需的信息。

当前多家主流OTA（Online-Travel-Agency，在线旅游）平台（如去哪儿、飞猪、携程、Agoda等）都或多或少在各业务环节应用了大数据技术进行用户画像。平台会根据用户搜索和点击等操作行为产生画像数据，并将用户画像数据和当前出行需要进行匹配，结合后台数据模型算法和LBS技术制定合理的推送机制，提供对应的信息推送和消费引导，内容范围覆盖旅游的"吃住行游购娱"六要素，协助用户完成制定"哪里玩""怎么去""哪买票""玩什么""哪吃饭"等一系列决策行为，从而达到市场细分与精准营销，同时联合购票平台、景区门户网站、当地公共信息服务平台等资源站点进行信息集成和流程再造，帮用户简化消费步骤，达成旅游消费一站式购齐。平台还能在站内范围收集业务转化量（点击率）和转化过程中产生的业务结果信息（消费数据）等数据并对反馈情况进行分析，以助力平台主体进行后续的数据模型调试、推送内容管理、运营战略调整、推广策略制定等方面工作，从而形成完整的大数据业务闭环，提升服务效率和改善用户体验。

2. 线下服务

为了提高游客在游玩过程中的参与度和满意度水平，国内多家景区都提供了包括但不限于讲解、导航、导览和对应基础设施等的线下服务。然而，不同的景区、景点在提供线下服务时的侧重点并不应该相同。例如：在历史古迹景点游客更希望看到原汁原味的古迹，因此需要更多的导览工作；在博物馆，游客更需要通过讲解获取关于展品的相关知识。然而，相比单一类型，综合性景点在侧重点的评估上就显得更加困难。

因此在线下服务的应用场景中采用大数据技术可以通过分析游客反馈、统计电子围栏内高频搜索关键字内容等方式更加准确地了解来客需求，从而根据需求选择游客在特定场景下偏好的服务及信息类型并进行战略倾斜。如国内某风景名胜区通过其导览系统及客流量系统的数据分析结果得知夏季其辖区范围内岩洞景区讲解词点击量增长率远超总客流增长率，推断该岩洞景区季节性市场度强于整个风景名胜区，并针对这一结论于次年夏季同期以岩洞景区为核心内容推出"清幽洞天"主题景区宣传，从而达成有效宣传，实现游客量的同比提升。

（二）大数据和旅游营销

旅游营销是指在合理合法的前提下，组织设计产品、服务并推广、销售给游客以满足相应需求的行为。在大数据时代，旅游营销活动可以游客行为数据与业务数据为基础，以大数据分析模型算法为工具，从分析结果提取有商业价值的信息进行精准营销。根据营销推广活动的行为主体不同，可大致将其划归为景区营销和企业营销两类。

1. 景区营销

景区营销是以景区为营销工作主体进行营销推广活动。传统的景区营销推广方式一般以传统媒体或新媒体为媒介，发布景区、景点、活动信息以达到推广目的。市场沟通方式属于单向沟通。而在大数据时代，景区营销工作往往以大数据自然语言分析为工具，解读文本中隐含信息，充分了解各平台上游客对景区的态度和诉求，将传统的单向沟通转换为双向沟通模式，进而更好地获得市场反馈，指导景区营销工作。

2. 旅游企业营销

旅游企业利用大数据技术深度分析用户需求，结合所管辖旅游资源特色进行旅游产品或体验项目的设计和销售。同时，涉旅企业也通过各大平台的营销数据了解市场对于某几款产品及其对标产品的反应，并根据市场响应情况进行战略调整，避免同一个景点大量出现同种旅游产品，降低区域旅游消费价值的情况。

（三）大数据和旅游管理

1. 政府旅游管理

2013年智慧旅游概念发布以来，国家旅游局要求各地主管部门结合旅游业发展方向，以智慧旅游为主题，引导智慧旅游城市、景区等旅游目的地建设，以信息化促进旅游业向现代服务业转变。为响应政策，当前各地文化和旅游管理部门通过汇集和协同多科室之间的业务处理数据，建设基于大数据分析的产业监测与管理平台、移动公共服务平台，进一步从统计数据的角度对辖区内旅游发展水平进行整体了解与掌控，从而对辖区内旅游行业存在的问题进行精准了解和准确调控，提升信息传递的时效性，减少政府旅游管理业务处理传统流程的滞后性。

同时，旅游安全相关的各个政府职能部门也在运用大数据资源和分析技术建立重点行业领域、重点产品及设施的风险研判监测预警模型，结合历史安全事件数据，构建多类型系统风险预警预报阈值，并对接信息推送和业务发布渠道，实现重大旅游安全事项预警信息有效识别、实时推送和处理流程监测，进一步促进风险监测预警与执法监管部门的业务协同。

2. 公共服务拓展

大数据技术在当前时代的旅游公共服务领域已经得到初步应用。原国家旅游局从2015年到2019年间，与视觉中国集团合作先后建设了12301国家智慧旅游公共服务平台、全国旅游产业监测和应急指挥平台、全国旅游监管服务平台和全国旅游厕所管理系统，归集了超过3.5亿条涵盖旅游投诉、团队、导游、旅行社的全国旅游资源分布数据，并对其进行清洗、整合、关联、建模等处理，助力国内旅游行业产业分析、风险预警、团队安全监测、政府监管等方面的决策分析与公共服务，落实已有数据的业务价值，实现国内旅游核心数据的初步统一，逐步形成国家旅游大数据集成平台。

三　大数据与涉旅角色关联

通过大数据技术加持，旅游供应链条上包括政府、景点、商家、游客在内的各个相关方可以在有限的时间内从多样且海量的数据中迅速获取目标数据并将其加工提取成为有效信息，用以辅助调节监控、生产、管理或消费活动的发展方向，为旅游供应链上各相关方在不同侧重点下的市场活动提供指导和依据。

（一）大数据对政府旅游管理工作的支持

在大数据时代背景下，各地政府正基于大数据平台逐步搭建新型公共管理与服务框架，并在新的框架内进行数据采集、数据储存、数据管理、数据分析以及数据应用，使得大数据技术在决策过程中起到支撑作用。并且利用大数据技术将基础的结构化数据与从游客消费、互联网搜索等渠道收集而来的非结构化数据进行整合，进而进行数据建模，完成数据挖掘工作以获取更加准确有效的信息。政府旅游管理部门可借助大数据分析更加立体地了解管辖范围内旅游行业现状，并综合历史数据对管辖范围内旅游行业未来状态进行宏观预测。

此外，大数据系统还通过数据网络中数据的高速流转和快速反应协助政府相关部门高效完成旅游产业监督工作，并定向指导旅游管理。相关部门通过信令数据、电子地图、摄像头、高速路闸、网络订票信息等各渠道收集来访人次信息，对来访游客人数进行了解，并通过大数据技术进行客流量的监控和有效预测。

现行大部分政府端产业监管平台已经可以根据游客网络关注度指数变动情况提前15~30天预测实际游客量。[1]通过该技术手段，政府旅游管理相关部门将能够根据数据分析结果提前进行合理的引导和游客分流。此外，通过建立大数据系统、应用公共管理与服务平台，各地政府旅游管理部门建立起了游客和政府部门之间的有效沟通渠道，可以更好地收集游客的反馈意见，并及时察觉到辖区范围内旅游业态存在的问题，做到有效沟通，为日后问题的改进和政策的制定提供参考和指导。

未来，在进行数据整合的同时，大数据技术还将帮助政府各部门之间建

---

[1] 龙茂兴、孙根年、马丽君、王洁洁：《区域旅游网络关注度与客流量时空动态比较分析——以四川为例》，《地域研究与开发》2011年第30卷第3期。

立合理的数据共享机制和风险预警体系,使得数据在旅游部门、气象部门、地质部门、交通部门和公安部门之间横向贯通,对景区所在地区自然危害预警和社会治安工作起到全面提升作用,并尽可能在大数据分析的支持下提前通过统计指标的变化趋势察觉到潜在的风险或危害,推送预警信息到相关部门进行提醒,从而提前启动应急预案,更好保护游客安全。

(二)大数据对景区管理工作的支持

景区容量是景区运行的重要指标,指在不对景区资源造成不利影响的前提下,景区能接纳的游客最大数量。不合理的游客接纳量将会对景区造成负面甚至无法挽回的严重影响,如景区景物文物损毁、基础设施不足导致环境污染和事故、严重影响游客体验和景区口碑等。在大数据技术的辅助下,景区管理分部门通过资源数据采集、算法模型、关联分析等技术手段更加深入地模拟景区容量的极限,以及通过分析游客画像数据了解游客需求,对景区规划和基础设施配置进行调整和优化,实现景区容量的扩大和高峰时段资源的调配。

目前国内部分景区已建立了基于大数据技术的,具有舆情分析、视频监控、运行监测等功能的景区中心化大数据管控平台,完成了初步的智慧景区信息化建设。景区大数据管控平台普遍具备对来客喜好进行网络非结构化数据分析的功能,如关注的景点类型、倾向的旅游项目等,并反馈给景区管理人员根据结论引导游客,从而将游客更快速地引导到对应意向的目的地,减少景区游客通道的压力。此外景区管理部门还通过大数据管控平台内结构化历史数据统计景区游览的高峰时间,并通过OTA平台或地图商(如美团、大众点评、高德等),及时通知游客合理安排访问时间,从而达到游客分流、减轻景区高峰时间承载量压力的目的。

与金融、信息、电商等行业相比,旅游行业的大数据管控平台的发展和应用还处于起步阶段,具有极大的发展空间,日后发展路径将经历与其他行业大数据应用相同的"由多转少,由广转精"的过程。未来大数据对景区管理工作的支持可能会转向包括监控视频在内的非结构化数据采集、挖掘、

量化和分析，用来辅助景区管理部门对景区路径、景区基础设施配置进行优化。例如，通过视频采集和数据挖掘等技术手段，管理部门发现来访游客倾向于在观景台区域长时间逗留，观景台上将长时间聚集大量游客。基于该信息，景区可能做出加固观景台的管理决策。此外景区管理部门之间还能够通过数据互通对客流进行横向疏导、联合导引，根据游客需要在景区 A 容量近乎饱和的情况下引导游客前往同样在计划内且容量不饱和的临近景区 B。

（三）大数据对商家工作支持

商家包含为旅游企业提供基础设施的供应商、服务游客的中间商、景区周边食宿等经济实体的运营方。对商家而言，如果对市场预测不准确就会出现供应不足或不能准确响应客户需求的问题，对其经济利益造成直接的损害，[①] 因此，大数据预测对商家具有极高的商业价值。通过大数据处理技术，商家有机会通过数据分析结果更好地了解游客需求。对为游客提供旅游产品和为旅游企业提供基础设施的供应商而言，整个旅游供应链上的每个构成部分所产生的数据都具有一定的市场意义，都可能代表潜在需求或具有其他有价值信息。因此，供应商若想在短时间内挖掘出更多的数据商业价值，则需要依靠大数据处理技术。借助旅游消费行业个体商家广泛应用的"微商城"等电商平台商家数据统计端，商家可以对游客消费喜好进行分析，利用统计学方法实现未来需求预测，并根据预测结果对旅游项目、服务体验、旅游线路等方面进行优化提升，通过精准预测达成成本控制或市场拓展的目的。由于大数据分析结果往往具有一定程度的前瞻性，因此其也常常被用作预测工具。商家凭借大数据分析对短期内市场状态进行预测，并根据结果信息进行资源调度，从而极大地减少资源损耗，达到控制成本的目的。也基于这一特点，旅游高峰时段，商家可以根据预测结果提前部署资源，应对未来的市场需求高峰，从而提升整体盈利能力。

---

① 刘志霞：《大数据在旅游管理中的应用探讨研究》，《广东技术师范学院学报》2016 年第 37 卷第 4 期。

（四）大数据技术对游客旅游活动的支持

游客作为整条旅游供应链的末端，是整个旅游市场的消费者，也是大数据在旅游行业应用最终的受益人。在大数据的时代背景下，游客可以轻易地从搜索引擎、OTA平台等渠道获取各种所需的信息，并通过信息制定符合自己预期的行程和旅游计划。大数据技术使得游客在获取信息时能更好地了解到其他游客关注的景点、项目、服务、产品等各方面信息，并很快通过接收的信息情况细化自己的需求，如某大型在线旅游网站定期推送站内旅游产品销售情况大数据报告与热销排名从而对热销产品进行宣传推广。同时，基于大数据分析而诞生的旅游产品和旅游项目可以更好地匹配游客需求。游客更容易从旅游过程中满足自身对于行程的预期，并充分享受旅游行为带来的心理满足感。此外，基于普遍需求而诞生的旅游线路和旅游产品极大缩减了游客搜集信息的时间成本和劳动成本，使得游客可以缩短决策过程耗费的时间，轻松完成收集信息、购买车票、预订酒店等流程。正是由于大数据技术，游客的需求可以被更好地识别，旅游供应链上各方对这些需求进行分析并改进服务，游客能在游览过程的各个环节获得更加优质的旅游服务。

四 问题分析与未来展望

目前，受到采集条件、数据质量、颗粒度、关联度等方面的制约，大数据行业的发展尚处于探索阶段，短期内首要任务必然是提升基础数据质量和业务覆盖率，建立健全数据采集标准，完善配套硬件设施等构建数据采集体系的工作。而随着数据价值被逐步挖掘，多地政府已设立大数据部门对辖区范围内数据资产进行专项管理。

旅游行业对于大数据技术的应用多数还停留在根据业务量数据进行统计分析、根据颗粒数据的简单关联结果来评估实际发生的业务水平或进行短期单一型业务流量预测的初期阶段，如果要发挥海量数据的更大作用，则需要建立更加科学合理的数据关联分析体系，挖掘多方主体运行所产生的旅游信息，提取视频、音频、图片等异构数据令其相互作用，对行业内某些重要业务维度的综合发展状况和影响因素间存在的关系进行全面衡量。例如，通过互联网 OTA 平台综合评论情况，结合语义分析和自然语言处理等技术，对特定区域的整体旅游舆情情况进行综合评定；或通过算法模型量化区域内世界文化遗产数量、旅游景区规模、文保单位数量、空气质量、物价水平等影响因素，并对这些因素进行权重配置和算法设计以测评当地旅游形象指数及旅游发展潜力指数；或通过人工智能技术结合旅游资源信息标签库，利用简易需求测试问卷为游客生成详细的行程推荐；又或可以结合运营商信令数据对游客画像并对其逗留时长、目的地轨迹进行归类研究，从而挖掘关联于消费者客观特性的主观游览兴趣偏好等。

此外，对于大数据技术在旅游行业实际应用的探究应当在注重技术的同时做好针对各涉旅角色的需求调研，使其功能设计立足于最根本的业务需求。有了扎实的使用场景作为支撑，大数据才能更好地发挥其实用价值而不局限于可视化的数据统计结果。

综上所述，大数据应用全面而精准的实施操作虽然在现行阶段存在一定的局限性，但可以明确的是，随着旅游行业数据收集设施的发展和积累数据维度的扩大，大数据技术将在智慧旅游的建设中发挥更加重要的作用，助力诸多涉旅角色服务水平与游客游览体验的提升。

参考文献

麦肯锡：《大数据——下一个创新，竞争和生产力的前沿》，2011 年 8 月 24 日。

Gartner："Gartner says solving 'Big Data' challenge involves more than just managing volumes of data", STAMFORD, Con. Accessed 1 Dec. 2015.

马勇、刘军林：《智慧旅游应用前景巨大》，《中国旅游报》2011。

张凌云、黎巎、刘敏：《智慧旅游的基本概念与理论体系》，《旅游学刊》2012 年第 5 期。

姚国章：《"智慧旅游"的建设框架探析》，《南京邮电大学学报》（社会科学版）2012年第2期。

龙茂兴、孙根年、马丽君、王洁洁：《区域旅游网络关注度与客流量时空动态比较分析——以四川为例》，《地域研究与开发》2011年第30卷第3期。

刘志霞：《大数据在旅游管理中的应用探讨研究》，《广东技术师范学院学报》2016年第37卷第4期。

郭玲霞：《大数据助力智慧旅游发展的研究综述》，《河北旅游职业学院学报》2017年第22卷第2期。

张洪昌、舒伯阳：《大数据时代旅游协同治理的行为逻辑与路径探索》，《管理现代化》2018年第38卷第4期。

任武军、李新：《基于互联网大数据的旅游需求分析——以北京怀柔为例》，《系统工程理论与实践》2018年第38卷第2期。

G.17
旅游住宿业高质量发展的动力转换与供给侧改革

杨宏浩*

摘 要： 我国旅游住宿业与宏观经济发展基本同步，正在从高速度增长阶段转向高质量发展阶段。可以从两个角度来推进住宿业高质量发展，一方面是住宿业高质量发展的动力从要素驱动转向创新驱动，包括创新住宿空间价值，用数字技术赋能高质量发展，提升文化对住宿行业发展的价值，深入发掘行业数据价值，发挥企业家作用和弘扬企业家精神以及以需求端倒逼住宿业创新等；另一方面是以供给侧改革创新推动高质量发展，包括以行业竞争推动产业竞争力提升，以行业整合创新推动高质量发展，以产业集群思维推进产业发展，以国际化推动集团发展创新，并在坚守行业基本要素的基础上进行创新。

关键词： 旅游住宿业 高质量发展 动力转换 供给侧改革

一 住宿业高质量发展是必然选择

高质量发展对于旅游住宿业来说是一条希望之路、探索之路、科学之路，也是必由之路。

---

* 杨宏浩，中国旅游研究院产业研究所所长、副研究员、博士后联合导师，主要研究领域为旅游产业运行、旅游集团发展和旅游投融资模式等。

（一）住宿业增长与宏观经济发展基本同步

自新世纪以来，住宿业处在高速增长进程中，住宿业规模不断地做大，从而跨越了短缺发展时期，为我国住宿业迈向高质量发展阶段打下了坚实的规模基础。住宿业近十几年的投资增速和 GDP 增速基本上同步，经过多年高速增长后增速开始放缓。2013 年之后，住宿业的投资增速从以前高达30%左右逐步下滑到个位数，个别年份甚至出现负增长。总体来说，住宿业投资和规模增速随着国家经济的放缓而放缓。未来住宿业的规模还会有较大的上升空间，但与高速度增长阶段相比已经发生了质的变化，发展重心正在从注重发展规模和速度转向注重品质和绩效，住宿业发展开始从高速度增长转向高质量发展阶段。

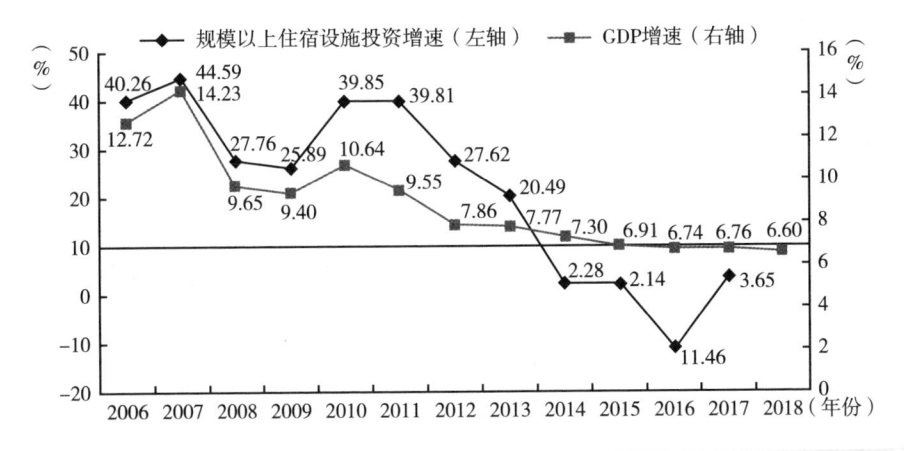

图 1　2006～2018 年我国 GDP 增速和规模以上住宿设施投资规模增速

（二）高质量发展是厘清行业一系列问题的需要

酒店住宿业是人民群众对美好生活追求的重要组成部分。当前消费者的住宿体验和服务品质需求日益分化多元，住宿供给的业态和产品也日渐丰富多样，但仍然存在供给的区域与档次结构不平衡、供给的类型和内容不充分等问题。

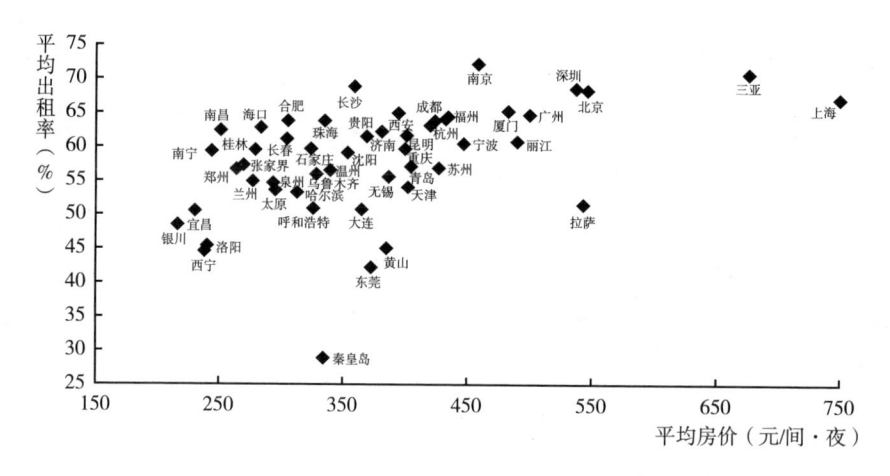

图2 2018年50个旅游城市星级饭店经营指标矩阵

在我国50个旅游城市里，酒店经营绩效存在一定的不平衡。例如三亚、上海、北京这些城市，出租率、平均房价比较理想，处在相对有利的位置，而西宁、洛阳、银川等城市，其出租率和平均房价都普遍比较低，呈现出发展上的空间不平衡性。在档次结构上，曾经出现较为明显的结构性供求失衡状况，随着中低端酒店的比重上升，结构在逐步优化。

此外，还存在高速度增长与低盈利水平之间的不平衡。在住宿业高速增长期间，不少酒店集团也同样快速成长，例如华住、维也纳、东呈、尚美生活等。从住宿业的盈利能力来看，整个住宿业和旅游业一样都处在微利水平。住宿业与景区、出境旅行社等旅游业态相比净资产收益率较低。其中，旅游饭店净资产收益率处于最低的位置，住宿企业平均净资产收益率近年来处于不足3%的水平，五星级酒店的资产收益率相对略好一些。从资产投资角度来看，对投资回报率的要求倒逼住宿业必须走高质量发展之路。

住宿业发展不充分，既体现为发展质量和效益还不高，也体现为业态发育不充分，还体现在需要向中国服务、中国创造、中国智造升级等方面。过去住宿业矛盾的主要方面是供给数量与旅游者需求的不匹配，现在转向为产品质量与民众对美好生活向往的不匹配。当前消费者的住宿体验和服务品质需求日益分化多元，住宿供给的业态和产品也日渐丰富多样，但供给的类型和内容还处于不充分的状态。例如在业态发展方面，近年受各种要素推动形成了一定的发展，出现了主题酒店、精品酒店、精品民宿、亲子酒店、医疗酒店、智能酒店、社交酒店、高铁酒店、机场酒店、民宿等众多住宿业态，但很多业态尚处于发育初期或正处在发展中，没有形成稳定的发展规模，尚不能充分地满足市场的需要，需要进一步培育。

（三）高质量发展是提升行业竞争力的需要

从服务品质的角度来看，住宿业相对以前有了质的提升，但随着消费者对美好生活要求的不断提高和消费升级，对酒店和住宿设施的软硬件要求也提高了。每年涉及住宿机构客房空气质量不达标、床单换洗不及时、毛巾酸碱值超标、服务操作不规范等的卫生问题时有发生。这些问题表明，住宿机构在服务质量的稳定性和管理水平提升方面还有较大空间，在服务质量和行业监管方面还有很多事情要做。

旅游住宿业的品牌影响力须与集团化水平同步提升。我国酒店集团化水平提升很快，按照规模2019年已有锦江、华住、首旅如家、东呈、尚美生活、开元等十家酒店集团进入世界前50，其中锦江、华住、首旅如家进入前十强。我国住宿企业从模仿者到局部创新者，正在探索中国式创新，全面开启自主品牌发展的新时代。国内酒店品牌在国民心目中的认知度和影响力不断提升，也显示出我们对民族文化的自信。但这些酒店集团的国际化程度普遍还不高，品牌影响力和品牌价值落后于规模的成长速度。

更为重要的是，安全成为旅游住宿业不可承受之痛。大多旅游住宿设施集住宿、餐饮、休闲、娱乐等功能于一体，结构复杂，可燃物多，不同程度存在消防安全隐患，一旦发生火灾，极易造成群死群伤的恶性事故。共享住宿在火爆的同时，由于没有有效的管理和生产规范，普遍存在财产安全、房客人身安全及隐私保护不足等隐患。随着互联网、大数据和人工智能等现代技术手段的广泛应用，OTA等互联网预订平台也不同程度地存在伦理道德、数据安全等问题。环保压力也不可轻视，旅游住宿设施的生活污水、油烟排放和噪声是重要污染源，处理不当会对周边环境造成较大

影响，如大理洱海民宿因环保要求陆续被拆除，给当地经济和民宿投资者都带来巨大损失。

二 高质量发展的动力转换

住宿业要实现高质量发展，其发展动力要从要素驱动转向创新驱动，在土地、资金、人力等要素利用方式革新的基础上，在技术、文化、管理、数据以及企业家精神等方面实现创新。

（一）创新住宿空间价值

当前，土地等要素价格过高，低成本优势丧失，具有明显区位优势的地块日益紧缺，这就需要进一步提升住宿空间的价值。

目前，酒店的功能已不再局限于住宿，还更多地成了享受愉悦体验的场所。如雅高酒店集团希望打破酒店的边界，尝试提供联合办公及酒店附近的瑜伽课程和音乐会等服务，通过灵活的产品开发和协同设计，依靠大数据分析，与初创企业合作，增加"非住宿"产品库存采购，更好地服务客人。在服务客人方面，雅高明确了四个主要的期望，其一是酒店不只提供住宿，更是酒吧、餐厅、健身房、水疗中心、私人活动场所、联合办公空间等的综合体。这也促使雅高集团的关注点从拥有酒店，转变为维系与客人的互动关系，服务于旅行者的期待和体验需求，其转型的关键在于全方位聚焦客人的生活、娱乐和工作。雅高集团还在建设全天候服务的生态体系，囊括独特的当地体验活动，机票、租车和出租车出行服务，以及送餐、零售等日常服务。

随着商业的不断发展和消费者对于消费体验需求的增加，商业空间设计越来越需要不断拓展新的边界，业态重构、强视觉，以及制造更多话题性成为很多设计机构在设计之初重点考虑的部分。当下，注意力越来越稀缺，线下流量运营越发重要，如何摆脱过去传统思维，让店"动"起来，成为很多品牌思考的方向。以数字化的体验来改变传统的商业空间，用技术来营造优质体验,成为线下商业空间创新的另一种途径。运用数字媒体创意结合商业化成为当下的潮流趋势,各品牌纷纷以独特设计理念,将互动体验、互动装置以及流动影像等各种形式应用到各种展示空间中,通过这些设施和体验,让整个空间变得异常灵动,从而实现"千店千面"。

(二)用数字技术赋能发展质量提升

1. 数字技术大量应用于住宿业

客观地讲,本土酒店集团的信息化水平和创新活力整体而言还落后于国际酒店集团。全国还有相当部分中小规模酒店、旅馆、民宿的票据和数据处理采用手工操作方式,信息化处于较为原始的阶段。科技支撑与商业模式创新不足,导致包括星级酒店在内的旅游住宿业距离"现代服务业"这一称谓还有一定差距。当然,这并不是说国际酒店的科技含量都非常高,现在还有不少国际管理公司的全球预订系统停留在 DOS 系统版本,由于过去沉淀的东西太多,短期内没有办法搬上云端。在实际的运营过程中,国内不少新创公司自带"云端基因",系统在运营效率上表现得更好更快。

科技赋能比模式创新更加底层,更加基础,它可以催生新的模式,促进产业效率提高和消费者体验提升。这需要从行业层面进行政策设计,推进企业加大对新技术和创新的投入力度。数字技术可分为三个层次,大数据是生产资料,云计算是生产力,互联网、移动互联网和区块链是生产关系;人工智能、物联网、AR、VR、人脸识别、近场通信、人机交互、5G 属于工具层;酒店人脸识别、智能入住系统等属于应用层。随着 C 端红利、移动互联网时代的红利逐步消退、消减,大量的企业进入低增长的经济周期,迫切需要通过数字化实现变革。这包括两个方面的工作:一方面,通过数字化的工具大幅提升人均效率、降低企业成本;另一方面,充分利用数据决策来提升企业在响应顾客需求、满足用户体验、精准营销等方面的决策能力。

当前,互联网、移动互联网、大数据、VR/AR、物联网、AI、生物识别、区块链、模块化建筑、低碳环保、睡眠技术等大健康技术逐步应用于住宿业,特别是人脸识别、数字支付、人工智能以及 VR 等帮助酒店与客

人建立紧密的联系方式，这些技术将为酒店业主和酒店员工赋能，在给客人带来欢乐的同时，提高每家酒店的盈利能力。途家网等共享住宿和OYO、你好酒店等轻连锁模式，通过互联网技术和新的运营管理模式，快速整合小而散的长尾住宿市场，提升酒店运营水平和服务质量，为整个行业注入了活力。

大数据在酒店选址、电子合同、电子发票、大数据营销、推广、定价、销售、产品设计等方面都有广泛应用。云PMS系统、ERP系统、OA系统的不断升级，也在助力酒店集团提升运营管理效率。此外，还需要加强对促进各部门间信息流互通、提升沟通效率、有效节约人力成本、提高管理和服务效率的ERP软件的应用，这牵涉酒店组织架构的调整、营运流程的改变以及对所有相关部门的全员培训，需要酒店本身有改变原有SOP和认知的勇气，借助管理工具的有效应用让传统老酒店分享高科技发展的红利。当然，如果酒店高科技的客房反而让客人疲于应对，那还不如配备让人熟悉的家用设备，打造让人自在的低科技酒店客房。

很多新的数字技术被运用到酒店当中，例如，客人还没有进入酒店，酒店方能够提前知道客人身份，就是通过近场通信技术；再如未来通过物联网、传感器、人机交互，再配合AR、VR等技术，人在家里就可体验到海滨散步的感觉，能够更大程度地优化客户服务和体验。此外，如今5G技术仍处在初步阶段，有些酒店已开始筹备5G网络。在应用层方面，酒店也引入了无人驾驶、智能酒店等创新技术。无人驾驶还未完全实现，在未来无人驾驶汽车也会进化成智能酒店。既然是无人驾驶的汽车，就能够实现客人在车辆运行过程中睡觉和休憩，整个车内空间就可以按照酒店客房来设计。

2. 平衡好人工服务与AI应用

长期以来，住宿业薪酬水平整体偏低，特别是一线员工薪酬过低制约了服务质量的提升。没有高质量的人力资源，就不可能有高质量的服务品质。从过去20年的薪酬数据看，旅游住宿业的员工收入的竞争力处于持续下滑态势。20世纪90年代早期酒店从业人员的人均收入排在服务行业前列，但是到21世纪初，人均收入已经排名靠后，进入2010年后这个数值已经滑落到所有服务行业中最低行列。薪酬水平过低，导致招不到高素质的员工和员工流失率高，这又导致服务水平和工作效率难以提升，反过来又对收入水平造成负面影响，从而形成恶性循环。

住宿业薪酬水平面临一个矛盾，即从服务行业看，住宿业薪酬水平过低，但与住宿业创造的低收益比较薪酬并不低。这就为人工智能在酒店住宿业的应用提供了巨大的机会。有研究表明，人工智能创造最大价值的行业是旅游行业，AI 技术对旅游行业的收入产生了 7%~12% 的影响。AI 在旅游业的渗透在未来将会达到 55%，整个旅游业会人工智能化。其原因在于复杂的营销、销售、运营等环节都是人工智能可以创造最大价值的地方。此外，AI 技术也可能对未来人力资源产生较大的影响。一些酒店开始将机器人设备投入酒店管理中，这一定程度上能够缓解部分人工短缺。在未来，餐厅后厨、洗碗工等可能会被 AI 机器人替代，豪华酒店的接待人员也存在逐渐被人工智能取代的可能。

用人工智能机器人取代真人可能是一个趋势，但人力资源管理者需要做一个权衡，消费者需要的是有温度的服务，人工智能是否能在方方面面取代人类的职业，这是我们需要思考的。未来数字技术将成为酒店标配，人工服务反倒成为奢华需求。人工智能将为酒店行业带来全新的理念、服务模式和智能化产品，引领酒店发展走入新时代。可以预测，未来经济型酒店几乎不需要员工，高端酒店才用得起员工。这就需要平衡好科技的冰冷与服务员的温暖，要让科技也能提供有温度的服务；平衡好速度与温度，把握终端消费市场；此外，还要关注人工智能应用中的隐私保护、算法价值观、开放合作等问题。

3. 区块链技术有可能重构旅游住宿业生态

区块链具有去中心化、公开透明、不可篡改等特性，基于区块链智能合约，将支付、交易、信用、投诉、争议解决系统都搬到智能合约上，将极大提高服务效率，减少运营成本，可能仅需要几十人就能服务成千上万的用户。高盛在其区块链报告给出的适合区块链未来应用的七个方向中，旅游和住宿领域正是其中之一。旅游与酒店的本质都是无法被颠覆的。大型 OTA

和住宿分享平台依靠拥有垄断性结构而创造利润，而区块链将可能颠覆住宿和旅游分销生态系统中的垄断格局。新出现的面向旅游行业的区块链通用平台，如 Trip.io，试图消除寻租的中间商比如 OTA，或将 OTA 变成其一个节点，将用户数据的控制权交还给消费者，将平台利益返还给商家和客户，提高价值链的效率，为旅游生态系统带来更公平的经济利益分配机制。在这个新的经济体中，所有为平台创造价值的个体，包括旅游内容创造者、产品和服务提供者，都能获得相应的回报。对于区块链项目，最终的目标永远是使整个区块链在无人值守的状态下可以正常进行自主运作，也就是说，即使官方团队突然消失，其区块链内的各种智能合约还能保障整个网络继续高效平稳地自动化运行。

（三）提升文化对行业发展的价值

1. 以文化创意提升产品附加值

在文化和旅游部成立之后，在不断的产业创新和变革中，文化不论是现在和未来都将处于重要位置。挖掘本土文化，并将其融入住宿产品内涵中，用文化赋能产业的发展至关重要。"未来的经济也将是讲故事的经济"，这里的讲故事就是指文化创意和 IP 打造，这对于精品酒店、主题酒店、精品民宿等住宿业态的重要性无论如何强调都不过分。对于旅行者来说，如今的住宿已不只是单纯地选择一家过夜的酒店，文化体验、艺术欣赏、时尚偏好以及社交因素也被纳入了消费者的考虑范围。现在，很多酒店都在讲述文化、历史、艺术、创始人、设计师等的故事，精品民宿也在讲情怀、生活方式和房东的故事，旅游小镇、历史文化街区、田园综合体也无不在挖掘当地文化和民俗，讲述属于自己的动听故事。同样一家酒店，如果有了背后的故事，价值会大幅提升。这需要我们注重文化挖掘、传承与创新，特别要加强文化的活化，从酒店的建筑设计、室内设计到产品设计，文化创意的应用都将提升其吸引力，增加其附加价值。例如华住就正在进行这样的尝试，其将禧玥和花间堂视为寄托它梦想的品牌，希望这两个品牌能够向世界展示中国的美学和传统文化，进而让中国的美学影响世界。

2. 以文化自信促进品牌自信

文化是一个企业、一个品牌的核心，是企业发展的关键要素和根本力量，增强文化自信是提升企业核心竞争力的必然要求。我国住宿企业经历了从模仿到局部创新，再到目前探索中国式创新的过程。要全面开启自主品牌发展的新时代，住宿企业需要文化自信、品牌自信，也需要业主对本土品牌的自信，更需要消费者和媒体的信任，构建有利于本土品牌成长壮大的沃土。文化自信是主体对自身文化的认同、肯定和坚守。没有深刻的文化自觉，就不会有坚定的文化自信。要推进酒店和酒店集团的企业文化战略化，把企业文化融入企业组织成长战略之中，要实现企业文化从认知向认同有效转化、从认同向践行有效转化，从而开启企业文化建设从文化管理向品牌转化的进程。用中国品牌讲好中国故事，是当前中国服务肩负的历史重任。用中国品牌讲好中国故事，品质是基石，文化是灵魂。这要求酒店企业按照国际一流质量标准培育和弘扬精益求精的工匠精神，以最高质量标准满足市场需求，通过品质认知引领品牌升级，以品质自信成就品牌自信，不断提高产品和服务水平，优化消费者体验，推进住宿业高质量发展。打造酒店文化品牌，关键是打出一张承载文化精神、凸显文化内涵、表现文化个性的"文化名片"，通过具有丰富感染力、渗透力的文化形式，将价值理念全方位、立体式呈现出来。要建设员工认同、顾客感动的企业文化，通过效率驱动、创新驱动、品牌驱动，不断满足人民对美好生活的追求，着力将本土酒店品牌打造成为恒久流传的中国品牌。

（四）发掘行业数据价值

住宿业数据价值渐显。十九届四中全会提出数据也是一种生产要素。目前旅游住宿行业统计数据官方来源有三个：文化和旅游部对星级饭店的年度统计、国家统计局对住宿设施投资的年度统计和四年一度全国经济普查数据中对规模以上住宿设施的简单统计。借助这些数据可以对住宿业发展有个局部了解，但不能对全局进行分析判断。这些数据对于全国住宿业的档次结构、区域分布、经营状况等缺乏统计，对于目前经济型酒店、中端酒店、高端酒店及新兴起的服务公寓、短租公寓、民宿等业态的规模统计数据也没有一个权威的说法，导致无法对投资总量引导和地区、业态结构做有效调整。我们目前对产业绩效低下等现象的判断，主要来自星级饭店统计数据，但是全行业缺乏权威的解释口径。这就需要旅游住宿业主管部门尽快建立完善的住宿业统计体系。

也有部分来自民间的住宿业数据供业内参考。中国旅游饭店业协会与浩华管理顾问公司多年来发布的酒店调查年度数据以及豪威盛（HVS）曾经发布的酒店价值指数对酒店经营和投资者具有一定的参考价值。酒店数据公司STR从创始之初起一直以酒店行业作为基础，处理、分析并报告来自多个国家的酒店数据，为酒店企业提供标杆数据对标和分析，近年来STR还尝试为额外的酒店客户群体提供解决方案。2019年10月，CoStar集团以约4.5亿美元现金溢价收购酒店数据公司STR，凸显数据对酒店行业发展的重要性和价值。其实，几大OTA平台的住宿预订数据值得进行挖掘，但需要注意的一点是收集和挖掘数据的合法性问题。

（五）发挥企业家作用和弘扬企业家精神

旅游住宿业需要培育多元化、具有创新精神的市场主体。企业家是民族最宝贵的财富，企业家的职责就是创新。以前我们不怎么强调这一点，如今国家提出了"企业家是民族宝贵的财富"这一论述，已经将企业家精神看作和资本、劳动力并列的生产要素，认为企业家和企业家精神都是推动创新和市场均衡的重要要素。"大国的崛起一定是公司的崛起，公司的崛起一定是企业家精神的崛起，企业家精神的崛起一定是全范围多方位的创新的崛起。"这就要求我们弘扬企业家精神和工匠精神，要营造依法保护企业家合法权益的法制环境，促进企业家公平竞争、诚信经营的市场环境，尊重和激励企业家干事创业的社会氛围。无论对国有企业还是民营企业而言，都需要大力弘扬企业家精神，加强对企业家的优质高效务实服务和对优秀企业家的培育，更好地发挥企业家在住宿业发展中的作用。

在一个分工越来越细的时代，个性化消费渗透到社会的每一条毛细血管，产品和服务要着眼于"长尾"消费者和全球化的"永远在线"，这提供了无限的市场机会，也就要求我们要相应提供契合消费者需求的产品，这其中最核心的是企业家创新。现代的企业家既要有创造性精神，又要有颠覆性创新的勇气，敢于挑战现有权威，为人类更多地进行技术创新、管理创新、模式创新。同时还要有强烈的责任感，这也是企业家精神不可或缺的。

观察发现，旅游住宿业存在"圈外人"或说"外行"推动效应，其实背后是企业家在发挥创新引领作用。"很多时候，打败你的常常不是同行，而是外行"，看起来是外行的人有时能够迅速颠覆一个行业。许多来自互联网、计算机、土石方工程、媒体等行业的人，例如华住、亚朵、维也纳、途家、东呈等创始人，纷纷投入酒店行业当中，带来新的思维，才使得行业有所突破、有所创新。相反，很多经营者本身是酒店专业出身的，他们的视野难以打开，也很难实现创新突破、快速做大。

当然，并非只有企业家才能做创新，具备企业家精神的职业经理人同样可以推动整个行业的发展。职业经理人不能仅仅对业主的要求按部就班执行，还需要具有企业家精神，未来创新也非常需要具有企业家精神的职业经理人。培养和发挥职业经理人的企业家精神，这就需要价值观、数字指标、规章制度和管理实践的共同约束。其中，价值观认同是建立并保持职业经理人企业家精神的基础。在四大因素的共同约束下，职业经理人清楚地知道什么是方向、什么是目标、什么是边界。为了实现自身和企业共同的价值观，为了完成充满挑战的数字指标，同时又要遵循规章制度和管理实践，职业经理人只能最大限度地创新、冒险、负责。也就是只有最大限度地发挥企业家精神，才能够获得企业认同。

（六）需求端倒逼住宿业创新

内行而挑剔的消费者会迫使本土企业努力达到产品高质量标准和产品创新，有助于该本土企业赢得国际竞争优势。国内旅游者早已成为住宿业消费主导力量，以北京为例，北京国际游客旅游住宿人天数占比逐年下降。从北

京入境游客住宿人天数占总接待住宿人天数的比重来看，在2008年达到平均接近30%的水平，奥运会期间达到最高的38%，但如今这个数值在逐年降低，目前最高只有15%左右。表明住宿需求逐步转向以内需驱动为主的增长模式，消费者需求逐渐多元化，呈现分级分层的升级态势，这倒过来逼迫住宿业必须高质量发展。

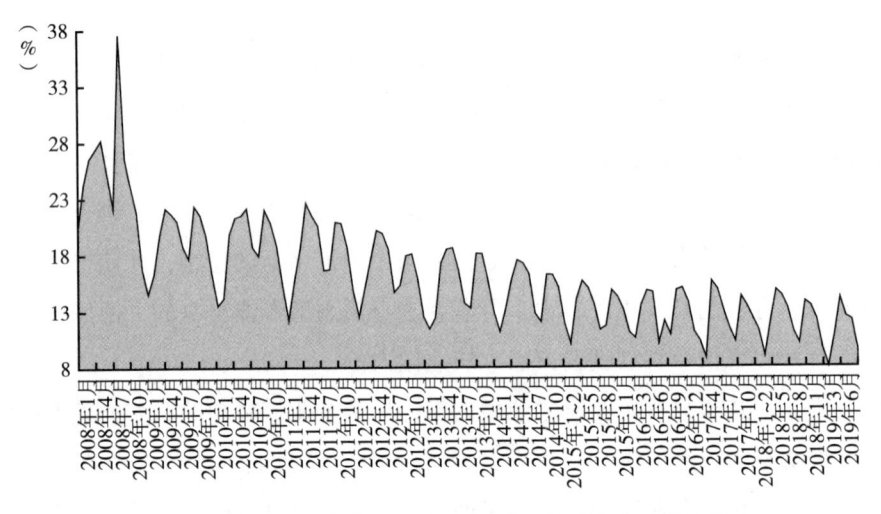

图3　北京入境游客住宿人天数占总接待住宿人天数比重

国内消费者崛起带来住宿业的变化。波特认为，非常内行、挑剔的国内消费者能够迫使国内的企业努力达到高质量标准和产品创新，有助于产业和企业赢得国际竞争优势。因此，需求也是创新的推动力，需求条件能够有效地催生和激发创新的出现，特别需要强调的是国内消费者的需求。一般来说，企业对最接近的顾客需求反应是最敏感的，国内早期的旅游者主要是入境旅游者，主要是国外的酒店管理团队在提供服务，他们是最接近消费者、最了解他们的需求的人。那时国内酒店很难达到国际酒店服务水平。随着国内旅游发展、国内消费者的崛起，国内的酒店管理公司才逐渐崛起。纵览国内旅游市场的变化，十几年来，入境旅游的增长率非常低，出境旅游增长非常快，出境旅游的兴起也为我们的消费者开阔眼界和成熟提供了很好的土壤。当前，高星级酒店客人已经变成境外客人与境内客人八二比例，这跟早期的客源结构刚好是反过来的。

住宿消费市场已经出现了巨大的变化，如果我们提供的产品服务不变，无疑将被时代所淘汰。国内消费者的需求逼迫企业进行新业态、新模式、新产品和新服务等方面的创新。同时，国际市场的消费者以及国内细分的消费群体，例如千禧一代、新中产的出现也在时时刻刻冲击着住宿业。千禧一代在中国有一些不同于其他群体的特征，他们没有饥饿感，不满足于"拥有"，而是对品质、个性化、定制化有着极高的渴望和需求。在此情况下，传统产品几乎不能满足他们的需求。没有谁会比中国酒店人更懂中国客人、能更好地服务中国客人。本土酒店天然的"中国印记"是国际管理公司很难补足的短板，这为本土酒店和住宿企业品牌提供了一展身手的巨大空间。

消费需求升级，人们更追求有品质的生活，而酒店作为生活的一个载体，承担了这个时代对品质生活的需求。住宿消费升级的同时，也出现分层，呈现区块化、圈层化，形成一个多维度市场。信息技术的发展改变了人们在网络中的聚合形态，信息技术悄悄地将整个社会从"物以类聚"带向了"人以群分"。价值观的彼此认同、品位与追求相近是圈层的核心特征。虽然主流的市场渠道依然强势，但是这些基于圈层的商业正在不断改变商业基本面的形态。这也是当前主题民宿和主题酒店等小众产品、亲子酒店以及英国和日本出现的会员制酒店受欢迎的重要原因之一。新消费也催生出微型酒店、健康酒店以及文化艺术酒店等新的酒店业态或产品。需求的变化也推动国内外酒店品牌向三四线市场下沉布局的趋势，这在一定程度上缓解了酒店区域分布不平衡的问题。

三 供给侧创新推动高质量发展

（一）以行业竞争推动产业竞争力提升

激烈的国内竞争带来创新。住宿业也面临着新进入者的竞争，例如，共享住宿在短短的几年内，其客房的数量已经排到第一位。2019年，锦江集

团拥有65万间客房，而途家网表示其已经拥有超过100万间客房，这种竞争给传统酒店带来了非常大的压力。此外，轻连锁经营模式对行业的渗透在这两年发展非常快，例如OYO上年整合2000家酒店，如今达到近万家，你好酒店也迅速突破千家规模。行业竞争格局带来了很大的变化，促使传统的酒店集团不断地去创新。

（二）以行业整合创新推动高质量发展

一是并购整合。并购仍是快速获得知名品牌的最便捷手段，例如，锦江国际、华住酒店集团等都是在并购中快速成长的。二是划拨重组，"横向合并"强化规模效应，"纵向联合"实现优势互补，"专业化整合"优化资源配置。最近的案例是金陵酒店集团和中国融通集团旗下的酒店资产整合，通过无偿划转、有偿收购、组建股份制公司等方式，打破企业边界推进专业化整合，实现资源向优势企业、主业企业集中。虽说整合方式看起来传统，但总体效果不错。下一步应围绕协同效应发挥，切实加强重组后的内部整合融合。三是以途家网、爱彼迎为代表的共享住宿模式，它们通过在线租赁平台把大量分散的、闲置的住宿空间在互联网平台上进行整合。四是以OYO、你好酒店和斯维登为代表的所谓"轻连锁模式"，其中，华住集团和IDG资本战略投资的你好酒店（初期为H连锁酒店），以免加盟费的模式出现，为国内中小单体酒店量身打造了"智能店长"和"八爪鱼中枢平台"两大核心产品，同时还承诺打通会员体系"华住会"，向你好酒店引流。共享住宿和轻连锁模式都是对边缘性、长尾住宿企业的整合，都将极大地提升住宿行业的发展质量，但这样的新模式要注意在高速扩张与稳扎稳打之间做好平衡，处理好速度与质量的关系，否则最后可能是一地鸡毛，反而扰乱了整个行业发展的节奏，甚至破坏了行业发展的生态。

（三）以产业集群思维推进产业发展

对于住宿行业来说，其与相关和支持性产业之间是一种休戚与共的关系，其发展不应该也不可能单兵突进，否则难以健康持续发展。因此，应该站在旅游产业价值链和住宿产业生态系统建设的角度来看待各相关产业和市场主体的发展。就住宿产业链上的企业而言，酒店品牌方更加爱护品牌，严控品质，提升溢价，更注重产品研发和文化融入，不断实施酒店品牌升级战略；区域选择上跟随国家战略进行区域布局，例如世茂酒店集团布局港澳大湾区，绿地酒店集团布局"一带一路"沿线国家等；民宿服务在打造高效价值链和产业集群。酒店业主方也开始注重品质。中间商 OTA 目前形成的寡头垄断格局，一定程度上制约了行业创新，未来区块链可能是最有望重构销售渠道的技术。在酒店用品供应商领域，类似智采平台等公司正在尝试打造一个技术支撑的饭店业采购新生态，提升采购效率和降低采购成本，做阳光下的生意。

（四）以国际化推动集团发展创新

国际化战略是住宿企业创造和保持竞争优势的必然选择。目前，中国酒店和住宿集团的国际化水平还不高，锦江国际和复星旅文通过不断的收购，国际化程度相对较高。其他如海航，一度国际化大扩张，但随着集团公司发展出现问题，现在已完全收缩回国内。最新的国际并购是华住酒店集团收购德国德意志酒店集团。很难想象像华住酒店集团这样客房规模位列全球前十的酒店集团，居然一直还局限在国内发展。本次收购实现"两个互补一个提升"目的：第一个互补是与其目前的中低端品牌体系形成互补，从而补足其高端品牌这个短板，真正能够进入高端甚至奢华酒店这个领域；第二个互补是与其目前的区域布局实现互补，从而实现国际化布局。通过此次收购，华住可以在运营管理和服务水平上有较大的一个提升，或者说倒逼国内公司管理水平和服务质量升级。当然，也能借此保住其世界前十的位子。在其未来收购成功之后，有几项工作要做：一是像复星集团收购地中海俱乐部一样，采取国际资源嫁接中国动力的策略，以最大限度发挥收购公司的品牌、人力、技术、管理和客户等资源的价值；二是需要解决两家公司中德企业文化的融合问题；三是德国公司服务品质很好，但在中国知名度低，未来需要做好品牌落地中国的本地化改造工作。

（五）坚守行业基本要素的基础上创新

我们在探寻住宿消费观念变化、进行住宿供给侧改革创新的同时，也应关注那些相对稳定、较长时间不变的因素，以防忽视了住宿业那些最根本的要素。亚马逊创始人贝佐斯曾提出要"押注永恒不变的东西"。按照其逻辑，住宿业最基础的三个要素是品类丰富、更具竞争力的价格以及服务质量，在此基础上再进行创新、追求变化。

未来，住宿业高质量发展，要聚焦核心，深耕细作，实现专业化发展。在产品开发上，住宿企业要找准行业痛点，围绕自身核心优势，以工匠精神精耕细作，不断重构与迭代，开发契合消费者需求的产品。对于有能力和额外资源的企业，可以尝试突破边界、拓展边界、融合共生、融合发展。对于那些新进入者，可以关注边缘性业态和小微型企业，用新技术和新的管理模式，对大量相对边缘的非标住宿、小微型住宿设施进行整合，发挥长尾力量的颠覆性效应，实现零的突破。

参考文献

杨宏浩：《回顾：2018住宿业走上高质量发展之路》，《中国旅游报》2019年1月10日。

中国旅游研究院：《中国旅游住宿业发展报告2019——从高速度增长转向高质量发展》，旅游教育出版社，2018。

G.18 景区文化创意与二次消费产业的新实践与新思考

杨 慧[*]

摘 要： 在文化和旅游融合的新时代背景下，旅游景区作为旅游业的重要载体，突破景区发展瓶颈，既是实现景区经济转型与创收的着手点，亦是景区高质量与可持续发展的重要问题。近年来，景区文创与二次消费成为景区转型升级的突破口。本报告通过分析景区文化创意与二次消费产业的发展现状，厘清实践与发展的现存问题，在此基础上，充分汲取已有实践成功经验与发展规律，凝练与探索景区文化创意产品与二次消费项目发展的新模式、新路径、新方案，建议在理念创新与体制革新、数据助力与市场挖掘、产品与项目研发、智慧运营与营销、人才培养转型、保障与激励机制等方面，优化发展战略，推动景区产业转型与升级，助力景区高质量发展。

关键词： 文化创意产业　旅游景区　旅游消费

---

[*] 杨慧，中国社会科学院旅游研究中心访问学者，辽宁大学经济学院规制经济学博士研究生，研究方向为旅游经济与规制、旅游教育。2019年6月5日，中国社会科学院旅游研究中心举办了中国旅游创新（TIC）沙龙第11期，主题为"景区目的地文创产品与二消项目"，本文参考了北京智维思创科技有限公司总经理肖杰、北京华胥氏文化投资管理有限公司创始人宫阿娜、北京探险家智旅科技集团营销总经理刘健、途远区域总经理石磊等嘉宾的发言，在此向他们表示感谢。

改革开放40年来，中国旅游业发展逐步从高速度增长转向高质量发展。《国务院办公厅关于促进全域旅游发展的指导意见》提出，要牢固树立和贯彻落实新发展理念，加快旅游供给侧结构性改革，着力推动旅游景区从门票经济向产业经济转变。在文化和旅游融合的时代契机下，景区如何能够满足游客高品质的消费体验需求，如何实现景区经济创收与转型，如何推动旅游景区高质量发展，成为当下景区发展中面临的重要问题。近年来，景区文创产品与二消项目发展取得一定进展，诸多文旅企业进行有益尝试与实践，但发展过程中仍面临诸多问题。为进一步推动景区高质量创新发展与转型升级，本报告在分析景区文创与二消发展实践经验的基础上，提出新思考，探索新思路。

一 文化创意产业融入旅游景区的发展过程

文化创意产业兴起于20世纪90年代，是知识经济与后工业时代产业结构优化升级的新兴业态，当之无愧的朝阳产业。目前关于文化创意产业的概念仍没有统一的内涵解释与概念界定。如英国的"创意产业"，美国的"版权产业"，日本的"内容产业"，西班牙的"文化休闲产业"，德国、荷兰、韩国的"文化产业"等均有类似含义。1998年，英国文化媒体体育部发布《创意产业规划文件》（*Creative Industries Mapping Documents*）中首次提出"创意产业"（Creative Industries）的概念。2001年，英国"创意产业之父"John Howkins出版的 *The Creative Economy：How People Make Money from Ideas*（《创意经济：如何点石成金》）成为创意产业代表性著作，书中指出创意经济以5%的增速增长，美国、英国、澳大利亚、韩国、新加坡等国均是创意产业发展的典范国家，还提出人类创造的无形资产价值未来会超越所拥有的物质价值。文化创意在旅游中的研究多被译为"创意旅游"（Creative Tourism）。Pearce and Butler 1993年首次提出"创意旅游"，但仅将其作为一种潜在的旅游形式提及而已，Richards and Raymond最早对"创意旅游"进行概念解析，认为其是在旅游者参与具有假日旅游目的地特征的旅游与学习体验时，提供旅游者发展其创造性潜力机会的旅游活动。UNESCO *Creative Cities*

Network 于 2006 年提出正式定义,"创意旅游"是一种具有直接参与性和真实性体验的旅游活动,旨在通过艺术、传统或特殊地方特色方面的参与学习,为旅游者提供与当地居民及创造这种生活文化的人的联系。

文化创意产业于 21 世纪初在我国得到关注与发展,2002 年,中国台湾制定了文化创意产业发展规划与行动方案。2006 年,国务院印发《国家"十一五"时期文化发展纲要》,首次提出文化创意产业,其间北京、上海、深圳等城市积极推进文化创意产业,制定发展规划。近年来,相关部门相继印发与出台《关于推进文化创意和设计服务与相关产业融合发展的若干意见》《关于推动文化文物单位文化创意产品开发若干意见》《关于进一步扩大和升级信息消费持续释放内需潜力的指导意见》《关于实施旅游休闲重大工程的通知》等多项政策文件,指出要积极发展文化创意产业,加快旅游产品开发,培育旅游新业态,提升旅游产品与服务质量。北京、上海、杭州、成都等诸多城市纷纷出台政策意见与管理办法,地方文化旅游创意产业快速发展,文化创意产业与旅游逐步融合。2019 年,为贯彻落实《关于完善促进消费体制机制进一步激发居民消费潜力的若干意见》,国务院办公厅发布《关于进一步激发文化和旅游消费潜力的意见》,指出要鼓励文创产品开发与经营,拓宽文创产品展示和销售渠道;推进消费试点示范,鼓励建设集合文创商店、特色书店、小剧场、文化娱乐场所等多种业态的消费集聚地。伴随文化和旅游融合发展的逐步深入,景区文创发展快速,其他类型的景区二次消费项目不断丰富,文创与二消项目作为文化旅游创意产业链的重要内容,已逐步成为旅游创新发展的重要环节,景区文创与二消产业的实践成为其主要落脚点之一。

二 景区文化创意与二次消费产业的发展现状

(一)国家政策利好,地方助力响应

2014 年 3 月《国务院关于推进文化创意和设计服务与相关产业融合发

展的若干意见》出台，支持消费类产品提升新产品设计和研发能力，增加消费品的文化内涵和附加值。2014年8月，《关于推动特色文化产业发展的指导意见》鼓励各地发展文化旅游等特色文化产业。2016年5月，文化部、国家发展改革委、财政部、国家文物局等部门《关于推动文化文物单位文化创意产品开发的若干意见》指出深入挖掘文化资源的价值内涵和文化元素，推动文化产品开发主体合作，充分调动文化文物单位的积极性，发挥各类市场主体的作用，促进文化创意产品开发的跨界融合，提出相关支持和保障措施等。2018年4月8日文化和旅游部正式组建，确立"宜融则融，能融尽融，以文促旅，以旅彰文"的发展思路。各省市纷纷出台文创产业政策及指导意见，其中文化创意产品开发广受关注。如2016年12月，甘肃省制定《甘肃省文化厅等部门关于推动文化文物单位文化创意产品开发实施意见》；2017年8月，天津市文化广播影视局制定《关于推动文化文物单位文化创意产品开发的实施意见》；2018年6月5日，北京市发布《推动北京市文化文物单位文化创意产品开发试点工作的实施意见》；2018年中共上海市委、上海市人民政府印发《关于加快本市文化创意产业创新发展的若干意见》等。各省市积极响应，地方文化创意产业发展稳步推进。在文旅融合的背景下，政策利好为景区文化创意产品与二消项目的发展提供了良好的政策环境。

（二）消费市场潜力较大，品质消费需求显现

1. 旅游消费市场发展仍不充分

根据文化和旅游部公布的数据，2012~2018年，中国国内旅游收入从2.27万亿元增长至5.13万亿元，增长约126%；国内旅游客流量从29.57亿人次增长至55.39亿人次，增长约87.32%；国内旅游人均旅游消费仅增长20.56%，且呈逐年降低趋势。如图1所示，其发展速度远低于整体旅游市场发展增速，旅游者的消费水平并没有随着旅游客流量高水平的增长呈现与其相匹配的发展状态，旅游消费市场与旅游行业发展增速存在不均衡性。与此同时，旅游者人均旅游消费水平的增长趋势出现下降波动，反映出旅游消费市场呈现不饱和状态，符合旅游者需求的高品质旅游消费产品亟待开发。

景区文化创意与二次消费产业的新实践与新思考

图1 旅游人均消费水平变化与国内旅游客流量变化对比

资料来源：国家统计局与文化和旅游部官网。

2. 景区高品质消费需求显现

景区额外消费涵盖了旅游商品（文创产业）消费与景区二次消费，据艾瑞《2018年中国景区旅游消费研究报告》数据，在游览过程中，旅游者具有明显的旅游消费惯性，98.4%的旅游者有过额外消费的情况，其中，50.2%的旅游者每次到景区都有额外消费，48.1%的旅游者偶尔在景区内消费，仅有1.6%的旅游者未曾额外在景区消费，其主要原因集中于旅游者对景区产业品质达不到要求（44.2%），景区内产品价格高（34.9%），没有需求（27.9%），没有兴趣（25.6%），供应不足（16.0%）等。在旅游景区产生额外消费的旅游者主要花费集中于餐饮类和购物类，额外消费人均消费金额集中于100~300元区间（44.6%），2018年人均额外消费金额约为339元（见图2）。可见，具有高品质的景区文创产品与二消项目既符合市场需求导向，亦符合新时代旅游新六要素即商、养、学、闲、情、奇的品质消费需求，成为拉动景区消费，实现景区创收与转型升级的重要环节。

移动支付的普及，为景区二次消费项目的开发、运营与云端管理提供了便利。如北京探险家智旅科技集团开发的智能望远镜在景区投放后的投入产出比高达200%，其开发的共享微交通、VR体验产品、扫码储物柜、纸巾

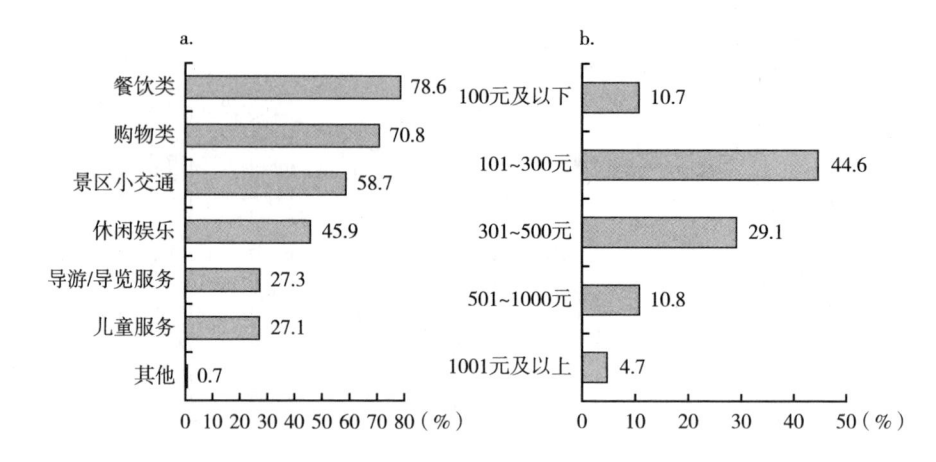

图2 2018年国内旅游景区额外消费项目与人均消费金额分布

a.
- 餐饮类 78.6
- 购物类 70.8
- 景区小交通 58.7
- 休闲娱乐 45.9
- 导游/导览服务 27.3
- 儿童服务 27.1
- 其他 0.7

b.
- 100元及以下 10.7
- 101~300元 44.6
- 301~500元 29.1
- 501~1000元 10.8
- 1001元及以上 4.7

资料来源：艾瑞数据《2018年中国景区旅游消费研究报告》。

机、导游机、场景自拍仪、共享登山杖等二次消费项目在景区投放均取得良好的经济效应，同时为景区提供更为人性化的服务，推动景区的高质量发展。旅游景区作为旅游高质量发展的主要载体，包括国家级风景名胜区、红色旅游景区、文博院馆、寺庙观堂、旅游度假区（村）、自然保护区、名胜古迹、主题公园、森林公园、地质公园、湿地公园、游乐园、动物园、植物园及工业、农业、经贸、科教、军事、体育、文化艺术等各类旅游景区。可见，景区高品质的文创产品与优质体验的二消项目具有较大市场发展空间与消费潜力。

（三）起步相对较晚，发展快而不均

我国文化创意产业起步相对较晚，发展速度快、潜力大，区域发展不均衡特征显著，呈现集聚化发展趋势。国家统计局公布的数据显示：2017年全国文化及相关产业增加值为34722亿元，占GDP的比重为4.2%，比上年提高0.06个百分点，其中文化服务业增加值为19300亿元，增长20.4%，占比为55.6%。2019年前三季度，全国5.6万家规模以上文化及相关产业企业实现营业收入62187亿元，比上年同期增长7.6%，总体继续保持平稳较快增长，其中文化服务业 25636 亿元，增长 12.4%。分区域看，东部地区规模以上文化及相关产业企业实现营业收入 47017 亿元，比上年同期增长 6.7%，占全国比重为 75.6%；中部、西部和东北地区分别为 8841 亿元、5727 亿元和 602 亿元，分别增长 9.4%、13.8% 和下降 1.2%，占全国比重分别为 14.2%、9.2% 和 1.0%。初步形成首都文创产业区，长三角文创产业区，以武汉、长沙为代表的中部文创产业区，珠三角文创产业区，以重庆、成都、西安为代表的川陕文创产业区，以昆明、海口、三亚为代表的滇海文创产业区等文化创意产业集聚区。

文创细分产品方面近些年来发展迅猛，故宫文创成为典型的成功案例。2008 年故宫博物院成立"故宫文化创意中心"，同年成为国内第一家开淘宝店的博物院。故宫发展出了外包开发、授权生产、自主研发和跨界合作的方式，线上与线下相结合的营销模式。2017 年底，故宫文创产品已突破 10000 种，销售收入已达到 15 亿元。除故宫博物院文创外，北京颐和园、台北故宫博物院、苏州博物馆等文创项目均取得良好的市场效应，但仍有很多景区在文创与二消方面的尝试，创收效益并不显著，景区文创与二消产业发展有喜有忧，发展差异显著，呈现快而不均的发展状态。

三 景区文化创意与二次消费产业发展的现存问题

（一）合作模式存在体制机制困局

景区与企业的实践合作存在较为突出的两个共性问题：一是权属问题，二是景区运营效率问题。一方面，景区类别多样，性质与所属不同，其所有权、经营权与管理权等问题不同程度上困扰着景区的创新发展。另一方面，景区文化创意产品与二次消费项目的开发离不开与文旅企业的合作，作为以盈利为主要目标的文创企业自然关注利润的可持续性，与单纯以服务输出形式合作相比，更为倾向于参与或拥有经营权的资本化合作模式，这种合作模式类似于酒店管理集团，但大多数景区目前的权属与运营属性很难实现文创、二消企业的合作意向。国内旅游景区近年来虽逐步进行转型，由景区管委会发展成立运营管理公司，但实质的企业性质仍多为国有企业，国有企业的运营效率与文创、二消企业的运营机制存在较大差异，导致合作难免会出现摩擦与问题。

（二）景区商业空间的配套鸿沟

国内大多数旅游景区在规划开发的过程中，并没有预留或考虑景区商业空间的整体规划，从文旅企业的角度来看，文创产品与二消项目的开发需要统一的主题规划，但现实很少有景区能有这样的规划空间，文化创意产品与二次消费项目的场景选择受到很大局限。文旅企业希望将旅游商业空间打造成为景区里必要的一个景点，而旅游景区多数是我国重要的自然与人文旅游资源，其开发时更需考虑避免过度商业化使其资源遭受破坏。因而，不难理解，不是所有景区都愿意或倾向于打造网红店，积极制造场景，做爆款产品和项目。国有景区经济转型升级过程中开发度的把握很难界定，根本原因在于商业化开发与景区资源保护的内在矛盾。此外，现有景区仍有采用传统纪念品店销售商品，销售地集中，覆盖率低，销量较少；加之景区二消项目开发不足，旅游者接触旅游商品的概率很小，与流量景区形成鲜明反差与对比。

（三）尚未形成成熟的产业链

文创与二消是景区创新发展与转型升级的重要途径，但并不意味着景区只要进行文创产品与二次消费项目开发就能实现高效率高水平创收，其变现的过程需要考虑诸多因素与环节的操作与运营。首先，文创本身不能变现，"文创+"可以成为变现的产品或服务。其次，IP变现的问题。IP产业形态与业态形式的开发亦存在风险，文创衍生品停留在粗浅的设计创意层面，很难实现变现。最后，文创产品与二次消费项目的传播非常重要，如"两微一抖"等的传播效应不容小觑。目前诸多文旅企业定位模糊，产业链条仍处于初期形成与探索过程中，一定程度上影响企业专业化发展。因此，景区文化创意产品与二次消费项目的变现过程不是单纯的创意设计，产业环节的割裂影响实践变现，需要在开发、设计、生产、传播、运营与销售等各环节充分对接旅游者需求，实现景区的流量变现。

（四）"质价不符"与"同质化"现象普遍存在

目前多数旅游景区的产品及其体验环境明显滞后于市场发展，不利于文化创意产品与二次消费项目的传播与运营发展。一方面，"质价不符"仍普遍存在。国内不乏基础设施完善、旅游资源条件优越，但缺少文化底蕴与内涵的旅游景区，目前旅游商品市场，仍充斥着大量的旅游"纪念品"，做工粗糙、品质低、定价高，缺乏资源与文化特色。文创产品与二消项目的开发需要与场景相结合，旅游者往往在优质的场景体验中产生购买动机，但景区内粗加工甚至未加工的产品或项目形态，使旅游者的购买意愿无法实现。另一方面，文创与二消项目同质化开发现象普遍，运营成本较高。如国内目前诸多景区都有玻璃桥、索道、滑道等二消项目，其项目类别实质上较为单一。旅游产品多属体验式消费，难以重复消费，即常说的一锤子买卖，应充分把握专有属性与独有特色，景区文创产品与二消项目要打破这个惯常现象，才能实现景区的可持续创收与流量变现。

（五）合作对接的不充分与不匹配

景区文化创意与二次消费产业的发展不能完全依靠单一企业的开发与运营，特别是运营环节，需要更多企业在不同层面实现资源互补，业态共生。目前文旅企业并没有形成稳定的行业组织，来推动行业发展与资源整合，亦没有形成相同理念的业态共生机制，多数景区对产业发展信息掌握并不完全，实践中往往会存在第三方参与的合作模式，如景区代理商、行业协会、基金会等，但目前并没有形成统一或相对成熟的组织与机制，没有搭建起景区与文旅企业的沟通桥梁，不利于景区更有针对性地选择适合自身发展的合作伙伴，某种程度上制约了景区转型的步伐。再者，国内多数旅游景区文创产品与二次消费项目方面开发基础薄弱，甚至并没有找到契合自身特点的发展模式，加之对接不充分不匹配，导致文创产品创新创意能力不足，二消项目同质化现象普遍，甚至存在与其文化价值脱节的问题，更何谈通过文创与二消项目实现景区创收转型。

（六）复合型专业人才匮乏

景区文创与二消产业的发展需要专业人才支撑，目前我国旅游类专业的学科设置与人才培养模式，同文旅企业对人才的需求仍存在较大脱节。例如，在文创产品前端的开发和设计工作，往往由设计类专业人才代替，在产品后端的渠道运营很难找到具有文旅融合知识背景的复合型专业人才。虽然已有少数高校关注文旅人才的培养，如苏州大学应用技术学院成立周庄文旅学院，开展文旅人才的培养工作。但这样相对漫长的教育改革过程无法满足当下对于文旅人才的迫切需求。在文旅融合的发展趋势下，文旅人才培养是行业发展的重要人力资源储备，是推动文旅深度融合与可持续发展的重要影响因素，人才培育模式的转变及其培养渠道与方式的开发亦是产业发展需要关注与突破的又一难点。

四 景区文化创意与二次消费产业的实践新模式、新路径、新方案

（一）新模式——O2O模式

基于景区文创与二消产业发展实践与成功经验的基础，为厘清产业发展内在逻辑与关联，我们探索性地提出景区文化创意与二次消费产业实践的新模式即O2O（Online to Offline）模式，如图3所示。景区文创与二消O2O新模式主要指通过线上智慧营销带动线下，线上与线下互相促进转化的文创产品与二消项目的经营与销售的发展模式。景区文创与二消O2O新模式主要由三个层面构成，第一，最外层。以满足需求侧为内核的供给侧改革，景区文创与二消企业通过线上平台服务终端游客，促进旅游者消费全面升级，

推进景区流量变现的实现。第二，中间层。以大数据为依据传递游客需求和价值导向，提升企业创新设计的市场竞争力，改进线下场景设计体验，实现游客消费体验升级，同时可以通过线上随时选取相应的文创产品，实现线上线下的互转与相互促进。第三，核心层。基于市场需求的价值传导，推动文创"IP+"与场景式体验，实现由线上与线下的O2O路径互相转化与良性循环发展，这正是景区文创与二消O2O模式的核心机制，是实现景区流量变现的重要路径转化。通过旅游文创O2O新路径的线下与线上的结合与转化，实现近景与远景消费的双向销售渠道，提升景区文化创意与二次消费产业发展的内驱力，为景区经济转型与发展提供新模式，指明新方向。

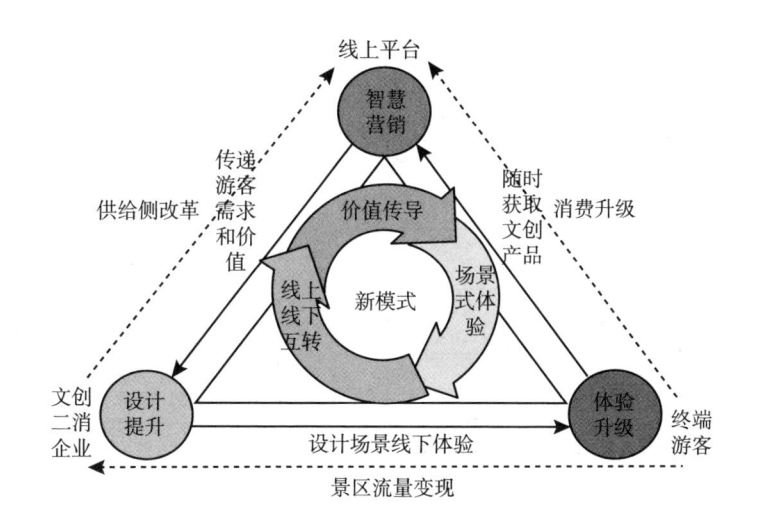

图3 景区文化创意与二次消费产业实践O2O新模式

注：本图参考了北京智维思创科技有限公司总经理肖杰的发言材料《景区文创产品实现客流变现的思考与尝试》。

（二）新路径——三层面"逆推式"路径

景区文化创意产品与二次消费项目的开发客观上应具有相对独特性，不能千篇一律，要充分结合景区文化资源特色，坚持定制化发展思路。景区文创与二消实践的新路径，主要以行业成功经验为基础，提炼与挖掘可行性发展规律，初步形成三层次"逆推式"发展新路径（见图4）。新路径的实践主要以需求层"逆推式"创新定制为核心，打通三个层面（企业层、产品层、需求层）的发展，三个层面相互推进，相互关联，贯穿景区文创产品与二消项目的开发与设计、生产与销售，最终实现景区经济创收与流量变现的完整过程。

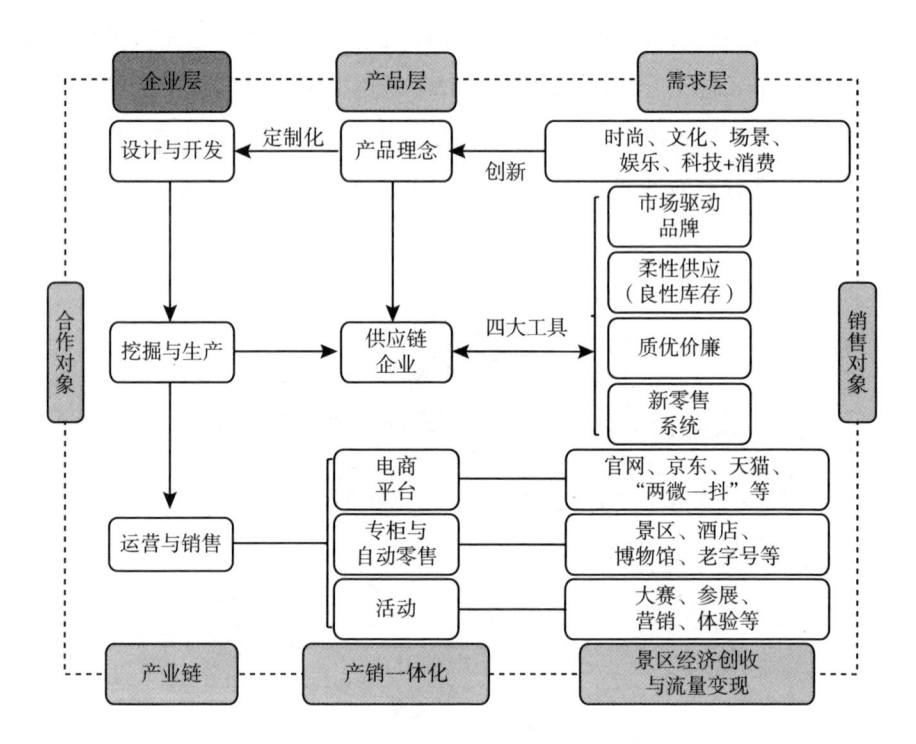

图4 景区文化创意产业与二次消费的实践新路径流程

第一，企业层。文旅企业是实现景区文创与二消项目落地的实施主体，目前涉及文创与二消的企业初步形成了以产品与项目设计与开发、IP挖掘与生产、运营与销售等为主要流程的多环节产业链。部分企业在单项或某些环节具有优势，企业发展形式与侧重存在多元化特点。如有些企业侧重文创衍生品的设计开发与生产；有些企业主要擅长产业运营与销售；当然亦存在全程业务链条均相对完整的企业。

第二，产品层。产品层的内容核心即为以需求为导向的产品理念创新。

景区文化创意产品与二次消费项目要以景区特有的核心理念为产品和项目开发基础，选取相匹配的优质供应企业，打造与景区文化和资源特色深入融合的文创产品与二消项目，在生产环节挖掘优质供应商企业，通过线上与线下平台进行多渠道营销与销售，使景区文化创意产品与二次消费项目在产品层实现产销一体化的发展路径。

第三，需求层。需求层是实现产品与项目从研发到创利变现的关键所在。在研发与设计环节，坚持以"时尚、文化、场景、娱乐、科技+消费"需求为导向，回归产品与项目核心理念，"逆推式"完成具有创新性的定制化产品与项目的研发设计。在产业生产环节，结合市场需求把握"四大工具"，即坚持市场驱动品牌；采取柔性供应系统，保持良性库存；开发质优价廉的产品或项目；应用新零售系统等。在运营与销售环节，依托电商与APP平台、专柜销售、活动策划等多元化营销载体，打造爆点，扩大景区知名度，成功开发与引流，实现景区创收与流量变现，推动景区经济转型与高质量发展。

（三）新方案——"五步走"客流变现方案

景区文化创意产品与二次消费项目的实践，最终以实现景区经济收入转型，增强创收与变现能力为主要目标，因而，如何提供具体有效的方案实现上述目标与任务内容，借鉴行业成功实践经验的基础上，提出景区文创与二消项目"五步走"客流变现新方案（见图5），主要步骤分析如下。

第一步，调查游客需求，规划最优布局。通过对景区旅游者特征（性别、年龄、地域、文化差异、职业等）、购买动机、产品需求等调查分析，确定其消费倾向和需求，制定产品与项目营销策略，做到有的放矢。例如，通过热力图对景区游客动线及密度分析，优化产品销售位置设置。景区入口处，客流密集，流动快，优选商品类布局点位；休闲景点处，客流量稳定，停留时间长，宜密集布局点位；景区过渡区，客流密集，但平均停留时间短，不宜做重点布局，若其空间较大，游览线路过半处，宜布局餐饮点位；景区出口处，客流稳定，纪念品需求大，优选商品类布局点位。通过数据叠

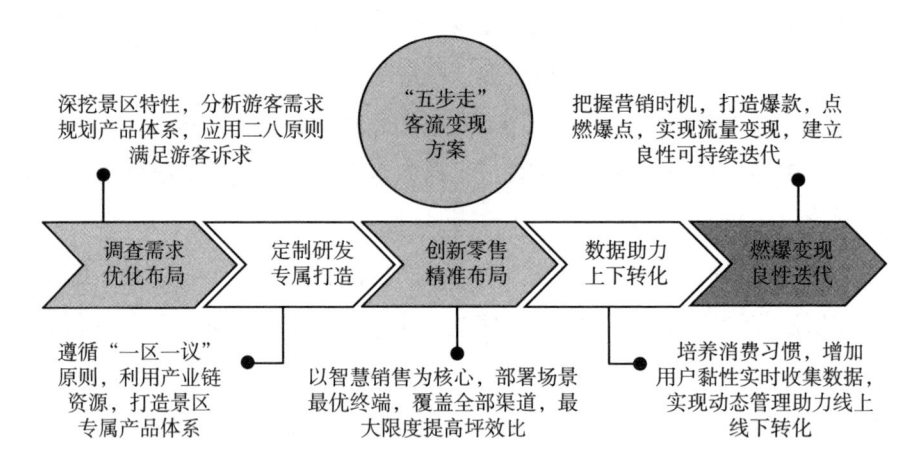

图5 景区文化创意产业与二次消费实践"五步走"客流变现新方案流程

注：本图参考了北京智维思创科技有限公司总经理肖杰的发言材料《景区文创产品实现客流变现的思考与尝试》。

加，优化商品组合与销售点位设置，促进销量最大化。

第二步，坚持定制化研发，打造专属产品体系。景区文化创意与二次消费项目的研发应遵循"一区一议"的原则，利用产业链资源，集开发、设计、转化、生产、品牌塑造于一体，致力于打造景区定制化的专属产品体系。文创销售实践中往往存在"二八定律"现象，即20%的产品销售量特别好，80%的产品是没有利润甚至是赔钱的，意味着如果大多数产品的销售存在"二八定律"，则必然存在产品变现的风险，建议景区客观认识部分产品销量不理想的现实。通过电商经营数据分析，着力做好与研发符合市场需要的高销量产品与项目，是实现景区文化创意产品与二次消费项目成功变现的关键。

第三步，创新智慧零售，精准定位布局。以智慧销售为核心，部署场景最优终端，覆盖全部渠道，最大限度提高坪效比。首先，智慧新零售依赖于新技术的发展，特别是物联网、人脸识别、移动支付、人工智能、大数据等技术的创新与普及，实现消费升级。其次，消费市场对创新的需求不断升级，消费者更追求服务与效率，注重体验式消费，是推动创新与智慧新零售的又一动因。最后,场地成本与人力成本提升的现实问题亦促使智慧新零售的快速发展与优先选择。如景区内的无人售卖店,具有价格降低、高效便捷、随时随意、精准投放的特点。此种销售模式能够更好地实现景区与企业的合作。智慧新零售可以做到销售透明,增进企业互信,有利于双方长期的合作与发展。

第四步,大数据助力智慧运营,线上线下成功引流转化。通过线上智慧销售将客流引至线下,形成相对稳定的会员体系,以大数据为助力对旅游者需求进行精细定位,打造随身化服务;推送精品与典藏价值产品,培养与引导收藏消费习惯,增加用户黏性;实时收集数据,实现动态管理,完善信息服务;同时优化线下智慧销售模式,提升购买体验;扩大销售规模,提升顾客数量,从而构建综合营销服务体系,助力营销战略布局。

第五步,点燃爆点变现,构建可持续良性迭代。景区客流变现方案最后一步即为打造网红爆款、点燃爆点。新媒介如"两微一抖"的娱乐推广力度空前,在充分利用智慧营销的基础上,选择恰当的时机点燃景区的爆点爆款非常重要,成功的燃爆是扩大景区流量非常重要的途径之一。引流与燃爆的成功并不意味着景区的变现是永久可持续的,还有非常重要的一点是需要坚持景区文创产品与二消项目的可持续研发,建立良性的迭代机制,适时淘汰与更新,为景区文创产品与二消项目提供可持续发展的创新源泉,保障景区客流变现新方案的持续有效运转。

五 景区文化创意与二次消费产业实践的创新策略

(一)坚持科学创新,深化体制改革

科学的思想理念是推动产业进步的内在动力,旅游景区应触角敏锐,洞察市场发展趋势,积极借鉴业内成功经验,坚持以新发展理念与高质量发展为指导思想的科学发展。文化和旅游融合背景下的当代旅游产业发展,需结合景区特有的资源与文化特点,明确景区文化创意产品与二次消费项目开发

的必要性问题，确定适切性与可行性，谋求以市场需求为导向的科学创新发展。景区转型升级与发展需从固有思维中解放出来，加快推进国有景区改革与创新发展，深化体制改革，革新发展机制，推动建立景区运营管理负责制考评机制，提高景区管理与运营效率，推动地方景区高质量发展，带动地区旅游经济的可持续增长。

（二）实时数据助力，精准定位市场

通过数据科学助力，分析消费市场，把握旅游者需求的核心与源头，充分认识旅游者需求具有相对隐性的特点（往往是量的累积到质的呈现过程，对其容易后知后觉）。因此，相对较为直观的数据助力对景区文创产品与二消项目的研发具有重要价值。实时数据监测同样有助于景区了解市场供给状态，掌握新兴产品与业态的发展状态与趋势，有利于景区精准定位市场，打造景区自身发展的可行性方案。同时要坚持实行动态与常态的大数据助力支持，及时掌握市场动态咨询，为产品与项目的创新迭代提供信息保障，实现科学发展。

（三）深挖专属IP，注重场景融合

景区文创产品与二次消费项目的开发基本采取"定制化"模式，做到"一区一议"。景区文创产品与二次消费项目开发的关键是对IP及其衍生品的深度挖掘与场景的融合打造，真正做到创新创意。IP的挖掘与场景的打造是景区文创与二消项目的开发基础，是燃爆景区的必备产品基础环节。IP的挖掘具有专属性与特殊性，文创产品与二消项目的打造亦具有相似特点，需特别注意避免同质产品开发，主要挖掘自身特有属性、资源特点与文化内涵，充分分析市场需求主体的主要吸引因素，以可持续开发的视角考虑产品的迭代与创新研发。

（四）智慧运营"旅游+"，创新营销"互联+"

景区文创产品与二消项目的开发须以"旅游+"为发展理念，最基本

的就是"旅游+文化"是时代赋予文旅融合的内在产业联结,是景区文创与二消产品开发最为重要的特征属性。此外,"旅游+文化+"的多元形态产品均可发展成为景区文创与二消的终极产品,通过对"旅游+"文创产品与二消项目的智慧运营,将线下产品线上推广。要充分利用"互联+",景区文创产品与二消项目的销售与运营要充分利用现代移动互联的创新成果,包括移动互联平台、移动支付、云端管理等技术手段贯穿景区文创产品与二消项目的开发、设计、生产、销售与运营等各环节,推动景区文创与二消产业的智慧型创新发展。

(五)转型人才培养,助力文旅融合

景区文创与二消产业的可持续发展离不开高质量人力资源的储备,复合型人才的培养具有一定的滞后性特点,理论与实践的脱节一定程度上影响人才的高效率利用。长远来看,仍需从根本上进行专业人才培养模式的转型发展,对文旅复合型人才的培养要把握符合旅游市场发展规律的本质需求。只有在培养目标、课程设置、教材开发、师资建设、专业实践实训对接等多方面实现全面转型,才能推动文旅复合型高质量人才培养,真正实现理论与实践的对接,行业与教育的对接,产业与人才的对接。此外,短期满足对文创与二消产业人才的需求,可以建立多元化培训机制,多渠道、多领域、多专业遴选复合型人才开展灵活而多样的培训,提高现有产业队伍的专业素质,拓展行业急需的人力资源,满足产业发展与文旅融合的市场发展需求。

(六)完善激励保障,调动产业活力

景区文创与二消产业的发展离不开文旅企业的助力与支持,适时适度地建立与完善相应的鼓励机制具有一定的促进作用。目前政府通过举办赛事鼓励文创产业发展,多数仍停留在产业层面,缺乏从整个业态创新升级的高度建立激励机制,在一定程度上,没有形成良好助力,无法推动文创企业的大跨越发展。激励机制的建立与完善对增强产业发展活力,加快促进产业业态与产业链条成熟具有重要的意义。与此同时,为保证行业健康发展,相关的

法律法规与政策机制应尽快制定、建立。此外，第三方资源平台的成熟搭建等均对助力景区文创与二消产业的发展，调动产业活动具有重要的作用与意义。

参考文献

潘海颖、张莉莉：《创意旅游之内涵特征、构建图谱与发展前瞻》，《旅游学刊》2019年第5期。

王慧敏：《以文化创意推动旅游产业转型升级》，《旅游学刊》2015年第1期。

王兆峰、黄喜林：《文化旅游创意产业发展的动力机制与对策研究》，《山东社会科学》2010年第9期。

徐丹丹、孟潇、卫倩倩：《文化创意产业发展的文献综述》，《云南财经大学学报》2011年第4期。

朱自强、张树武：《文化创意产业概念及形态辨析》，《东北师范大学学报》（哲学社会科学版）2012年第1期。

张振鹏、王玲：《我国文化创意产业的定义及发展问题探讨》，《科技管理研究》2009年第6期。

蔡荣生、王勇：《国内外发展文化创意产业的政策研究》，《中国软科学》2009年第8期。

厉无畏、王慧敏：《创意产业促进经济增长方式转变——机理·模式·路径》，《中国工业经济》2006第11期。

冯学钢、于秋阳：《论旅游创意产业的发展前景与对策》，《旅游学刊》2006年第12期。

粟娟：《基于RMP的事件型文化创意旅游产品开发》，《资源开发与市场》2010年第26期。

范长征：《英美文化遗产创意旅游与"参与式"体验》，《甘肃社会科学》2017年第7期。

Greg Richards, "Creativity and Tourism: The State of the Art", *Annals of Tourism Research*, 2011 (38).

G.19
美食旅游创意营销打造目的地品牌

胡方丽 刘晓洁 沈 涵*

摘 要： 美食旅游作为特殊兴趣旅游之一，对旅游者具有强大的吸引力，以其独特的体验性和文化性吸引着诸多旅游者的参与。本报告通过分析旅游者美食消费的动力，发现旅游者在旅游过程中消费美食的动机主要在于生理动机、心理动机、文化动机和社会动机。同时对全球美食旅游的创意营销案例进行梳理，总结了美食旅游五大创意营销手段，探究其营销特点和在目的地中的应用，旨在为中国美食旅游的营销提供借鉴。

关键词： 美食旅游 旅游目的地 创意营销

"食"作为旅游六要素之一，在旅游活动中扮演着不可缺少的角色。随着人民生活水平和消费需求的不断提升，对于饮食的需求也不再局限于饱腹，而是追求更高层次的味蕾享受和精神文化享受。在旅游业快速发展的过程中，传统观光旅游已经不再能满足游客的需求，更多的游客开始追求注重体验的旅游形式。美食作为一种特殊的旅游吸引物，兼具体验性和文化内涵，成为特殊兴趣旅游中的重要分支。

---

* 胡方丽，复旦大学旅游学系硕士研究生，研究方向为城市品牌研究；刘晓洁，复旦大学旅游学系硕士研究生，研究方向为旅游消费者行为研究；沈涵，复旦大学旅游学系教授，中国社会科学院旅游研究中心特约研究员，从事消费者行为、旅游市场营销、城市品牌等方面的研究。

一 美食旅游相关理论

对于美食旅游的研究兴起于21世纪初的日本和西欧学界，以2000年召开的首届关于地方特色美食与旅游的国际会议为开端。[①] 美食旅游被称为"Culinary Tourism"，主要有以下特征：（1）美食旅游是以美食及其相关作为旅游吸引物；（2）美食旅游强调游客的体验性，通过美食来体验异地文化内涵。

Fields在2002年提出旅游中与美食相关的动机可以分为4种——身体动机、文化动机、人际交往动机、身份地位动机。[②] Kim等则发现了影响旅游目的地饮食消费的9个动机因素，分别为有趣体验、摆脱常规、健康相关、学习知识、真实体验、团结精神、声望、感官吸引和物理环境。[③] 通过这两个研究可以发现，旅游者在旅游地进行饮食活动的动机除了身体需求之外还有精神文化方面和社会交往方面的需求，其在旅游过程中进行饮食的动机包括了寻求新奇感、摆脱日常压力、学习新的知识、促进人际交往、维护地位声望等。Kim和Eves在前人研究的基础上提出了旅游者在旅游地进行美食消费的五因素测量表——文化经历、人际关系、趣味性、感官吸引力和健康问题。[④] 参考以往学者的研究并且根据我国美食旅游发展的现状，可以将游客消费美食的动机主要分为生理动机、心理动机、文化动机和社会动机。

生理动机主要表现为三个方面：第一个方面是满足基本生存需求；第二

[①] Cohen, E., Avieli, N., "Food in tourism: Attraction and impediment", *Annals of Tourism Research*, 2004, 31 (4): 755–778.

[②] Fields, K., "Demand for gastronomy product: motivational factors", *Tourism and Gastronomy*, London: Routledge, 2002: 37–50.

[③] Kim, Y., Gang, L., "Customer satisfaction with and loyalty towards online travel products: a transaction cost economics perspective", *Tourism Economics*, 2009, 15 (15): 825–846.

[④] Kim, Y., Eves, A., Scarles, C., "Building a model of local food consumption on trips and holidays: a grounded theory approach", *International Journal of Hospitality Management*, 2009, 28 (3): 423–431.

个方面则是满足感官体验的需求，Fields 认为品尝当地食物是通过人们对视觉、味觉和气味等感官知觉的一种身体体验。[1] 第三个方面是出于健康动机。Kim 等认为健康是游客对当地食品兴趣的主要动机，游客考虑在自然环境中品尝当地食物是在精神上或身体上改善健康状况的一种手段，用当地食材制成的当地食物会被认为对健康更好。[2]

心理动机主要表现在两个方面。第一方面是猎奇心理。Lupton 认为，饮食经历会给人们的生活带来兴奋；[3] Mayo 和 Jarvis 指出，不可预测性可以被视为一种激发情绪的源泉，可以吸引需要刺激性事物的游客。[4] 饮食和旅游所具有的不可预测性和猎奇性会带来兴奋性体验。第二方面是享乐逃避心理。Mayo 和 Jarvis 认为"逃避常规"是日常生活中变化或不同的条件。[5] 他们补充说，每天的转变是一种克服焦虑和无聊感的方法，因此可以提高自由度和满意度。Hjalager 认识到一些游客对品尝当地美食感兴趣，认为他们是"美食旅游游客"，试图摆脱例如日常购物、准备食物和用餐的日常习惯。享乐逃避心理使得游客在旅游中享受美食能够满足其缓解焦虑和逃避日常压力的心理。[6]

文化动机是指旅游者通过品尝美食而体验到当地特有美食中蕴含的文化。Richard 发现当地饮食文化及其起源是吸引消费者尝试新食品的原因之一[7]。每个地方都有其特定的饮食，这些饮食蕴含着当地的生活习惯和饮食习惯等文化内涵，一些旅游者基于文化感受动机体验当地的美食。

---

[1] Fields, K., "Demand for gastronomy product: motivational factors", *Tourism and Gastronomy*, London: Routledge, 2002: 37-50.

[2] Kim, Y., Gang, L., "Customer satisfaction with and loyalty towards online travel products: a transaction cost economics perspective", *Tourism Economics*, 2009, 15 (15): 825-846.

[3] Martens, L., "Food, the Body and the Self (Book)", *Sociology of Health & Illness*, 1997, 19 (2): 249-251.

[4] Mayo, E., Jarvis, L. P., "The psychology of leisure travel", Boston MA: CBI, 1981.

[5] Mayo, E., Jarvis, L. P., "The psychology of leisure travel", Boston MA: CBI, 1981.

[6] Hjalager, A. M., "What do tourists eat and why? Towards a sociology of gastronomy and tourism", *Tourism*, 2004, 52 (2): 195-201.

[7] Tellström, R., Gustafsson, I. B., Mossberg, L., "Consuming heritage: the use of local food culture in branding", *Place Branding*, 2006, 2 (2): 130-143.

社会动机表现在两个方面：第一方面表现为社会交往动机，目前已经有很多研究说明一些旅游者的出行动机是建立人际关系，而共享食物带有很强的互动性，可以促进人际关系的建立；第二方面是提高地位和声望的动机，Dann认为旅游可以使得人们对自我尊严的渴望得到激发并且提高自信。[1] Fodness认为人们有时会通过食用某些类型的食物来与其他人作区分，这种行为与声望地位有关。[2] 旅游者在旅游中食用某些美食可能带着一定的提高地位声望的目的。

旅游者在旅游过程中消费美食的动机在于生理动机、心理动机、文化动机和社会动机，反过来这些动机也是美食对于旅游者产生吸引力的作用因素。在旅游过程中，美食通过满足旅游者的基本生存需求、感官需求和健康需求而对旅游者产生生理方面的吸引力；通过满足旅游者的猎奇心理和享乐心理而对旅游者产生心理方面的吸引力；通过满足旅游者的文化需求而对旅游者产生文化方面的吸引力；通过满足旅游者的社会交往和地位声望的需求而对旅游者产生社会方面的吸引力。

二　全球美食旅游目的地创意营销案例

随着旅游者需求的日益多元化和旅游市场竞争的加剧，旅游目的地迫切需要开发"旅游+"细分市场，挖掘目的地新潜力。美食作为旅游者的特殊兴趣，对他们的吸引力逐渐增大，甚至成为影响他们旅游决策的关键因素。Booking.com的调查显示，75%的中国人会根据美食来决定旅游目的地。美食不仅能够丰富旅游产品，展现当地文化和历史，还有助于促进旅游目的地品牌形象的塑造。因此，美食正逐渐成为旅游目的地营销的新途径。本报告通过对国内外美食旅游目的地营销的案例进行梳理，归纳出以下几种。

---

[1] Dann, G. M. S., "Anomie, ego-enhancement and tourism", *Annals of Tourism Research*, 1977, 4 (4): 184-194.

[2] Fodness, D., "Measuring tourist motivation", *Annals of Tourism Research*, 1994, 21 (3): 555-581.

（一）节事营销创造旅游吸引点，提升美食目的地品牌形象

美食旅游目的地节事营销是指节庆和特殊事件期间，利用消费者的节事消费心理，综合运用广告、公演、现场售卖等营销手段，进行的产品、品牌、目的地推介活动，旨在提高产品的销售力，提升美食旅游目的地品牌形象。美食旅游目的地可以通过举办节事活动创造新的旅游吸引点，借助活动举办前的大规模新闻、广告等多元化的宣传，举办时的焦点效应和举办后的余波效应提高旅游目的地的知名度，低成本、高效率地吸引游客，塑造美食旅游目的地的品牌形象。同时，节事活动还可以通过一系列产品和项目极大地提高游客的互动感和参与感，增强游客的旅游体验，从而成为众多美食旅游目的地和城市形象推广的重要方式。

例如，青岛、慕尼黑、丹佛、伦敦等地均以啤酒为品牌依托发展集旅游、休闲、度假、娱乐、文化、商务、体育、竞技于一体的大型节庆活动，引入咖啡馆、书店、文创产品店等多种业态，通过丰富多彩的美食和娱乐项目，吸引数百万的游客前来游玩和体验。波帕扬是联合国教科文组织命名的世界上第一个"美食之都"，当地的烹饪协会与城市各部门合作，促进波帕扬美食的发展，当地一年一度的美食节更是闻名世界，吸引了大量游客前往参加。苏黎世美食节每年都会有超过150场的美食活动，包括烹饪工作坊、研讨会、品酒会、厨师交流会等，从街头小吃到高级料理，应有尽有，美食节还积极贯彻自己动手的理念，游客可以在名厨的指导下动手为自己和家人烹制大餐，甚至可以体验到从农场到餐桌的过程。顺德与22个世界"美食之都"城市合作共建"一带一路"国际美食文化节以及国际美食文化交流中心，以"创意美食——美食、文化和可持续创新"为主题，举办美食节、文化展览、文化沙龙、烹饪比赛、国际论坛等活动，促进世界美食文化的交流和传播。

（二）影视营销借助情感移入，促进美食目的地消费升级

美食旅游目的地影视营销是旅游目的地利用电影电视中的制作地点、环境、过程、节事活动、片段，经过营销策划宣传，将美食旅游目的地推向市

场,以取得美食旅游需求满足和美食旅游目的地利益相一致的一种新的营销类型,主要包括电影、电视剧、综艺节目、纪录片等方式。影星、外景地、能够表达电影元素的主题甚至是一些不显眼的场景都能够吸引一定的观众,实现事半功倍的宣传效果。目前影视营销的植入方式主要包括对白植入、故事情节植入、场景植入三种,其中故事情节植入的难度最大,效果也最为显著。许多美食旅游目的地经过精心策划,深度挖掘影视剧的标志,使其与美食旅游目的地高度融合,从而实现有效营销。此外,影视营销可以借助情感移入,增强游客的临场感和共鸣,拉近游客与美食旅游目的地之间的距离,激发游客前往影视作品中美食旅游目的地打卡的欲望,开发相关的美食旅游产品,增强潜在旅游消费者对目的地的记忆程度,促进美食旅游目的地消费。

例如,在由奥黛丽·赫本主演的经典爱情电影《罗马假日》中出镜的罗马棕榈冰激凌店吸引众多影迷和美食爱好者前往朝圣,成为2019年国庆期间最受中国游客喜爱的美食目的地第一名。电视剧《白鹿原》的热播带火了陕西油泼面,剧中的仙草制作油泼面的过程如行云流水,白嘉轩一家人狼吞虎咽的样子更是让观众馋得直流口水,电视屏幕也挡不住油泼面的香味。由 CNN 推出的美食旅行纪录片 *Parts Unknown* 受到广泛欢迎,在节目中,美食探险家 Anthony Bourdain 会和不同年龄、不同阶层的当地人边吃边聊,在闲谈中展现世界各地的美食和风土人情。节目由第一人称叙述,没有刻意强调"吃",却令人印象深刻。央视的纪录片《寻味顺德》让全国人民了解到顺德。作为世界美食之都,顺德菜以清、爽、鲜、滑、嫩、真出名,在粤菜中独树一帜,顺德点心更是制作精致、味道可口,其中双皮奶等11种小吃入选"中华名小吃"。此外,《舌尖上的中国》《风味人间》《人生一串》《锋味》等节目也促进了众多美食旅游目的地的发展。

(三)视频和内容营销打造网红目的地,开辟美食旅游营销新模式

视频和内容营销是指美食旅游目的地创建一些与美食消费者相关的、有价值、有吸引力的内容,并把这些内容通过社交媒体等分享给目标受众,吸引美食旅游者购买,或吸引他们重游,主要包括直播、Vlog、短视频、IP

化和名人营销等方式。

对于美食旅游目的地来说，开发和设计优质的故事是进行内容营销的核心。在内容营销中，深度挖掘目的地的潜力进行 IP 化，有利于促进其实现多元价值的开发，无限扩展美食旅游目的地的内涵。同时，在多样化、碎片化和视听化的网络时代，兼具内容入口与社交基因的短视频开辟了美食旅游目的地营销的新模式，受到年轻用户的广泛青睐。在原创内容和热点话题的带动下，消费者借助抖音、快手等短视频平台进行模仿和二度创作，寻找到自己的情感共鸣点并自发传播，进而形成"病毒式"传播，促成极佳的营销效果。然而，单纯的内容和视频营销无法直接促使消费者的即时决策，旅游直播营销则利用名人效应，将美食旅游目的地的特色风味、文化、历史等通过网络直播的方式展示给观众，灵活地与观众进行互动、及时收集观众的反馈并提出解答和建议，打破了时空的限制，增强了真实感，甚至还可以根据观众的特点细分市场进行针对性的直播和营销，有利于促进观众的冲动型消费。艾瑞咨询曾在 2017 年就网络直播用户对直播营销的态度进行了调研，结果显示，高达 97.2% 的网络直播用户对直播营销持正面态度，会观看或参与直播，有 64% 的用户愿意购买主播推荐的产品，由此可见，旅游直播营销的影响力不容小觑。

例如，澳大利亚凭借"美厨竞赛"澳大利亚版和"澳世盛宴"等国际营销活动极大地提高了澳大利亚的美食旅游目的地排名。澳大利亚借助美食元素，将旅游业和农业有效结合起来，邀请许多米其林厨师到澳大利亚开餐厅、现场烹饪和举行烹饪比赛，并在 Facebook 等社交媒体上进行针对特定客源市场的定向推广和精准营销，实现"病毒式"的自传播网络营销，打造了"旅游+美食"的新模式。美食短视频 Worth It 利用 Buzzfeed 数据库，结合在其中检索出的美食、味道测评、结伴旅行等流行元素，进行美食寻访，向观众展示新奇的、有文化差异的食物，选择的目的地包括澳大利亚悉尼等。万豪酒店推出由万豪国际大中华区万豪中餐厅厨艺总监曹锦明和美食纪录片《舌尖上的中国》一、二两季和《风味人间》总导演陈晓卿加盟的宣传片《穿粤食光》。短片通过他们各自对粤菜文化理解的阐述和在当地探

索粤菜美食的经历，传递出旅游目的地的文化和内涵。由于在抖音上的"病毒式"传播，西安永兴坊的摔碗酒一夜之间火遍全国，由此成为西安旅行必不可少的体验项目。新墨西哥州的圣达菲是辣椒的种植地和烘焙地，具有独特的辣椒文化，当地也借此打造辣椒目的地 IP 品牌。此外，圣达菲还将自身的美食文化和西班牙殖民时期及美国土著历史相结合，将自己的美食、历史、环境相连接，促进了圣达菲辣椒目的地品牌 IP 的成功。舟山发挥自身海洋文化和海岛特色的优势，以"海+鲜"为主题，形成海鲜美食、地方名吃和普陀素食三大特色美食体系，同时建设功能齐全的现代餐饮文化街区作为载体，打造独特的"舟山味道"IP，对"95 后""00 后"的年轻人群体进行精准营销，实现舟山美食目的地品牌的差异化，从而吸引更多的过夜游客和休闲度假旅游者。

（四）联合营销连接内外产业链，实现美食营销效果最大化

美食旅游目的地联合营销是指多个利益主体通力协作，共同开展美食目的地营销和促销。联合实施营销，并不限于不同的美食旅游目的地之间，还可以包括同一美食旅游目的地的不同部门之间、美食旅游目的地的上下游供应链环节之间、线上媒体和线下现场活动之间等。美食旅游目的地可以根据实际需要同产业链甚至产业链以外的多家企业建立合作营销关系，涉及不同的行业、地域和平台，范围相当广泛。利用线上旅游天然的流量、渠道、大数据优势，以及线下活动促使受众变被动为主动的特点，实现全媒体、多渠道、多触点、广泛传播，联动互补，形成线上线下营销闭环，推动美食旅游目的地粉丝流量转化。另外，美食旅游目的地还可以激发全行业的积极性，利用社会的力量，促进旅游局和大学、研究机构等其他公共部门、民间组织（非营利的基金会等）、商业企业、个人之间的合作，建立一个良好的美食旅游目的地营销组织，实现共同利益。

例如，德国国家旅游局和美团旅行在北京联合举办了"寻味德国"的主题发布会，双方将合作深入挖掘德国美食，打造德国美食旅行。美团将发挥自身平台优势，通过一系列线上线下活动，将德国迷人的美食和文化推荐

给消费者。美团旅行还与张家港旅游局联合举办 2018 年张家港旅游美食文化系列活动，包括"人间烟火——舌尖上的港城"美食挖掘和拍摄活动、星厨大赛、"食志不移"活动和"美团旅行玩乐派"活动等，以张家港美食为亮点，结合住、行、游、购、娱等其他要素打造旅游活动，通过社交媒体和视频 APP 等平台形成线上线下美食营销闭环，树立张家港旅游美食新品牌和新形象。猫途鹰（TripAdvisor）与新西兰旅游局合作打造"纯净新西兰美食之旅"，将《锋味》中的新西兰美食之行与猫途鹰平台的游客点评内容结合，并在微信朋友圈进行广告推广，展现新西兰丰富的旅游美食资源。马蜂窝未知旅行实验室和全球领先的社交美食体验平台 Eatwith 合作，为旅游者打造"好吃的圣诞"活动，参与者可以通过马蜂窝旅游 APP、官方微博、官方微信等参与活动获得抽奖机会，中奖者将有机会获得前往全球 9 大城市之一的往返机票和一顿当地的圣诞大餐，深度体验当地的美食和文化。晶钻会邮轮推出"环球遨游，本地美食"活动，此项活动主要涉及欧洲 27 个港口的 35 家餐厅，游客可以在这些本地餐厅尽情享受当地美食，了解当地文化。顺德大良街道为了促进美食和旅游的联合发展，专门成立了以"美食+旅游"为组合模式的跨界行业协会——大良美食旅游促进会。

此外，许多旅游目的地也一直在寻求与名厨合作选出当地美食，以色列旅游局和当地著名大厨 Michael Solomonov 合作，设计了一条美食路线。费城旅游局也一直与名厨合作，充分发挥他们的连接作用，向游客介绍当地的美食和文化。罗得岛州首府普罗维登斯与名厨合作策划举办餐厅周活动，创造"个性厨师"的潮流，在各媒体渠道上进行广泛传播，打造当地的美食品牌。经过多年的努力，普罗维登斯被休闲旅游杂志评为美国第一美食城市。

（五）情景化营销增强互动共鸣，实现美食旅游目的地差异化

美食旅游目的地情景化营销是指以美食为媒介，将目的地景点、历史文化和乡土食材结合起来，注重游客体验，增强游客在目的地的仪式感、文化感、互动感，创造情境化旅游，实现美食旅游目的地差异化。《2018 中国旅游美食消费力白皮书》显示，旅游目的地地方特色风味是游客的首选，在

全国众多旅游城市的美食占比中，地方特色约为64%，连锁品牌约为35%，酒店餐饮仅占约1%。情境化的美食旅游体验往往会让游客印象深刻，有利于强化旅游者对美食旅游目的地品牌形象的认知，有效地展现美食旅游目的地的品牌个性。

例如，翎芳宴团队将奥地利格莱士贵腐酒和日本和歌山罗生门清酒分别与当地的独特食材相结合，设计出融合当地文化、历史的创新美食产品，解决了奥地利伊尔米茨小镇和日本和歌山市无法留住过夜游客的困境，既提高了酒品牌本身的知名度，也增强了游客的文化感、满意度，延长了游客的停留时间。苏格兰首府爱丁堡别出心裁地将当地历史悠久的建筑遗产和美食结合起来，打造美食遗产之路，为游客提供文化和美食的双向互动，增强了游客的体验感和文化感，通过具有情境化的旅游，促使游客更深刻地理解当地的古典与优雅。

三 对中国美食旅游营销的启示

（一）灵活运用美食消费动机进行营销

旅游者在旅游过程中消费美食的动机包括生理动机、心理动机、文化动机和社会动机。营销主体需要灵活运用旅游者的美食消费动机进行营销，如通过奇特美食激发其猎奇心理，通过文化内涵发掘激发其文化动机等。因此，地方营销团队应该根据上述消费者的美食旅游动机，结合本地特色，进行有针对性的品牌塑造和创意营销。例如，针对寻求文化体验的消费者，美食旅游目的地可以将本地文化、历史、食材融入美食中，打造美食旅游的文化体验产品和具有仪式感、参与感的美食情境，促使游客和美食旅游目的地达到更高层次的精神联系和情感共鸣。

（二）多种新型营销方式打造美食旅游热点

美食旅游是一种新兴的特殊兴趣旅游形式，需要运用多种新型营销手段共同促进美食旅游的发展。通过创造节事活动来激发旅游者的消费心理，创造旅游新吸引点，提高城市美食旅游热度，同时也增强旅游者在美食旅游体验中的体验性和参与感，让节庆活动成为城市美食旅游推广的一种重要方式；通过影视营销将美食旅游目的地被更多兴趣者所熟知，创造通过影视推广的一波美食旅游新热潮；通过视频和内容营销打造网红目的地，利用名人影响力促进游客的冲动消费，创造美食带给旅游者的共鸣点和热点。例如，可以根据地方气候特点和居民生活习惯，打造夜市、美食一条街等城市美食项目。也可以通过视频直播营销打造美食排行榜、美食料理达人的节目、网红必去打卡地等。

（三）多个营销主体合作建设美食旅游品牌

一个城市美食旅游品牌的建立涉及多个不同的行业、多个不同的部门、多个不同的组织和多个企业的共同努力。只有多个主体之间通力合作、共同营销，才能使得城市的美食旅游品牌得以建立。通过对不同利益相关者的关系协调和资源整合，挖掘民间大厨、非遗传人、美食文化、美食达人、传统美食、老字号、历史街区、居民社区等利益相关者，梳理他们的优势资源和利益诉求，发挥行业协会的作用，根据地区的发展规划和产业布局战略，整合大众媒体平台和自媒体传播渠道，与OTA等专业销售机构合作，共同打造地方美食旅游品牌。

参考文献

Cohen, E., Avieli, N., "Food in tourism: Attraction and impediment", *Annals of Tourism Research*, 2004, 31 (4): 755 - 778.

Long, L. M., *Culinary Tourism*, The University Press of Kentucky, 2013.

Smith, S. L. J., Xiao, H. G., "Culinary tourism supply chains: a preliminary examination", *Journal of Travel Research*, 2008, 46 (3): 289 - 299.

Wolf, E., "Culinary tourism: a tasty economic proposition", http://www.culinaryto

urism. org / faq. php, 2002 - 04 - 09 /2008 - 10 - 09.

Fields, K., "Demand for gastronomy product: motivational factors", *Tourism and Gastronomy*, London: Routledge, 2002: 37 - 50.

Kim, Y., Gang, L., "Customer satisfaction with and loyalty towards online travel products: a transaction cost economics perspective", *Tourism Economics*, 2009, 15 (15): 825 - 846.

R. Scarpato, "Gastronomy as a tourist product: the perspective of gastronomy studies", *Tourism and gastronomy*, London: Routledge, 2002: 51 - 70.

Kim, Y., Eves, A., Scarles, C., "Building a model of local food consumption on trips and holidays: a grounded theory approach", *International Journal of Hospitality Management*, 2009, 28 (3): 423 - 431.

Martens, L., "Food, the Body and the Self (Book)", *Sociology of Health & Illness*, 1997, 19 (2): 249 - 251.

Mayo, E., Jarvis, L. P., "The psychology of leisure travel", Boston MA: CBI, 1981.

Hjalager, A. M., "What do tourists eat and why? Towards a sociology of gastronomy and tourism", *Tourism*, 2004, 52 (2): 195 - 201.

Tellström, R., Gustafsson, I. B., Mossberg, L., "Consuming heritage: the use of local food culture in branding", *Place Branding*, 2006, 2 (2): 130 - 143.

Dann, G. M. S., "Anomie, ego-enhancement and tourism", *Annals of Tourism Research*, 1977, 4 (4): 184 - 194.

Fodness, D., "Measuring tourist motivation", *Annals of Tourism Research*, 1994, 21 (3): 555 - 581.

三大市场与港澳台旅游

Markets Analysis

G.20
2019~2020年中国国内旅游发展分析与展望

郭 娜*

摘　要： 2018年全年及2019年上半年，国内旅游市场保持稳定增长，假日旅游、红色旅游持续旺盛，文化休闲需求日渐凸显，消费升级、消费分层协同发展，产业创新更加活跃，区域旅游市场格局呈现均衡化发展趋势，但城乡二元格局继续强化。各地文化建设和旅游融合发展的积极性空前高涨，2020年文旅融合经济效应将继续释放。要关注旅游市场新变化，增强文化旅游产品的吸引力，迎合游客对优质旅游的新诉求，找准市场发展新方向，培育新的旅游消费增长点。

关键词： 国内旅游　旅游收入　旅游人数　假日旅游

---

* 郭娜，中国旅游研究院助理研究员、博士，长期从事乡村旅游、亲子旅游、区域旅游规划等方面的研究。

一　2018年全年及2019年上半年国内旅游发展状况

当前，人民对美好生活的向往日益成为优质旅游发展的新动能，文化和旅游融合更为文化事业、文化产业和旅游产业发展注入强劲动力。2018年是文化和旅游融合发展的开局之年，旅游业发展环境继续优化。年初政府工作报告把出境旅游增长作为民生改善的巨大成就，释放鼓励消费的积极信号，部署推进厕所革命、创建全域旅游示范区、降低国有重点景区门票价格等重点工作，国家、地方文化和旅游部门机构改革顺利推进，多部门联合推动旅游业发展的格局已经形成。在众多利好政策的推动下，我国旅游消费正朝品质化转向，并继续领跑宏观经济。

（一）市场规模持续稳定增长

按照统计数据测算，2000~2018年十九年间，国内旅游市场规模持续高速增长，国内旅游人数年均增幅为11.8%，旅游收入年均增幅达到16.7%，远远高出同期我国GDP和社会消费品零售总额的平均增幅。[①] 2018年，全域旅游推动旅游经济实现了较快增长，大众旅游时代的市场基础更加厚实，产业投资和创新更加活跃，经济社会效应更加明显。2018年全年，国内旅游人数55.39亿人次，比上年同期增长10.8%。国内旅游收入5.13万亿元，较上年同期增长12.3%。两项指标连续第10年实现两位数以上增长。可以说，旅游已经成为人民美好生活的重要组成。《2019年上半年全国旅游经济运行情况报告》显示，2019年上半年文化和旅游消费活跃，更趋日常化，国内旅游稳步增长。2019年上半年，国内旅游人数达30.8亿人次，国内旅游收入达2.78万亿元，同比分别增长8.8%和13.5%。尽管出游人数和人均花费增速放缓，但旅游在拉动消费增长中的作用更加突出。

---

① 从2011年起国内旅游抽样调查方式发生变化，此处未剔除因调查方式变化带来的影响。——笔者注

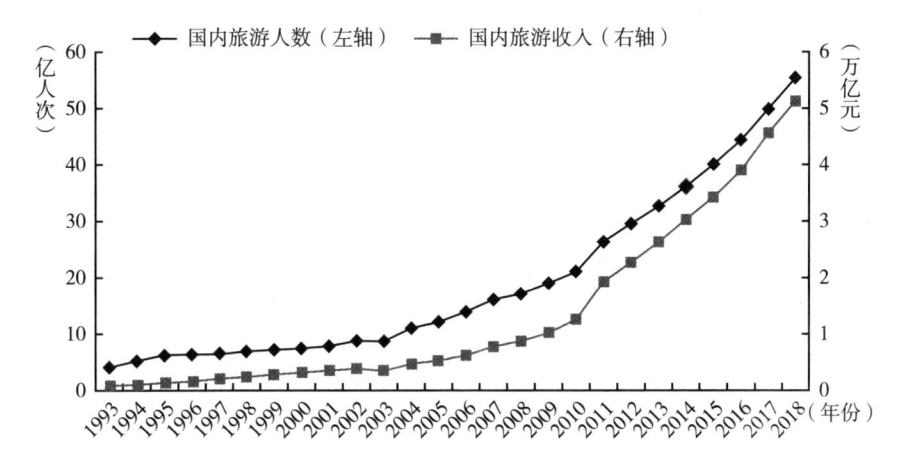

图1　1993～2018年国内旅游市场情况

资料来源:《中国旅游统计便览2018》。

(二)文化休闲需求日渐凸显

文化和旅游融合让假日旅游消费更时尚、更有品质,国民的文化休闲诉求也逐步显现。节假日期间,丰富多彩的民俗节庆活动和假日旅游产品,特别是和非遗、自然遗产旅游等深度融合的体验活动持续走热,文化展演、博物馆以及主打文化IP的景区逐渐赢得游客喜爱。

一是文化休闲游成为节日期间主流的旅游休闲。2018年国庆期间,超过90%的游客参加了文化活动,整体市场同比增长35%,其中文化类景区门票消费同比增长58%,文化展演吸引游客人次较去年同期增长12%。超过40%的游客参加了2项文化体验活动,前往博物馆、美术馆、图书馆和科技馆的游客达到40%以上,37.8%的游客在文化体验方面的停留时间为2～5天。2018年端午特色文化活动引爆景区客流量。从主题来看,文化类景区增幅明显,整体同比增长40%,博物馆同比增长35%,文化遗产同比增长45%。文化体验已成为本地生活和异地旅游的重要组成。2019年春节期间,传统民俗和民间文化最受欢迎。春节期间参观博物馆、美术馆、图书馆、科技馆、历史文化街区的游客比例分别达40.5%、44.2%、40.6%和

18.4%，观看各类文化演出的游客达到34.8%。

二是文化体验已成为本地生活和异地旅游的重要组成。2019年上半年，超过八成的受访者表示参加了文化体验活动，异地旅游的文化体验占比超过八成，四成以上的游客体验过人文旅游景点、历史文化街区，体验过博物馆、美术馆、文化馆、科技馆的游客比例达25%~30%，对文化消费场馆、活动内容丰富性、服务质量等方面的评价分别达到82.8分、86.6分、85.5分。文化消费拉动作用显著，75%左右免费文化场馆的人均购物、餐饮、交通消费为50~200元，26%的游客文化消费占旅游总消费的30%以上。

（三）假日旅游增速较快

节假日是我国国民出游的重要时间节点。2000~2019年国庆长假，全国接待游客人数年均增幅达到14.5%，旅游收入年均增幅达到19.2%；2002~2019年春节长假，上述两项指标年均增速分别达到13.0%和20.1%（见图2、图3）。假日旅游消费持续多年保持高位增长。假日期间，拖家带口开展自助游、自驾游和各种本地休闲等活动，已经带着一种仪式感，成为中国家庭生活的一部分。根据统计数据，2018年我国国内旅游在节假日期间仍有较快的发展，其中市场规模及旅游收入均保持8%左右的增长。七大节假日期间，全国共接待游客总量16.8亿人次，实现旅游收入13585.4亿元。其中，2018年春节长假共接待游客3.86亿人次，同比增长12.1%；实现旅游收入4750亿元，同比增长12.6%。国庆长假全国共接待国内游客7.26亿人次，同比增长9.43%；实现国内旅游收入5990.8亿元，同比增长9.04%。

2018年城镇居民周末、节假日的户外休闲比重逐渐增加，休闲空间不断扩大、休闲活动日趋丰富，假日旅游休闲持续稳定发展。春节、清明、五一、端午期间，国内旅游总人数分别同比增长12.1%、8.3%、9.3%、7.9%，实现国内旅游收入分别同比增长12.6%、8.0%、10.2%、7.3%。假日期间，乡村民宿、休闲街区、特色小镇等全域旅游新产品新业态备受青睐，自驾游、乡村游、都市游、冰雪游高速增长，一站式休闲度假、私人定制旅游、房车旅游、博物旅行等业态发展提速。各部门多措并举，充分发挥综合监管机制作用，假日市场安全有序运行得到进一步保证。但假日集中出行产生的热门景区、路线和城市交通拥挤、安全问题、生态环境压力，以及市场监管等老大难问题仍有待解决。

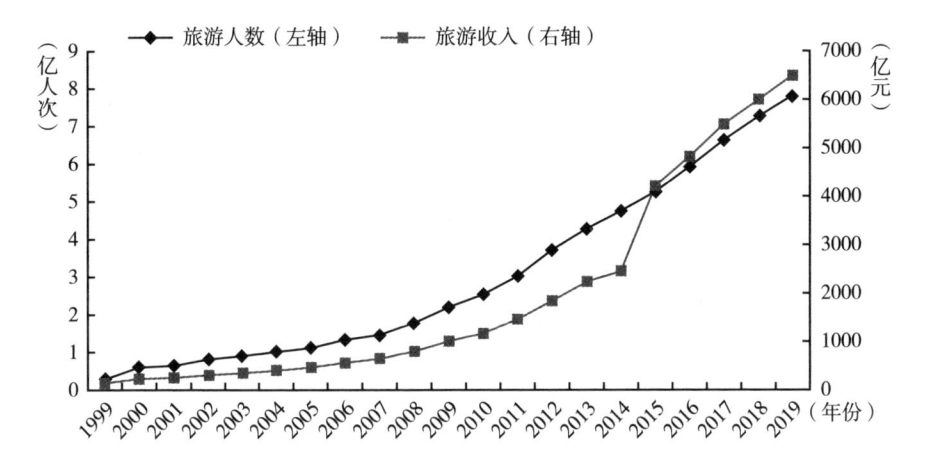

图 2　1999~2019 年国庆长假旅游情况

资料来源：历年原国家旅游局与文化和旅游部的发布数据。

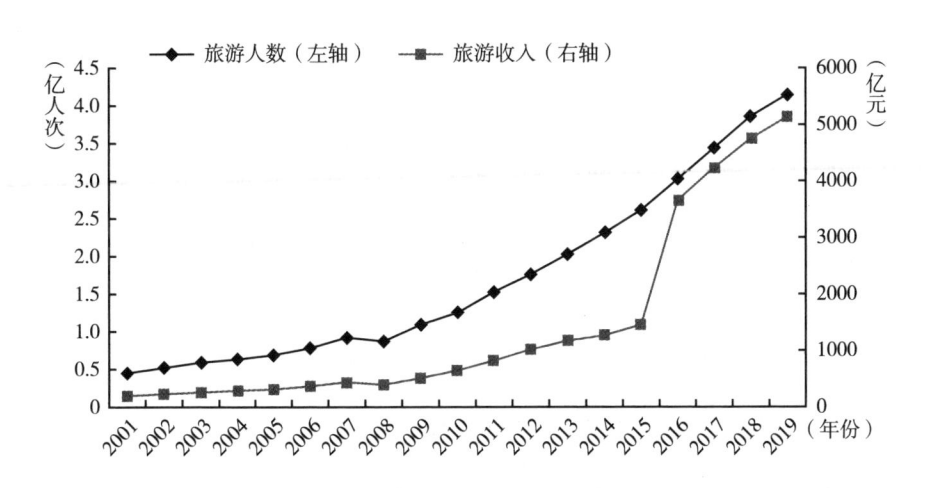

图 3　1999~2019 年春节长假旅游情况

资料来源：历年原国家旅游局与文化和旅游部的发布数据。

（四）红色旅游社会效应加速彰显

当前，中央重视和人民群众价值观回归为红色旅游发展提供了广阔的空间；国民旅游权利的普及和大众旅游市场的持续繁荣，为红色旅游奠定了坚实的市场基础。中国旅游研究院与国家统计局社情民意调查中心抽样调查数据显示，2018年全国红色旅游出游人次达6.60亿，占全国国内旅游总人次的11.92%；旅游收入达4257.78亿元，占同期全国国内旅游总收入的7.13%。2018年农村居民参与红色旅游人次和消费占全国的比重分别达30.6%和27.1%，2019年上半年较2018年全年提升2.6个和4.5个百分点，参与红色旅游的农村游客比例高于国内旅游市场整体水平。

当前的红色旅游呈现出如下特征。一是年轻人参与红色旅游的热情高涨。2018年，512家红色旅游景区接待14岁以下游客5174.21万人次，占接待总人数的45.17%。2019年上半年14岁以下游客接待量按可比口径同比增长17.23%，增速较红色旅游整体市场高13个百分点。年轻人参与红色旅游的热情高涨，"80后""90后"年轻父母热衷于带孩子到红色旅游景区寓教于乐，"00后"群体参与度提高。14岁以下的青少年群体逐渐成为红色旅游的新生力量，尤其是在重要时间节点，参加红色旅游的青少年越来越多。二是红色旅游的社会效应加速彰显，扶贫效果显著，就业带动能力较为突出。2018年，位于国家级贫困县的64家红色旅游景区接待游客3302.01万人次，占红色旅游景区接待量的8.08%，按可比口径同比增长4.29%，实现旅游综合收入2.57亿元，发展红色旅游成为带动人民脱贫致富的有利抓手。在提升当地居民收入水平的同时，红色旅游也为当地劳动力转移及新增就业开辟了路径。2018年填报数据的512家红色旅游景区每月吸纳就业人员（含固定和非固定就业人员）17549人。

（五）消费升级、消费分层协同发展

一是品质化消费诉求日益突出。2018年携程定制旅游报告显示，2018年携程定制旅行平台需求单量同比增长超180%，高端定制市场初显规模。

一线城市的定制需求向纵深发展，高端定制需求在一线城市渐露端倪，京沪穗深高端定制游客的人均消费为23749元，其中京沪穗高端定制需求量均为三位数增长。同时定制游市场已经从一线城市深入二三线城市。《中国定制旅行发展报告2019》显示，定制用户正向低线城市渗透，2018年一线城市占36%，二线城市占42%，三线城市占13%，其他城市占9%。2018年国庆期间预订携程高端跟团游产品的用户比例高达88%，纯玩无购物、高星级酒店、专属导游、精致小团、定制游，成为当年国内游的关键词。

二是都市休闲旅游快速崛起。随着我国经济的不断发展，居民生活水平不断提高，以消费水平衡量，日消费在20～50美元的都市休闲客群人数增长迅猛，旅游消费市场潜力巨大。

三是为"美食、美宿"出游日渐平常。特色小吃业迅速崛起，游客在小额餐饮方面的消费增长较快，比重不断提升。

四是旅游与文化、创意、科技融合创新加速。首旅集团提出未来投资和资本运作领域将聚焦生活方式服务业，凯撒旗下"凯撒名宿"品牌构建文旅融合新场景，携程推出"旅景"S2B新零售平台。《2018旅游经济运行盘点系列报告》指出，品质跟团游走俏市场，上海老年跟团游消费增长明显，2018年人均消费明显增长，较2017年上升11%。

五是"网红元素"助力目的地影响力提升。稻城、西安等旅游城市受网红元素影响很大，增长均超过100%。消费升级、消费分层协同发展推动市场从"生产者推式导向的传统旅游供应链"向"消费者导向的拉式供应链"转变。

（六）产业创新更加活跃

美好生活需要日益成为优质旅游发展和产业创新的现实动能。人民对美好生活的需求日益增强，消费品质、对象、方式和行为出现结构升级。世界银行称，截至2020年我国更富有的家庭将超过2亿个，这些人口将把约19%的年薪用于出国旅游。以中产阶层人群为代表，追求优质产品、品质休闲和定制旅游正在成为热点。旅游品质化消费诉求带动企业产品研发和业态创新。纯玩无购物、高端酒店、专属导游、精致小团、定制游成为2018年国内游关键词。城市居民出游能力稳步提升，居民出游频次和花费不断向城市集中，都市休闲旅游快速崛起。2019年上半年，旅游集团、产业投资机构和创业企业积极适应市场变化，通过提升自身技术、服务品质，进一步加大技术创新和业态创新等方面的探索力度。希尔顿发布首个生活方式品牌"嘉悦里"，首旅如家与广东联通合作面向5G打造"数字酒店"，经济型连锁酒店品牌OYO酒店以高速度、轻资产、重营销等特点开展迅猛扩张，凯撒旅游对外开放加码、全球布局提速，广之旅启动全国首个"移动旅游体验馆"。

（七）区域格局均衡化趋势和城乡二元化并存

一是区域间潜在出游力均衡化趋势逐渐显现。2018年，从区域旅游发展趋势来看，东中西三大区域之间的差距，无论是在累计潜在出游力还是在旅游产业综合发展水平方面均呈现出明显的收敛趋势，区域均衡化格局逐渐显现。2018年，客源地潜在出游力在东中西三大区域之间的比例大约为6.2∶2.5∶1.3，相比较长期处于"7∶2∶1"的三级阶梯状分布格局，继续呈现收敛趋势。

二是中西部地区旅游产业化速度高于东部。2018年中部、西部地区旅游收入的增长率分别为45.63%和26.63%，超过东部地区的14.57%；旅游人次的增长率分别为38.55%和21.04%，超过东部地区的11.10%。中西部地区旅游发展的后发效应与比较优势逐渐凸显。区域之间的合作与战略连接不断加强，使得旅游业正在成为影响中国经济走向的重要力量，为解决我国区域间不平衡发展问题提供了一定的支撑。

三是国内旅游发展的城乡二元化格局尚无明显改观。2018年，城镇居民出游人数增长12%，农村居民出游人数增长7.3%；2019年第一季度两者数据分别为12.4%、1.6%；城镇居民旅游花费增长13.1%，农村居民旅游花费增长8.8%；2019年第一季度数据分别为13.8%、3.2%；城乡居民的出游力差距仍然较大。

二 2019年下半年与2020年国内旅游发展展望

在新一轮个税改革以及中央一系列促进和激发居民消费潜力的政策作用下，旅游消费活力将进一步蓄积和释放。各地文化建设和旅游融合发展的积极性空前高涨，在"宜融则融，能融尽融，以文促旅，以旅彰文"的工作思路指引下，2020年文旅融合经济效应将继续释放。综合国内外发展环境和旅游业发展态势，对2020年旅游经济总体持乐观预期，国内旅游经济有望保持近两位数的增幅。

（一）发展环境优化，市场前景看好

2019年以来，支撑国内旅游消费增长的经济和政策环境不断优化，2019年全年及2020年国内旅游市场有望保持稳定增长。尽管国内旅游人数及人均消费增长有放缓迹象，但国内旅游市场总体格局和增长趋势并未改变。国务院办公厅《关于进一步激发文化和旅游消费潜力的意见》（国办发〔2019〕41号）、《关于印发完善促进消费体制机制实施方案（2018~2020年）的通知》逐步落实，来自文化和旅游融合发展的新动能持续发力，以及厕所革命、全域旅游示范区创建、降低国有重点景区门票价格等工作带来的增长动力，将推进国内旅游稳步发展。

（二）文旅深度融合提升旅游产品吸引力

文化体验已成为本地生活和异地旅游的重要组成部分。为了应对高涨的国民文化休闲需求，有原创性、文化性和市场接受度高的旅游产品亟须推出。在业态选择上，优先支持旅游演艺、夜间旅游、实景娱乐、文化主题酒店、精品酒店、精品民宿、文化旅游创意、文化节庆节事、博物馆旅游等已经受市场检验、受到市场欢迎的融合型业态，并总结经验，进行培训和推广；在文化资源开发上，率先推动旅游与场景展现能力较强的文化领域融合，譬如动漫、戏剧、杂技、曲艺等中国现代和传统文化IP可以有

效融入旅游产品研发，不断提升和丰富旅游产品的精神内涵；在空间布局上，对大运河文化、长城文化、"一带一路"文化、丝绸之路和茶马古道等大尺度线性历史文化资源主要节点进行旅游产品开发，并给予政策倾斜和资金支持。

（三）旅游破碎化趋势催生一站式服务需求

随着国内外旅游产品供给更加丰富多样，旅游资源破碎化、分散化日益突出。一方面，旅游资源过于分散、旅游目的地背后存在多个资源控制方，给游客的信息整合和行程安排带来困难，影响出游体验。另一方面，随着游客住宿、餐饮、休闲、购物、教育、娱乐等需求向深度和广度发展，游客更加希望有指定的服务方提供多种满足需求的定制方案，以节省搜寻成本并实现效用最大化。碎片化趋势下，游客更加需要有品质的一站式服务，方便游客在有限的时间和精力内，游览更多风景，体验高性价比的吃、住、行、游、购、娱服务。同时，分散化的旅游资源各自为政、管理部门众多最后容易造成无人管理，不利于旅游服务质量的提高。游客需要旅游管理部门提供清晰明确的一站式的咨询、向导、投诉受理等服务。

（四）美好生活引发对优质旅游的更多期待

人民对美好生活的向往决定了对旅游服务品质有了更高的期待，这种需求客观上需要发展优质旅游来满足。大众旅游时代的星空是服务品质，是广大游客在深度体验城市过程中的日常获得感。[①]

一是优质旅游需要让游客体验到异地的美好生活。从游客的行前搜索和游后评论可以看出，除了签证、免税、气候与景点等基本信息外，游客更愿意融入目的地的公共休闲空间和日常生活场景。他们既要游览异国他乡的秀美山川和波澜壮阔的历史画卷，也要不分时间和地点自然地融入当地城乡居民的公共空间和日常生活，而这种融入体验依赖优质旅游的发展来实现。发

---

① 戴斌：《美好生活是优质旅游新动力》，温州领导干部专题授课讲稿，2018年3月8日。

展优质旅游是更加安全的旅游、更加文明的旅游、更加便利的旅游、更加快乐的旅游，是从"有没有"转向"好不好"。优质旅游发展战略的提出符合人民群众对美好生活的向往，人们对旅游产品的需求正在从"有没有"到"好不好"转变，而"好不好"的关键在于服务的品质。发展优质旅游是广大游客对品质的诉求、对服务的追求。

二是优质旅游产品需要迎合新的旅游消费热点。我国城乡居民收入差距逐渐收敛，但是我国国内农村居民出游人次、出游率和人均花费不但大大低于城镇居民，而且差距正越来越明显。品质旅游时代，休闲度假产品供给结构性短缺，邮轮、游艇、中医保健、体育旅游、低空旅游等专项市场发展不充分、不平衡。互联网等技术驱动红利已经释放殆尽，AI、VR等技术仍在探索阶段，文创方面尚无现象级企业出现，创新激发不够，旅游消费热点培育速度出现变缓迹象，迎合新的消费热点的优质旅游产品亟须推出。

（五）生活场景对接和科技引入将是市场发展新方向

日本的筑地、西班牙的波盖利亚、新加坡的牛车水、北京的三源里等菜市场和集市，这几年已成为国际游客愿意到访的景点。地标景点是城市旅游的形象支撑，市井集市则是城市品质的生活内涵。当前的游客已广泛从戏剧场进入菜市场的日常生活空间，深度体验并共享目的地的美好生活，旅游逐渐打破旅行社、酒店、景区这个封闭的世界，开始搭建目的地生活空间的开放体系，一个主客共享美好生活的时代到来了。[①] 与此同时，旅游企业也应该通过生活场景对接和科技引入为游客提供新的产品、新的服务，来应对这个变化。

一是生活功能拓展将成为旅游企业发展新方向。无论是在线旅游企业还是线下旅游企业，结合已有流量做生活性业务的拓展，围绕游客在目的地城市的生活服务以及本地居民的本地生活服务提供新产品，正成为旅游企业业

---

① 戴斌：《重新发现旅行的美好：戏剧场到菜市场》，澳门"2019世界旅游经济论坛"演讲讲稿，2019年10月15日。

务拓展的新领域。线下的餐饮、居家用品、自助贩卖机、阅读、周边服务等生活服务，以及利用线上流量拓展的生活服务，包括本地生活的餐饮、娱乐、购物等服务内容，或将成为旅游企业业务拓展的新方向。

二是创新依然是旅游企业持续发展的重要动能。科技一直是推动产业进步的重要力量。科技旅游产业的发展促进，既可以滋生出创新业态，又可以丰富旅游产品的类别和内容，同时，在便利游客出行、实现信息透明、满足游客期待方面均可发挥积极作用。未来要系统把握旅游发展环境的变化，善于利用新科技积极推动旅游集团的创新发展。针对"80后""90后"年轻群体以及中产阶级等新消费群体的消费需求，用技术提升管理绩效和运营效果，将技术创新与需求解决相结合，为旅游者提供更加方便、更高品质、更多体验的新产品和新服务。

参考文献

中华人民共和国文化和旅游部：《中国旅游统计便览2019》，中国旅游出版社，2019。

中国旅游研究院：《特别报告——文旅融合年味更浓，主客共享美好生活》，2019年2月。

中国旅游研究院：《中国定制旅行发展报告》，2019年7月。

中国旅游研究院：《2018旅游经济运行盘点系列报告》，2019年1月。

中国旅游研究院：《中国国内旅游发展年度报告2019》，2019年8月。

戴斌：《美好生活是优质旅游新动力》，温州领导干部专题授课讲稿，2018年3月8日。

戴斌：《重新发现旅行的美好：戏剧场到菜市场》，澳门"2019世界旅游经济论坛"演讲讲稿，2019年10月15日。

G.21
2018~2019年中国入境旅游发展分析与展望

刘祥艳[*]

摘 要： 2018年及2019年上半年，中国入境旅游市场继续保持平稳增长，客源市场结构持续优化。虽然入境旅游依然面临着来自周边目的地的激烈竞争、基础设施及便利度有待完善和提升等内外挑战，但是在全球入境旅游良好发展的势头下，伴随国内文旅融合新动力的进一步释放和入境旅游环境的逐步改善，2019年中国入境旅游将继续保持稳步增长，市场结构进一步优化。

关键词： 入境旅游 文旅融合 旅游业

一 全球入境旅游发展概况

（一）2018年全球入境旅游市场规模显著增长

根据联合国世界旅游组织（UNWTO）的最新数据，2018年全球入境旅游总人次突破14亿，增长5.6%。至此，全球入境旅游已实现持续九年的不间断增长，创下了20世纪60年代以来的新纪录。但我们也看到，2018

---

[*] 刘祥艳，中国旅游研究院博士，研究方向为国际旅游经济。

年，受世界经济放缓（+3.6%）、英国脱欧带来的不确定性和国际贸易争端等因素的影响，全球入境旅游的增速也有所放缓。

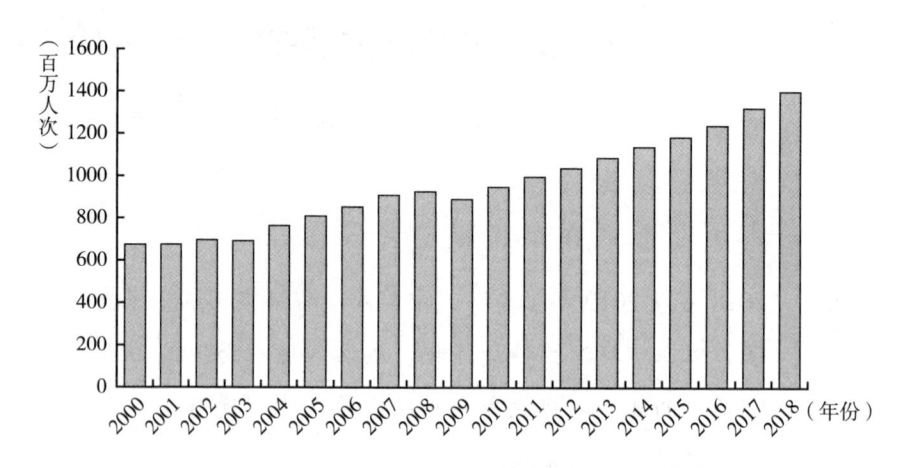

图1　2000~2018年全球入境旅游规模

资料来源：联合国世界旅游组织（UNWTO）。

1. 欧洲、亚太和美洲持续为全球最主要的入境旅游目的地

2018年，欧洲共接待入境游客7.1亿人次，占全球的比重高达50.8%；亚太和美洲地区分别接待入境游客3.4亿人次和2.2亿人次，占全球的比重分别为24.4%和15.5%。这三个地区的入境游客接待量占全球的比重超过九成，达90.7%。从全球入境游客接待的次区域结构来看，南欧/地中海、东北亚和北美地区则分别是欧洲、亚太和美洲地区入境游客接待的核心区域，分别占这三个地区入境游客接待总量的40.2%、49.2%和65.8%。

2. 全球多数地区的入境旅游均保持较快增长

除了美洲地区入境游客接待量的增幅较低，仅为2.9%外，其他地区均以高于全球平均水平（5.6%）的速度增长。其中，入境接待规模总量最小的非洲和中东地区增速最高，分别达7.3%和10.3%。从次区域来看，除了北非和中东地区高速增长外，东南亚、南欧/地中海地区的涨势也较显著，分别为7.4%和7.0%。值得注意的是，加勒比地区和中美地区出现负增长，分别为-2.3%和-1.8%。

3. 新兴经济体与发达经济体的差距进一步缩小

新兴经济体入境旅游人数的增幅自2013年后连续四年低于发达经济体，其入境旅游接待规模与发达经济体之间的差距有逐渐扩大之势，但在2017年和2018年这一情况开始出现反转，新兴经济体的入境旅游增速开始高于发达经济体。其中，2018年新兴经济体入境旅游接待人次增长7.2%，显著高于发达经济体的4.3%，这一快速增长促使新兴经济体入境游客接待总量与发达经济体之间的差距进一步减小，从2017的1.27亿减小至2018年的1.19亿。

（二）2019年全球入境旅游发展展望

受全球经济增长、航空通达性提升、签证更加便利等因素的带动，当前全球入境旅游发展呈现较好发展态势。根据UNWTO最新公布的数据，2019年上半年，全球共接待入境游客6.7亿人次，比上年同期增长近3000万人次。UNWTO预计，2019年全年，全球入境旅游的增速将保持为3%~4%。根据世界旅行与旅游理事会（WTTC）的预测，2019年全球入境旅游人次将达到14.8亿人次，实现入境旅游收入1.7万亿美元，同比增长4%。

整体来看，2019年全球入境旅游市场规模将进一步扩大，继续受全球经济疲软、英国脱欧及全球贸易争端等不利因素的影响，全球入境旅游的增速将放缓，但依然会高于全球经济的增速。此外，全球入境旅游"三足鼎立"（欧洲、亚太、美洲）的格局不会发生较大变化，新兴经济体在全球入境旅游市场份额中的占比有望继续扩大，与发达经济体的差距继续缩小。

二 中国入境旅游发展基本情况

（一）2018年中国入境旅游的基本情况

1. 入境旅游人次和收入规模保持小幅上升

进入21世纪，中国入境旅游虽然增速放缓，但整体依然保持稳步增长。

2015年以来，入境旅游由此前连续三年的负增长转向正增长，此后连续四年保持小幅增长。2018年，中国接待入境游客超过1.4亿人次，同比增长1.2%。从中国入境旅游收入来看，自2014年重新调整入境旅游收入统计口径以来，入境旅游收入持续保持稳步增长。2018年，我国入境旅游收入为1271亿美元，同比增长3.0%。

2. 亚洲地区持续成为中国入境旅游的主要客源市场

包括中国港澳台地区在内的亚洲地区持续成为中国内地入境旅游最主要的客源市场。港澳台地区，尤其是港澳地区持续成为中国内地入境旅游的基础市场。虽然港澳市场的份额在缓慢下降，但它们依然占据主导。2018年，港澳台入境游客占中国内地入境市场的比重达78%，即使在过夜旅游市场，港澳台市场的份额也超过了60%。

从外国人入境旅游市场来看，亚洲客源市场依然占据主导地位。亚洲客源市场占外国人入境市场的比重稳定在60%左右，其次是欧洲和北美市场，分别占20%和10%左右。具体而言，中国周边的日韩及东南亚地区国家是中国最主要的入境客源市场。2018年中国前十大外国客源市场分别是缅甸、越南、韩国、日本、美国、俄罗斯、蒙古、马来西亚、菲律宾和新加坡。除了美国、俄罗斯外，其余均为亚洲国家。

3. 入境旅游市场结构不断优化

2018年，中国接待入境过夜游客6290万人次，其中外国游客3054万，分别增长3.6%和4.7%，明显高于中国入境旅游的整体增速。无论从入境过夜游客占比还是外国人入境游客占比来看，中国入境旅游市场的结构正在不断优化。过夜游客占比可以反映一国入境旅游消费的潜力。相对于一日游游客，入境过夜游客的消费能力明显更强。2018年中国入境过夜游客的占比为44.5%，比2017年增加1个百分点。外国人入境旅游市场规模及占比则更能反映中国吸引国际游客的能力及中国在国际市场上的竞争力。2018年外国游客占比继续上升至21.6%，比2017年增加0.7个百分点。

（二）2019年中国入境旅游发展展望

根据UNWTO最新公布的数据，2018年，中国入境旅游接待规模位居全球第四,排在法国、西班牙和美国之后。尽管目前中国外部环境相对复杂,内部资源也有待优化,但在文旅融合发展的新时期,随着各项政策的落实,中国入境旅游市场的发展前景良好,其增长趋势有望得到进一步稳固。根据中国旅游研究院(文化和旅游部数据中心)发布的数据,2019年上半年,中国接待入境游客7269亿人次,实现国际旅游收入649亿美元,均比上年同期增长5%。预计2019年全年接待入境游客1.45亿人次,实现入境旅游收入1309亿美元,增长幅度均为3.0%。伴随过夜游客占比和外国游客占比的提升,中国入境旅游的市场结构将进一步优化。

三 主要入境客源市场分析[①]

(一)港澳台市场

除了中国香港外,中国澳门赴内地和中国台湾赴大陆的入境游客均保持增长。其中,2018年中国内地接待来自香港特区的游客7937万人次,同比下降0.5%;同年,中国内地接待来自澳门特区的游客2515万人次,同比增长2.0%;中国大陆共接待来自台湾地区的游客614万人次,同比增长4.5%。

来自港澳台市场,尤其是港澳市场的绝大部分入境游客为非过夜者。2018年,来自港澳台地区的入境游客共计1.1亿人次,但其中的过夜入境游客仅为3926万人次,几乎2/3的港澳台游客为非过夜游客。

受相关情况影响,2019年中国香港赴内地及中国台湾赴大陆的旅游人数或将出现不同程度的下滑。其中,台湾方面的数据显示,2019年前三个季度,台湾居民首站赴大陆旅游的人数为302万人次,同比下降4.1%。澳门特别行政区政府旅游局的数据显示,2019年1~8月,澳门居民的出境旅

---

① 以下各境外目的地赴中国内地旅游的数据均来源于中国旅游研究院(文化和旅游部数据中心)。

游快速增长，增速达7.4%，考虑到内地是澳门居民最主要的出境旅游目的地，这一高速增长也很可能意味着2019年澳门赴内地旅游将有更快速的增长，可部分抵消香港赴内地、台湾赴大陆旅游人数可能出现的下滑。

（二）主要外国客源市场

1. 越南出境旅游蓬勃发展，旅华市场保持快速增长

2018年，越南赴华游客达758.8万人次，[①] 同比增长16%，是中国第二大入境旅游客源市场。在越南入境旅游稳定增长的同时，其出境旅游市场也表现出蓬勃发展的态势。根据万事达发布的《2016~2021年亚太区游客出境旅游未来》报告，2016~2021年期间，越南出境游的年增长率约为9.5%，其增长速度在亚太区排名第二；到2021年，越南出境旅游总人数将达到750万人次。预计未来一段时间，越南来华旅游将大概率保持快速增长。

2. 韩国出境旅游保持增长态势，来华旅游增速或将下调

2018年，韩国赴华旅游419万人次，已经从萨德事件的负面影响中走出来，同比增速高达8.5%。据韩国文化观光研究院统计，2018年韩国出境人数达2870万人次，同比增长8.3%。日本和中国是韩国最主要的出境旅游目的地。2019年前三个季度，韩国居民出境旅游人数为2123万人次，同比增长2.6%，增速显著放缓，很大程度上意味着2019年韩国赴华旅游增速或将同样下调。

3. 日本出境旅游保持快速增长，旅华市场持续回升

2018年，日本赴华旅游269万人次，同比增长仅0.3%，增长乏力，这一增速远低于同期外国游客赴华旅游市场的平均水平（4.7%）。据统计，2018年日本出境旅游1895万人次，同比增长6.0%。2019年1~8月，日本出境旅游1331万人次，同比增长7.5%。2019年全年日本出境旅游有望保持较高速增长，带动其赴华旅游实现自2016年以来第四个年头的连续增长。

[①] 包括边境旅游人次。

4. 美国出境旅游持续快速增长，旅华市场增幅显著

2018年，美国赴华旅游249万人次，同比增长达7.4%，再次超过俄罗斯，成为中国第五大客源市场，且持续是中国第一大远程客源市场。在经济增长、有利的汇率以及消费者信心指数提高等因素的带动下，美国居民出境旅游保持快速增长。根据美国旅行与旅游办公室的数据，2018年美国居民出境旅游总人数达到9304万人次，同比增长6.3%；赴加拿大和墨西哥以外的出境游客为4177万人次，同比增长9%，其中，前往亚洲的游客达625万人次，同比增长8.4%。2019年第一季度，美国居民出境旅游2128万人次，同比增长6.7%，依然保持较快增长，但中美贸易摩擦很可能对2019年全年赴华旅游产生负面影响。

5. 俄罗斯出境旅游增长较快，旅华市场增速或将上调

2018年，俄罗斯赴华旅游242万人次，同比增长2.5%。同年，俄罗斯出境游市场稳定上升，达到4455万人次，同比增长6.1%。[①] 土耳其是俄罗斯第一大出境旅游目的地，中国位居第六。来自俄罗斯联邦统计局的最新数据，2019年上半年俄罗斯居民出境旅游1989万人次，同比增长6%。其中，首站到访中国的游客为108万人次，同比增长达19%。这一高速增长或将抬高2019年全年俄罗斯赴华旅游市场的增速。

6. 新加坡出境旅游稳步增长，旅华市场继续回升

2018年，新加坡赴华旅游98万人次，同比增长3.9%。同年，根据新加坡旅游局的统计数据，新加坡居民出境旅游超过1000万人次，达1038万人次，同比增长5%。2019年1~8月，新加坡出境旅游664万人次，同比增长3.6%，增速有所下调。中国是新加坡的主要旅游目的地之一。预计2019年全年新加坡赴华旅游将继续保持增长，实现其赴华旅游连续第四年的增长。

7. 印度出境旅游市场高速增长，旅华市场增长较快

2018年，印度赴华旅游86万人次，同比增长5.1%。在经济增长、庞

---

① 数据来源：俄罗斯联邦安全局边境服务部门。

大且日益富裕的中产阶级以及持续的航空运输自由化等因素的推动下，印度已成为世界上出境游发展最快的国家之一，仅次于中国。自2000年以来，印度出境旅游市场保持高增长态势，年均增速超过10%。印度旅游部的统计数据显示，2018年，印度居民出境旅游2585万人次，增长约8%，预计2019年将达到2792万人次。中国作为印度居民主要的出境旅游目的地之一，也将从印度出境市场这个不断变大的"蛋糕"中获得更大的份额。

8. 加拿大出境旅游出现下滑，旅华市场稳步增长

2018年，加拿大赴华旅游85万人次，同比增长5.5%，是中国第二大远程客源市场。根据加拿大统计局公布的数据，2018年，加拿大居民出境旅游3800万人次，其中，赴海外旅游（美国以外目的地）1030万人次，在连续15年增长后首次出现下滑。中国是加拿大第五大海外旅游目的地，位于墨西哥、古巴、英国和多米尼加共和国之后。2018年首站到访中国的加拿大游客共58万人次，其中，超过一半的游客以探亲访友为来华目的。2019年1~8月，加拿大出境旅游2190万人次，同比下降1.9%，其中首站来华游客53万人次，同比增长5.4%，预计2019年加拿大来华旅游将继续保持稳步增长。

9. 泰国出境旅游快速增长，旅华市场同步跟进

2018年，泰国赴华旅游83万人次，同比增长达7.2%，远高于同期外国赴华旅游市场的整体增速（4.7%）。根据泰国旅游和体育部的数据，2018年泰国出境旅游达到1020万人次，过去五年里泰国出境旅游以年均7%~8%的速度增长。受泰铢升值、直航增多且机票价格下降等有利因素推动，预计2019年泰国出境旅游将继续保持快速增长，达到1100万人次，同比增长8.5%，泰国游客在境外消费将突破100亿美元。预计2019年泰国赴华旅游也将保持较快增长。

10. 澳大利亚出境旅游继续增长，旅华市场稳步增长

2018年澳大利亚赴华75万人次，同比增长2.5%。根据澳大利亚统计局的数据，2018年，澳大利亚居民出境旅游1106万人次，同比增长5%。同年，澳大利亚居民首站赴华旅游59万人次，同比增长达9.7%，中国是

其第五大出境旅游目的地。2019年1~8月，澳大利亚出境旅游757万人次，同比增长2.3%，同期，澳大利亚居民首站赴华旅游41万人次，增速回调至3.9%。预计2019年全年澳大利亚赴华旅游将继续保持稳步增长。

四 中国入境旅游发展面临的机遇与挑战

（一）战略机遇

1. 全球入境旅游市场持续繁荣，为中国入境旅游发展营造良好环境

全球入境旅游自2010年从金融危机中恢复增长以来，到2018年已实现连续九年的不间断增长。这一持续增长还将在不久的2019年迎来第十个年头，而且继续高于全球经济增长水平。全球入境旅游市场的繁荣意味着有更多的国际游客可能选择来华旅游，中国的潜在入境旅游市场规模更大。中国旅游研究院与谷歌联合开展的入境游客行为与态度调查[①]也显示，中国潜在客源国家居民的出境旅游意愿较高，六成被访者计划在未来一年开展出境旅游。

2. 各级政府对提振入境旅游达成共识，政策支持力度加大

2018年，中国旅游服务贸易和国际旅游人次出现双逆差，不仅出境旅游支出超过入境旅游收入，出境旅游人次也首次超过入境旅游人次，从国家到地方更加意识到提振入境旅游的重要性。提振入境旅游是中国实现从旅游大国到旅游强国转变目标的重要内容。除了经济层面的考虑，入境旅游作为向世界人民展现中国文明文化，分享经济发展成果的重要媒介，也更加受到重视。在促进入境旅游发展的实践过程中，国家及地方政府继续在放宽签证、购物退税、对入境旅游服务商实施奖励等政策上不断探索创新，为中国入境旅游发展提供良好的政策环境。

---

① 2019年上半年，中国旅游研究院与谷歌联合开展入境游客行为和态度调查，对来自19个国家（不包括中国香港、中国澳门和中国台湾地区）7万多名受访者进行线上问卷调查。

国家和地方政府陆续出台促进入境旅游发展的意见、行动计划，凝聚社会各界发展入境旅游的共识，为入境旅游发展指明方向。如国务院办公厅于2019年8月出台了《关于进一步激发文化和旅游消费潜力的意见》，其中明确提出要改善入境旅游环境，包括统一入境旅游宣介平台，完善多语种服务，提出入境游客移动支付解决方案等。上海市2018年10月发布了《关于促进上海入境旅游发展的若干意见》，重庆市于2019年8月出台《入境旅游提质增效三年行动计划（2019~2021）》，分别指明各自入境旅游的发展目标和重点工作任务。

3. 文旅融合为中国入境旅游发展提供新动力

2018年，文化和旅游部正式组建完成，随后省市县各级文化和旅游行政部门机构改革任务也已基本完成。中央和地方各级政府根据"宜融则融、能融尽融"的总思路，秉持"以文促旅、以旅彰文"的理念，积极探索文旅融合发展的新道路。文旅融合发展在促进文化和旅游产业高质量发展，满足广大人民群众美好生活需要的同时，也正为入境旅游发展凝聚新动力。一方面，文旅融合发展将直接丰富旅游供给，提升旅游服务和产品的品质，增加其文化特色和中国风情，更好地满足入境游客，尤其是外国游客了解中国文化的需求。另一方面，在文旅融合发展的新时期，海外旅游目的地营销可以更好地整合海外文化和旅游机构的力量，丰富并创新海外旅游目的地营销推广活动，提升营销绩效。此外，文旅融合发展也将促进复合型人才的培养，并吸引一批优秀的人文艺术专家进入入境旅游市场，为入境旅游的持续、健康发展提供人才储备。

4. 出入境游客证件便利化应用提升入境游客旅行便利度

2019年5月，国家移民管理局联合15部委印发《关于推动出入境证件便利化应用的工作方案》，提出对港澳同胞和华侨提供互联网出入境证件身份认证服务，力争在2019年底实现港澳同胞和华侨的入境证件在交通运输、金融、通信、医疗、住宿等公共服务领域的便利应用。届时，港澳同胞和华侨可分别凭借回乡证和华侨护照，像本地居民使用身份证一样，线上进行机票、火车票预定，手机电话卡购买等业务，线下快速办理银行开户、住宿登记等业务。出入境证件便利化应用将直接促使部分入境游客率先实现"一部手机游中国"。虽然，互联网出入境证件身份认证和身份证件在公共领域服务的便利化应用仅限于港澳同胞和华侨，但这种便利化政策也意味着在条件成熟时应用于外国游客的可能性，这一实践经验也将为未来中国实行入境签证电子化及外国人证件在华便利化使用等提供宝贵经验。

（二）问题挑战

1. 国际政治经济形势存在不和谐、不稳定因素

世界经济出现逆全球化趋势，政治走向右倾。2016年以英国脱欧为标志，逆全球化初现。2017年美国总统特朗普上台后，实行贸易保护主义，推崇"美国优先"，逆全球化趋势进一步凸显，这也促使德国、法国、意大利等国不同程度地转向民粹，加之中东极端势力的干扰，各国政治右倾趋势更加明显。国际政治、经济形势并不太平，一定程度上可能给中国主要入境客源市场，典型如美国市场带来负面影响。

2. 周边旅游目的地国家对我国入境旅游构成较强竞争压力

距离相近、风土人情相似的周边国家作为一国入境旅游主要客源市场的同时，往往也是一国入境旅游最主要的竞争对手。根据中国旅游研究院与谷歌联合开展的入境游客行为和态度调查结果，受访者未来一年计划去的旅游目的地中，中国与澳大利亚和加拿大排在第五位，排在前四位的客源国家中有中国周边的日本、韩国、新加坡和泰国，其中日本独占鳌头，排在首位。间接表明，这些中国周边的国家对全球主要客源市场具有较高的吸引力，是中国更强有力的客源竞争对手。根据各国旅游部门最新的统计数据，2018年，日本接待入境游客3119万人次，同比增长8.7%；泰国接待入境游客3828万人次，同比增长8.3%；韩国接待入境游客1535万人次，同比增长高达15.1%；新加坡接待入境游客1850万人次，同比增长6.2%。从总量上看，日本和泰国的入境游客接待量均超过中国3054万人次的外国游客接待规模，且这些竞争对手的入境旅游市场增速均高于全球平均水平（5.6%），远高于中国入境旅游的增速。当然，得益于近几年中国出境旅游的高速发展，这些国家接待的入境游客中不乏大量的中国游客。但即使在扣除中国贡献的客源后，日本和泰国的入境游客接待量依然分别近2300万人次和2800万人次，与中国的外国游客接待规模相距不大。

3. 旅游基础设施和便利化水平仍有改善空间

经过多年发展，中国旅游基础设施已有明显改善，但国际化程度、公共服务配套及便利化程度仍显不足。中国旅游研究院与谷歌联合开展的入境游客行为和态度调查结果显示，多数受访者（70%）认为交通和基础设施是其来华旅游的障碍。其中，超过三成的受访者对公共厕所卫生、住宿场所及景点/活动等设施提出更高要求。

入境游客在中国旅游的便利度有待进一步提升。中国旅游研究院开展的入境游客消费行为调查①结果显示，游客对城市建设的评价中，对便利程度的评价相对较低。外国游客对城市公共服务的评价中，对包括目的地交通（出租车及长途客运）及手机信号覆盖的评价相对较低，间接反映出交通和移动通信方面的便利度有待提升。

参考文献

中国旅游经济蓝皮书编委会：《2018年中国旅游经济运行分析与2019年发展预测》，中国旅游出版社，2019。

报告编委会：《中国入境旅游发展年度报告2018》，旅游教育出版社，2019。

---

① 课题组于2018年每个季度同时在北京、上海、广州、成都等8个入境口岸城市通过随机拦截对入境游客进行问卷调查，本次调研共收回有效问卷3229份。

G.22
2018~2019年中国出境旅游发展分析与展望

杨劲松*

摘　要： 2018年，中国出境旅游的巨量规模不仅体现在存量上，还体现在增量上。出境旅游的发展环境日益宽松，而普遍的竞争加剧倒逼市场主体持续创新。当下，稳中有变依然是中国出境旅游的基本面。持续且能落地的创新能力已经成为出境旅游竞争的关键因素。"新"团队游和"真"自由行正在成为出境游热点。同时，出境旅游业面临更多更严峻的风险敞口考验。未来，出境旅游的中心将锚定在高质量发展上，出境旅游将跟着游客对美好生活的向往走，跟着国家的战略走。

关键词： 出境旅游　"一带一路"　旅游创新

出境旅游又开始在快车道上运行。支持出境旅游发展的动力在不知不觉中开始转换，这为出境旅游的加速提供了更大的支持。一个可以观察到的现象是，无论是否体验过出境旅游，"世界这么大，我想去看看"的"看世界"梦想已经存在于无数国人的意识深处，对护照"含金量"、境外目的地和免退税攻略等话题的关注展现出国人对出境旅游的热衷。从三、四、五线

---

* 杨劲松，旅游管理学博士，中国社会科学院旅游研究中心特约研究员，中国旅游研究院国际旅游研究所、港澳台所所长，长期从事国际旅游方面的研究。

下沉市场的开始发力到小镇青年越来越频繁的跨境脚步，从技术和商业模式的迭代升级到自由行和"新"跟团游等创新产品对市场的重新塑造，还有难以尽数的或重大或细小的市场、产业和环境的变化，都汇聚成出境旅游的重新加速——从2017年7%的个位数增长，转化为2018年14.7%的两位数增长，发展速度几乎翻倍。所有的这一切变化，都表明在中国改革开放大门越开越大的宏大历史背景下，中国的出境旅游正处于一个发现可能又创造可能、直面挑战又超越挑战的历史性时期。

一 2018年中国出境旅游发展总体概况

（一）出境旅游发展的巨量规模不仅体现在存量上，还体现在增量上

在2018年我国1.49亿人次的出境旅游市场规模中，近程目的地依然是主体。在洲际目的地上，亚洲以接近九成的绝对优势继续占据首位。在2018年的前15位出境旅游目的地中，除了美国、俄罗斯和澳大利亚，其余均为亚洲国家或地区，如中国香港、中国澳门、泰国、日本、越南、韩国、中国台湾、新加坡、马来西亚、柬埔寨、印度尼西亚和菲律宾。其中，港澳台是最主要的目的地。出境游客赴港澳台之外的其他亚洲国家或地区旅游接近5000万人次，东北亚和东南亚在其中的位置最为显眼。从目的地角度看，存量主要体现在亚洲的港澳台地区以及东北亚和东南亚，北美的美国和加拿大，欧洲的西欧、南欧和北欧，以及大洋洲的澳大利亚和新西兰。

增量主要体现在"一带一路"的中亚区域以及中东欧区域。近三年赴欧洲旅游人数年均增长达10%，其中相当大的贡献来自中东欧区域，其接待中国游客人数占比为整个欧洲最高，达到36%，增速最快超过20%。以"大热带+小热点"观之，"大热带"主要是存量，比如围绕中国大陆地区的东北亚、东南亚和港澳台地区的近程市场。"小热点"主要指增量，比如摩洛哥、塞尔维亚、匈牙利等目的地中国访客的增长。

如果再细分,即使在总体存量的目的地区域,也有相当规模的增量成长。比如在西欧和北美的目的地,中国游客已经从首都、重要口岸和传统的旅游目的地扩散,开始访问原先视野之外的城市和乡村。这部分的增量值得关注。从客源地角度看,尽管东中西客源产出格局依然稳定,但是中部和西部的客源产出成长速度明显高于东部区域。中国旅游研究院的数据表明,东部地区累计潜在出游力所占比重由2010年的70.0%下降到2017年的62.4%,呈现逐年降低趋势。同时,中西部地区所占比重在不断升高,累计潜在出游力所占比重由2010年的30.0%提升到2017年的37.6%,区域之间的差距呈现出明显的收敛趋势。除了一线、二线城市和枢纽口岸城市的出境旅游存量,由于日益接受出境旅游理念,加之收入水平的普遍提升,三四线城市乃至小镇居民也开始越来越多地成为出境旅游的增量因素。

从存量上看,出境游客规模计量单位是亿人次;从增量上看,出境游客规模计量单位是千万人次。从结构上看,细分市场规模计量单位动辄也有十万乃至百万的起始容量。即使极为小众的赴南极旅游,也逼近万人次的规模,位居世界第二。现实存在的大规模存量和已经形成并且在快速增长的大规模增量,共同成就了我国出境旅游的快速发展。

(二)出境旅游的发展环境日益宽松

首先表现为经济发展对出境旅游的有力支撑。根据国家统计局的数据,2018年全年国内生产总值为90.03万亿元,按可比价格计算,比上年增长6.6%。当年,有11个省市的人均GDP超过了1万美元。全国居民人均可支配收入28228元,比上年增长8.7%,扣除价格因素,实际增长6.5%。城镇居民人均可支配收入39251元,比上年增长7.8%,扣除价格因素,实际增长5.6%。

其次是签证环境的持续改善。继塞尔维亚之后,波斯尼亚和黑塞哥维那(简称波黑)于2018年5月也开始对中国旅客实行免签政策。2018年10月1日起,持有普通护照短期赴缅甸旅游的中国公民,从仰光、曼德勒和内比都国际机场进入缅甸时，可办理落地签证。博茨瓦纳、津巴布韦、安哥拉、卢旺达等国对中国游客采取免签或落地签政策。泰国免落地（VOA）签证费政策也将继续延期。目前，中国已与146个国家（地区）缔结适用范围不等的互免签证协定，与超过40个国家达成了简化签证手续协议。中国公民已经可以在72个国家或地区享受免签或落地签待遇。其中，免普通护照签证的国家有14个，单方面允许中国公民免签入境的国家或地区有15个，单方面允许中国公民办理落地签证的国家和地区有43个。那些暂时未提供免签或落地签的境外目的地，如加拿大、日本等，不仅积极探索免签或落地签的可能性，同时也对中国游客积极采取包括优化签证流程、减少签证时间、减少或取消签证费用、增设签证中心、采取电子签等创新模式和手段。

此外，交通的持续优化、对面向中国服务的重视以及支付环境的改善，都有利于出境旅游市场的成长和游客体验的提升。比如，越来越多的国家和地区不仅引入银联，还引入支付宝和微信支付，极大提升了中国游客的支付便利度。通过"欢迎中国"项目的推广，越来越多的目的地向中国游客提供符合其消费和生活习惯的服务。

（三）普遍的竞争加剧倒逼市场主体创新

尽管有整体的宽松背景支撑，但是每个出境旅游市场主体都面临着参与者越来越多、类似模式和产品推出越来越快的现实。2017年我国具有出境旅游业务资质的旅行社共有4442家，2018年增加到4907家，增长率为10.5%。其中北京、广东、浙江、江苏、辽宁、山东和上海共计2929家，占总数的59.7%。各地具有出境旅游业务资质的旅行社的数量都在逐年增加，呈明显的上升趋势，竞争更加激烈。

出境旅游同时也面临着认知价值和体验价值难度上升的难题。流量成本高，获取不易。游客体验标准提升，满意度维持困难。加之各处不同的小环境，成功的可复制性在弱化。这些都倒逼市场主体的不断创新。

二 对当前出境旅游发展形势的判断

（一）稳中有变是出境旅游的基本面

稳定的是出境旅游的大规模和市场结构。不论是整体规模还是增长规模，出境旅游都会依然表现出不可忽视的庞大体量，为试图在这个领域发展的相关方提供极具潜力的发展空间。同样，从市场结构观之，目的地以近程游为主，客源地以大众城市和枢纽口岸为主的格局也会依然保持稳定。但是，在稳定的大格局下，由于政经关系的变化、签证直航环境以及时尚文化等因素的影响，某些目的地会快速升温，某些目的地也会默然失落，一些过去悄然无闻的目的地也会进入中国出境游客的选择清单。中国区域经济的演进和小康社会的全面建成，会使得客源地的小镇青年出游现象在未来越来越明显。"稳"带来的是确定性，"变"固然有风险因素，但更多为出境旅游注入了新的动能，这两方面都是值得重视并应妥善应对的。

（二）持续且能落地的创新能力成为出境旅游竞争的关键

出境领域的激烈竞争表现在几乎所有的领域。无论线上还是线下，无论是资源端、产品端，还是渠道端，都是这样。可以观察到，为了应对日益激烈的竞争，方方面面的创新正在快速地涌现。尽管在克服语言、签证、航班以及碎片化需求等多方面障碍的过程中，在适应移动互联环境和市场风向变迁的商业模式演进中，市场主体正在探索形式多样的创新，但是与过往不同，分散且不连续的创新在获取竞争优势方面的边际效应正在快速减弱，而与之对比强烈的系统化和连续创新正在成为更多市场主体的自觉选择。甚至在使用"望远镜"和"放大镜"都看不到的出境旅游领域之外，即将跨界的竞争正在酝酿和发起，准备着对现存的商业模式发起致命的攻击，这种攻击又往往是体系化、颠覆性的。特别是5G、虚拟现实、人工智能、云计算、物联网乃至移动互联技术的成熟、应用和扩散，事实上也为出境旅游更多领域和更多层次的系统跨界创新提供了更优越的条件。换言之，就是未来会出现关系到整个供应链、价值链和商业组织体系的全面创新和升级，而这远远不是单点或部分领域的创新能比拟的。比如，携程就试图以全球化为核心，通过内容社区和交易平台的联动，传统市场和下沉市场并行，重塑当前的出境业务板块，形成新的出境旅游服务闭环。这明显就是整个体系的全面创新。

（三）"新"团队游和"真"自由行正在成为出境游热点

根据中国旅游研究院发布的相关报告，2018年通过团队形式进行出境旅游的游客比例达55.24%，50.65%的受访者表示在未来的出境旅游中愿意参加旅游团。这事实上宣布过去团队游占据绝大多数份额的市场面貌已经发生了根本变化。尽管依然是更多游客倾向于通过旅行社安排出游活动，但是选择"新"团队游和自由行的游客比例正在上升。这里的"新"团队游，是指逐步消除人数多、自由度差、不灵活、服务差、购物多、不能满足个性化需求等传统跟团游劣势，明显表现出小团化形式、个性化资源、主题化产品、高品质体验和高品质收益等优势，力求摆脱"低品质、不合理低价、强迫游客购物"的跟团游形象。"新"团队游的品类已经逐渐扩展到私家团、目的地参团、半自助、高端游、主题化跟团产品等，未来还有更多的发展空间。越来越受游客欢迎的自由行更加凸显其基因中蕴含的个性化特征。根据中国旅游研究院的相关数据，境外目的地类别下的关键词"小众"的被搜索次数同比增长高达132%。注重个性化，不喜欢跟随大流的年轻人，对目的地的选择也趋向更"小众"的地方。相比之下，"网红"打卡的热度涨幅仅为44%。在2019年1～5月，马蜂窝定制游的服务人次同比增长217%。

（四）出境旅游面临更多也更严峻的风险敞口考验

国际经济和政治领域中的重商主义、贸易保护主义、技术和生态壁垒等因素，以及恐怖主义、自然灾害和公共卫生事件，正在对出境旅游的发展造成不可忽视的影响。比如，发生在香港地区的"修例风波"以及中美间的贸易争端，实际上都给出境旅游蒙上了阴影。加之不时出现且难以预料的恐怖主义活动、旅游安全事故和自然灾害，都不同程度冲击着出境旅游的发展。

三 2019~2020年中国出境旅游发展预测

（一）出境旅游的重心将锚定在高质量发展上

在大规模数量的加持下，中国出境旅游将更注重产业链的整体升级和完善，既关心高质量的市场开拓，又关心高质量的供给侧构建。通过与相关出境旅游目的地的深度合作，整合旅游资源要素，培育并加强国际旅游资源与市场调配能力，将逐步摆脱粗放经营、靠运气吃饭的局面，逐步解决出境旅游产品简单粗糙、不精细、低频次、低毛利和长链条难以控制等痼疾。通过扩大开发带来的理念转换和资源调配能力提升，进一步加速未来的国际化或全球化布局，实现市场规范和集约化生产，通过旅游电子商务投资、管理输出、旅游产业园投资等形式，在优化旅游产业链、价值链和创新链体系上有所作为。未来会进一步在包括移动互联旅游服务在内的高新科技落地、在地接待服务提升以及目的地要素配套等方面形成一系列出境旅游的高质量产业发展集群。

（二）出境旅游将跟着游客对美好生活的向往走

中国游客希望高品质实现看世界的梦想，将会是未来产品开发、公共服务提供和整体产业升级的动力源泉。需要认识到，出境旅游"开始游"、"经常游"和"游得好"三个层面并存将会长期存在，因此同时满足这三个层面的游客对美好出境游的向往也会是一个长期的任务。游客需要更多的个性化、高体验度产品，那么在产品开发上，就需要对此有感，开发更多的个性化、高体验度产品。游客需要更便利、更安全的出境旅游环境，那么在公共服务提供上，就需要对此有感，与相关国家和地区进行更频繁更务实的沟通协调，在签证便利化、游客安全保障和权益保护方面有更多的推进或突破。游客需要全过程有保障的高质量产品，那么在整体产业升级上，就需要对此有感，不仅要制定符合出境旅游产业实际的产业政策，还需要采取切实有效的孵化和扶持政策，从而补齐短板，强化资源采购、产品开发、服务提供、质量保障、风险管控和技术支撑等环节的产业参与能力。

（三）出境旅游将跟着国家的战略走

中国的出境旅游发展是推进合作共赢开放体系建设不可或缺的一部分。未来的出境旅游发展，将会是互利共赢开放战略的一部分。中国的出境旅游发展，一方面将继续借助包括落实"一带一路"倡议在内的国家行为的支撑，在签证便利化、基础设施建设、投资营商环境优化、海外利益保护和风险预警防范体系构建、领事保护工作机制完善等方面借势借力；另一方面将有利于世界相关国家和地区与中国共享发展成果，在旅游扶贫、促进经济发展和解决就业等方面发挥出境旅游的战略作用。出境旅游的未来发展，绝不仅仅局限于经济影响，在人文交流和民心互通等方面也会起到越来越显著的作用，为上海合作组织、金砖国家、二十国集团等平台的建设夯实更坚实的民意基础。在港澳事务上，出境旅游的发展也将会更紧密地促进香港、澳门融入国家发展大局，支持香港、澳门发展经济、改善民生。在台湾事务上，出境旅游将促进两岸交流合作、深化两岸融合发展、进一步成为保障台湾同胞福祉的制度安排和政策措施，团结广大台湾同胞共同反对"台独"、促进统一。

参考文献

中国旅游研究院课题组：《中国出境旅游发展年度报告 2019》，旅游教育出版社，2019。

杨劲松：《旅游供给侧不断优化新业态呼唤创新发展》，《中国旅游报》2019 年 8 月 16 日，第 3 版。

经营出境旅游业务的旅行社名单/大陆居民赴台旅游组团社名单，http：//zt.mct.gov.cn/cjyzl/。

已正式开展组团业务的出境旅游目的地国家（地区），http：//zt.mct.gov.cn/cjyzl/gltl/201507/P020190814425121708267.jpg。

持普通护照中国公民前往有关国家和地区入境便利待遇一览表，http：//cs.mfa.gov.cn/gyls/lsgz/fwxx/t1185357.shtml。

G.23
2019~2020年香港旅游业发展分析与展望

杨益涵 李咪咪[*]

摘 要： 旅游业是香港特别行政区第四大支柱产业，但极易受经济、社会变化影响。本报告首先肯定了2017年以来香港旅游业发展的良好表现，也指出了2019年反修例风波对香港旅游业各项主要指标的冲击。其次，归纳总结了香港特别行政区政府为发展旅游业开展的具体工作。最后，分析了目前形势下香港旅游业面临的机遇与挑战，并且对香港旅游业未来发展进行了展望。

关键词： 香港旅游业 粤港澳大湾区 一程多站

自1997年香港回归以来，香港旅游业依托全球经济增长特别是潜力巨大的内地市场，获得了快速发展。旅游业已成为香港第四大支柱产业，占GDP的4.7%。尽管经历了2015~2016年的低谷期，香港旅游业于2017年起逐步由低位回稳，2018年赴港旅客人次达6515万人，较2016年增长近15%。入境旅游相关总消费增幅达12%，由2016年的2937亿港元增长至2018年的3281.9亿港元，约合人民币2953.8亿（按1港元兑0.90元人民

---

[*] 杨益涵，香港理工大学酒店及旅游业管理学院硕士研究生，主要研究方向为旅游消费者行为；李咪咪，博士，香港理工大学酒店及旅游业管理学院副教授，主要研究方向为旅游政策与规划、儿童旅游行为、酒店与旅游营销等。

币计算)。

旅游业发展与酒店、零售、交通等行业息息相关,对香港经济和就业市场有重要的支持作用,为香港社会提供占总人口7%的工作岗位。

然而,自2019年6月中旬开始,反修例风波严重性日渐升级,致使2019下半年香港旅游业遭受强烈冲击。

一 2019年香港旅游业发展特征

(一)良好势头,急转直下

自2017年起,香港旅游业稳步回升,2018年访港旅客人次为6515万人,增幅达11.4%,整体情况稳定向好,走出2015～2016年低谷期。2019年1月访港旅客人次创近5年历史新高,达678万人次。2019年1～6月累计到访旅客3487万人次,增幅高达13.9%。1～6月累计到访过夜旅客同比增长近8%,酒店平均入住率达90%。

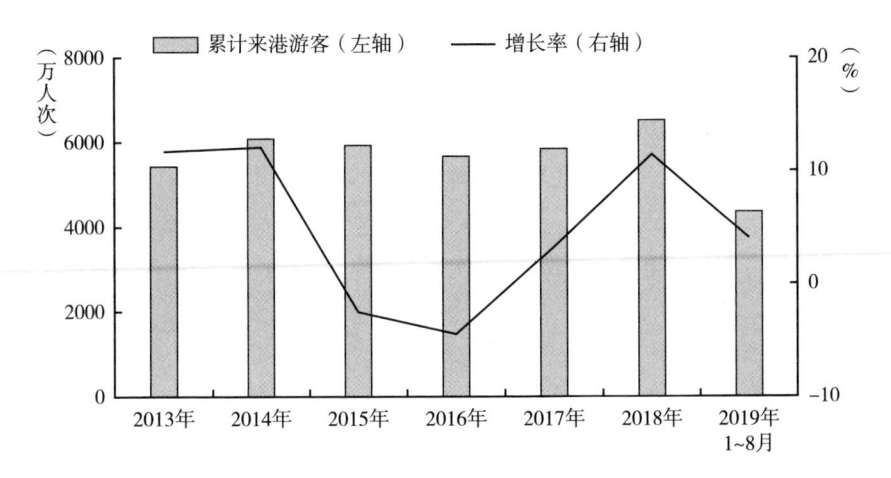

图1 2013年至2019年1～8月访港旅客数量及增长率

然而在2019年下半年,反修例风波的事态严重性逐渐升级,暴力冲突蔓延至街道、商场、地铁及机场,由此造成的旅客滞留及不安定状况使内地及其他客源地旅客对赴港旅游失去信心。访港旅客自2019年7月起较2018年同期开始呈现负增长。2019年8月访港旅客达近五年最低，降幅达39.1%，为五年来新低。1~8月累计过夜旅客同比减少2%，8月来港旅行团较去年同期相比减少超过六成，9月前7天更减至平均每日仅16团，大跌近90%。[1][2] 酒店平均入住率为86%，同比下降5.5%，其中8月入住率仅为66%，创近10年新低，8月旺季直降222港元的房价仍无法挽救低迷的市场。多项在港举办多年的重大节事活动如香港龙舟嘉年华、香港单车节、香港美酒佳肴巡礼以及国庆烟花秀等，均出于安全考虑相继被迫取消。[3] 7月起，旅客人次的下跌也导致零售业表现疲软，香港优势产品如珠宝首饰、钟表、名贵礼物销售额同比下跌17%，药物、化妆品和服装也有4%~8%不同程度的减少。零售业销售总额下跌6.7%，达近两年的最低水平。

香港旅游业在经过2017全年至2019上半年的回升期后，在2019年下半年再次遭受重创，进入寒冬。[4]

（二）内地市场短暂回温，再次骤减

2019年中国内地市场仍占据香港旅游业主导地位，2019年1~8月各客源地累计访港旅客人次占比见图2。[5]

经过2015~2016年的低迷期，内地市场于2017年开始回温，升势延续至2018年。2018年9月与10月，广深港高速铁路香港段与港珠澳大桥的相继开通进一步推动内地旅客访港。2018年内地自由行旅客人次（以个人游签注来

---

[1] 第一财经：《旅游业步入"寒冬"，香港经济未来难料》，https://www.yicai.com/news/100333237.html，2019年10月15日访问。
[2] 香港旅游业议会：《示威升级令业界重创》，2019年9月。
[3] 香港旅业网：《"香港单车节"及"香港美酒佳肴巡礼"取消，活动报名费及参展费将全数退回》，https://partnernet.hktb.com/tc/about_hktb/news/press_releases/index.html，2019年10月15日访问。
[4] 香港旅游发展局：《2019年8月访港旅客统计报告》，2019年10月。
[5] 香港旅游发展局：《2019年8月访港旅客统计报告》，2019年10月。

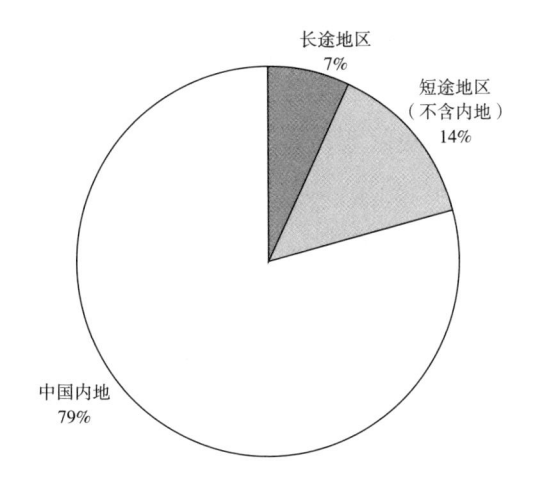

长途地区 7%
短途地区（不含内地）14%
中国内地 79%

图 2　各地区访港旅客人次占比

港）上涨 23.3%，占访港内地旅客总量的 61.3%。[①] 2018 年访港内地旅客累计达 5104 万人次，增幅达 14.8%。访港内地旅客人次上升超出预期，并于 2019 年 1 月达到峰值 554 万人，1~6 月内地旅客累计同比增长 16.4%。[②]

然而受频繁暴力冲突影响，内地访港旅客人次于往年访港高峰期 8 月急转直下，同比降幅达 42.3%。2019 年 1~8 月累计内地旅客较 2018 年同期仅增长不到 5%，局势不容乐观。

（三）其他市场有所下滑，结构稳定

2018 年，占比 21.7% 的长途国际市场以及短途（不含内地）市场整体相对稳定，较 2017 年增长 0.6%。长途市场板块实现全面增长，增幅为 2.9%，其中以美洲增长幅度最为显著，达 5.1%。短途市场中，日本、韩国以及台湾地区仍是主要客源地。尽管日本市场涨幅达 4.7%，但韩国、印尼、台湾地区等市场的大幅回落使北亚、南亚及东南亚板块有所下滑，整个短途市场较 2017 年下降 0.6%。

[①] 香港旅游发展局：《2018 年香港旅游业统计》，2019 年 2 月。
[②] 香港旅游发展局：《2019 年 8 月访港旅客统计报告》，2019 年 10 月。

2019年1~6月，长途市场与短途市场均得到较快增长，增幅达5.5%。长途市场中，美国访港旅客仍然持续增长，但速度放缓为0.7%。除澳大利亚、新西兰及南太平洋板块以5.7%的增幅持续发展外，长途市场其他板块都有所下滑，整体波动不大。1~6月短途市场除马来西亚与台湾地区有微小下调外，其他市场以8.6%的同比增长率实现了全线发展。

2019年8月，反修例风波蔓延到机场，造成大量航班取消，旅客被迫滞留机场。原本稳定发展的长、短途市场于8月全面负增长，降幅达24.5%。由于2019年上半年发展势头良好，1~8月长短途市场累计旅客人次较2018年同期仍增长1.1%。但2019年后半年情况不容乐观，不排除2019年全年增长率转负的可能性。

表1　2019年1~8月按地区访港旅客人次统计

国家/地区	人次	占比(%)	增长率(%)
长途地区市场	2990976	6.9	-3.16
美洲	1168718	2.7	-3.15
美国	819023	1.9	-2.33
加拿大	229670	0.5	-6.19
南美及中美	120025	0.3	-2.71
欧洲、非洲及中东	1379596	3.2	-4.03
英国	367338	0.8	-2.02
德国	148657	0.3	+5.97
法国	122944	0.3	-7.09
意大利	62724	0.1	-4.12
南非	40337	0.1	-5.27
中东	99772	0.2	-8.70
澳大利亚、新西兰及南太平洋	442662	1.0	-0.36
澳大利亚	366724	0.8	+0.62
新西兰	65776	0.2	-7.31
短途地区市场(不含内地)	6151318	14.1	+3.26
北亚	1741009	4.0	-1.47
日本	853533	2.0	+3.75
韩国	887476	2.0	-6.02

续表

国家/地区	人次	占比%	增长率%
南亚及东南亚	2298696	5.3	+2.14
印度尼西亚	286026	0.7	+1.67
马来西亚	288606	0.7	-4.47
菲律宾	623829	1.4	+9.38
新加坡	356764	0.8	-1.98
泰国	384191	0.9	+4.98
印度	253583	0.6	-0.73
台湾地区、澳门特区及其他地区			
台湾地区	1184250	2.7	-8.16
澳门特别行政区/未能辨别	927363	2.1	+42.60
小计	9142294	20.9	+1.07
中国内地	34517102	79.1	+4.86
合计	43659396	100.0	+4.04

资料来源：香港旅游发展局：《2019年8月访港旅客统计报告》，2019年10月。

（四）过夜旅客增速放缓，比重微调

自2015年过夜旅客人次呈负增长以来，非内地市场和内地市场过夜旅客增长率分别于2016年、2017年陆续回正，过夜旅客占比也逐渐上浮，但并无太大波动。延续2017年增势，2018年过夜旅客人次增长4.9%，增幅主要来自内地市场（7.4%）。广深港高速铁路香港段与港珠澳大桥的开通使得香港和内地往来更为快捷，在吸引华南以外地区过夜旅客的同时，使附近地区旅客当天往返更为便利。因此尽管内地过夜旅客占比较2017年下降2.7个百分点，内地过夜旅客仍然于2018年达历史新高1990万人次。到2018年，非内地市场过夜旅客人次增速逐渐放缓，过夜旅客人次比例稳定在66.5%上下。

2019年上半年过夜旅客人次持续增长，内地过夜旅客人次增幅高达11%。然而根据2019年8月数据，8月过夜旅客人次巨幅下跌，同比减少45.95%，1~8月过夜旅客人次最终呈负增长。

表 2　2015～2019 年香港过夜旅客人次、占比及增长率

	内地市场			非内地市场		
	万人次	占比(%)	增长率(%)	万人次	占比(%)	增长率(%)
2015 年	1799.7	39.26	-1.2	869.9	64.53	-0.1
2016 年	1736.5	40.6	-3.5	918.8	66.2	+5.7
2017 年	1852.6	41.7	+6.7	935.8	66.7	+1.9
2018 年	1990.2	39.0	+7.4	936.1	66.3	+*
2019 年 1~6 月	1022.9	37.1	+11.0	469.1	64.3	+1.2
2019 年 1~8 月	1305.0	37.8	-1.2	578.6	63.3	-3.6

资料来源：香港旅业网：《旅游统计资料库 2016～2018 访港旅客总人次》，https://securepartnernet.hktb.com/tc/research_statistics/tourism_statistics_database/index.html，2019 年 10 月 10 日访问；香港旅游发展局：《2019 年 8 月访港旅客统计报告》，2019 年 10 月。

注：* 小于 0.05。

（五）酒店行业增长势头突遇急刹

2018 年，随着访港旅客人次持续上涨，酒店平均入住率达 91%，酒店房价也水涨船高，平均增幅 6.8%，业界表现良好。[1]

酒店供应量方面，由于市场惯性仍保持增长。截至 2019 年 8 月，香港各档次酒店提供房间数量相比 2017 年年初累计增加 8217 间，共达 83085 间，较 2018 年 8 月同比增长 4%。2019 年 1~8 月平均入住率同比跌落 5 个百分点至 86%。

2019 年 1~8 月酒店平均房价较 2018 年同期下调 3%，降幅主要来自 6~8 月。其中 8 月酒店房价平均下调 17.1%，经济型酒店价格反应最为猛烈，巨幅下调 26.2%。[2] 8 月，全港酒店在平均房价下降 222 港元的情况下，入住率仅为 66%，近 10 年来香港酒店入住率首次跌破 70%。酒店行业整体生存压力不容乐观。

---

[1] 香港旅游发展局：《2018 年 12 月酒店入住率报告》，2019 年 2 月。
[2] 香港旅游发展局：《2019 年 8 月酒店入住率报告》，2019 年 10 月。

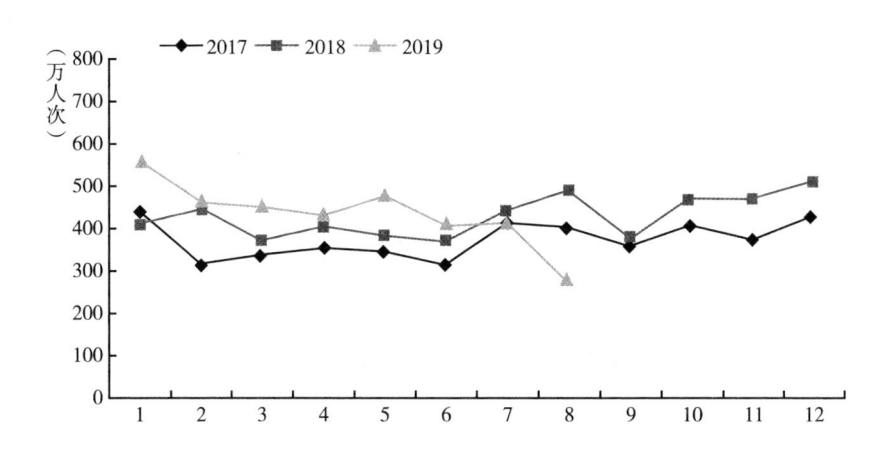

2019~2020年香港旅游业发展分析与展望

图3 2017~2019年每月访港旅客人次

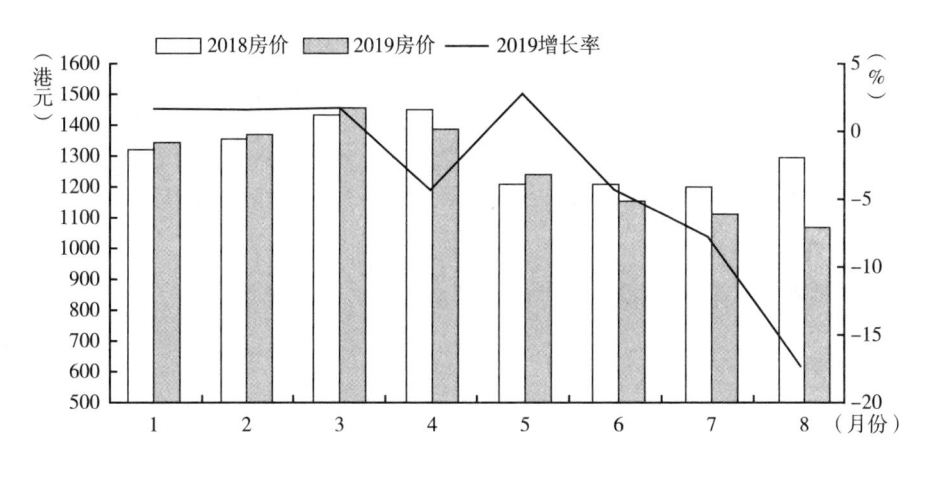

图4 2018至2019年1~8月房价及增长率

(六)入境消费回升缓慢,购物占比近半

入境消费总额经过2015~2016年的负增长后,于2017~2018年逐年回升。截至2018年底,以10.3%的涨幅突破3281.9亿港元,其中境内总消费涨幅达11.9%。2019年1~6月入境旅游相关消费总额较2018年同期减少0.5%。

317

表3 2014~2019年中国香港入境人均消费及入境旅游相关总消费

年份	人均消费(港元) 内地	短途	长途	总消费 数额(百万港元)	增长率(%)
2014	7266	5758	8703	359417.62	8.6
2015	6552	5356	7924	329382.07	-8.4
2016	6170	4840	7275	293702.17	-10.8
2017	6081	4901	7010	297471.11	1.3
2018	6536	5267	7029	328194.65	10.3
2019年1~6月	6308	5115	6121	158087.60	-0.5

资料来源：香港旅游发展局：《2018年与入境旅游相关的消费》，2019年2月；《2019年1至6月与入境旅游相关的消费》，2019年8月。

从人均消费来看，2014~2018年内地旅客人均消费高达7029港元，比长途市场人均多493港元。2019年1~6月，内地旅客人均消费同比减少15.6%，长途市场人均消费下调幅度较小，以187港元的优势重回人均消费首位。各客源地旅客人均消费虽较2017年有所增加但仍未恢复到峰值水平，尤其是长途市场旅客，2019年1~6月人均消费较2014年仍相差2582港元。

从消费模式看，购物仍是过夜旅客消费主力，占比48.5%。

二 香港特别行政区政府对于发展旅游业的努力

2017年10月，香港特别行政区政府发布《香港旅游业发展蓝图》，为香港旅游业系统地制定了未来五年的全面发展规划，包含四大发展策略，十三个长、中、短期目标及七十二项措施①。根据四大发展策略（客源市场多元化，吸引高增值过夜旅客；拓展本港特色旅游产品；推动智慧旅游；提升服务质量），以及《香港旅游发展局2019~20年度工作计划》②，

① 香港商务及经济发展局旅游事务署：《香港旅游业发展蓝图》，2017年10月。
② 香港商务及经济发展局旅游事务署：《香港旅游发展局2019~20年度工作计划》，2019年2月。

香港特别行政区政府在 2019~2020 年为发展旅游业做出的计划与行动可归纳如下。

（一）拓宽新市场，寻找新商机

通过市场推广和资源分配，发展多元化客源市场，吸引高净值过夜旅客。旅发局 2019~2020 年度的客源地推广预算中，除 23% 投放至内地市场外，有 77% 投放至非内地市场以均衡客源。对内地市场的推广投放则主要用于广东省以外的高速铁路覆盖区域，如华中及华西地区。由于临近客源地竞争激烈，市场推广主要在临近客源地包括台湾地区、日本、韩国等短途市场。对于长途市场，旅发局利用粤港澳大湾区优势迎合长途市场旅客"一程多站"式喜好，与业界合作推广包含香港在内的"一程多站"旅游产品。

除现有的 20 个主要客源市场，香港旅发局也针对现有往来香港直飞航班且旅客可免签入境香港的国家与"一带一路"沿线国家开展市场推广工作，意图开拓新市场，扩宽客源。

香港旅发局也一直采取针对性策略，吸引会展与邮轮旅客。对于高净值的会展旅游，旅发局提供资助金以吸引有战略意义的大规模会议在港举行，并继续以医疗及科技主题为发展重点。利用"一带一路"发展机遇强化"亚洲展览之都"的形象，争取"一带一路"沿线国家及地区买家及参展商来港参加展览活动。对于供求失衡的邮轮市场，旅发局进一步发展"高铁+邮轮""飞航邮轮"等行程，并且与邮轮公司合作维持香港港口的邮轮班次以应对来自临近其他港口的激烈竞争。

（二）丰富在港旅游体验，提升访港旅客满意度

2019~2020 年度，十大旅游体验中的地道文化、户外活动及艺术是旅发局宣传推广的三大重点。（1）地道文化：旅发局在过去两年先后开展了"旧城中环"、"深水埗"地区推广项目，以当地真实有趣的故事重新包装非传统旅游区，有效延长旅客在港旅程，鼓励以本地人视角探索香港。2019

年，旅发局延续"香港-大城小区"的策略，继续推广香港地道文化。（2）户外活动：2019年，旅发局以"香港郊野全接触2019：香港后花园"为主题，推广包括西贡、大澳等5个风格迥异的郊野"绿色秘境"。（3）艺术：2019年1月戏曲中心正式开幕，连同即将于2020年落成开幕的M+视觉文化博物馆及演艺综合剧场等，标志着西九龙文化区正式启用。2019年多项艺术盛事及活动举办，丰富了旅客在港体验。

配合推广旅游体验，旅发局也举办、推广多项有浓厚本地文化特色和国际化特色的大型节庆活动、国际盛事、文艺表演及体育盛事等。如大坑舞火龙、维港灯影节以及每年举办的大型艺术节等，都增添了香港城市特色，强化了香港亚洲盛事之都的地位。

（三）提供政策支持，加强企业管制

香港特别行政区政府推出的"优质旅游服务"计划，鼓励本地商户提升服务水平，2019年已经是计划推出的20周年，现已有8000多间店铺获得此项认证。2019年旅发局通过20周年庆祝活动推广此计划，组织商户提供优惠活动，鼓励居民及旅客前往认证商户消费。"香港体验行"（原新旅游产品发展及经费资助计划）也通过重点资助，鼓励业界开发以地道文化、户外活动及艺术为主题的创意旅游产品。2019年，旅发局以"香港日本旅游年"为契机，加强与日本市场的联系，并在日本市场初步推行了"游学团"旅游产品。此外，2019~2020年度，旅发局也与海内外业界交流洽谈，参与了23个分别在不同客源市场举办的各类旅游展、外放团及商务洽谈会，为本地业界拓展商业机会，通过适当豁免部分费用鼓励业界参与此类交流会。

《旅游业条例》也于2018年年底通过，成立旅游业监管局，负责监管旅行社、导游及领队行为，保护消费者权益。[①]

---

① 香港特别行政区政府旅游事务署：《旅游业条例》，2018年11月。

（四）应对动荡，积极救市

为应对反修例风波造成的访港旅客的巨幅下跌，香港特别行政区政府于9月宣布了一系列紧急支援旅游业界的新措施，如资助导游续牌进修费用、减免美食车在政府场地的一般租金、豁免旅行社代理年费、资助培训计划等，以支援业界度过寒冬。[1] 香港旅游发展局也于9月推出豁免业界参加旅发局举办的展销会的费用，及"优质旅游服务"计划的商铺续证费用的政策[2]。旅游业议会及相关组织也提议"香港人游香港"计划，推广本地旅游以维持导游及其他本地旅游业务。[3] 但此类措施只能暂缓行业压力，走出当前严峻局势还需社会秩序恢复，吸引游客访港。

三 香港旅游业面临的机遇与挑战

（一）发展的机遇：交通枢纽地位进一步加强

广深港高速铁路香港段及港珠澳大桥的相继开通，打通了粤港澳大湾区城市之间快速交通的陆路连接，铁路、公路交通直通内地市场腹地，连接华中、华西地区。这两大交通设施均巩固了香港"中国南大门"的角色，为旅客往来香港以及"一程多站"式行程提供了更多选择，香港成为粤港澳大湾区的交通枢纽。

同时，香港国际机场在2018~2019年度新增17个国际及内地航点，包括沙勒洛瓦、开罗、开普敦、哥本哈根、达尔文、达沃、莫斯科伏努科沃、长崎、华盛顿、都柏林、棉兰、喀比、大同、呼和浩特、盐城、扬州及银

---

[1] 政府新闻网：《支援旅游业界新措施公布》，2019年9月，https://www.news.gov.hk/chi/2019/09/20190927/20190927_125100_046.html，2019年10月15日访问。

[2] 香港旅游发展局：《旅发局推出支援业界措施》，2019年9月，http://partnernet.hktb.com/tc/about_hktb/news/press_releases/index.html，2019年10月15日访问。

[3] 香港专业导游总工会：《修例风波：10月首周旅客减半 业界促推本土游救港》，http://www.hkptga.org.hk/files/20191010%20rule.pdf，2019年10月15日访问。

川。此外，香港国际机场三跑道系统项目正按计划推进中，预计2022年可启用一条新建跑道，2024年前可完成整个三条跑道新建计划，有望有效提升机场承载量，进一步巩固香港的交通枢纽地位。①

机场承载力的提升、新航线的开通以及配合高速铁路网络及港珠澳大桥的陆路连接，都有助于香港有效利用粤港澳大湾区建设及"一带一路"政策下的竞争优势，开发更具多元化的客源市场，发展更具特色的旅游产品，使香港成为"一程多站"式旅途中的必经之站。

（二）遇到的挑战：外部竞争激烈，全球经济难以预测

香港面临多个旅游目的地的竞争激烈，如台湾地区、日本、韩国、泰国、新加坡及马来西亚等地，它们纷纷简化签证申请审批程序，加大旅游宣传力度以吸引旅客到访，其中日元汇率下降使日本旅游竞争力大大提升。再者，临近目的地中，通往香港的直飞机位增幅（2%）远不及临近目的地，如泰国（11%）、日本（6.7%）和新加坡（4.9%）。可见未来主要激烈竞争将来自短途市场，这将对香港旅游业产生一定压力。

2019年世界主要经济体之间的政治、贸易矛盾使全球经济发展稳定性受到影响。与美元挂钩的港币持续升值，港币兑人民币汇率从2018年10月的0.88一路上涨到2019年10月的0.90，内地旅客来港花销增加。同时其他国家汇率走势也受到不同程度影响，各国旅客访港意愿势必受到影响。欧洲市场受英国脱欧、难民潮等影响，2019年发展前景也不明朗。2019年全球经济发展的不确定性使香港旅游业国际市场发展稳定性受到挑战。

四 香港旅游业发展前景

香港旅游业曾经历过数次低谷期，大多由于经济衰退或疫情问题，极少面

---

① 香港国际机场：《香港国际机场2018/19年度取得稳健增长》，https：//www.hongkongairport.com/tc/media-centre/press-release/2019/pr_1346，2019年10月11日访问。

对因政治因素造成的打击。2014年持续两个多月的"占中运动"造成的旅游业逆境，香港直到2017年才走出来并低位回升。此次反修例风波影响更甚，波及市场范围更广。截至2019年9月，已有40个国家对赴港出行发出警示，香港"最安全城市"的形象已产生裂痕，未来几年香港旅游业将面临更大的发展压力。

此外，香港旅游业仍然面临着旅游消费中购物消费比例过高等问题。旅发局已出台多项措施来进行整改转型，如开拓发展多元化客源市场，推出"本地人眼光游香港"系列推广活动，提升十大旅游体验，发展文化、古迹、绿色及创意旅游。粤港澳大湾区及"一带一路"两项国家级政策都带给香港旅游业发展独特的优势与机遇。未来在确保环境平稳发展的前提下，香港旅游业仍有巨大发展潜力。

参考文献

香港旅游发展局：《2019年8月访港旅客统计报告》，2019年10月。

香港旅游发展局：《2018年香港旅游业统计》，2019年2月。

香港旅业网：《旅游统计资料库2016~2018访港旅客总人次》，https://securepartnernet.hktb.com/tc/research_statistics/tourism_statistics_database/index.html，2019年10月10日访问。

香港旅游发展局：《2018年12月酒店入住率报告》，2019年2月。

香港旅游发展局：《2019年8月酒店入住率报告》，2019年10月。

香港旅游发展局：《2018年与入境旅游相关的消费》，2019年2月。

香港旅游发展局：《2019年1至6月与入境旅游相关的消费》，2019年8月。

香港商务及经济发展局旅游事务署：《香港旅游业发展蓝图》，2017年10月。

香港商务及经济发展局旅游事务署：《香港旅游发展局2019~20年度工作计划》，2019年2月。

香港特别行政区政府旅游事务署：《旅游业条例》，2018年11月。

香港国际机场：《香港国际机场2018/19年度取得稳健增长》，https://www.hongkongairport.com/tc/media-centre/press-release/2019/pr_1346，2019年10月11日访问。

政府新闻网：《支援旅游业界新措施公布》，https://www.news.gov.hk/chi/2019/09/20190927/20190927_125100_046.html，2019年10月15日访问。

第一财经：《旅游业步入"寒冬"，香港经济未来难料》，https：//www.yicai.com/news/100333237.html，2019年10月15日访问。

香港旅游业议会：《示威升级令业界重创》，2019年9月。

香港旅业网：《"香港单车节"及"香港美酒佳肴巡礼"取消，活动报名费及参展费将全数退回》，https：//partnernet.hktb.com/tc/about_ hktb/news/press_ releases/index.html，2019年10月15日访问。

香港旅游发展局：《旅发局推出支援业界措施》，http：//partnernet.hktb.com/tc/about_ hktb/news/press_ releases/index.html，2019年10月15日访问。

香港专业导游总工会：《修例风波：10月首周旅客减半　业界促推本土游救港》，http：//www.hkptga.org.hk/files/20191010%20rule.pdf，2019年10月15日访问。

G.24
2019~2020年澳门旅游业发展分析与展望

唐继宗*

摘　要： 2019年是中华人民共和国成立70周年、中葡建交40周年以及澳门回归祖国20周年，诸多旅游节事活动的举办将吸引众多游客访澳。随着内地家庭收入与生活水平的不断提升，加上2003年内地开放居民赴港澳个人游，对澳门旅游服务的需求持续增加，推动了特区社会发展和经济建设。预计未来粤港澳大湾区持续发展，区内旅游资源有效配置，跨境基建设施不断完善，澳门特区连同区内城市群可助力国家旅游服务出口竞争力提升。

关键词： 旅游服务　粤港澳大湾区　个人游

一　澳门回归20周年旅游产业对特区经济建设的贡献

（一）旅游服务出口对GDP的贡献

非本地居民访澳用于博彩与非博彩消费占同期GDP比重在过去10年（2009~2018）都达60%以上，低位和高位分别于2016年（67%）和2013年（83.5%）出现。详情请参阅图1和表1。

---

* 唐继宗，中国社会科学院研究生院产业经济学博士，现任中国社会科学院旅游研究中心副秘书长，研究方向为旅游经济学、运输经济学、制度经济学、法律经济学、国际经济法和区域经济。

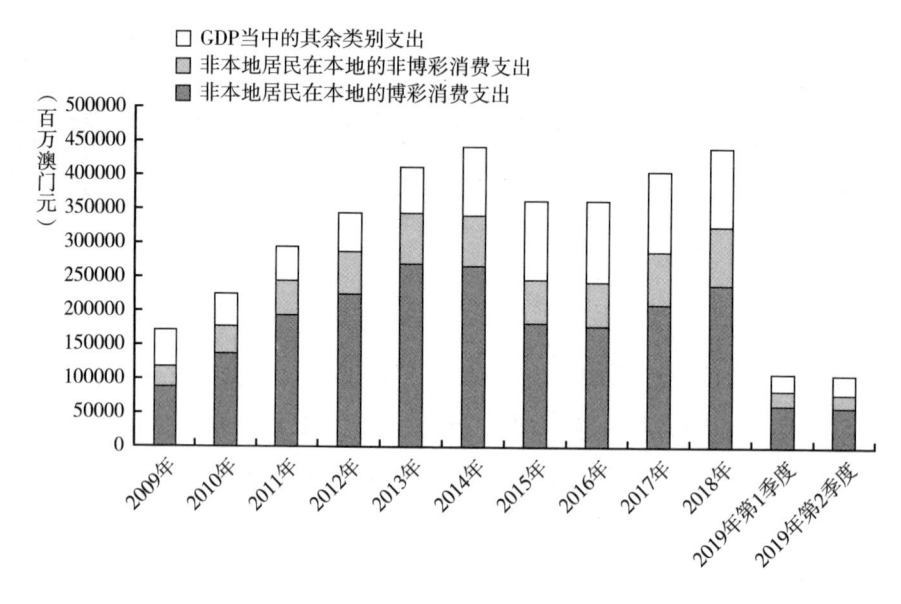

图 1　澳门本地 GDP

资料来源：澳门统计暨普查局。

表 1　非本地居民在本地消费对 GDP 的贡献

单位：%

时间	非本地居民在本地的总体消费支出占同期 GDP 比重	非本地居民在本地的博彩消费支出占同期 GDP 比重	非本地居民在本地的非博彩消费支出占同期 GDP 比重
2009	68.8	51.5	17.3
2010	78.8	60.9	17.9
2011	83.1	65.7	17.3
2012	83.5	65.3	18.1
2013	83.5	65.4	18.0
2014	77.0	60.2	16.7
2015	68.0	50.2	17.8
2016	67.0	49.0	18.0
2017	70.8	51.7	19.0
2018	73.7	54.2	19.5
2019Q1	77.0	56.9	20.1
2019Q2	73.6	55.4	18.2

资料来源：整理自澳门统计暨普查局统计公布。

（二）旅游及相关行业企业数目与雇员人数

根据统计暨普查局最新公布的旅游附属账，2017年澳门旅游相关行业包括博彩、零售、饮食、住宿、客运及旅行社服务，有营运的企业/场所共11077间，按年增加2.7%（+288间）。除博彩业外，各行业的企业/场所数目同比均有所上升，零售业场所（6918间）增加3.2%（+213间），饮食业（2309间）及客运服务业场所（1517）亦分别增加1.9%（+44间）及1.7%（+27间）。

在企业/场所数目增加的带动下，员工人数亦有所上升，六个相关行业在2017年的在职员工共计19.7万人，同比增加2.6%。同期，本澳就业人口共37.98万人，亦即当中的51.9%从事旅游相关行业。

若按行业分析，博彩业（5.7万人）及酒店业（5.1万人）的在职员工分别增加1.5%及2.9%，而零售业（4.3万人）及饮食业（3.3万人）亦有3.6%及0.6%的增幅。

（三）博彩税收占公共财政收入比重

澳门特区政府对旅游相关行业开征的税费为主要的财政收入来源。财政局公布的数据显示，过去5年（2014~2018年），批给赌博专营权之直接税收占同期特区政府中央账目收入的比重为76.9%（2015）~82.6%（2014）。详情请参阅表2。

表2 博彩税占中央账目收入比重

项目	2014	2015	2016	2017	2018
特区政府中央账目收入（A）（百万澳门元）	156071.4	109778.23	102412.2	118069.2	134204.6
批给赌博专营权之直接税（B）（百万澳门元）	128868.8	84430.9	79482.5	93961.7	106781.6
（B/A）×100%（%）	82.6	76.9	77.6	79.6	79.6

资料来源：澳门财政局。

二 澳门旅游服务出口市场现况与展望

2019年首季，澳门经济按年实质收缩3.2%，结束连续十季的增长，经济下行压力加大，主要是整体需求转弱，增长动力不足所致。外部需求明显放缓，服务出口按年下跌0.3%，其中博彩服务出口及其他旅游服务出口分别减少0.6%及0.3%。

2019年第二季度，澳门经济按年实质收缩1.8%，较第一季度跌幅（-3.2%）有所减缓，经济收缩主要是固定资本形成总额按年下跌所致。2019年上半年澳门经济按年实质收缩2.5%。外部需求持续放缓，博彩服务出口下跌0.8%。

（一）入境旅客人次

受惠于港珠澳大桥落成启用及整体通关效率继续提升等利好因素，2018年度澳门特区共接待旅客35803663人次，同比增长9.8%。2019年1~9月累计，访澳旅客同比增长17%，达到30202906人次，预计2019全年访澳旅客人次将突破4000万。

2019年1~9月累计访澳十大客源地如表3所示。

表3 2019年1~9月累计按证件签发地统计之入境旅客

排序	证件签发地	人次	比重（%）	同比变动(个百分点)
1	中国内地	21455294	71.0	17.7
2	中国香港	5560117	18.4	22.3
3	中国台湾	815838	2.7	1.5
4	韩 国	609833	2.0	0.4
5	菲律宾	309031	1.0	43.7
6	日 本	242476	0.8	4.2
7	美 国	151518	0.5	7.3
8	马来西亚	143406	0.5	-4.5
9	印度尼西亚	135322	0.4	5.8
10	泰 国	116725	0.4	-8.1

资料来源：澳门统计暨普查局。

（二）旅客入境口岸

至2019年10月，澳门特区共有8个口岸，其中陆路口岸4个、海路及空路口岸各2个。自港珠澳大桥口岸于2018年10月底开通后，原使用海路及直升机空运服务往来港澳的旅客被大量分流。

2019年1~9月累计，按处理人次多少排序，首先是关闸口岸，占比为52.4%；其次是港珠澳大桥，占比为14.23%；再次为澳门国际机场，占比为9.52%。同期，外港客运码头和氹仔客运码头同比分别下跌40%及37.9%，外港客运码头直升机坪同比下跌38.1%。详情请参阅表4。

表4　2019年1~9月入境旅客使用澳门跨境口岸人次结构

访澳旅客入境口岸	人次	比重（%）	同比变动（个百分点）
关闸边境站	15826937	52.40	21.0
港珠澳大桥	4297177	14.23	—
澳门国际机场	2873877	9.52	18.2
外港客运码头	2865684	9.49	-40.0
路氹城边境站	2233934	7.40	4.0
氹仔客运码头	2085127	6.90	-37.9
外港客运码头直升机坪	8499	0.03	-38.1
跨境工业区边境站	11671	0.04	0.2

资料来源：澳门统计暨普查局。

（三）入境旅客访澳动机与消费行为

按支出法计算，本澳旅游服务出口当中主要类别是博彩，然而，以博彩为来澳主要目的之入境旅客却占较少比重。2019年第二季度，访客来澳主要目的前三位分别为度假、过境及其他，而以博彩为主要目的访澳的旅客仅占3.3%。详情请参阅图2。

澳门旅游市场虽然经过多年发展，但对吸引旅客留澳过夜、增加消费的目标仍需加大力度予以推进。2019年上半年旅客留澳时间为1.1日，多于半数（53%）的入境旅客选择不留澳过夜。请参阅图3。

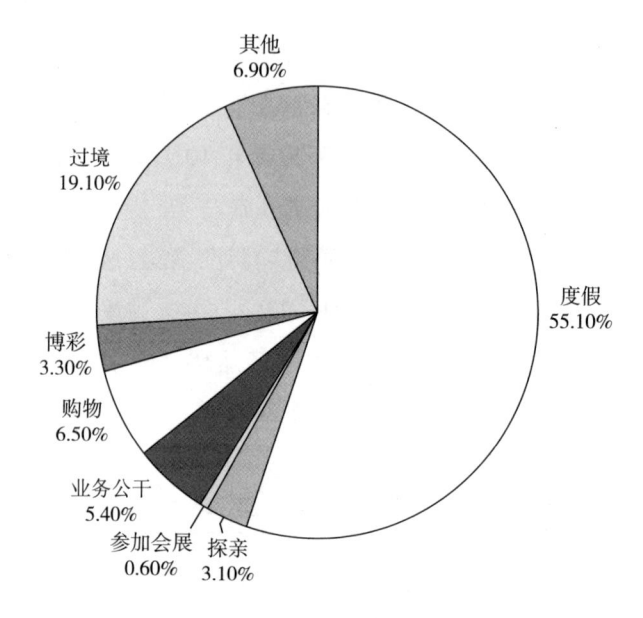

图2　2019年第二季度访澳旅客入境主要目的

资料来源：澳门统计暨普查局。

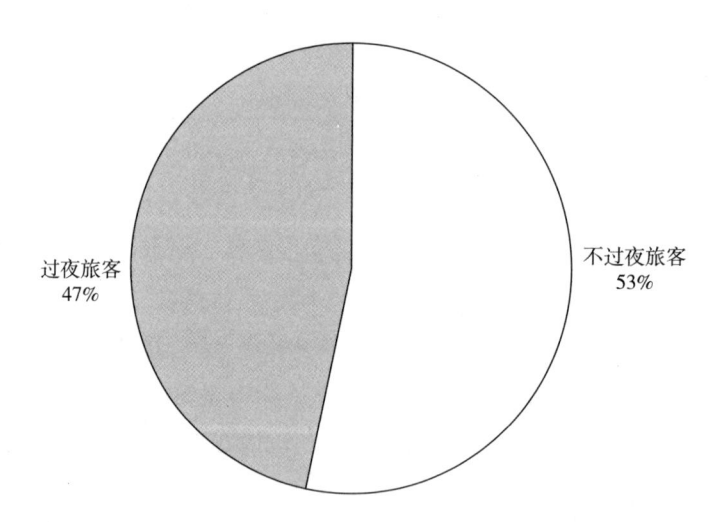

其他 6.90%
过境 19.10%
博彩 3.30%
购物 6.50%
业务公干 5.40%
参加会展 0.60%
探亲 3.10%
度假 55.10%

图3　2019年上半年入境旅客过夜与不过夜比例

资料来源：澳门统计暨普查局。

过夜旅客 47%
不过夜旅客 53%

2019年第二季度访澳旅客非博彩人均消费为1583澳门元，当中最多是用于购物（45%），其次是住宿（26%），再次是餐饮（21%）。请参阅图4。

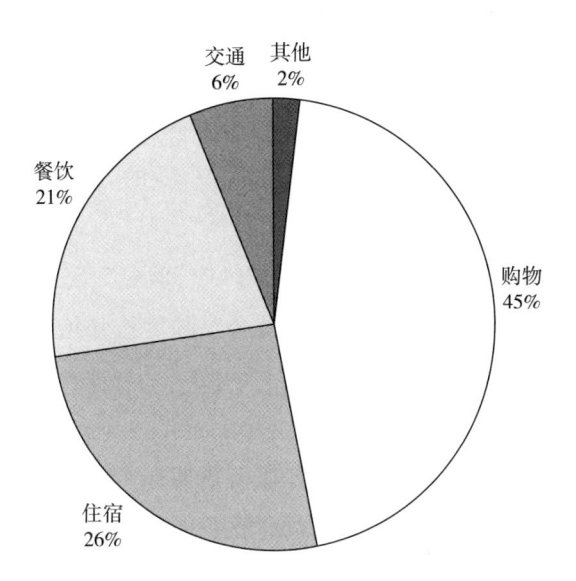

图4　2019年第二季度按消费类别统计的旅客非博彩人均消费

资料来源：澳门统计暨普查局。

（四）澳门入境旅游市场供求分析

1. 博彩业

2018年在澳门经营博彩活动的企业共10家，总收益共3047.1亿澳门元，按年上升13.7%，当中博彩及相关服务收益为3041.8亿澳门元。总支出共1278.0亿澳门元，同比增加11.2%，当中54.0%用于购货、佣金及客户回赠。反映行业对经济贡献的增加值总额为2033.8亿澳门元，按年增加13.6%。行业的固定资本形成总额按年大幅攀升6.2倍至68.0亿澳门元。

澳门博彩业也无可避免受到国际贸易摩擦影响。2019年1～9月累计，澳门幸运博彩毛收入为2202.97亿澳门元，同比下跌1.7%。

2. 酒店业

2018年在澳门营运的酒店及公寓同比增加3间至116间，包括82间酒店及34间公寓。在职员工上升3.7%至52976名。

受惠于酒店及公寓住客增加，行业收益及支出均按年上升，盈利升幅达51.0%。行业收益同比增加14.5%，当中客房租金上升16.1%，支出上升10.0%，员工支出及经营费用分别有10.7%及8.4%的增幅。反映整体行业对经济贡献的增加值总额按年上升19.5%，行业的固定资本形成总额更跃升2.3倍。

至2019年第二季度末，全澳有营业的119间酒店及公寓合计提供38675间客房，同比微升0.1%。上半年酒店及公寓住客按年增加1.5%，平均入住率亦上升1.1个百分点。

3. 会展业

2018年在澳门提供会议展览筹办服务的场所有112间，按年增加14间；在职员工432名，上升1.4%。行业收益同比增加4.9%至3.9亿澳门元，其中政府/其他机构资助升幅达37.0%，为9548万澳门元；广告服务收益上升19.7%至3039万澳门元；会议/展览服务收益则减少5.7%至2.4亿澳门元。同期支出有3.6亿澳门元，上升1.2%。经营费用增加21.6%至5459万澳门元（占支出的15.3%）；购入商品/服务及佣金支出减少1.6%至2.3亿澳门元（占63.5%）；员工支出亦减少2.3%至7569万澳门元（占21.2%）。由于收益升幅远高于支出，令盈利按年显著增加95.8%至2924万澳门元。行业增加值总额有1.0亿澳门元，上升13.5%。固定资本形成总额为534万澳门元，减少1.2%。

2018年全年会展活动共1427项，与会者/入场观众达212.2万人次。当中，会议同比增加57项，与会者上升20.5%。展览增加9项，入场观众增加10.0%。奖励活动按年减少20项，参与者则上升17.7%。

2019年上半年会展活动共734项；与会者/入场观众有68.5万人次。当中，会议数目按年增加77项，与会者减少19.4%。展览同比增加1项，入场观众亦上升7.5%。奖励活动同比增加1项，参与者则下跌24.9%。

4. 旅行社业

2018年在澳门营运的旅行社共221间，按年增加11间；在职员工微增0.7%至4530名，其中司机1537名，占在职员工的33.9%。

旅行社全年收益共91.7亿澳门元，按年上升10.4%；以订房服务（29.2亿澳门元）、旅行团（24.8亿澳门元）及客运票务收益（17.7亿澳门元）为主。支出为87.5亿元，同比增加10.6%，主要用于购货、服务及佣金支出（70.8亿澳门元），同比升幅为12.0%。全年盈利增加6.4%至4.2亿澳门元，反映行业对经济贡献的增加值总额亦上升10.0%至12.4亿澳门元。固定资本形成总额达2.0亿澳门元，显著上升2.2倍。

5. 饮食业

2018年在澳门营运的饮食业场所共2345间，按年增加39间；在职员工增加3.2%至33737名。行业全年收益118.3亿澳门元，同比增加7.0%；支出亦上升6.6%至115.7亿澳门元，当中购货、员工支出及经营费用分别增加5.1%、6.8%及8.3%。盈利为2.6亿澳门元，按年上升28.1%。反映行业对经济贡献的增加值总额有43.1亿澳门元，上升7.9%；行业固定资本形成总额则减少5.5%至3.0亿澳门元。

三 与澳门旅游产业发展相关的政策措施

2019年是中华人民共和国成立40周年、中葡建交40周年以及澳门回归祖国20周年，除继续举办"澳门艺术节""澳门国际音乐节""澳门城市艺穗节"等品牌盛事，以及"庆祝回归周年纪念活动——澳门国际幻彩大巡游""HUSH！沙滩音乐会"等城市节庆活动，澳门亦筹办了一系列文化演艺活动及大型文博展览。此外，于主要客源市场举办庆祝活动，并串连各项年度大型活动，包括"农历新年花车巡游会演"、"澳门国际旅游（产业）博览会"、"澳门国际烟花比赛会演"、"澳门光影节"、"澳门国际影展暨颁奖典礼"及"庆祝澳门特别行政区成立二十周年烟花表演"等活动。同时，配合"中葡文化年"，在葡萄牙举行一系列大型推广活动。持续发展社区旅游产品，丰富旅客的旅游体验。

推动博彩企业开拓更多非博彩元素，促进旅游休闲娱乐一体化。持续跟进博彩业中期检讨后续工作，坚持适度规模、规范管理、健康发展的原则，严格控制赌枱数目，推动博彩业有序发展。强化对博彩中介人依法营运的监管，持续进行专项审计；推进负责任博彩，提升行业综合竞争力。因应现有博彩批给合同将分别于2020年及2022年到期的情况，加紧跟进相关工作的研究，并充分听取社会的意见。继续推动经济型酒店、特色主题公园、综合购物中心等设施的建设，完成大赛车主题博物馆的改造工程。

在2019年，澳门积极深化"创意城市美食之都"的建设，努力打造粤港澳大湾区旅游目的地，构建"一带一路"旅游品牌，推动"智能旅游"，提升旅游质量，发展多元化文化旅游产品，举办多项庆祝澳门特别行政区成立二十周年的盛事活动。深化"创意城市美食之都"的建设，通过传承、创新、交流的方式，助力本地餐饮业的发展，推广联合国大会订定的可持续美食烹调日；举办"澳门国际美食论坛"，支持与美食相关的国际性活动；持续以"美食"作为推广澳门旅游和文化形象的主题，加强澳门土生菜的传承和创新；持续于各项大型盛事和旅游活动中加入美食元素，推广小区美食，传承美食文化；与业界合作，在主要的客源市场推出美食游产品。

在"一带一路"沿线国家推广澳门旅游，协助业界推出更迎合市场的旅游产品，拓展"一程多站"联线旅游。深化大湾区旅游合作，包括扩大游艇自由行的范围，完善相关服务，探讨共同建设海洋产业集群和高端服务产业集群的可行性。积极参与大湾区及"一带一路"旅游建设，尤其是发挥澳门在旅游教育与培训上的优势，把澳门打造成为粤港澳大湾区的"旅游教育培训基地"。充分利用粤港澳大湾区城市旅游联合会及各区域合作机制，推动大湾区旅游建设和联合推广工作。开展旅客行为研究，为大湾区旅游形象定位、"一程多站"旅游路线及产品的整合开发提供科学依据。组织海外业界和媒体经港珠澳大桥进行大湾区"一程多站"考察，鼓励业界策划更多主题路线。积极参与"一带一路"旅游建设，在马来西亚、泰国及印度尼西亚推广澳门旅游，密切跟进缅甸及柬埔寨市场的拓展工作。对

"一带一路"沿线节点开展旅游调查,加强与葡语系国家旅游组织的沟通,支持相关国家旅游部门的人员来澳培训。

持续发展多元化文化旅游产品,积极推动"大赛车主题博物馆"的改建工程,丰富展览内容和体验,展示大赛车的历史以及澳门独有的旅游元素。

2019年,特区政府继续发挥体育事业的社会功能,通过与民间团体及体育总会的合作,举办各类大众康体活动,推动形成全民运动风尚;继续与相关部门及社会各界协同举办多项广受欢迎的大型体育盛事,借此激发市民的运动兴趣,并丰富旅客的旅游体验;同时,借助体育的品牌效应,为澳门文化创意产品提供宣传平台。

推动"智慧旅游"发展,推出全新澳门旅游推广网站,开展旅游信息交换平台数据收集及发放工作,构建智能旅游大数据库;以人工智能结合传统客户服务的方式,推出拥有旅游知识的聊天机器人,提升服务素质。对景区/人流密集的地点进行实时监控,并通过预警信息更有效地做出分流及疏导。完善旅游法规配套,积极处理各类酒店牌照的审批和监管工作;迅速跟进旅游纠纷个案,维护旅客权益和澳门旅游城市的形象。继续推行"星级旅游服务认可计划",为旅游业界开办各类培训和认证课程。

加快跨境基础设施互联互通。推进粤澳新通道建设,落实莲花口岸迁至横琴;已在港珠澳大桥澳门口岸采用"合作查验,一次放行"的新通关模式,并在其他新建口岸陆续应用;探讨城际客运票务支付联通的方式;在大湾区背景下,与湾区其他城市共同研究,推动将澳门纳入珠三角西岸高铁规划的可行性,加快进入国家高铁网络。

四 澳门旅游市场发展关注点

(一)国家所需、澳门所长:促进国家旅游服务出口

2019年2月18日,中共中央、国务院印发了《粤港澳大湾区发展规划纲要》(以下简称《纲要》),并发出通知,要求各地区各部门结合实际认真

贯彻落实。

打造粤港澳大湾区，建设世界级城市群，有利于丰富"一国两制"实践内涵，进一步密切内地与港澳交流合作，为港澳经济社会发展以及港澳同胞到内地发展提供更多机会，保持港澳长期繁荣稳定；有利于贯彻落实新发展理念，深入推进供给侧结构性改革，加快培育发展新动能、实现创新驱动发展，为我国经济创新力和竞争力不断增强提供支撑；有利于进一步深化改革、扩大开放，建立与国际接轨的开放型经济新体制，建设高水平参与国际经济合作新平台；有利于推进"一带一路"建设，通过区域双向开放，构筑丝绸之路经济带和21世纪海上丝绸之路对接融汇的重要支撑区。

《纲要》提出，到2022年，粤港澳大湾区综合实力显著增强，粤港澳合作更加深入广泛，区域内生发展动力进一步提升，发展活力充沛、创新能力突出、产业结构优化、要素流动顺畅、生态环境优美的国际一流湾区和世界级城市群框架基本形成。到2035年，大湾区形成以创新为主要支撑的经济体系和发展模式，经济实力、科技实力大幅跃升，国际竞争力、影响力进一步增强；大湾区内市场高水平互联互通基本实现，各类资源要素高效便捷流动；区域发展协调性显著增强，对周边地区的引领带动能力进一步提升；人民生活更加富裕；社会文明程度达到新高度，文化软实力显著增强，中华文化影响更加广泛深入，多元文化进一步交流融合；资源节约集约利用水平显著提高，生态环境得到有效保护，宜居宜业宜游的国际一流湾区全面建成。

优化提升中心城市。以香港、澳门、广州、深圳四大中心城市作为区域发展的核心引擎，继续发挥比较优势，增强对周边区域发展的辐射带动作用。

当中，澳门要建设世界旅游休闲中心、中国与葡语国家商贸合作服务平台，促进经济适度多元发展，打造以中华文化为主流、多元文化共存的交流合作基地。

两个特区可与大湾区内9市共建旅游价值链，面向区内、亚洲及欧美客源市场，促进国家旅游服务贸易出口增长。

（二）珠海横琴与澳门特别行政区的旅游合作

2019年3月21日，国务院关于横琴国际休闲旅游岛建设方案（以下简称建设方案）的批复提出，总面积106.46平方公里的珠海横琴岛区位优势明显，其与澳门隔河相望，桥隧相连，横琴口岸24小时通关，横琴与澳门最近处不到200米、距离香港34海里，港珠澳大桥珠海连接线直接延伸至横琴，横琴将成为目前内地唯一与香港、澳门同时路桥相连的自贸试验区片区。澳门机动车入出横琴政策稳步实施，粤港澳游艇"自由行"实施方案获批。

建设方案提出横琴的三大发展定位。一是促进澳门经济适度多元发展的新载体。配合澳门建设好世界旅游休闲中心，充分发挥琴澳两地旅游的综合效益和融合效应，助力澳门突破土地、人力、产业单一等瓶颈，有效挖掘澳门旅游产业发展潜力，进一步拓展国际旅游市场，实现两地产业互补、市场错位、协同发展，使澳门经济发展更具活力。二是国际一流休闲旅游基地。充分发挥横琴独特区位、生态禀赋和改革创新优势，积极融入粤港澳大湾区建设，引进具有国际影响力的旅游休闲项目和企业，加快构建独具特色的旅游产品体系，完善旅游基础设施和公共服务体系，建设与葡语、西语国家旅游合作平台，加强与"一带一路"沿线国家和地区的旅游合作，促进人力、资本、技术和信息等高端旅游要素高效便捷流动，在通关便利化、旅游标准化、旅游环境国际化等重点领域创新，全面提升旅游管理和服务水平，建设成为国际知名的休闲旅游海岛。三是国家全局旅游示范区。通过"旅游+"培育多样化旅游新业态，实现从观光旅游到休闲度假旅游、从景区旅游到全局旅游的转变，引领休闲旅游产品和旅游消费形态转变，更好地满足个性化、多样化休闲旅游需求，充分发挥旅游的综合带动作用，促进旅游业全区域、全要素、全产业链发展，实现横琴旅游业全局共建、全局共融、全局共享。

澳门特区自然资源较为匮乏，通过区域合作，尤其是与珠海横琴的融合发展，可提升澳门旅游容量、丰富旅游产品。

（三）过度旅游与旅客税

2017年9月，澳门特区旅游局公布了《澳门旅游业发展总体规划》综合报告，当中对本澳未来入境旅客人次做出两种增长情境下的推算，预计未来随着酒店和度假村供应增加、市场推广和促销活动的力度加大，以及旅游产品的积极发展，澳门将可以吸引更多的留宿旅客及延长旅客逗留时间。两种情境情况如下：（1）低增长情境——假设旅客数量增长相对历史均值较低（年均增长为1%~2%）；（2）适度增长情境——假设旅客数量会有适度的增长（年均增长为3%~5%）。前者（低增长情境）预测2025年度访澳旅客将达到3300万至3500万人次；后者（适度增长情境）预测2025年访澳旅客将达3800万至4000万人次。然而，2018年度澳门接待旅客已达35803663人次，数字是10年前（2009年）的164.6%。相对狭小的陆地面积与较小规模的居民人数面对日益增长的入境旅游人次，成为近年本澳社会关心的发展议题之一。

2019年澳门特区旅游局开展了澳门征收旅客税的可行性研究，当中包括案例分析以及向市民、业界和旅客进行问卷调查。面向市民的民意调查于2019年5月20日至6月20日展开，通过网上问卷方式收集市民意见。同期，旅游局亦向旅游业界发出问卷及在各口岸面访离境旅客，更全面地收集各方的意见，收集所得的意见将作为整项研究的重要参考资料。调查结束后，一共收到1.2万份市民、1500份旅客和150份业界的意见。意见没有集中偏向支持或反对，而建议的旅客税征收金额为"三位数字"，即百元起跳，旅游局争取2019年内公布征收旅客税的可行性研究报告结果。

（四）跟进讨论

粤港澳大湾区城市群的不断融合发展，将刺激区内居民区内旅游活动，并吸引更多区外旅客进入。由于旅游休闲设施与交通运输基建属拥挤性公共品，因而区内各市政府须做好居民与旅客需求预测，并及早扩容，以避免旅游人数超出承载水平而可能产生的矛盾。

参考文献

中共中央、国务院：《粤港澳大湾区发展规划纲要》，2019年2月。
国家发改委：《横琴国际休闲旅游岛建设方案》，2019年4月。
澳门特区政府：行政长官2019年度施政报告，2018年11月。
澳门特区旅游局：澳门旅游业发展总体规划综合报告，2017年9月。
澳门特区统计局网站：https:/www.dsec.gov.mo。
澳门特区财政局网站，https://www.dsf.gov.mo。

G.25
2018~2020年台湾旅游业发展分析与展望

黄福才 陈伍香*

摘 要： 2018~2019年，台湾地区观光管理部门继续开拓多元进岛客源市场，推动智慧旅游等发展策略，加大政策和补贴力度，推行观光"新南向"政策，但成效有限，台湾旅游业产值增长缓慢。2018年进岛旅游总人次增长3%，大陆游客仍为最大的进岛旅游客源市场。出岛旅游总量增加，台湾居民岛内游总人次与费用双下跌。受岛内政治因素冲击，2018年和2019年9月起，大陆游客急减，台湾观光业发展深受影响，台湾观光业者在观望中等待发展机会。相关部门采取措施，重点推进居民岛内旅游。

关键词： 台湾旅游业 大陆游客 岛内旅游

一 2018~2019年台湾旅游市场发展分析

（一）台湾进岛旅游市场发展分析

2018年台湾进岛游客总数为1106.67万人次，较2017年的1073.96万

---

* 黄福才，厦门大学管理学院旅游管理教授、博士生导师，中国旅游研究院台湾旅游研究基地首席专家，研究重点是旅游理论、旅游规划、台湾旅游市场等；陈伍香，广西师范大学历史文化与旅游学院教授，管理学博士，研究重点是旅游市场、生态旅游等。

人次增长3.05%；与2017年0.46%的增长率相比，增速有所提高。2018年入岛旅游的主要客源市场分布与前两年大体相同，分别是中国大陆、日本、中国港澳地区、韩国、美国、马来西亚等。大陆市场虽呈减缩态势，但仍是台湾进岛旅游的第一大客源市场。2018年大陆游客赴台旅游人次下跌1.35%，与2017年22.19%的跌幅相比，回升明显。日本仍是进岛旅游的第二大客源市场，2018年进岛旅游人次为196.92万，增长率为3.70%，与2017年0.17%的增长率相比，增幅较大，成为增幅最大的主要进岛客源市场。2018年中国港澳地区为进岛旅游的第三大客源市场，但跌幅较大，其进岛旅游人次的增长率由2017年的4.78%跌至-2.27%。2018年韩国成为主要客源市场中跌幅最大的市场，由2017年的19.26%跌至-3.34%；美国、越南旅游客源市场2018年的增长率均有所下降。台湾进岛游主要客源市场情况如下（见表1）。

表1 2018年台湾入岛旅游主要客源市场人次及其增长率

序号	主要客源市场名称	入岛旅客人次（人） 2018年	入岛旅客人次（人） 2017年	增长率(%)
1	中国大陆	2695615	2732549	-1.35
2	日本	1969151	1898854	3.70
3	中国港澳地区	1653654	1692063	-2.27
4	韩国	1019441	1054708	-3.34
5	美国	580072	561365	3.33
6	马来西亚	526129	528019	-0.36
7	越南	490774	383329	28.03

资料来源：台湾观光管理部门观光业务统计。

2018年1~6月，进岛游客为531.96万人次，与2017年同期相比，增长3.82%。

2019年1~8月，台湾进岛游客总人次为799.70万，与2018年同期的712.62万相比，增加87.08万，增长率为12.22%；其中，进岛观光游客总人次为571.70万，与2018年同期的479.26万人次相比，增加92.44万，增长率为19.29%。

2018~2019年台湾进岛旅游客源市场波动较大，进岛旅游市场有以下主要特征。

1. 主要客源市场波动较为明显

2018年进岛旅游前七位主要客源市场中，除日本进岛旅游总人次增加之外，其他均下降；中国大陆、中国港澳地区、韩国、马来西亚进岛旅游总人次均下跌，跌幅分别为1.35%、2.27%、3.34%、0.36%；美国、越南的增长率分别由2017年的7.15%、94.94%下降至3.33%和28.03%。2019年1~8月，进岛旅游前七位主要客源市场旅游总人次及其增长率均上升，与2018年同期相比，中国大陆赴台旅游人次增幅最大，增长率为27.12%，其次是菲律宾，为15.47%；韩国、日本、中国港澳地区、美国、马来西亚增长率依次为12.42%、8.80%、5.89%、4.68%、3.64%。从台湾进岛游客总量的位次上看，中国大陆、日本、中国港澳地区、韩国、美国这前五名排名比较稳定，第六至十名波动较大。新加坡由2017年的第七位，下降至2018年的第八位，再下降至第九位；菲律宾由2017年的第十位，上升至2018年的第九位，再上升至第六位；越南由2017年的第八位，上升至2018年的第七位，又回落至第八位。

2. 台湾地区观光外汇总收入增加，游客多项消费增长率上升

2018年台湾地区观光外汇总收入为137.05亿美元，与2017年相比，增加13.90亿美元，摆脱自2015年以来的下跌趋势。2018年观光外汇总收入、进岛游客平均每人消费、平均每人每天消费等均有增长，增长率分别为11.29%、7.93%和6.83%。进岛游客平均每人每日消费额由2017年的179.45美元，增加至2018年的191.70美元。其中，日本旅客平均每人每日消费最高，大陆游客购物最多。此外，2018年进岛旅游游客的平均停留夜数也略有上升，较之2017年增加了0.07夜。观光外汇总收入和游客消费的增长，一定程度上体现出岛内观光管理部门、行业协会、企业主动采取的措施取得了一定成效。

3. 大陆赴台游总人次先跌后升

由于大陆赴台旅游人次整体基数较大，无论是2018年或是2019年前8个月，大陆均为最大的进岛旅游客源市场。国台办发布的两岸人员往来统计数字显示，大陆居民赴台人数于2015年达到近几年高峰后，2016年开始下跌，2016年为364.62万人次，下降16.3%；2017年290.97万人次，下跌20.2%；2018年291.90万人次，略增0.5%。另据台湾观光管理部门统计，近三年大陆居民赴台旅游人次持续下跌，2016年为351.17万，2017年为273.25万，2018年降到269.56万，较2016年减少81.61万，总人次创近6年的新低。若从跌幅而言，2018年是2016年以来人次下降最少的一年。2018年底台湾"九合一"地方选举中国民党获胜，台湾旅游业界和部分县市地方管理部门主动采取积极举措。2019年上半年，大陆居民赴台旅游人次回升明显，1月至8月大陆赴台旅游的总人次达228.25万，与2018年同期的179.55万相比，增加48.7万。

4. 游客在台游满意度较高，四成游客具有重游意向

调研显示，2018年进岛游客在台旅游的整体满意度为97.38%，与2017年的97.58%，略有下降。其中满意度最高的仍是台湾民众态度友善、社会治安良好、住宿设施安全及赴台交通（航点、航班、机位）便利几项。另据调查，进岛旅游的重游率基本上与2017年持平，为41.05%，99%的游客具有重游意愿，其中以观光目的再度进岛旅游的游客最多，占76.69%；进岛游客旅游结束后的感知度较高，99.46%的游客会推荐亲友赴台旅游。与周边旅游目的地相比，进岛游客认为民众友善、美食或特色小吃与风光景色仍是台湾最具竞争优势的项目，美味菜肴、景点、人情味浓厚及逛夜市给进岛游客留下最深刻的印象。

（二）台湾居民岛内旅游市场发展分析

1. 民众岛内旅游人次总量减少，旅游总费用下滑

自2016年起，台湾当局推出了一系列旅游推广活动刺激居民岛内旅游消费，但因2018年遭遇地震、洪水、台铁普悠玛列出轨等自然灾害和意外

事件，以及受岛内经济疲软、年金改革、消费者物价指数全年平均上涨等因素影响，2018年台湾居民岛内旅游人次继续下滑，从2017年的18344.9万人次减少到17109万人次，减少了6.74%。平均每人旅游次数由2017年的8.70次下降至2018年的8.09次；居民岛内旅游率为91.2%，与2017年基本持平。旅游满意度、旅游消费费用等方面相对较好，其中旅游满意度为98%，每人每次旅游平均费用为2203元新台币，较上年均有微增长。由于台湾居民岛内旅游人次总量下跌较大，居民岛内旅游总费用亦跌幅明显，由2017年的4021亿新台币跌至2018年的3769亿新台币，跌幅为6.27%。

2. 出游时间仍以周末为主，一日游比重较高

台湾居民岛内旅游时间仍相对集中，以周末出游为主，占比为56%，与2017的58.3%相较，略微减少。从出游目的看，主要为观光、休闲和度假，占80.5%，以探亲访友为目的者占18.2%。与2017相比较，旅游目的无显著差异。从出游的时间看，岛内居民出游多为1日游，与2017年相比，虽减少了1.5个百分点，但占比仍达68%。从出游目的地看，以居住地区周边为主，出游考虑的因素仍以交通便利程度为主，出游平均停留天数与2017年相同，为1.49天。

3. 出游停留时间及消费有限，个人游比率较高

因为台湾居民岛内游以1日游为主，而且以周边地活动为主，所以居民出游中对住宿业等消费有限，对观光业实际带动力不强。调查显示，2018年约有68%的岛内出游为当日往返、未在外住宿，外出住宿率为15.1%。在旅游方式上，个人旅游的游客约为86.4%，较2017年下降了0.7%，选择团队旅游的游客主要是出于套装行程具吸引力、不必自己开车、节省自行规划行程的时间等原因。

4. 获取出游信息的渠道多样，借助网络订购旅游产品比例低

调查显示，信息化对岛内居民出游信息获取与产品订购的冲击仍不明显。尽管居民出游信息获取途径多样，但从亲友、同事或同学获取信息的比例最高，为49.3%；其后为借助手机上网，占比为36.8%；通过计算机网络的比例为33.1%。与2017年相比，通过手机获取咨询的比例增加5个百

分点。再从岛内居民购买旅游产品的渠道来看，借助网络订购的比例仍极低，2018年仅有9.9%。按照订购产品类型划分，仅有7.6%的居民出游时使用网络订购旅馆民宿，1.2%的居民使用网络订购火车票，而在机票预定、旅游套餐、租车等方面的网络预定比例均在0.3%以下。

（三）台湾居民出岛旅游市场发展分析

1. 居民出岛游市场总量增加，整体发展相对较好

2018年台湾居民出岛总人次由2017年的1565.46万增至1664.47万，增幅达6.32%；出岛旅游率由2017年的32.5%增加到33.9%，增幅为1.4个百分点；平均每人出岛次数由2017年的0.66次增加到0.71次；出岛旅游每人每次平均消费支出为48529元新台币，较之2017年增加了1.44%。受上述出岛旅游几项因素增长的影响，出岛旅游的总消费支出（含国际机票）由2017年的7489亿新台币增至8077亿新台币，增加7.85%。影响台湾居民出岛旅游意愿的因素，以假期长短或时间是否允许的比例为最高，占33.9%；其次是预算，占17.3%。2019年1~8月，台湾居民出岛总人次由2018年同期的1142.84万增至1167.69万，增幅为2.17%。与民众岛内游市场相比较，出岛旅游市场整体发展较好。

2. 出岛游之目的以观光为主，目的地集中于亚洲地区

以台湾观光管理部门的统计数字计算，2018年出岛旅游目的地中，若从大区域而言，91.03%集中于亚洲地区，其次是美洲地区，再次为欧洲地区。若从国家或地区而言，赴日本旅游的最多，有482.26万人次，占总出游人数的28.99%；赴大陆游居次，有417.27万人次，占总数的25.07%；前往港澳地区旅游居三，有230.18万人次，占比为13.83%。台湾居民出岛游的目的没有发生大的变化，观光旅游仍居首位，占74.1%；居次是商务活动，占14.6%；居三是探访亲友，占9.3%。出岛旅游目的地之选择以亲友邀约居多，占37.4%；而以好奇和体验异国风情为次，占19.9%；再以疏解压力居三，占11.1%。

3. 北部仍是出岛游的主要客源，旅游方式以个人游居多

台湾岛内经济发展仍以北部为先，民众受到经济收入、交通便利程度、消费观念等诸多因素的影响，出岛旅游以北部地区居民最多（占53.7%），中部地区（占22%）和南部地区（占21.5%）次之，东部和离岛地区最少。在出游方式上，出岛旅游中个人旅游方式仍为最多，占67.4%，团队旅游占32.6%。在出岛旅游选择团队方面，信息主要基于亲友推荐、价格合理公道、过去参加过该旅行社的行程等原因。

二 2018~2019年台湾旅游产业发展分析

（一）旅行社业发展状况

台湾观光管理部门的统计显示，截至2018年底，台湾地区旅行社总公司数量为3070家，较2017年的3018家增加了52家，增幅为1.72%。其中综合类旅行社总公司为137家，甲种旅行社总公司为2668家，乙种旅行社总公司为265家，三类旅行社总公司较2017年分别增加了2.24%、1.44%和4.33%。与2017年增幅相比较，大部分有所下降，其中，台湾地区旅行社总公司、甲种旅行社总公司、乙种旅行社总公司的增幅分别下降了1.88个、1.89个、5.15个百分点，乙类旅行社的增幅下降最多，这与台湾居民岛内旅游市场总量下滑有密切的关联。

受台湾当局"新南向"政策的影响，东南亚地区进岛旅游人次总量有所增加，促使岛内旅行社从业人员中持有印尼语、泰语、马来语、越南语等执照的导游人数均有提升，截至2018年底，以上各语种从业导游分别为68人、108人、18人和98人，较2017年分别增加了38.78%、44%、38.46%、108.51%。其中，持有马来语执照的导游人数增幅下降明显，由2017年的116.67%下降至38.46%，这与马来西亚进岛旅游人次的增长率下降并出现负增长有关联。截至2018年12月，旅行社中领取执照领队人数为62204人，领取执照导游人数为41844人。2019年8月1日起，大陆暂停47

个城市大陆居民赴台个人游试点,目前普通话导游人数为32587人,大陆旅客"停摆",对导游冲击最大,虽然有东南亚团等可纾解困境,但至9月初仍有85%的普通话导游处于歇业状态。①

(二)旅馆业及民宿发展状况

台湾岛内旅馆业与民宿在2018年有不同程度的发展(见表2)。统计显示,截至2018年12月,台湾观光旅馆新增2家,房间数新增369间。民宿则有明显增长,2018年底台湾民宿数量为9085家,较2017年同期的8386家,增加了699家;民宿房间数由34868间增加至38427间,增加3559间,增幅为10.21%。

表2 台湾旅馆业及民宿发展情况

旅馆业及民宿		旅馆及民宿(家)			房间(间)		
		2018年	2017年	增长率(%)	2018年	2017年	增长率(%)
观光旅馆	国际观光旅馆	80	79	1.27	22800	22580	0.97
	一般观光旅馆	48	47	2.13	6922	6773	2.20
一般旅馆		3978	3885	2.39	175610	170679	2.89
民宿		9085	8386	8.34	38427	34868	10.21

资料来源:台湾观光管理部门2017年和2018年的台湾旅馆业及民宿家数、客房数统计资料。

从岛内旅馆业和民宿的分布来看,台湾岛内旅馆业集中于经济较为发达的台北、高雄和台中等地,三地合法旅馆数量均超过380家,占全岛旅馆总数的40.64%,其中台北市最多,达588家。与台湾观光旅馆的分布不同,岛内民宿业主要集中于花莲、宜兰、台东等自然风光资源丰富的地区,三地的民宿(仅指合法民宿)数量均超过1000家,占全岛合法民宿总数的52.75%。其中花莲地区的合法民宿最多,2018年持续增长,增至1813家,占岛内合法民宿总量的21.42%;宜兰和台东地区的合法民宿分别占16.74%、

---

① 《赴台陆客"停摆"冲击观光业 约85%华语导游歇业》,中国新闻网,http://www.taiwan.cn/xwzx/la/201909/t20190911_12200490.htm,2019年9月11日。

14.59%；屏东地区合法民宿数量有所下降，占比由15.18%降至8.94%。

从观光旅馆业的整体经营状况看，2018年1~12月总营业收入为592.39亿元新台币，包括国际观光旅馆业总营业收入497.36亿元新台币和一般观光旅馆业总营业收入95.03亿元新台币。观光旅馆业总营业收入与2017年同期的589.3亿元新台币相比，增加3.09亿元新台币，仅增长0.52%，其中客房收入为254.57亿元新台币，比2017年同期减少1.48亿元新台币，减少0.58%；餐饮收入为268.73亿元新台币，比2017年同期增长1.73%。台湾岛内民宿业在2018年整体运营情况表现为总量递增，平均量微增或下降。全年全岛民宿平均入住率为20.09%，较2017年的19.64%增加0.45个百分点，平均房价为2326元新台币，较2017年的2422元新台币，下降3.96%。2018年全岛民宿合计收入为42.93亿新台币，较2017年同期的37.55亿新台币，增长5.38亿新台币，增长14.33%。

（三）旅游景区与游乐业发展状况

2018年台湾岛内继续推动观光行动方案、"跨域亮点及特色加值计划（2015年~2018年）"和"体验、观光、点亮村落"示范计划。2019年5月出台"辅导旅行业建立特色产品品牌奖励补助要点"，进一步强化发展地方旅游亮点以及特色游程，辅导各地营造国际观光游憩亮点。开展传统节庆、宗教庆典、台湾少数民族活动、客家文化活动，加大对特色节庆及民俗活动的营销力度。各县市观光管理部门针对岛内游的发展现状提出了经营持续升级优化、打造特色、提升竞争力等主要发展目标。台湾岛内领有观光游乐业执照的商家为25家，其中北部6家，中部9家，南部6家，东部4家。拟进行观光游乐筹设的重大投资项目约18项，主要观光游憩据点326个。因应岛内旅游景区与游乐业发展实际提出对策，如分区策略联盟、品牌营销，开拓"新南向"市场和离岛市场，争取客源。同时为了丰富和深化岛内旅游产品，推广体验观光，如部落轻旅行、台湾观巴、漫游客庄等。

三 相关重要政策及效应分析

(一)多项措施拓展目标客群,非市场因素制约成效有限

在台湾观光管理部门网站所列的观光政策上,自2017年至2019年均以推永续观光发展方案为主轴,均以"创新永续,打造在地幸福产业""多元开拓,创造观光附加价值""安全安心,落实旅游社会责任"为目标,又均采取持续开拓多元市场、活络民众岛内旅游、辅导产业转型、发展智慧观光及推广体验观光等五大发展策略,三年的表述基本相同。其中着力进岛游目标客源市场的开拓,持续针对目标客群规划并执行宣传、推广及促销等活动,注重加强品牌宣传及开发多元客源。2018年推"海湾旅游年",建构岛屿生态观光旅游。2019年推动"小镇漫游年",推广40个经典小镇(含30个县市经典小镇及10个客庄),打造"海湾新亮点"。观光管理部门还针对东北亚、"新南向"、欧美长线及大陆等目标市场持续推进精准营销,力图提高到台旅客消费力,提升观光产业产值。同时采取多项优惠措施,吸引进岛游客。如为吸引观光客至中南部,2018年首度推出国际旅客"搭高铁游台湾·两人同行一人免费优惠项目",吸引国际旅客前往台中游览世界花卉博览会;再如花钱补助外国人赴台观光,包括对赴台自由行,首次申办护照的日本人给予补助,日韩二三线城市旅客包机赴台旅游,包机奖助金额提高一成;其他航点长程包机每人奖助一百到二百美元不等。还应看到,近一年多民进党当局不仅拒不承认体现一个中国原则的"九二共识",还在岛内大搞"文化台独"等活动,破坏和谐的旅游环境,影响了台湾最主要的客源市场——大陆游客市场的扩展,甚至出现较明显减缩的状态,影响了台湾旅游市场的发展。2018年,大陆居民赴台游的数量仅有2月和6月呈正增长。该年进岛游总人次增长率是个位数,观光客入岛量3月、4月出现-6.37%、-13.48%的负增长。

（二）台湾观光产业发展缓慢，对经济增长的贡献率低

多年来台湾行政管理部门看似重视观光产业发展，有时也将观光业作为经济发展的重点产业，但由于重点旅游客源市场开发上成效有限甚至停滞，原本被搭载大陆游客游览车挤爆的景区、生意火爆的店家，如今全都冷冷清清，导游有数千人失业，既严重影响民众生计，也使观光业发展困难。如高雄市2018～2019年上半年，先后有大八饭店、君鸿酒店、华王饭店、华后饭店等陆续停业。几年来台湾观光业在地区经济增长中的贡献率没有明显进步。根据世界经济论坛发布的《2017年旅游业竞争力报告》，台湾地区的旅游观光业占地区生产总值不到2%，被列为"全球最不依赖旅游业的8个国家或地区"。至今台湾观光业仍无法改变其对地区经济发展贡献率低的状况。

（三）台当局续炒旅游"新南向"，政策实施效果毁誉参半

2018年台湾当局继续推行旅游"新南向"政策，陆续给予"新南向"目标国免签或有条件免签政策，并推行经费补贴等优惠措施。例如针对菲律宾银发族，推住宿买一送一方案；推动泰国教师来台教育旅游短期方案，与航空公司合作推出优惠班机等。"新南向"政策自2016年推行以来，"新南向"国家游客到台旅游人次有所增加。据台观光管理部门统计，2018年"新南向"18国到台游客总计259.48万人次，增长13.61%。2019年1～8月，"新南向"国家游客赴台171.56万人次，增长21%。游客量是提升了，但带给台湾观光产业的经济效益却不尽人意，特别是没达到台湾当局原先设想的以此弥补大陆游客减少所带来的经济损失的目的，更没办法达到提升观光消费市场、繁荣地方经济的目标。这与两个客源群体消费能力、停留天数及活动空间的差异是联系在一起的。据台湾观光管理部门旅客来台消费调查数据，游客在台每日消费金额方面，大陆游客每天211.68美元，仅次于日本游客的219.35美元，而"新南向"观光客平均消费是165.81美元；大陆游客还有最强的在台购物消费能力，游客平均每天购物达105.31美元，"新

南向"游客为47.04美元，日本游客是39.13美元。从在台停留平均天数看，大陆游客为7天左右，"新南向"游客不到4天；从在台旅游活动空间看，前者喜欢环岛游、到处游览，而后者主要在北部活动。不仅如此，"新南向"旅客的脱逃情况是最严重的，据台湾相关部门统计，近3年来，有许多非法滞留在台湾的东南亚观光客，平均脱逃率达千分之一以上，其中以非法打工、冒用证件等与证件不符的情形为最多。[1]

（四）"年金改革"效应有所浮现，岛内游总人次与费用双下跌

台当局于2018年7月正式推出"年金改革"，退休军公教人员退休金大幅缩水，军公教退休人员是岛内旅游重要支柱之一，其退休金大幅缩减之后，旅游支出减少。目前，台湾"年金改革"效应有所浮现，公教军警人员渐出现延退潮，新陈代谢问题将陆续浮现，缺额减少，年轻人就业机会减少，年轻人收入无保障，一定程度影响其旅游支出。退休金大幅缩减及就业岗位不断缩小，成为影响民众岛内游市场发展的因素之一。2018年居民岛内旅游总人次减少6.74%，总费用下跌6.27%，岛内游总人次与费用双下跌。为了促进民众岛内旅游，并缓解大陆游客急减对台湾观光消费骤降的压力，2018年台湾相关管理部门陆续推出多项政策，以"活络"民众岛内旅游，除持续推动居民旅游卡新制，鼓励该款旅游卡店家使用移动支付并扩大支付场域之外，从2018年11月起，推出"前进宜花东·高屏暖冬游"、公旅暖冬游、2019年春游项目，扩大秋冬民众旅游奖励计划和公旅秋冬游第二波奖助计划等。在秋冬游奖励方案中，从团客到自由行的住宿费都可补助，而且不分平假日都适用，这一连串的旅游补助措施，将原本救急的补助变为常态性，初步统计一年内砸下64多亿元新台币补贴观光业。这一连串的补助刺激措施，一定程度上促进了民众岛内游的发展，其成效在2019年有所显现。

---

[1] 《陆客赴台本月骤减七成，岛内舆论疾呼改善两岸关系是关键》，环球时报，https://taiwan.huanqiu.com/article/9CaKrnKmnXH，2019年8月23日。

四 2019~2020年台湾旅游业发展展望

(一)岛内政治因素的冲击加大,严重影响大陆赴台游市场

台湾岛内政治局势变化是影响台湾入岛旅游市场环境的一大因素,近两年政治因素对大陆居民赴台游市场的冲击力加大,人们在观望中期待大陆赴台观光市场的变化与发展。由于民进党当局不断煽动对大陆敌意,挑动两岸对立,恶化两岸交流气氛,影响大陆民众赴台旅游的意愿,鉴于当前两岸关系,大陆方面不得不决定自2019年8月1日起暂停47个城市大陆居民赴台个人游试点。这条消息在岛内"炸翻了锅",接着大陆居民赴台旅游人数急剧下降。[①] 受此政策调整的影响,2019年9月,赴台大陆游客数量日均仅1208人,最低只有528人,创2009年12月以来单月新低。[②] 9月陆客赴台总数约为4.4万人,比上年同期减少68%,其中团客约2万人,比上年减少59%;个人游约2.4万人,比上年减少73%。大陆游客急减,严重影响台湾观光业产值。据台湾观光管理部门最保守的估计,2019年下半年大陆赴台游量将比上年同期减少40万人次,下半年服务输出金额将减少新台币190亿元,约使台湾地区生产总值下滑0.1个百分点。台湾各界估计大陆赴台游大幅崩落的情况,将延续到年底,甚至到2020年5月。新产生的地区领导人将在2020年5月就职,今后台海形势仍将复杂严峻,期间大陆赴台游市场较难发展。

(二)力推拓展入岛游市场政策,成效不如预期,业者观望中等待

近两年,为拓展境外市场,台湾当局力推多项政策。针对"新南向"

[①] 《赴台个人游暂停后岛内"炸翻了锅",11年来大陆游客给台湾带来了什么?》,http://taiwan.huanqiu.com/article/2019-08/15236515.html?agt=326,2019年8月2日。
[②] 《台观光业遇最强"寒流":大陆赴台旅游人数大幅下降》,https://baijiahao.baidu.com/s?id=1647644869682431050&wfr=spider&for=pc,2019年10月17日。

政策重点国家印度、印度尼西亚、泰国、菲律宾与越南五国，延长放宽签证申请门槛；延长泰菲试办免签的适用期，试办俄罗斯、越南来台"免签"等。台湾相关部门施行"推动境外奖励旅游来台奖助要点"，从争取境外奖励旅游团队阶段到境外奖励旅游团队赴台旅游阶段，均给予奖励资助；施行"推动来台空海联营旅游奖助要点"，鼓励国际邮轮公司安排以台湾为转接点，结合航空与邮轮两种交通工具的来台行程，吸引全球游客赴台；施行"奖励学校接待境外学生来台教育旅行补助要点"，鼓励境外学生赴台教育旅行；施行"推动境外包机旅客来台奖助要点"，奖励境外包机赴台；等等。2018年台湾还举办了27次境外旅游展览及观光推广活动。上述举措推行成效一般，2018年台湾进岛旅游总人次增长率也仅为3.05%。2019年，台湾观光管理部门续推促销计划，但执行不畅，1~6月原计划执行的旅游展览或观光推广活动31项计划中，16项未执行，未执行计划超过50%。拓展旅游市场的效果不尽如人意，2019年9月，台湾进岛旅游人次与8月相较，减少23.65万人次，除韩国外，排名前七的主要客源市场进岛旅游人次均下降。台湾观光业者分析，现在台湾潜在游客几乎开发得差不多了，大陆客市场潜力最大，若大陆游客继续减少，入台游总数将差更大一截。据分析预测，由于1~8月几个主要客源市场均有两位数的增幅，2019年进岛游客总数会比上年略为增加，大约在1200万人次左右，2020年的状况将受台湾政治局势变化的影响。台湾观光业者和岛内舆论认为，想要破解台湾进岛观光市场发展的难题，最根本的还是要两岸关系的大环境得到改善。目前，台湾观光业者拓展市场力不从心，只能在观望中等待，等待2020年5月20日台湾地区新领导人就职之后，视整体变化情况再行决定。

（三）相关部门将采取措施，重点推进居民岛内旅游

为应对大陆暂停大陆居民赴台个人游所带来的冲击，台湾当局重点推进台湾居民岛内旅游，施行奖助市、县推动岛内居民旅游实施要点。2019年9月1日至12月31日，实施扩大秋冬岛内居民旅游奖励计划，鼓励岛内团体旅游，每团奖励3万~5万元新台币，组团至离岛旅游和3天2夜以上旅

游,每人每日最高奖助1000元新台币,每团奖励上限7万元新台币;鼓励自由行游客周日至周五入住参加优惠活动的旅馆或民宿,住宿一个晚上一个房间可折抵1000元,入住离岛可加倍奖励;12岁以下儿童可选择一家观光游乐业者,享有免费入园1次;等等。2019年9月开始,推出台湾自行车节、台中国际花毯节、新北市欢乐耶诞城、高雄戏狮甲、澎湖国际海湾灯光节、屏东万金圣诞季、台湾好汤-温泉美食嘉年华等系列节庆活动。2019~2020年,台湾相关部门将继续力推美食、夜市、温泉、露营、铁路、原乡等主题行程;重点打造生态观光旅游、银发族旅游、邮轮旅游等。区域上,力推南部旅游、东部旅游、离岛旅游,全力推进居民岛内旅游。

(四)两岸民间交流受台当局干扰,台湾民众赴大陆游将受影响

新的年度,台湾民众出岛旅游将平常推进,增幅在3%左右,这里主要观察台湾民众到大陆旅游状况。台湾观光管理部门的数据显示,近五年台湾民众到大陆观光旅游人次稳步攀升,2014年为326.72万人次,2015年为340.39万人次,2016年为368.55万人次,2017年为392.85万人次,2018年为417.27万人次,2018年比上一年增长6.22%。

近几年大陆倡导深化两岸融合发展,2018年2月,大陆31个部委联合推出深化两岸经济文化交流合作的"31条措施",之后各地陆续出台了富有地域特色、更具操作性的实施办法,两岸民间交流继续推进。据国务院台办公布的统计数据,台湾民众到大陆的人次持续增加,2014年为536.59万人次,2015年为549.86万人次,2016年为574.77万人次,2017年为587.27万人次,2018年为613.61万人次,增幅达4.48%。大陆旅游软硬件设施的不断提升,旅游内容的逐渐多元化,形成了更多的主题旅游。除了新兴的高铁旅游之外,传统的长江三峡和丝绸之路仍持续火热。避暑、游学和冰雪旅游,成为台湾民众赴大陆旅游的新方向。在大陆各地推进文旅融合过程中,两岸文化旅游产品的合作交流也将进一步加强。另一方面,应看到岛内"台独"势力干扰破坏对两岸民间交往的影响,2019年民进党当局通过限制台湾民众赴大陆交流的政策,致使到大陆的台湾游客出现下降。据台湾相关

部门的统计数据，2019年1~8月赴大陆的台湾游客为269.12万人次，比去年同期下降12.23万人次，跌幅为4.35%。2019~2020年，台湾民众到大陆旅游仍将受到一定影响。

参考文献

中共中央台办、国务院台办网，http：//www.gwytb.gov.cn/。

中国台湾网，http：//www.taiwan.cn/。

台湾观光管理部门官网，业务资讯——观光政策，https：//admin.taiwan.net.tw/BusinessInfo/zhengce。

台湾观光管理部门官网，业务资讯—观光统计（观光市场概况概述、观光市场调查摘要、观光业务统计、观光统计月报等）https：//admin.taiwan.net.tw/BusinessInfo/TouristStatistics。

台湾观光管理部门官网，业务资讯——观光产业（旅行业、旅馆及民宿、观光游乐业），https：//admin.taiwan.net.tw/BusinessInfo/TourismIndustry。

Abstract

Tourism Development in China: Analysis and Forecast (2019 - 2020) (Vol. 18 of *Tourism Green Book*) is the 18th annual report on tourism development compiled by the Tourism Research Center, Chinese Academy of Social Science (CASSTRC). Centering on the theme of "the deep integration of culture and tourism", this book forecasts the new trends of China's tourism development in 2019 - 2020 through two general reports and nearly 20 special reports.

In 2019, the global economic growth may slow to its slowest pace in a decade. The rise of trade protectionism has increased the uncertainty of the global economy and the global tourism market, leading to a slowdown in the growth of the global tourism industry. The year 2019 marks the 70th anniversary of the founding of the people's Republic of China, and it is also a sprint to implement the 13th Five-year Plan and win a decisive victory in building a moderately prosperous society in an all-round way. The pace of deepening reform has been accelerated, and a series of positive factors have been fully mobilized, and these all help to create a favorable environment for tourism development. In 2019, tourism has been more deeply and widely integrated into and serve the overall situation of national development: the improvement of tourism supply and demand has played a key role in supporting high-quality economic development; the promotion of tourism consumption has made an important contribution to the improvement of consumption quality and capacity; tourism coordination and balance has become a leverage for the implementation of regional development strategy; deepening reform and opening wider to the outside world better reflect the comprehensive driving role of tourism; Rural revitalization and precise poverty alleviation have formed a diversified working points of tourism; the green development of tourism has strongly promoted the construction of ecological civilization; the integration of culture and tourism is more comprehensive and in-depth; and the all-for-one

Abstract

tourism has carried out a series of innovative explorations. 2020 is not only the year of the realization of the first centenary goal, but also the year of the formulation of the 14th Five-year Plan. In the face of the requirements of the development of the new era, we should strengthen the construction of tourism system, promote the further integration of culture and tourism, and strive to solve the long-term problems restricting the development of tourism in the fields of inbound tourism, scenic spots construction, tourism investment, holiday system and so on.

In 2019, the high tide of tourism development in our country occurs one after another, and the hot spots appear frequently. According to the carding and refinement of the Tourism Research Center of the Chinese Academy of Social Sciences, the top ten hot spots of Chinese tourism development in this year are as follows: 1. The construction of national parks has become increasingly institutionalized and systematized. 2. Red tourism is blooming with dazzling light in the new era. 3. The first batch of demonstration projects of all-for-one tourism has been accepted. 4. Night tours have been increasingly enriched to meet the diversified needs of the people. 5. Laws and regulations in tourism industry have been timely introduced to harness online chaos. 6. Some A-level scenic spots have been delisted, forcing scenic spots to transform and upgrade. 7. Tourism enterprises have developed across borders and began to distribute globally. 8. The opening of Daxing Airport has led to changes in the tourism development pattern. 9. China's management of Antarctic tourism is more standardized and specific. 10. The glass plank road has been stopped, bringing more regulatory implications.

Around the annual theme of "Deep Integration of Culture and Tourism", we invite experts from different fields to conduct in-depth analysis on topics such as rational thinking on the integration of culture and tourism, how to make cultural relics "alive", and the protection and utilization of the cultural heritage of the Great Wall and the Grand Canal. At the same time, experts from the World Bank are invited to share the World Bank's experience in cultural heritage protection, tourism investment and development. In the section of "Tourism and Regional Development", scholars from professional research institutions analyze the issues such as national regional development strategy and tourism opportunities, rural revitalization and rural tourism, the Chinese experience of tourism poverty alleviation, Zhejiang's promotion of the scenic construction of ten thousand villages to develop all-for-one tourism, and the impact of high-speed rail on the regional tourism spatial pattern of the Yangtze River economic belt. In the section of "Tourism and Industrial Innovation", the authors from academia and industry focus on the influence of science and technology on tourism, the application of big data technology in the field of tourism, the secondary consumption of scenic spots and the innovation of accommodation industry.

As the traditional advantageous section of *Tourism Green Book*, several reports are provided for readers who are interested in relevant markets development, including domestic tourism, inbound tourism, outbound tourism, Hong Kong, Macau and Taiwan tourism and so on. Detailed data and systemic analysis can be found in these reports.

Contents

I General Reports

G. 1 Analysis and Prospect of China's Tourism Development:
2019 -2020
    Tourism Research Center, Chinese Academy of Social Sciences / 001

Abstract: In 2019, the global economy witnessed the lowest growth rate in the recent decade, and therise of trade protectionism led to more uncertainty in the global economy and the slowdown of global tourism growth. The year 2019 marks the 70th anniversary of the founding of the People's Republic of China, and the home stretch of implementing the 13th Five-Year Plan and securing the decisive victory in building a well-off society in an all-round way. The accelerated steps of deeper reform and the fully mobilized positive factors have created a good environment for tourism development. In such a way, tourism has become more deeply and widely integrated with the overall development of China: The high-quality development of tourism has become an integral part of high-quality economic growth; The improvement of tourism consumption has made an important contribution to the upgrading and expansion of consumption; Tourism has become an important focus for regional development strategy and balanced development; Tourism has been an important role in the deeper reform and wider opening up; Tourism has played an active role in the revitalization of countryside and the targeted poverty alleviation; The green tourism has become an important part of the ecological civilization development; Culture and tourism has become more comprehensively and deeply integrated; A series of innovative exploration has been made for all-for-one tourism. The year 2020 marks the realization of the first 100-year goal and the formulation of the 14th Five-Year Plan. In the new era, the development requires a better tourism system, more integration of culture and tourism, and the settlementof the typical problems that restrict the high-quality development of tourism, such as inbound tourism, scenic spot construction and tourism investment.

Keywords: High-quality Economic Development; Tourism; Integration of Culture and Tourism

G.2 Top 10 Highlighted Issues of China's Tourism in 2019

Tourism Research Center, Chinese Academy of Social Sciences / 019

Abstract: The top 10 hot spots of China's tourism development in 2019 are as follows: institutionalized and systematic construction of national parks; red tourism is experiencing another boom in the new era; acceptance of the first batch of demonstration of all-for-one tourism; night trips are getting richer to meet various needs; the introduction of industry laws and regulations to harness online chaos; delisting of A-level scenic spots to force upgrade in transition; the global layout of cross-border development of tourism enterprises; the opening of Beijing Daxing Airport to promote pattern changes; Antarctic tourism-related requirements are getting more specific; the call off of glass plank roads brings regulatory implications.

Keywords: China's Tourism; All-for-one Tourism; Red Tourism; A-level Scenic Spots; Antarctic Tourism

Contents

II Special Theme China's Tourism Industry in the Context of COVID -19

G. 3 COVID -19 and Tourism Industry: Impact Assessment, Reflections and Recommendations

Song Rui, Feng Jun and Wang Yena / 040

Abstract: COVID -19 epidemic is the largest, most extensive and deepest impact on China's tourism industry since the reform and opening up in 1978. Faced with huge impact, government departments, industry associations, tourism enterprises have made positive responses. In addition to the short-term and overall impact of the epidemic on the tourism industry, more attention should be paid to its long-term impact, structural impact, impact on tourism practitioners, international impact and indirect impact. It is necessary to consider the so called "market rebound" after the end of the epidemicrationally. Looking to the future, it is important to take this outbreak as an opportunity to promote a new round of reform and opening up and the high quality development of tourism, to further strengthen and optimize and refine relevant supporting policies, strengthen the tourism market guidance and recovery after crisis, attaches great importance to the revitalization of the inbound tourism market, and guide the tourism employment market stabilization and standardized development.

Keywords: COVID -19; Tourism Industry; Impact Assessment; Policy Suggestions

G. 4 Reflections on Tourism Development in the Context of COVID -19   *Li Xinjian, Lu Wenli and Shen Zhengjie* / 056

Abstract: Since the outbreak of new pneumonia, the tourism industry has suffered a huge impact and faced a severe test, which has affected the realization of China's strategic goals of stable employment, rural revitalization, poverty alleviation poverty alleviation and reduction. The combination of economic downturn and industrial structural transformation has added difficulties to the recovery and development of tourism. Tourism enterprises should have the thinking of breaking the situation and strive to survive; secondly, they should strengthen mutual communication and guarantee the development ability; at the same time, the government needs to carry out some temporary policy support and existing policy improvement, and carry out policy evaluation and system optimization in the long run. On the premise of actively cooperating with epidemic prevention and control measures, small and medium-sized tourism enterprises should make targeted response through specialized development, retaining talents and customers, joining industry associations and other ways. In addition, the recovery of inbound tourism market is particularly important. It is necessary to rethink the development strategy of inbound tourism, strengthen tourism research in the source countries, and reconstruct a scientific and effective international tourism marketing framework.

Keywords: Tourism Industry; COVID -19; Tourism Enterprises; Inbound Tourism

G. 5　Impact of COVID -19 on Tourism Industry

——*Take the Tourism Listed Companies as the Examples*

Zhang Xi, Zhao Xin / 067

Abstract: This paper observes and assesses the impact of COVID -19 on tourism with the listed tourism companies as examples. First of all, the impact of epidemic on the listed tourism companies in Shanghai and Shenzhen is compared with that of SARS from the perspective of the capital markettrend. Secondly, this paper collects the financial data of listed tourism companies to analyze the company's operating income, cash flow, debt pressure and other situations in the short term. In face with the transformation of modernization, refinement and digitalization in the post epidemic period, the listed tourism companies should pay attention to four key nodes: cash track, financing support, sales tracking and capital expenditure. Finally, with the reality of work resumption, some suggestions are put forward for government agencies and tourism listed companies for reference.

Keywords: COVID -19; Tourism Industry; Tourism Listed Companies

G. 6 The Role of Tourism Industry Association in
the Prevention and Control of COVID -19   *Long Fei* / 081

Abstract: Tourism industry associations play an important role in the prevention and control of novel coronavirus pneumonia and resume production. The tourism industry associations took the decoupling reform as the opportunity to begin to enter the new stage of market-oriented development of independent running and independent operation. This paper summarizes a series of measures taken by the tourism trade associations in the process of epidemic prevention and control, and analyzes the role of the industry associations in playing the role of information service, bridge link, industry standard, industry promotion and social public welfare. In view of the present situation of tourism industry association development, from the aspects of encouraging tourism product upgrading, constructing the linkage mechanism of tourism industry association, deeply participating in the revitalization of tourism market and actively participating in tourism governance, this paper puts forward some reasonable suggestions on the role of tourism industry association in crisis response.

Keywords: Tourism Industry Association; COVID -19; Crisis Management

Ⅲ Annual Theme Deep Integration of Culture and Tourism

G. 7　Reflections and Recognitions on the Integration of

　　　Culture and Tourism　　　　　　　　*Pang Xuequan* / 092

Abstract: Nowadays, the integration of culture and tourism has become an energetic trend. The relationship between culture and tourism has always been mutually accompanied by connotations, leveraged in function, and created in each other in formation. Concentrated in the core of industry amalgamation which is the best junction point, the integration of culture and tourism involves many aspects including concept, resources, industry, management, public facilities, service, marketing and so on. Based on the demonstrative cases, the paper studies the integration paths of culture and tourism as a complex set of phenomena, highlighting six fusion patterns: (1) The combination of resources that are symbiosis and coexistence. (2) The integration based on Immaterial Cultural Resources. (3) Cultural empowerment in pure natural resources. (4) The realization of creativity. (5) The amalgamation of industries. (6) The management, the public services, the operation modes and the marketing strategies.

Keywords: Integration of Culture and Tourism; Demonstrative Cases; Culture and Tourism Relationship; Fusion Patterns

G. 8　The Uses of Cultural Heritage in China

　　　—*A Case Study of Great Wall*

　　　　　　　　Zhou Xiaofeng, Liu Wenyan, Chen Chen,

　　　　　　　　　　　　Yu Bing and Zhang Chaozhi / 107

Abstract: As the largest and most widely distributed cultural heritage in

China, the Great Wall is faced with many complicated problems in heritage practices. The current situation, problems and trends of its protection and uses epitomize the uses of cultural heritage in China. This study not only divided the uses of Great Wall into two categories: touchable uses and untouchable uses, but systematically analyzed and evaluated its various ways of uses. We found that tourism has become the main way of Great Wall uses, whose various use degrees have positive effects on its comprehensive benefits and heritage conservation. Moreover, the comprehensive benefits of touchable uses are obviously higher than the untouchable ones, for the better protection and uses of Great Wall in the future which should be paid more attention to.

Keywords: Great Wall; Cultural Heritage; Heritage Use; Heritage Protection

G. 9   Study on Cultural Heritage Protection and Tourism Development in the Grand Canal Cultural Belt

Fan Zhou, Yang Yu / 123

Abstract: The Grand Canal is a great project created in ancient China. It is a flowing and alive world-class human civilization heritage, which contains the long cultural genes of the Chinese nation. At present, there are still some problems in the cultural heritage protection and tourism development of the Grand Canal Cultural Belt. It is necessary to strengthen the top-level design, coordinate infrastructure construction, and improve the regional coordination mechanism; deepen the cultural connotation of the Grand Canal, create a cultural symbol of the canal; promote industrial integration, innovative culture heritage inheritance method to enrich the supply of cultural tourism products and services, and promote the Grand Canal Cultural Belt to become a symbolic cultural brand that promotes China's image, displays Chinese civilization and demonstrates cultural self-confidence, and becomes a Chinese model for cultural protection inheritance and tourism development and utilization.

Keywords: The Grand Canal Cultural Belt; Heritage Protection; Culture and Tourism Development

G. 10　World Bank Support to Cultural Heritage and Sustainable Tourism as Drivers of Poverty Reduction and Shared Prosperity

Ahmed Eiweida, Jia Zheng / 136

Abstract: Cultural heritage and sustainable tourism (CHST) are inherent elements of the World Bank Group's (WBG) development assistance to developing countries to achieve the twin goals of ending extreme poverty and advancing shared prosperity. Conservation of heritage assets and revitalization of historic towns and villages for sustainable tourism help to strengthen the local economy and provide incentives for the creative industriesand job creation. Urban and rural revitalization and preservation of monuments create new tourism products, raise property values and increase tourism spending, thus, make available additional resources to support local institutions and public services. The WBG's approach to supporting cultural heritage and sustainable tourism has evolved, globally and in China, from initial projects that sought to provide basis services and 'do no harm', to investing in heritage properties and regeneration, to what is currently a new generation of integrated programsthat aimat leveraging cultural and natural assets and intangible cultural heritage to achieve the sustainable development goals (SDGs) through sustainable tourism and the cultural and creative industries. Today, the aggregate WBG's CHST portfolio stands at approximately US $ 4. 4 billion-representing 186 active projects in over 50 countries. These are delivered through a range of capital financing, analytical and advisory instruments. Partnership between the Government of China and the World Bank in CHST has a long history. The Chinese government and the WB began to include CHST in development projects since the 1990s. So far, 17 projects with a total financing amount of about US $ 1. 86 billion have been invested. Nearly US $ 700 million has been directly used for cultural heritage and sustainable tourism, making China the largest single country program receiving WBG support in this sector.

Keywords: Cultural Heritage; Sustainable Tourism; Poverty Reduction

IV Tourism and Regional Development

G. 11　National Regional Development Strategy and

　　　　Opportunities of Tourism　　　　　　　Wei Xiaoan / 148

Abstract: Over the past four decades of reform and opening up, the national regional development strategy has evolved into three stages. Over the past four decades, tourism development and national regional strategy have gone hand in hand and promote each other. Tourism objectively requires to break the restriction of administrative division and promote regional development. At the same time, it breaks the limitation of administrative division and objectively promotes the development of regional tourism. In the new era, with the overall deployment of national regional development strategy, tourism development is facing new challenges and opportunities.

Keywords: National Regional Development; Tourism; Tourist City

G. 12　Farmers' Shareholding System in the Development of

　　　　Rural Tourism　　　　　　　Wang Degang, Xie Jiaxin / 156

Abstract: Deepening the reform of the rural collective property rights system and strengthening the rural collective economy, is a new development concept put forward by the 19th CPC National Congress in light of the new situation of rural economic and social development and the new goals and tasks of poverty alleviation and rural revitalization. As a new type of rural collective economic development model, farmers' shareholding system has experienced practical tests in the process of rural tourism development, and has formed different types and modelswith different adaptability. Summarizing these typical types and models, and formingapplicable and replicable experiencewill not only help to promote accurate poverty alleviation and rural revitalization through tourism development, but also help to further enrich the theory of agricultural economy and shareholding system.

Keywords: Rural Tourism; Farmers' Shareholding System; Collective Economy; Reform of Property Right System

G. 13　The Practice and Experience of Tourism Poverty Alleviation in China　　*Li Yanqin, Zhao Zhuangying* / 169

Abstract: China's tourism poverty alleviation process has gone through natural poverty alleviation, development-driven poverty alleviation and precise poverty alleviation, which has created a poverty alleviation road with Chinese characteristics. China's tourism poverty alleviation model putlocal residents on priority, and emphasizes the function of both government and market. Thegovernment takes charge of the integration of villages' endogenouspowerand participation of externalsociety. Meanwhile the enterprises' responsibility includesdirect operation and indirectassist. China's development experience shows that tourism poverty alleviation needs to be led by government, focus on local residents' interest and pay attention to the regional development differences. Besides, the key points are integration of primary, secondary and tertiary industries, combination of development and protection, as well as mixture of financial aids and intellectual support. In the future, the focus of poverty alleviation should be shifted from absolute poverty to relative poverty, from economic poverty alleviation to multi-dimensional poverty alleviation, from grand narrative based on strategy to micro soft care for the good life of residents, and then seek better poverty alleviation way on the theory we summarized.

Keywords: Tourism Poverty Alleviation; Development Experience; Precise Poverty Alleviation

G. 14　Exploration on Rural Tourism Practice under the Background of Holistic Tourism: a Case of Ten Thousand Scenicvillages in Zhejiang Province

Wang Ying, Ge Rui / 184

Abstract: The countryside is an important space for the development of holistic tourism. Rural tourism has been highly valued by local governments and has carried out rich practical exploration. Through the constructionof " Ten thousand scenicvillages", with the "tourism plus" ideas and mechanism innovation, Zhejiang province has achieved certain results in invigorating rural resources to promote agricultural transformation and upgrading, perfecting tourism public services to improve the rural environment, strengthening cultural heritage to enhance residents' confidence, encouraging community participation in innovative management models, etc. At the same time, the practice is also faced with the confusion of the differentiation development, the utilization of public facilities and the operation of the market in the process of rapid advance. The experience of Zhejiang province provides reference for the development of rural tourism in China, and further inspires deep thinking about the integration of "agriculture, rural areas and farmers", the efficiency of public services, the development space of rural tourism, and the bottleneck of rural tourism talents.

Keywords: Holistic Tourism; Rural Tourism; A-class Scenic Spot Village

G. 15 Evolution of Regional Tourism Spatial Pattern in the Yangtze River Economic Belt under the Influence of High-speed Rail

Wang Degen, Fan Ziqi / 197

Abstract: The "space-time compression" effect produced by high-speed rail has an important impact on the regional tourism spatial pattern of the Yangtze River Economic Belt. This paper uses the time cost grid method to measure the change of traffic accessibility and other time zones of some typical cities and tourism resource points in the Yangtze River Economic Belt without high-speed rail and high-speed rail, and explores the impact of high-speed rail on the regional tourism spatial pattern of the Yangtze River Economic Belt. The results show that: (1) The core cities of the five major urban agglomerations in the Yangtze River Economic Belt are all expanding outward under the conditions of high-speed rail. The range of AC radiation in urban agglomerations is expanding under the influence of high-speed rail. (2) The high-speed rail has greatly improved the market size and economic level of the tourist resources in the region, and strengthened the spatial connection of inter-regional tourism flows. (3) The high-speed rail has brought the O−D time and space distance between the city and the tourism resource points, and strengthened the spatial and temporal correlation between the tourist source and the tourist destination of the Yangtze River Economic Belt.

Keywords: High-speed Rail; Area Tourism; Pattern Evolution; Yangtze River Economic Belt

V Tourism and Industrial Innovation

G. 16 A Discussion Regarding Application and Development of Big Data Technology in Tourism Industry in China *Xu Yang* / 218

Abstract: Big data has become one of the most important beneficial technologies in tourism industry. And some applications which is based on big data technology has been proven to be significantly valuable for several parties in the industry as the result of the development of algorithm and data collecting technique. This article is deem to illustrate the some of the application scenarios of big data technology in tourism industry and how it aids stakeholders under such scenarios, and hopefully provides some insights on possible future developments of big data in tourism industry.

Keywords: Big Data; Industry Supervision; Tourism; Tourism Management

G.17 Power Conversion and Supply-side Innovation for

High-quality Development of Accommodation Industry

Yang Honghao / 230

Abstract: China's accommodation industry has basically kept pace with the development of macro-economy, and is changing from high-speed growth to high-quality development. On the one hand, the driving force for the high-quality development of the accommodation industry has shifted from factor-driven to innovation-driven: innovating the value of accommodation space, enabling high-quality development with digital technology, enhancing the value of culture to the development of the accommodation industry, deeply exploring the value of industry data, bringing into full play the spirit of entrepreneurs and entrepreneurs, and forcing the reform of the accommodation industry on the demand side. On the other hand, supply-side reform and innovation are used to promote high-quality development: industrial competition used to promote industrial competitiveness, industrial integration and innovation used to promote high-quality development, industrial cluster thinking used to promote industrial development, internationalization used to promote group development and innovation, and innovation being carried out on the basis of adhering to the basic elements of the industry.

Keywords: Accommodation Industry; High Quality Development; Power Conversion; Supply Side Innovation

G. 18　The New Practice and Thinking of Cultural Creative and Secondary Consumption Industry in Scenic Spots　*Yang Hui* / 247

Abstract: In the new era of cultural and tourism integration, the scenic spots are regarded as the important part of tourism industry. How to break through the barrier is not only the starting point to realizethe economic transition and income increase of scenic spots, but also an important issue of high-quality and sustainable development of scenic spots. In recent years, the practice of cultural creative and secondary consumption industry becomes an important breakthrough of transition and development in scenic spots. Through analyzing of present situation and clarifying the problems of culture creativity and second industry development in scenic spots, extract and explore the new pattern, pathway and scheme of the development of cultural creative and the secondary consumption industryon this basis of learning from successful experience and finding internal law of development. Suggest and offer some new ideas and strategies to optimize the development strategies and to promote the high-quality development in scenic spots by adopting the new development concept, reforming and innovating the system, using big data to analyze deeply the market, researching and developing the new products and projects, operating and marketing with new technique, transforming the mode of talent cultivation and improving the incentive and supportive mechanism and measures, etc.

Keywords: Cultural Creative Industry; Scenic Spots; Tourism Consumption

G. 19　Establishing Destination Brand through Creative Marketing
　　　　of Gastronomy Tourism
　　　　　　　　　　　　　　Hu Fangli, Liu Xiaojie and Shen Han / 265

Abstract: As one of the special interest tourism, gastronomy tourism has a strong attraction to tourists, with its unique experience and culture to attract the participation of many tourists. Based on the analysis of the motivation of tourists' food consumption, this paper finds that the motivation of tourists to consume food in the process of tourism mainly lies in physical motivation, psychological motivation, cultural motivation and social motivation. At the same time, this paper combs the creative marketing cases of global gastronomy tourism, summarizes the five creative marketing means of gastronomy tourism, and probes into its marketing characteristics and application in the destination, in order to provide reference for the marketing of Chinese gastronomy tourism.

Keywords: Gastronomy Tourism; Tourism Destination; Creative Marketing

Ⅵ　Markets Analysis

G. 20　China's Domestic Tourism Development (2019 - 2020):
　　　　Analysis and Forecast　　　　　　　　　　*Guo Na* / 277

Abstract: For the whole of 2018 and the first half of 2019, the domestic tourism market maintained steady growth, holiday tourism and red tourism continued to be exuberant, cultural and leisure demand became increasingly prominent, consumption upgrading and consumption stratification developed coordinativelly. Tourism industry innovation has become more active, and the market structure has shown a balanced development trend. However, the dual pattern of urban and rural areas continues to expand. The enthusiasm of cultural construction and tourism integration and development in various localities is unprecedentedly high, and the economic effect of cultural and tourism integration will continue to be released in 2020. It is necessary to pay attention to the new changes in the tourism market and enhance the attractiveness of cultural tourism products, cater to the new demands of tourists for high-quality tourism, find the new direction of market development and cultivate new growth points of tourism consumption.

Keywords: Domestic Tourism; Tourism Income; Number of Tourists; Holiday

G.21 China's Inbound Tourism (2018 -2019):
Analysis and Forecast *Liu Xiangyan* / 289

Abstract: In 2018 and the first half of 2019, China's inbound tourism market continued to maintain a steady growth, and the structure of the tourist market continued to be optimized. Although inbound tourism still faces internal and external challenges such as the increasingly fierce competition from surrounding destinations, inadequate and immature infrastructure and convenience. Under the good development momentum of global inbound tourism, with the further release of the new driving force from the integration of domestic culture and tourism and the gradual improvement of the inbound tourism environment, China's inbound tourism will continue to maintain a steady growth in 2019, and the market structure will be further optimized.

Keywords: Inbound Tourism; Integration of Culture and Tourism; Tourism

G.22 China's Outbound Tourism Development (2018 -2019):
Analysis and Forecast *Yang Jinsong* / 301

Abstract: In 2018, the huge scale of China's outbound tourism development is not only reflected in the stock, but also in the increment. The environment for outbound tourism development is becoming more and more relaxed, and the general competition has intensified to force the market players to continue to innovate. At present, the mixture of variety and stability has become the fundamental characteristics of China's outbound tourism. Sustainability and applicability has become the key factors in the competition for outbound tourism. "New" package tours and "true" FIT are becoming hot spots for outbound travel. At the same time, the outbound tourism faces more and more severe risks and challenges. In the future, the center of outbound tourism will be anchored in high-quality development, and outbound tourism will follow the longing for a better life for Chinese tourists, and will follow the national strategy.

Keywords: Outbound Tourism; The Belt and Road Initiative; Tourism Innovation

G. 23 Hong Kong's Tourism Development (2019 −2020):
Analysis and Forecast   *Yang Yihan, Li Mimi* / 310

Abstract: As the fourth economic generator, tourism industry in Hong Kong SAR is vulnerable to economic and social changes. This report affirms the positive performance of tourism industry in Hong Kong across the recent years, and also points out the impact of the "Anti-extradition Law Movement" on tourism performance in 2019. In addition, policy and promotion measures implemented by the SAR government are also summarized. Finally, this report analyzes current challenges and opportunities faced by Hong Kong tourism industry in current situation and prospects for the future development of Hong Kong's tourism.

Keywords: Hong Kong's Tourism Industry; the Greater Bay Area; Multi-destination Tourism

G. 24　Macau's Tourism Development（2019 -2020）:
　　　Analysis and Forecast　　　　　　　　Tang Jizong / 325

Abstract: 2019 is the 70th Anniversary of the Founding of the People's Republic of China, and the 20th Anniversary of Macau's Return to the Motherland. Manycelebration events during the year can attract many tourists to visit Macau. With the continuous improvement of the income and living standards of families in Mainland, and the opening of individual tours to Hong Kong and Macau by residents in the Mainland in 2003, the demand for Macau's tourism services continued to increase, which promoted the social development and economic construction of the SAR. It is expected that the Guangdong-Hong Kong-Macau Greater Bay Area will continue to develop in the future characterized by the effective allocation of tourism resources in the area and the continuous improvement of cross-border infrastructure facilities. Cities in the area can enhance the competitiveness of tourism service exports of China.

Keywords: Tourism Services; Guangdong-Hong Kong-Macao Greater Bay Area; Individual Tours

G. 25　Taiwan's Tourism Development（2018 -2020）:
　　　Analysis and Forecast　　　Huang Fucai, Chen Wuxiang / 340

Abstract: From 2018 to 2019, Taiwan's tourism administration departments continued to promote the development of diversified tourist source markets, smart tourism and other development strategies, to increase policies and subsidies, and to implement the new policy of southward-tourism, but the effectivenessis limited. Taiwan's tourism output growth is slow. In 2018, the total number of inbound tourists increased by 3 percent, and the mainland tourists remained to be the largest source of inbound tourists. The total amount of outbound tourists increased, and the total number of visitors and expenses of Taiwan residents both fell. Due to the impact of political factors in the island, the number of mainland tourists decreased sharply from 2018 to September 2019, which greatly affected the development of Taiwan's tourism industry. Taiwan's tourism industry is waiting for development opportunities. Under such conditions, relevant departments in Taiwan have taken measures to focus on promoting inhabitants' tourism within the island.

Keywords: Taiwan's Tourism Industry; Mainland Tourist; Tourism in the Island

社会科学文献出版社

皮 书

智库报告的主要形式
同一主题智库报告的聚合

✤ 皮书定义 ✤

皮书是对中国与世界发展状况和热点问题进行年度监测，以专业的角度、专家的视野和实证研究方法，针对某一领域或区域现状与发展态势展开分析和预测，具备前沿性、原创性、实证性、连续性、时效性等特点的公开出版物，由一系列权威研究报告组成。

✤ 皮书作者 ✤

皮书系列报告作者以国内外一流研究机构、知名高校等重点智库的研究人员为主，多为相关领域一流专家学者，他们的观点代表了当下学界对中国与世界的现实和未来最高水平的解读与分析。截至2020年，皮书研创机构有近千家，报告作者累计超过7万人。

✤ 皮书荣誉 ✤

皮书系列已成为社会科学文献出版社的著名图书品牌和中国社会科学院的知名学术品牌。2016年皮书系列正式列入"十三五"国家重点出版规划项目；2013~2020年，重点皮书列入中国社会科学院承担的国家哲学社会科学创新工程项目。

中国皮书网

（网址：www.pishu.cn）

发布皮书研创资讯，传播皮书精彩内容
引领皮书出版潮流，打造皮书服务平台

栏目设置

◆ 关于皮书

何谓皮书、皮书分类、皮书大事记、
皮书荣誉、皮书出版第一人、皮书编辑部

◆ 最新资讯

通知公告、新闻动态、媒体聚焦、
网站专题、视频直播、下载专区

◆ 皮书研创

皮书规范、皮书选题、皮书出版、
皮书研究、研创团队

◆ 皮书评奖评价

指标体系、皮书评价、皮书评奖

◆ 互动专区

皮书说、社科数托邦、皮书微博、留言板

所获荣誉

◆ 2008年、2011年、2014年，中国皮书网均在全国新闻出版业网站荣誉评选中获得"最具商业价值网站"称号；

◆ 2012年，获得"出版业网站百强"称号。

网库合一

2014年，中国皮书网与皮书数据库端口合一，实现资源共享。

权威报告·一手数据·特色资源

皮书数据库
ANNUAL REPORT(YEARBOOK) DATABASE

分析解读当下中国发展变迁的高端智库平台

所获荣誉

- 2019年，入围国家新闻出版署数字出版精品遴选推荐计划项目
- 2016年，入选"'十三五'国家重点电子出版物出版规划骨干工程"
- 2015年，荣获"搜索中国正能量 点赞2015""创新中国科技创新奖"
- 2013年，荣获"中国出版政府奖·网络出版物奖"提名奖
- 连续多年荣获中国数字出版博览会"数字出版·优秀品牌"奖

成为会员

通过网址www.pishu.com.cn访问皮书数据库网站或下载皮书数据库APP，进行手机号码验证或邮箱验证即可成为皮书数据库会员。

会员福利

- 已注册用户购书后可免费获赠100元皮书数据库充值卡。刮开充值卡涂层获取充值密码，登录并进入"会员中心"—"在线充值"—"充值卡充值"，充值成功即可购买和查看数据库内容。
- 会员福利最终解释权归社会科学文献出版社所有。

卡号：964975945274
密码：

数据库服务热线：400-008-6695
数据库服务QQ：2475522410
数据库服务邮箱：database@ssap.cn
图书销售热线：010-59367070/7028
图书服务QQ：1265056568
图书服务邮箱：duzhe@ssap.cn

S 基本子库
SUB DATABASE

中国社会发展数据库（下设12个子库）

整合国内外中国社会发展研究成果，汇聚独家统计数据、深度分析报告，涉及社会、人口、政治、教育、法律等12个领域，为了解中国社会发展动态、跟踪社会核心热点、分析社会发展趋势提供一站式资源搜索和数据服务。

中国经济发展数据库（下设12个子库）

围绕国内外中国经济发展主题研究报告、学术资讯、基础数据等资料构建，内容涵盖宏观经济、农业经济、工业经济、产业经济等12个重点经济领域，为实时掌控经济运行态势、把握经济发展规律、洞察经济形势、进行经济决策提供参考和依据。

中国行业发展数据库（下设17个子库）

以中国国民经济行业分类为依据，覆盖金融业、旅游、医疗卫生、交通运输、能源矿产等100多个行业，跟踪分析国民经济相关行业市场运行状况和政策导向，汇集行业发展前沿资讯，为投资、从业及各种经济决策提供理论基础和实践指导。

中国区域发展数据库（下设6个子库）

对中国特定区域内的经济、社会、文化等领域现状与发展情况进行深度分析和预测，研究层级至县及县以下行政区，涉及地区、区域经济体、城市、农村等不同维度，为地方经济社会宏观态势研究、发展经验研究、案例分析提供数据服务。

中国文化传媒数据库（下设18个子库）

汇聚文化传媒领域专家观点、热点资讯，梳理国内外中国文化发展相关学术研究成果、一手统计数据，涵盖文化产业、新闻传播、电影娱乐、文学艺术、群众文化等18个重点研究领域。为文化传媒研究提供相关数据、研究报告和综合分析服务。

世界经济与国际关系数据库（下设6个子库）

立足"皮书系列"世界经济、国际关系相关学术资源，整合世界经济、国际政治、世界文化与科技、全球性问题、国际组织与国际法、区域研究6大领域研究成果，为世界经济与国际关系研究提供全方位数据分析，为决策和形势研判提供参考。

法律声明

"皮书系列"(含蓝皮书、绿皮书、黄皮书)之品牌由社会科学文献出版社最早使用并持续至今,现已被中国图书市场所熟知。"皮书系列"的相关商标已在中华人民共和国国家工商行政管理总局商标局注册,如LOGO( )、皮书、Pishu、经济蓝皮书、社会蓝皮书等。"皮书系列"图书的注册商标专用权及封面设计、版式设计的著作权均为社会科学文献出版社所有。未经社会科学文献出版社书面授权许可,任何使用与"皮书系列"图书注册商标、封面设计、版式设计相同或者近似的文字、图形或其组合的行为均系侵权行为。

经作者授权,本书的专有出版权及信息网络传播权等为社会科学文献出版社享有。未经社会科学文献出版社书面授权许可,任何就本书内容的复制、发行或以数字形式进行网络传播的行为均系侵权行为。

社会科学文献出版社将通过法律途径追究上述侵权行为的法律责任,维护自身合法权益。

欢迎社会各界人士对侵犯社会科学文献出版社上述权利的侵权行为进行举报。电话:010-59367121,电子邮箱:fawubu@ssap.cn。

社会科学文献出版社